以此献给热爱与支持足球的人们!

足球与法

李 一 ◎ 编著

中国政法大学出版社

2020·北京

声　明　　1. 版权所有，侵权必究。

　　　　　2. 如有缺页、倒装问题，由出版社负责退换。

图书在版编目（ＣＩＰ）数据

足球与法 / 李一编著. —北京：中国政法大学出版社，2020.9
ISBN 978-7-5620-9651-1

Ⅰ.①足… Ⅱ.①李… Ⅲ.①足球运动—职业体育—体育法—汇编 Ⅳ.①D912.160.9

中国版本图书馆CIP数据核字(2020)第172353号

书　　名	足球与法 ZU QIU YU FA	
出 版 者	中国政法大学出版社	
地　　址	北京市海淀区西土城路 25 号	
邮　　箱	fadapress@163.com	
网　　址	http://www.cuplpress.com（网络实名：中国政法大学出版社）	
电　　话	010-58908435(第一编辑部) 58908334(邮购部)	
承　　印	保定市中画美凯印刷有限公司	
开　　本	720mm×960mm　1/16	
印　　张	23	
字　　数	354 千字	
版　　次	2020 年 9 月第 1 版	
印　　次	2020 年 10 月第 1 次印刷	
定　　价	98.00 元	

序一

体育法的践行者

2002年3月18日，中国政法大学在我国法学泰斗、终身教授江平先生支持下成立了体育法研究中心，我有幸担任了该中心主任，陆续招收体育法方向博士研究生。2019年，在原体育法研究中心基础上正式成立了中国政法大学体育法研究所，是国内专门从事体育法研究的教学科研机构。

高等学校的法学教育着眼于理论教学与研究，特别强调理论与实践的融合，体育法的教学更是如此。咨询过法大毕业的律师校友，国内专门从事体育法服务的律师少之又少。在2018年体育法一次学术会议上，经王小平教授介绍，结识了担任中国足协纪律委员会委员的北京大成律师事务所李一律师，彼此加了微信，才知道还真有专门从事体育法律服务的体育律师，其微信名——体育律师李一北京。

李一律师执着于体育运动，热爱足球，坚持冬泳。本着好玩的理念和法律服务精神，李一律师长期坚持体育法专业化服务，其团队年均代理与体育元素有关案件超过20件，足以感受到李一律师热爱与执着于体育，积累了丰富的实践经验，是体育法的践行者。

2019年11月10日，中国政法大学体育法研究所在中国足协香河训练基地举办了北京冬奥会法律事务研讨会期间，李一律师将其撰写的一部足球法治实践的书稿拿给我看，希望能提点意见与建议。我就选题价值、研究方法、框架结构、材料运用、阐述方式等发表了一些浅见。该书以"案件+法律法规"的形式，梳理了国际、国内足球法律法规及规则。初稿是18章，30余万字，成稿确认了13章，25万余字。书稿的名称从《足球法治与司法实践》等若干名字调整到简洁明了的《足球与法》，该书稿梳理了国际足联、亚足联、中国足协的章程、转会规定、注册制度、青训制度等规范性文件及国内与足球有关的法律法规，其中包含了足球争议案件的准司法权、足球争议案件管辖与冲突、足球争议案件特有证据、注册与转会制度、球员与教练员相关合同、足球青训保护与鼓励制度、俱乐部管理风险与处罚制度、足球俱乐部转让制度、足球与纪律处罚制度等13章，基本涵盖了足球法律法规的整体内容。

《足球与法》是国内第一部关于足球法律法规的实践力著。阅览了该书稿，我认为该书特点：一、比较全面梳理了足球法治自治的历程；二、引用不同类型中外案例，理顺了足球行业规则与现存国内法律及法规的关系；三、对完善足球制度法治化提出了可行性建议，具有一定的前瞻性。

2020年春天，我们历经了前所未有新冠肺炎所带来的考验，在这特殊时期，欣闻李一律师团队撰写的《足球与法》即将出版，作者嘱我写个序，老实说，我在足球领域是外行，在体育法学上也用功不多，是没有资格作序的。不过，鉴于中国足球屡战屡败、屡败屡战的精神，加之李一律师等对足球事业的热爱，并且形成了富有创见性的实践作品，我有责任也有义务为中国足球法治的发展鼓与呼，是为序。

国务院参事、中国政法大学法学院院长、博士生导师

焦洪昌

2020年 夏

序二

把体育精神融入法律的李律师

在 2008 年北京奥运会筹备、运营、善后期间,我在奥组委法律事务部工作。其间,接触了许多杰出律师,他们各有所长,但并不特别关注体育产业法律事务。奥运会结束后,我回到国家体育总局政策法规司工作。2015 年 12 月,中国法学会体育法学研究会在清华大学举办学术年会,经研究会副会长、中国足协纪律委员会主任、中国政法大学教授王小平介绍,我结识了李一律师。王老师介绍时尤为强调,李一律师是中国足协纪律委员会成员,主要从事体育领域法律服务,期望加入中国法学会体育法学研究会。

此后,在全国多地举办的体育法学学术会议上,我多次见到李一律师。中国法学会体育法学研究会会员以学者居多,从事体育法律实务的律师相对较少,特别是在几年前更是如此。李一律师积极参加体育法学界学术活动,非常谦虚地与学者们切磋、交流。2016 年 10 月,受体育总局政策法规司邀请,李一律师为地方体育局人士做了法律实务培训。李一律师以案例入手,浅显易懂地把法律法规融入体育产业,与会同志非常认可。这样,我也从另一方视角感受到了李一律师对体育产业的情怀。

我们逐渐彼此熟悉起来,但凡有体育法学界学术活动,我都能见到李一律师。2017、2018 年,李一律师受邀多次参加修改《奥林匹克标志保护条例》的会议,他提出的一些建议被吸收到修改后的《奥林匹克标志保护条例》。2019 年 3 月,受清华大学体育产业发展研究中心邀请,我们一同参加了海南省拟开展赛马运动的研究项目论证其中的法律可行性部分。

两年前,李一律师曾就撰写足球法律法规文稿多次征询我的意见。2020 年新冠肺炎疫情期间,李一律师再次就撰写纲要同我沟通,并认真听取了相关专家和学者各方意见和建议。

他在书稿梳理了国际足联、亚足联、中国足协的章程、转会规定等规范性文件及国内与足球有关的法律法规，其中包含了足球争议案件的准司法权、足球争议案件司法管辖与冲突、足球争议案件特有证据、注册与转会制度、球员与教练员相关合同、足球青训保护与鼓励制度、俱乐部管理风险与处罚制度、足球俱乐部转让制度、足球与纪律处罚制度等，共计13章与足球领域相关的法律问题。本书稿原本还设计中还有球迷流氓、球员同性恋、球员归化、操纵比赛、职业联盟等篇章，限于篇幅予以了调整，期待李一律师在再版时予以补充。

可以说，《足球与法》比较全面地介绍了国际、国内足球领域法律法规，采取了"案例+法律法规"的解读方式，简单易懂，便于阅读，填补了国内足球领域法律书籍的空白。同时，书稿中针对涉及球员欠薪保护及青训保护规则，提出了节约立法资源以修正案方式进行调整的建议，为推动中国足球法制与法治化发展提供了有益的思路。

专业律师的路并不好走，尤其业务领域较窄、客户数量较少的体育律师。李一律师凭借顽强拼搏的体育精神不断挑战极限、超越自我，与团队共同奋斗多年，展示了体育专业化律师的优势，为中国律师的专业化发展又探索了一条新路。

拼生命之极限，铸青春之辉煌。希望李一律师继续挑战自我，把体育精神更加融入到体育法律服务中，演绎健美人生。

中国法学会体育法学研究会会长、国家体育总局政策法规司原司长

刘 岩

2020年初夏

目录

第一章　足球争议案件准司法权 ... 1
  第一节　足球准司法权 ... 1
  第二节　国际足联司法与争议审理机构 ... 2
  第三节　亚足联司法机构 ... 21
  第四节　中国足球协会法律机构 ... 28
  第五节　国际体育仲裁法庭 ... 29

第二章　足球争议案件管辖与冲突 ... 37
  第一节　足协仲裁委员会仲裁 ... 37
  第二节　劳动争议仲裁委员会仲裁 ... 39
  第三节　民事诉讼 ... 44
  第四节　管辖冲突的救济 ... 50
  第五节　商事仲裁 ... 60

第三章　足球争议案件程序审理与特有证据 ... 63
  第一节　足协仲裁委员会审理程序规则 ... 63
  第二节　纪律委员会审理案件程序规则 ... 64

第三节　道德与公平竞赛委员会审理案件程序规则 ……… 64
第四节　足球争议案件特有证据 ……………………………… 65

第四章　诉讼时效、除斥期间与送达 …………………………… 75
　第一节　诉讼时效制度 …………………………………………… 75
　第二节　除斥期间制度 …………………………………………… 83
　第三节　送达制度 ………………………………………………… 86

第五章　注册与转会制度 ………………………………………… 97
　第一节　注册制度 ………………………………………………… 97
　第二节　博斯曼法案 ……………………………………………… 100
　第三节　转会制度 ………………………………………………… 105

第六章　球员、教练员相关合同 ………………………………… 125
　第一节　球员、教练员合同的一般性规定 ……………………… 125
　第二节　球员工作合同 …………………………………………… 133
　第三节　教练员工作合同 ………………………………………… 135
　第四节　球员、教练员的其他相关合同 ………………………… 153
　第五节　"讨薪"难引发的思考与建议 ………………………… 155

第七章　足球青训保护与鼓励制度 ……………………………… 159
　第一节　足球青训与保护制度 …………………………………… 159
　第二节　足球青训与鼓励制度 …………………………………… 176

第八章　足球俱乐部管理风险与处罚制度 ……………………… 187
　第一节　合同签订过程中的法律风险 …………………………… 187

		第二节　合同履行的法律风险 ………………………………… 191
		第三节　俱乐部处罚制度 ……………………………………… 195

第九章　足球俱乐部转让制度 ……………………………………… 205
		第一节　足球俱乐部股权（份）转让的相关规定 …………… 205
		第二节　足球俱乐部转让的实践操作 ………………………… 213
		第三节　足球俱乐部转让的限制 ……………………………… 217
		第四节　足球俱乐部收购的尽职调查 ………………………… 222

第十章　足球与纪律处罚制度 ……………………………………… 231
		第一节　纪律委员会与处罚权 ………………………………… 231
		第二节　纪律处罚依据 ………………………………………… 232
		第三节　纪律处罚类型 ………………………………………… 234
		第四节　纪律处罚事由 ………………………………………… 242
		第五节　纪律处罚程序 ………………………………………… 246
		第六节　纪律处罚救济 ………………………………………… 249
		第七节　纪律处罚完善建议 …………………………………… 251

第十一章　足球与刑事犯罪、民事责任及行政处罚 ……………… 253
		第一节　足球与刑事犯罪 ……………………………………… 253
		第二节　足球与民事责任 ……………………………………… 276
		第三节　足球与行政处罚 ……………………………………… 286

第十二章　足球赛事与知识产权保护 ……………………………… 291
		第一节　足球赛事与著作权法的保护 ………………………… 291
		第二节　足球赛事与反不正当竞争法的保护 ………………… 307

第十三章 足球与反兴奋剂制度 ·················· 317
第一节 国内反兴奋剂制度 ·················· 317
第二节 国际反兴奋剂制度 ·················· 324
第三节 足球与反兴奋剂 ···················· 333
第四节 兴奋剂与刑事犯罪 ·················· 347

后　记 ······································ 353

第一章
足球争议案件准司法权

随着竞技体育的发展，体育自治化程度越来越透明，相应的单项赛事组织通过设立一定的法律机构来解决内部争议已经成为行业趋势。作为"世界第一运动"的足球在国际足联的领导下，逐渐建立了一套相对完备的法律法规体系来规范足球的发展，国际足联及相应的会员协会均建立了相关司法机构和争议解决机构。本章就国际足球联合会、亚洲足球联合会及中国足球协会的司法机构及法律机构的准司法权分五节予以介绍。

第一节 足球准司法权

随着职业体育的不断发展，单项体育的行业协会或者联合会除了制定本行业赛事制度外，也会通过章程等设立"司法"或者"法律"机构来解决相关利益方的争议，甚至某些行业协会在章程中约定排除普通法院的司法管辖，体现了体育行业的自治。

然而，体育组织自治的管辖权在受到极大关注的同时，也受到了来自司法权的挑战。足球界的博斯曼法案是体育自治权与欧盟法院司法权抗衡、博弈的结果。国际足球联合会（以下简称"国际足联"）、亚洲足球联合会（以下简称"亚足联"）和中国足球协会（以下简称"中国足协"）通过章程及规则创设的司法机构及审理机构系其足球行业内体育自治权的一种高度体现，在某种程度上类似于公法上的司法权，笔者称之为准司法权，其对足球运动的法制与法治化发展起到了非常重要的作用。

第二节 国际足联司法与争议审理机构

纪律委员会、道德委员会、上诉委员会、争议解决庭、球员身份委员会和球员身份委员会下设委员会系国际足联的司法机构和争议审理机构，其分别来自国际足联的《国际足联章程》和《球员身份与转会规定》（RSTP）的直接授权。同时，当事人对国际足联相关机构裁决不服的，可上诉到上诉委员会或者国际体育仲裁法庭。

1990年6月6日，国际足联在罗马召开会员大会，确认国际足联系依据瑞士《民法典》第60条的规定而设立的，由会员国会员组成的从事足球活动的一个协会组织。大会除了举行选举工作和制定相关赛事规则外，还颁布了最重要的法律文件《国际足联章程》（FIFA Statutes，以下简称《章程》）。《章程》第43条规定司法机构中设立纪律委员会和上诉委员会；《章程》第34条设立的球员身份委员会是国际足联的常设委员会之一。此后，国际足联一般平均1年~2年通过大会及理事会对章程进行修改，尤其丰富了相应的司法机构和争议解决机构的程序法。现存的争议解决机构系分别来自2019年版《章程》和2020版《球员身份与转会规定》的具体规定。

1990年版的《章程》的第1条规定，The "Fédération Internationale de Football association" (FIFA) is an association in accordance with Art. 60 ff of the Swiss Civil Code. FIFA shall consist of the national associations which are affiliated to it and recognised by it as controlling association football in their respective countries. Only one association shall be recognised in each country. 即确认了国际足联成立的法律依据、会员成员的地位和国际足联的办公地等。在《章程》第1条中直接把瑞士《民法典》予以呈现，表达该组织的合法性。Article 60 of the Swiss Civil Code 1 Associations which have a political, religious, scientific, artistic, charitable, social or any other than an industrial object, acquire the status of a person as soon as they show by their constitution their intention to have corporate existence.2 The constitution must be drawn up in writing and state the object, the capital and the organization of the society.

1990年版的《章程》的第43条规定了 Judicial bodies Art. 43 The judicial bodies of FIFA shall be: (a) the Disciplinary Committee; (b) the Appeal Committee. 司法机构由纪律委员会和上诉委员会组成。第34条设立作为国际足联常设委员会之一的球员身份委员会来处理涉及球员如注册、参赛等身份争议事宜。The Players' Status Committee shall consist of a chairman, deputy chairman and the number of members deemed necessary, with each confederation being represented. Its duties shall be: (a) to examine general problems regarding the status of players; (b) to advise the Executive Committee on the interpretation of the FIFA Statutes and the Regulations governing the Status and Transfer of players; (c) to ensure that the definitions drawn up by FIFA regarding the status of players are observed; (d) to decide the status of players for the different competitions organised at international level; (e) to investigate and decide upon disputed transfers submitted to FIFA in compliance with the special provisions governing this matter; in this connection, the following sanctions may be directly imposed upon clubs, officials, members, coaches, players or players' agents: – a caution – a censure – a fine – an interdiction – a suspension

Pursuant to article 52 of the FIFA Statutes, the Disciplinary, Appeal and Ethics Committees are FIFA's judicial bodies.《章程》第52条规定，国际足联的司法机构由纪律委员会、上诉委员会和道德委员会组成。

53 DISCIPLINARY COMMITTEE

The Disciplinary Committee consists of a chairperson, a deputy chairperson and a specific number of other members. It pronounces the sanctions described in the FIFA Statutes and the FIFA Disciplinary Code on member associations, clubs, officials, players, intermediaries and licensed match agents.

1.The function of the Disciplinary Committee shall be governed by the FIFA Disciplinary Code. The committee shall pass decisions only when at least three members are present. In certain cases, the chairperson may rule alone.

2.The Disciplinary Committee may pronounce the sanctions described in these Statutes and the FIFA Disciplinary Code on member associations, clubs, officials, players, intermediaries and licensed match agents.

3.These provisions are subject to the disciplinary powers of the Congress and Council with regard to the suspension and expulsion of member associations.

4.The Council shall issue the FIFA Disciplinary Code.

5.The Disciplinary Committee may propose amendments to its regulations to the Council.

第53条确认纪律委员会的组成、审理案件依据《纪律准则》及相应的五个方面职责。

◆ 案例 ◆

2019国际足联纪律委员会就青岛某俱乐部的处罚决定

Dear Sirs,

We refer to the above-mentioned matter as well as to our previous correspondence dated 5 March 2019, by means of which the parties were informed that the disciplinary proceedings against the Club Qingdao Jonoon FC were declared closed, since all financial duties had been fulfilled.

Notwithstanding the above, and for the sake of good order, we would like to refer the Club Qingdao Jonoon FC and the Chinese Football Association to the point 4. of the decision passed by the FIFA Disciplinary Committee on 10 December 2018, and notified to the parties on 8 January 2019 (cf. enclosure).

Following the wording of said article, if payment is not made to the Creditor and proof of such payment is not provided to the secretariat to the FIFA Disciplinary Committee and to the Chinese Football Association within 30 days as from notification of the decision, six (6) points will be deducted automatically by the Chinese Football Association without a further formal decision having to be taken nor any order to be issued by the FIFA Disciplinary Committee or its secretariat.

In this regard, we understand from the correspondence from the Club Qingdao Jonoon FC and the player Joel Grifiths, that the amounts due to the latter have been paid and settled on 15 and 19 February 2019 only, i.e. after expiry of the aforementioned deadline.

In this respect, up to date, it appears that we have not been provided with evidence of the automatic implementation of the points deduction that the Chinese Football Association was ordered to carry out in compliance with point 4. of the above-mentioned decision nor with any proof of the initiation by the afore-mentioned association of any internal procedure that may be required to ensure a timely implementation of the sanction (as explained in the FIFA Circular N° 1628).

Consequently, we request the Chinese Football Association to immediately provide our services with the proof of the points deduction; in particular the standings of the relevant division on which it can be seen that six (6) points have been deducted from the first team of the Club Qingdao Jonoon FC in the domestic league championship.

Please let us remind you that in case your association should fail to do so, the FIFA Disciplinary Committee may pronounce an appropriate sanction against the Chinese Football Association which can lead to the expulsion from FIFA competitions (cf. point 7. of the aforementioned decision).

The Chinese Football Association is requested to forward immediately this letter to its affiliated, the Club Qingdao Jonoon FC.

Thank you for your cooperation in the present matter.

  Yours faithfully,
  FÉDÉRATION INTERNATIONALE

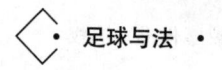

DE FOOTBALL ASSOCIATION
Diego Flórez Otero
Deputy Secretary to the Disciplinary Committee

54 ETHICS COMMITTEE

Pursuant to Article 54 of the FIFA Statutes, the function of the Ethics Committee shall be governed by the FIFA Code of Ethics. It is divided into an investigatory chamber and an adjudicatory chamber. The Ethics Committee may pronounce the sanctions described in the FIFA Statutes, the FIFA Code of Ethics on officials, players, intermediaries and licensed match agents.

1.The function of the Ethics Committee shall be governed by the FIFA Code of Ethics. It is divided into an investigatory chamber and an adjudicatory chamber. The adjudicatory chamber shall pass decisions if at least three members are present. The chairperson may pass decisions alone in specific cases.

2.The Ethics Committee may pronounce the sanctions described in these Statutes, the FIFA Code of Ethics and the FIFA Disciplinary Code on officials, players, intermediaries and licensed match agents.

3.The Council shall issue the FIFA Code of Ethics.

4.The Ethics Committee may propose amendments to its regulations to the Council.

《章程》第54条确认了道德委员会的职能、审理案件依据是《道德准则》（FCE）。

引起足球界和媒体界极大关注的是2015年12月21日国际足联道德委员会对前国际足联官员布拉特和普拉蒂尼的禁足8年与罚款的处罚案件。公告认定两位官员因违反了article 13 of the FCE (General rules of conduct)、article 15 of the FCE (Loyalty)、article 19 paragraphs 1, 2 and 3 of the FCE (Conflicts of interest)、article 20 paragraph 1 of the FCE (Offering and accepting gifts and other benefits) 和 article 21 paragraph 1 of the FCE (Bribery and corruption) 5个条款的规定。

第一章　足球争议案件准司法权

◆ 案例 ◆

布拉特和普拉蒂尼案的新闻报道

Independent Ethics Committee Adjudicatory Chamber

Independent Ethics Committee bans Joseph S. Blatter and Michel Platini

21 Dec 2015

The adjudicatory chamber of the Ethics Committee chaired by Mr Hans-Joachim Eckert has banned Mr Joseph S. Blatter, President of FIFA, for eight years and Mr Michel Platini, Vice-President and member of the Executive Committee of FIFA and President of UEFA, for eight years from all football-related activities (administrative, sports or any other) on a national and international level. The bans come into force immediately.

The proceedings against Mr Blatter primarily related to a payment of CHF 2,000,000 transferred in February 2011 from FIFA to Mr Platini. Mr Blatter, in his position as President of FIFA, authorised the payment to Mr Platini which had no legal basis in the written agreement signed between both officials on 25 August 1999. Neither in his written statement nor in his personal hearing was Mr Blatter able to demonstrate another legal basis for this payment. His assertion of an oral agreement was determined as not convincing and was rejected by the chamber.

The evidence available to the adjudicatory chamber in the present case was not sufficient to establish, to the extent required, that Mr Blatter sought the execution or omission of an official act from Mr Platini within the meaning of article 21 paragraph 1 of theFIFA Code of Ethics (FCE) (Bribery and corruption). However, the conduct of Mr Blatter towards Mr Platini without a legal basis constituted a breach of article 20 paragraph 1 of the FCE (Offering and accepting gifts and other benefits). Furthermore, Mr Blatter found himself in a situation of conflict of interest, despite which he continued to perform his related duties, failing to disclose said situation and the existence of personal interests linked to his prospective activities, thus violating article 19 paragraphs 1, 2 and 3 of the FCE (Conflicts of interest). By failing to place FIFA's interests first and abstain from doing anything which could be contrary to FIFA's interests, Mr Blatter violated his fiduciary duty to FIFA and breached article 15 of the FCE (Loyalty). Mr Blatter's actions did not show commitment to an ethical attitude, failing to respect all applicable laws and regulations as well as FIFA's regulatory framework to the extent applicable to him and demonstrating an abusive execution of his position as President of FIFA, hence violating article 13 of the FCE (General rules of conduct).

In consequence, Mr Blatter has been banned for eight years from all football related activities and fined CHF 50,000.

The investigation into the case of Mr Blatter was conducted by Mr Robert Torres, member of the investigatory chamber of the Ethics Committee. The investigation resulted in a final report which was submitted to the adjudicatory chamber on 20 November 2015. The adjudicatory chamber opened formal proceedings on 23 November 2015, and the hearing of Mr Blatter took place in Zurich on 17 December 2015.

The proceedings against Mr Platini primarily related to a payment of CHF 2,000,000 that he received in February 2011 from FIFA. The payment to Mr Platini had no legal basis in the written agreement signed between both officials on 25 August 1999. Mr Platini's assertion of an oral agreement was determined as not convincing and was rejected by the chamber.

The evidence available to the adjudicatory chamber in the present case was not sufficient to establish, to the extent required, that Mr Platini obtained the payment for the execution or omission of an official act within the meaning of article 21 paragraph 1 of the FCE (Bribery and corruption). Nevertheless, the conduct of Mr Platini without a legal basis constituted a breach of article 20 paragraph 1 of the FCE (Offering and accepting gifts and other benefits). Furthermore, Mr Platini found himself in a situation of conflict of interest, despite which he continued to perform his related duties, failing to disclose said situation and the existence of personal interests linked to his prospective activities in violation of article 19 paragraphs 1, 2 and 3 of the FCE (Conflicts of interest). By failing to place FIFA's interests first and abstain from doing anything which could be contrary to FIFA's interests, Mr Platini also violated his fiduciary duty to FIFA and breached article 15 of the FCE (Loyalty). In addition, Mr Platini failed to act with complete credibility and integrity, showing unawareness of the importance of his duties and concomitant obligations and responsibilities. His actions did not show commitment to an ethical attitude, failing to respect all applicable laws and regulations as well as FIFA's regulatory framework to the extent applicable to him and demonstrating an abusive execution of his position as Vice-President of FIFA and member of the FIFA Executive Committee, hence violating article 13 of the FCE (General rules of conduct).

In consequence, Mr Platini has been banned for eight years from all football related activities and fined CHF 80,000.

The investigation into the case of Mr Platini was conducted by Ms Vanessa Allard, member of the investigatory chamber of the Ethics Committee. The investigation resulted in a final report which was submitted to the adjudicatory chamber on 20 November 2015. The adjudicatory chamber opened formal proceedings on 23 November 2015, and the hearing took place in Zurich on 18 December 2015 in the presence of Mr Platini's lawyers.

布拉特和普拉蒂尼对该裁决不服，上诉到国际体育仲裁法庭。案件仲裁情况详见本章第五节国际体育仲裁法庭。

55 APPEAL COMMITTEE

Pursuant to article 52 paragraph 2 of the FIFA Statutes, the Appeal Committee consists of a chairperson, a deputy chairperson and a specific number of other members. The composition must respect the fair distribution of positions and take account of the member associations. The chairperson and deputy chairperson of the Appeal Committee must be qualified to practise law. The Appeal Committee is responsible for hearing appeals against decisions from the Disciplinary Committee and the Ethics Committee that are not declared final by the relevant FIFA regulations.

1.The function of the Appeal Committee shall be governed by the FIFA Disciplinary Code and the FIFA Code of Ethics. The committee shall pass decisions only when at least three members are present. In certain cases, the chairperson may rule alone.

2.The Appeal Committee is responsible for hearing appeals against decisions from the Disciplinary Committee and the Ethics Committee that are not declared final by the relevant FIFA regulations.

3.Decisions pronounced by the Appeal Committee shall be irrevocable and binding on all the parties concerned. This provision is subject to appeals lodged with the Court of Arbitration for Sport (CAS).

《章程》第 55 条主要规定了上诉委员会的组成、上诉程序、职责、审理案件依据是《纪律准则》《道德准则》和国际足联的其他规则以及进一步上诉到国际体育仲裁法庭的救济途径。

2019 年，英超切尔西俱乐部对纪律委员会对其涉嫌青训裁决不服而上诉到上诉委员会。

◆ 案例 ◆

切尔西俱乐部青训裁决案节选

Decision
of the FIFA
Appeal Committee
(composed of: Mr Thomas Bodström [SWE], Chairman; Mr Neil Eggleston [USA], deputy Chairman; Mr Randall Cunliffe [GUM], member)
at the Home of FIFA, Zurich, Switzerland on 11 April 2019,
to discuss the case of:
Chelsea Football Club
(Decision 160620 APC ENG ZH)

regarding:

Appeal lodged by Chelsea Football Club, England, against the decision passed by the FIFA Disciplinary Committee on 9 January 2019

I. Inferred from the file

1. Below is a summary of the main relevant facts and allegations based on the documents pertaining to the file. Although the FIFA Appeal Committee has considered all the facts, legal arguments and evidence submitted by Chelsea Football Club (hereinafter also referred to as CFC or the Appellant), it refers in its decision only to submissions and evidence it considers necessary to explain its reasoning.

2. On 9 January 2019, the FIFA Disciplinary Committee passed the decision 160620 TMS ENG ZH (hereinafter, the Appealed Decision) against CFC. The Disciplinary Committee decided as follows:

……

III. therefore decided（裁决）

1. The appeal lodged by Chelsea FC is partially upheld.

2. The decision of the FIFA Disciplinary Committee rendered on 9 January 2019 is modified as follows:

1. The club Chelsea FC is declared liable for the violations of article 19 pars. 1 and 3 of the Regulations on the Status and Transfer of Players (RSTP), with respect to the international transfers and first registrations of minor players.

2. The club Chelsea FC is declared liable for the violations of article 19 par. 4 juncto Annexes 2 and 3 of the RSTP and articles 5 par. 1, 9 par. 1 and 19bis par. 1 of the RSTP.

3. The club Chelsea FC is also declared liable for the breach of article 18bis par. 1 of the RSTP after having concluded agreements which enable it to influence other clubs' policies and transfer-related matters.

4. In accordance with article 12 (a) and article 23 of the FDC, the club Chelsea FC is banned from registering new players, nationally and

internationally, for two (2) entire and consecutive registration periods following notification of this decision. The transfer ban shall cover all male teams of the Club – first team and youth categories, with the exception of those minor players under the aged of 16 that do not fall under the scope of art. 19 of the RSTP. The Club may only register new players, nationally and internationally, from the next transfer period following the complete serving of the transfer ban.

5. The club Chelsea FC is ordered to pay a fine of CHF 600,000. The fine is to be paid within 30 days of notification of the present decision. Payment can be made either in Swiss francs (CHF) to the account no. 0230-325519.70J, UBS AG, Bahnhofstrasse 45, 8098 Zurich, SWIFT: UBSWCHZH80A, IBAN: CH85 0023 0230 3255 1970 J or in US dollars (USD) to the account no. 0230-325519.71U, UBS AG, Bahnhofstrasse 45, 8098 Zurich, SWIFT: UBSWCHZH80A, IBAN: CH95 0023 0230 3255 1971 U, with reference to case no. 160620 aja.

6. In application of article 10 a) and article 13 of the FIFA Disciplinary Code, the club Chelsea FC is warned on its future conduct. The club Chelsea FC is ordered to undertake all appropriate measures in order to guarantee that the FIFA regulations are strictly complied with. Should such incidents occur again in the future, the FIFA Disciplinary Committee may impose harsher sanctions on the club Chelsea FC.

7. In application of article 10 b) and article 14 of the FIFA Disciplinary Code a reprimand is issued against the club Chelsea FC.

8. The club Chelsea FC is granted a period of 90 days to regularize the situation with regard to the underage players that are presently with the Club and are subject to the present proceedings.

9. The costs of this proceeding amounting to CHF 50,000 are to be borne by the club Chelsea FC and shall be paid according to the modalities stipulated under point 5. above.

……

3. The costs and expenses of these proceedings in the amount of CHF 3,000 are to be borne by Chelsea FC. This amount is set off against the appeal fee of CHF 3,000 already paid by Chelsea FC.

Sent to: - Chelsea FC, c/o Northridge Law;

- The Football Association. *****

本案中，切尔西俱乐部对纪律委员会的裁决不服而上诉到上诉委员会，上诉委员会经过审理后减轻了对切尔西俱乐部的处罚，即当事人可以通过行使上诉权来获得进一步的救济。

当事方的另一个救济途径是上诉到国际体育仲裁法庭。

《章程》与仲裁相关的内容具体体现在第9章仲裁的四个条款：

57 Court of Arbitration for Sport (CAS)

1.FIFA recognises the independent Court of Arbitration for Sport (CAS) with headquarters in Lausanne (Switzerland) to resolve disputes between FIFA, member associations, confederations, leagues, clubs, players, officials, intermediaries and licensed match agents.

2.The provisions of the CAS Code of Sports-related Arbitration shall apply to the proceedings. CAS shall primarily apply the various regulations of FIFA and, additionally, Swiss law.

58 Jurisdiction of CAS

1.Appeals against final decisions passed by FIFA's legal bodies and against decisions passed by confederations, member associations or leagues shall be lodged with CAS within 21 days of receipt of the decision in question.

2.Recourse may only be made to CAS after all other internal channels have been exhausted.

3.CAS, however, does not deal with appeals arising from:

a) violations of the Laws of the Game;

b) suspensions of up to four matches or up to three months (with the exception of doping decisions);

c) decisions against which an appeal to an independent and duly constituted arbitration tribunal recognised under the rules of an association or confederation may be made.

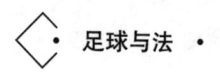

4.The appeal shall not have a suspensive effect. The appropriate FIFA body or, alternatively, CAS may order the appeal to have a suspensive effect.

5.FIFA is entitled to appeal to CAS against any internally final and binding doping-related decision passed in particular by the confederations, member associations or leagues in accordance with the provisions set out in the FIFA Anti-Doping Regulations.

6.The World Anti-Doping Agency (WADA) is entitled to appeal to CAS against any internally final and binding doping-related decision passed in particular by FIFA, the confederations, member associations or leagues in accordance with the provisions set out in the FIFA Anti-Doping Regulations.

59 Obligations relating to dispute resolution

1.The confederations, member associations and leagues shall agree to recognise CAS as an independent judicial authority and to ensure that their members, affiliated players and officials comply with the decisions passed by CAS. The same obligation shall apply to intermediaries and licensed match agents.

2.Recourse to ordinary courts of law is prohibited unless specifically provided for in the FIFA regulations. Recourse to ordinary courts of law for all types of provisional measures is also prohibited.

3.The associations shall insert a clause in their statutes or regulations, stipulating that it is prohibited to take disputes in the association or disputes affecting leagues, members of leagues, clubs, members of clubs, players, officials and other association officials to ordinary courts of law, unless the FIFA regulations or binding legal provisions specifically provide for or stipulate recourse to ordinary courts of law. Instead of recourse to ordinary courts of law, provision shall be made for arbitration. Such

60 IX. ARBITRATION

disputes shall be taken to an independent and duly constituted arbitration tribunal recognised under the rules of the association or confederation or to CAS.

The associations shall also ensure that this stipulation is implemented in the association, if necessary by imposing a binding obligation on its members.

The associations shall impose sanctions on any party that fails to respect this obligation and ensure that any appeal against such sanctions shall likewise be strictly submitted to arbitration, and not to ordinary courts of law.

国际足联在《章程》第 57、58、59 和 60 条四个条款阐述了国际体育仲裁法庭为国际足联的争议解决的上诉机构，甚至在国际足联的官网上明确设定了 CAS 目录与链接，彰显了国际体育仲裁法庭在国际足联的地位，故各个洲际足联和会员协会的章程都在专门的章节和条款中强调了国际体育仲裁法庭的地位。

◆ 案例 ◆

切尔西俱乐部减轻处罚案的新闻报道

FOOTBALL CASE CHELSEA FC – FIFA: SANCTIONS REDUCED BY HALF

Lausanne, 6 December 2019 – The Court of Arbitration for Sport (CAS) has issued its decision in the arbitration procedure between Chelsea Football Club Ltd (CFC) and the Fédération Internationale de Football Association (FIFA).

The FIFA Appeal Committee decision dated 11 April 2019, in which CFC was declared liable for violations of the FIFA Regulations on the Status and Transfer of Players (RSTP) and banned from registering new players, nationally and internationally, for two (2) entire and consecutive registration periods, fined CHF 600,000, reprimanded and warned on its future conduct, has been modified. The following sanctions have now been imposed by the CAS:

• CFC is banned from registering any new players, either nationally or internationally, for one (1) entire registration period, which the club already served during the 2019 summer registration period;

• CFC is ordered to pay a fine to FIFA of the amount of CHF 300,000 (three hundred thousand Swiss Francs).

• The warning and the reprimand are confirmed

A CAS arbitration procedure was initiated in June 2019, following the receipt of CFC's appeal, and conducted by a Sole Arbitrator (Prof. Massimo Coccia (Italy)). The club did not file any application for provisional measures but requested that a final decision be rendered before the end of 2019. A hearing was held at the CAS headquarters in Lausanne, Switzerland, on 20 November 2019.

The Sole Arbitrator found that CFC did violate Articles 19.1 (related to the international transfer of minors) and 19.3 (related to the first registration of minors) of the RSTP, but for a significantly smaller number of players (about 1/3 of the violations found by FIFA). In addition, the violations of other RSTP rules were found to be less serious than those attributed to Chelsea FC by FIFA. Accordingly, the Sole Arbitrator reduced the sanction to one single transfer ban (which Chelsea FC already served during the 2019 summer registration period), and halved the monetary sanction.

In view of the upcoming transfer window, the Sole Arbitrator issued his decision without the grounds. The reasoned award is being prepared and is expected to be notified to the parties in early 2020.

2019年4月11日，国际足联上诉委员会针对英超切尔西足球俱乐部违反《球员身份及转会规定》作出了禁止切尔西俱乐部在未来两个连续赛季注册国内外球员和予以罚款的裁决。切尔西俱乐部就该裁决上诉到国际体育仲裁法庭（Court of Arbitration for Sport）。2019年11月20日听证会召开，仲裁庭经审理认为切尔西俱乐部违规情节并不严重，上诉委员会的处罚力度过重，于2019年12月6日作出了禁止转会注册的减半处罚的裁决。

Article 46 Players' Status Committee

1.The Players' Status Committee shall set up and monitor compliance with the Regulations on the Status and Transfer of Players and determine the status of players for various FIFA competitions. Its jurisdiction is governed by the Regulations on the Status and Transfer of Players.

2.It shall also be responsible for the work of the Dispute Resolution Chamber in accordance with the Regulations on the Status and Transfer of Players and the Rules Governing the Procedures of the Players' Status Committee and the Dispute Resolution Chamber.

3.The Players' Status Committee as well as the Dispute Resolution Chamber may pronounce the sanctions described in these Statutes and the Regulations on the Status and Transfer of Players on member associations, clubs, officials, players, intermediaries and licensed match agents.

The Players' Status Committee (PSC) is one of the standing committees of FIFA. It sets up and monitors compliance with the Regulations on the Status and Transfer of Players and determines the status of players for various FIFA competitions. The PSC may pronounce the sanctions described in the FIFA Statutes and the Regulations on the Status and Transfer of Players on member associations, clubs, officials, players, intermediaries and licensed match agents.

The PSC is currently composed of one chairperson, one deputy chairperson and 22 members. The Players' Status Committee (PSC) and the Dispute Resolution Chamber (DRC) are FIFA's decision-making bodies that deal with various contractual and regulatory disputes between member associations, clubs, officials, players, intermediaries and licensed match agents. The PSC also sets up and monitors compliance with the Regulations on the Status and Transfer of Players and determines the status of players for various FIFA competitions. The DRC, meanwhile, provides arbitration and dispute resolution on the basis of equal representation of players and clubs with an independent chairperson.

《章程》第46条确认了球员身份委员会的组成、管辖范围、审理案件依据，确认了球员身份委员会和争议解决庭系合同与规则争议的解决机构。目前该委员会由主席1人、副主席1人和22名委员组成。广州恒大淘宝足球俱乐部有限公司前董事长刘永灼先生系委员会组成成员之一。

国际足联《球员身份与转会规定》第 23、24 条再次确认球员身份委员会（Players' Status Committee, PSC）和争议解决庭（the Dispute Resolution Chamber, DRC）是合同和监管争议的审理机构。

23 Players' Status Committee

1.The Players' Status Committee shall adjudicate on any of the cases described under article 22 c) and f) as well as on all other disputes arising from the application of these regulations, subject to article 24.

2.The Players' Status Committee has no jurisdiction to hear any contractual dispute involving intermediaries.

3.In case of uncertainty as to the jurisdiction of the Players' Status Committee or the Dispute Resolution Chamber, the chairman of the Players' Status Committee shall decide which body has jurisdiction.

4.The Players' Status Committee shall adjudicate in the presence of at least three members, including the chairman or the deputy chairman, unless the case is of such a nature that it may be settled by a single judge. In cases that are urgent or raise no difficult factual or legal issues, and for decisions on the provisional registration of a player in relation to international clearance in accordance with Annexe 3, article 8, and Annexe 3a, the chairman or a person appointed by him, who must be a member of the committee, may adjudicate as a single judge. Each party shall be heard once during the proceedings. In the case of the international clearance of a player the former association will be heard upon receipt of the ITC request (cf. Annexe 3, article 8.2 paragraphs 3 and 4). Decisions reached by the single judge or the Players' Status Committee may be appealed before the Court of Arbitration for Sport (CAS).

《球员身份与转会规定》第 23 条确认了球员身份委员会的职能和管辖范围，其管辖的案件类型有俱乐部之间争议、教练争议、球员与经纪人之间争议、逾期付款争议四类。

24 Dispute Resolution Chamber（DRC）

1.The Dispute Resolution Chamber (DRC) shall adjudicate on any of the cases described under article 22 a), b), d) and e) with the exception of disputes concerning the issue of an ITC.

2.The DRC shall adjudicate in the presence of at least three members, including the chairman or the deputy chairman, unless the case is of a nature that may be settled by a DRC judge. The members of the DRC shall designate a DRC judge for the clubs and one for the players from among its members. The DRC judge may adjudicate in the following cases:

i. all disputes up to a litigious value of CHF 200,000;

ii. disputes relating to training compensation without complex factual or legal issues, or in which the DRC already has a clear, established jurisprudence;

iii. disputes relating to solidarity contributions without complex factual or legal issues, or in which the DRC already has a clear, established jurisprudence.

Disputes as per points ii. and iii. of this paragraph may also be adjudicated by the chairman or the deputy chairman as single judges.

The DRC judge, as well as the chairman or deputy chairman of the DRC (as the case may be), is obliged to refer cases concerning fundamental issues to the chamber. The chamber shall consist of equal numbers of club and player representatives, except in those cases that may be settled by a DRC judge. Each party shall be heard once during the proceedings. Decisions reached by the DRC or the DRC judge may be appealed before the Court of Arbitration for Sport (CAS).

3. Training compensation and solidarity mechanism claims handled through TMS (cf. Annexe 6) shall be decided by the sub-committee of the DRC

《球员身份与转会规定》第24条确认争议解决庭的职责和管辖范围，管辖的案件类型有劳动争议、培训补偿争议、联合机制补偿争议和逾期付款争议四类。

根据现有资料，争议解决庭（DRC）制度的设立可以追溯到2001年。

国际职业足球运动员联合会（FIFPro）与国际足联（FIFA）是两个分别代表不同组织利益的平行组织，FIFPro 通过与 FIFA 的不断抗争与谈判，在保护球员利益的同时，也促进了国际足联更好地改革与发展。争议解决庭（DRC）制度正是由 FIFPro 与 FIFA 反复斗争与磋商后成立的解决劳动合同争议等案件的救济机构。争议解决庭目前由 29 位成员组成，其中 13 位系由国际职业足球运动员联合会（FIFPro）指派，13 位由国际足联（FIFA）指派，主席与副主席由国际职业足球运动员联合会（FIFPro）和国际足联（FIFA）协商产生。换言之，争议解决庭借助国际职业足球运动员联合会（FIFPro）的力量，无论在组织中还是案件的审理中，球员代表享有一定的话语权，通过与国际足联（FIFA）的谈判与斗争，不断促进《球员身份与转会规定》中涉及球员合理利益条款的不断修正与完善。

同时，为保护未成年球员国际转会与第一次国际注册，国际足联《球员身份与转会规定》附件 2 第 3 款在球员身份委员会下专设了下设委员会制度，该下设委员会专门负责未成年球员国际转会与第一次注册，具体根据《球员身份与转会规定》第 19 条第 4 款的规定进行如国际转会证明 ITC 签发的审理等事宜。

Annexed 2 Procedure governing applications for first registration and international transfer of minors (article 19 paragraph 4) 3 Composition of sub-committee

1. The sub-committee appointed by the Players' Status Committee shall be composed of the chairman and deputy chairman of the Players' Status Committee and nine members.

2. In view of the urgent nature of the relevant applications, as a general rule, all members of the sub-committee pass decisions as single judges. However, the sub-committee may also pass decisions with three or more members.

目前，足球在国际范围的争议解决案件的管辖机构有七个，分别是纪律委员会、道德委员会、上诉委员会、争议解决庭（DRC）、球员身份委员会（PSC）、球员身份委员会下设委员会（sub-committee）和国际体育仲裁法庭（CAS）。

目前，我国尚未成立中国足球职业球员工会或者球员联合会，应在条件成熟时加以设立。通过球员工会或联合会向相关机构提出球员的诉求，将极大促进中国足协在制定法规与规则过程中充分考虑球员的利益，比如推出对低收入球员的保障制度，设立保护欠薪球员的法律机制，完善俱乐部申请退出联赛的善后制度。球员工会或联合会与足协间的谈判与交流必将促进中国足协在制度建设上更加规范化、合理化。建议中国足协发挥已成立的运动员委员会的职能，为更好地维护球员的利益发声，而不能仅仅将运动员委员会看作一个荣誉或称呼。

第三节　亚足联司法机构

亚足联（AFC）系国际足联的洲际会员。根据 AFC Statutes (Edition 2019) ARTICLE 1 TITLE, LEGAL FORM, HEADQUARTERS AND LANGUAGE 1. The organisation shall be called the "Asian Football Confederation" or "AFC". 2. The AFC is an association registered pursuant to Section 7 of the Societies Act 1966 of the Laws of Malaysia. 3. The AFC is a Confederation recognised by FIFA. 《亚足联章程》第 1 条确定了亚足联系根据马来西亚 1966 年《社团条例》第 7 节设立的协会，该协会为国际足联所确认。

ARTICLE 57 JUDICIAL BODIES 司法机构

1. The judicial bodies of the AFC are: a) the Disciplinary and Ethics Committee; b) the Appeal Committee; and c) the Entry Control Body.

《亚足联章程》第 57 条第 1 款确立了纪律与道德委员会、上诉委员会和准入审查部为亚足联的三个司法机构。

ARTICLE 58 DISCIPLINARY AND ETHICS COMMITTEE 纪律与道德委员会

1. The Disciplinary and Ethics Committee shall consist of a Chairperson, a Deputy Chairperson and the number of members deemed necessary by the Executive Committee for the Disciplinary and Ethics Committee to

function properly. The Chairperson and the Deputy Chairperson shall have legal qualifications. The members shall have legal qualifications or related experience.

2. The Disciplinary and Ethics Committee may pronounce the sanctions described in these Statutes and the AFC Disciplinary and Ethics Code on all parties set out in these Statutes and the AFC Disciplinary and Ethics Code.

3. The Disciplinary and Ethics Committee may propose amendments to the AFC Disciplinary and Ethics Code directly to the Executive Committee. The Legal Committee shall be promptly notified of such proposed amendments.

4. These provisions are subject to the disciplinary powers of the Congress and the Executive Committee with regard to the suspension and expulsion of a Member Association.

《亚足联章程》第58、59和60条分别规定了相应委员会的组成和工作职责。

◆ 案例 ◆

亚足联纪律与道德委员会对亚冠比赛球员停赛处罚案

Date 时间：15th AFC Disciplinary and Ethics Committee Meeting on 28 January 2020

Decision 裁决编号：VTC 20200128DC01

Competitions 比赛对阵：1 AFC Cup 2020 (Playoff) Lalenok United FC (TLS) vs. PSM Makassar (IDN) on 22 January 2020

Defendant (unless otherwise stated) 被处罚者：Lalenok United FC (TLS) player, Mr. Agbozo Nathaniel (AFC/140635/GHA)

Matters 事件：Serious Infringements punishable by an expulsion (Article 47, AFC Disciplinary and Ethics Code)

Basic Facts 事实：The Defendant was expelled by the Referee for denying the opposing team an obvious goal-scoring opportunity.

Terms 结论：

1. Mr. Agbozo Nathaniel (AFC/140635/GHA) is suspended for one (1) match, which includes the one (1) match automatic suspension arising from his expulsion in the match Lalenok United FC (TLS) vs. PSM Makassar (IDN) on 22 January 2020.

2. The one (1) match suspension shall be served in the AFC Cup 2020 (Playoff) match PSM Makassar (IDN) vs. Lalenok United FC (TLS) on 29 January 2020.

3. Mr. Agbozo Nathaniel (AFC/140635/GHA) is ordered to pay a fine of USD1,000/- in accordance with Article 48.2 of the AFC Disciplinary and Ethics Code.

4. The fine shall be settled within 30 days from the date that this decision is communicated in accordance with Article 11.3 of the AFC Disciplinary and Ethics Code.

5. Mr. Agbozo Nathaniel (AFC/140635/GHA) is informed that a repeat violation of this provision may be met with more severe punishment.

ARTICLE 59 APPEAL COMMITTEE 上诉委员会

1. The Appeal Committee shall consist of a Chairperson, a Deputy Chairperson and the number of members deemed necessary by the Executive Committee for the Appeal Committee to function properly. The Chairperson and the Deputy Chairperson shall have legal qualifications. The members shall have legal qualifications or related experience.

2. The Appeal Committee shall have jurisdiction to hear appeals arising from decisions of the Disciplinary and Ethics Committee that are not declared final pursuant to the AFC Disciplinary and Ethics Code.

《亚足联章程》第 59 条明确了上诉委员会的组成与工作职责。

Disciplinary and Ethics Code 124. Time limit for appeal

124.1. Any party intending to appeal must inform the AFC Appeal Committee of its intention to do so in writing within three (3) days of notification of the grounds of the decision.

124.2. Within five (5) days of expiry of the time limit for the declaration of appeal, the appellant must file, in writing, the appeal brief and pay the appeal fee. This must contain the appellant's requests, an account of the facts, evidence, a list of the proposed witnesses (with a brief summary of their expected testimony) and the appellant's conclusions. The appellant is not authorised to produce further written submissions or evidence after the deadline for filing the appeal brief.

124.3. If this requirement has not been complied with, the appeal is not admitted.

125. Appeal fee

125.1. All appeals shall be accompanied by an appeal fee of USD1,000 (non-inclusive of bank charges). The appeal fee shall be transmitted to the nominated AFC account before the expiry of the time limit for submitting the appeal brief (cf. Article 124.2).

125.2. If this requirement has not been complied with, the appeal is not admitted.

亚足联《纪律与道德准则》(Disciplinary and Ethics Code, DEC) 第124、125条规定了书面上诉到上诉委员会的除斥期间和缴纳1000美元上诉费用的义务。当事方逾期不履行的行为直接导致上诉不成立的法律后果。

对2019年10月22日内蒙古举办的五人制足球锦标赛（东亚区）预选赛医疗室和体育馆不符合标准的事件，亚足联纪律道德委员会对中国足协作出了编号20200220DC16号罚款决定。中国足协随即在规定时间内上诉到了亚足联的上诉委员会，2020年5月4日，上诉委员会作出对中国足协五人制比赛上诉案编号20200504AC04的处罚决定。

ARTICLE 60 ENTRY CONTROL BODY 准入审查部

1. The Entry Control Body shall consist of a Chairperson and four (4) Deputy Chairpersons. The members of the Entry Control Body shall not belong to the Executive Committee, General Secretariat, any AFC standing

committee, or any other AFC judicial body. The Chairperson shall have legal qualifications. The remaining members shall have legal qualifications or related experience.

2. The Entry Control Body shall have jurisdiction to determine the eligibility of Clubs to participate in AFC club competitions as set out in the Procedural Rules Governing the AFC Entry Control Body.

《亚足联章程》第60条确认了准入审查部的职责，尤其强调了该部门的司法权限。亚足联准入审查部与国际足联的司法机构、中国足协法律机构在组成上存在一定的区别。随着职业联盟的建立，为规范职业俱乐部的准入与发展，建议在未来中国足协改革过程中，将准入审查部列为法律机构之一。

CHAPTER 6: DISPUTE RESOLUTION 争议解决
ARTICLE 62 COURT OF ARBITRATION FOR SPORT (CAS)

1. The AFC recognises the independent Court of Arbitration for Sport (CAS) with headquarters in Lausanne (Switzerland) to resolve disputes between the AFC and the other Confederations, Member Associations, Leagues, Clubs, Players, Officials, Intermediaries and licensed match agents.

2. The provisions of the CAS Code of Sports-related Arbitration shall apply to the proceedings.

3. The CAS shall apply the various regulations of the AFC, and additionally where relevant, the Laws of Malaysia.

ARTICLE 63 DISPUTES 争议

1. The Member Associations shall agree to recognise CAS as an independent judicial authority and to ensure that their members, affiliated Leagues, Clubs, Players and Officials comply with the decisions passed by CAS. The same obligation shall apply to Intermediaries and licensed match agents.

2. Recourse to ordinary courts of law is prohibited unless specifically

provided for in any FIFA or AFC Regulations. Recourse to ordinary courts of law for all types of provisional measures is also prohibited.

3. Any violation of this Article shall be sanctioned in accordance with these Statutes.

ARTICLE 64 DISPUTES OF NATIONAL DIMENSION 国际争议

1. Member Associations shall insert a clause in their statutes or regulations stipulating that it is prohibited to take disputes within the Member Association or disputes affecting Leagues, Clubs, members of Clubs, Players, Officials and other Member Association Officials to ordinary courts of law, unless FIFA regulations, AFC regulations or binding legal provisions specifically provide for or stipulate recourse to ordinary courts of law.

2. Such disputes in the last instance shall be referred to an independent and duly constituted arbitration tribunal recognised under the rules of the Member Association or to the CAS.

3. Member Associations shall ensure that the stipulation in Article 64.1 is implemented within the Member Association, if necessary, by imposing a binding obligation on its members. Member Associations shall impose sanctions on any party that fails to respect this obligation and ensure that any appeal against such sanctions shall likewise be strictly submitted to arbitration, and not to ordinary courts of law.44

ARTICLE 65 JURISDICTION OF CAS AS AN ORDINARY COURT OF ARBITRATION 国际体育仲裁法庭作为普通法院履行仲裁事项

1. CAS shall have jurisdiction, to the exclusion of any ordinary court or any other court of arbitration, to deal with the following disputes in its capacity as an ordinary court of arbitration:

a) disputes between the AFC and its Member Associations, their Leagues, Clubs, Players and/or Officials; and

b) disputes of international dimension between Member Associations,

Leagues, Clubs, Players and/or Officials.

2. CAS shall only intervene in its capacity as an ordinary court of arbitration if the dispute does not fall within the competence of an AFC body.

ARTICLE 66 JURISDICTION OF CAS AS AN APPEALS ARBITRATION BODY 国际体育仲裁法庭系上诉仲裁机构

1. Any final decision made by an AFC body may be disputed exclusively before CAS in its capacity as an appeals arbitration body, to the exclusion of any ordinary court or any other court of arbitration.

2. Recourse may only be made to CAS after all other internal AFC channels have been exhausted. Appeals shall be lodged with CAS within twenty-one (21) days of receipt of the decision in question. The relevant AFC regulations may contain further stipulations or amend this time limit.

3. CAS does not deal with appeals arising from:

a) violations of the Laws of The Game;

b) suspensions of up to four (4) matches or up to three (3) months (with the exception of doping decisions);

c) decisions which any Regulations declare as final and binding and not appealable; or

d) decisions against which an appeal to an independent and duly constituted arbitration tribunal recognised under the rules of a Member Association may be made.

4. The appeal shall not have a suspensive effect. The appropriate AFC bodies, or alternatively, CAS may order the appeal to have a suspensive effect.

5. Only parties directly affected by a decision may appeal to CAS.

6. Both FIFA and the World Anti-Doping Agency are entitled to appeal to CAS against any internally final and binding doping-related decision passed by the AFC.

《亚足联章程》通过第63、64、65和66条四个条款赋予了国际体育仲裁法庭对争议案件的上诉管辖权，即相关当事人就亚足联裁决不服的可以上诉到国际体育仲裁法庭。

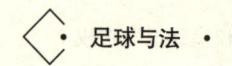

第四节　中国足球协会法律机构

根据《中华人民共和国体育法》(以下简称《体育法》) 第 32 条规定，在竞技体育活动中发生纠纷，由体育仲裁机构负责调解、仲裁。体育仲裁机构的设立办法和仲裁范围由国务院另行规定。

1995 年 8 月 29 日，全国人大常务委员会在颁布《体育法》时特别在第 33 条第 2 款赋予国务院设立体育仲裁机构的立法权。《体育法》就体育仲裁事项的立法本意是拟通过国务院行使立法权来设立全国性的专门体育仲裁机构负责体育领域尤其竞技体育争议的调解与仲裁，即授权立法。可惜的是时至笔者完稿之日，国务院仍然未能就体育领域的仲裁事项颁布任何的行政法规。

中国足球协会简称中国足协，该协会是中华人民共和国从事足球运动的组织自愿结成的全国性、非营利性、体育类社团法人，是具有公益性质的社会组织，根据法律授权和政府委托管理全国足球事务。中国足协是中华全国体育总会和中国奥委会的单位会员，遵守中华全国体育总会与中国奥委会的章程及有关规定，接受行业管理部门和登记管理机关的业务指导与监督管理。中国足协是唯一代表中国的国际足联会员和亚足联会员。该协会章程系该协会核心纲领性法律文件，是依据《民法总则》《体育法》《社会团体登记管理条例》《国际足联章程》以及《亚足联章程》的有关规定制定。

根据《中国足球协会章程》(以下简称《中国足协章程》)第四章法律机构第 52 条、第 54 条的规定，确定了纪律委员会、道德与公平竞赛委员会、仲裁委员会三个法律机构系足协的分支机构，明确了争议管辖权的范围以及国际体育仲裁法庭的地位。具体条文规定：第 52 条纪律委员会、道德与公平竞赛委员会、仲裁委员会。①纪律委员会、道德与公平竞赛委员会、仲裁委员会是本会的纪律、道德、争议解决机构，为本会分支机构。②纪律委员会、道德与公平竞赛委员会、仲裁委员会的职责由委员会的工作规范规定。③纪律委员会、道德与公平竞赛委员会、仲裁委员会的成员不得同时担任本会其他机构职务。三个委员会分别由主任 1 名、副主任及委员若干人组成。主任及多数委员应拥有法律职业资格。④执委会负责制定三个委员会的工作规则和准则。

《中国足协章程》第52条确立三个委员会的法律地位、工作规则和准则产生办法。纪律委员会依据《足协纪律准则》（2019）审理案件、道德与公平竞赛委员会依据《道德与公平竞赛准则》（2018）审理案件、仲裁委员会依据《足协仲裁工作规则》（2009）审理案件，即各个委员会依据相应的准则或规则进行争议案件的审理工作。

第54条争议管辖权。①除本章程和国际足联另有规定外，本会及本会管辖范围内的足球组织和足球从业人员不得将任何争议诉诸法院。所有争议应提交本会或国际足联的有关机构解决。②争议各方或争议事项属于本会管辖范围内的为国内争议，本会有管辖权。其他争议为国际争议，国际足联有管辖权。

《中国足协章程》第54条确认了三个委员会依照章程享有对中国足协会员范围内争议案件的管辖权，即足协内部发生的相关争议只能提交足协的法律机构审理，在某种程度上排除了国家的司法管辖。

同时，从《中国足协章程》的内容看，中国足协的法律机构设置与亚足联也存在着一定的区别。除了均有纪律委员会外，中国足协法律机构有仲裁委员会，亚足联法律机构有上诉委员会和准入审查部。

从体育自治的角度，包括中国足协的各级协会或联合会为了更加规范地发展足球活动，均通过章程或者规范性文件的授权建立了司法机构、争议解决机构或法律机构，从法律规则上更好维护各方利益。

第五节　国际体育仲裁法庭

The Court of Arbitration for Sport (CAS) is an independent institution providing international sport with an organization capable of setting all legal disputes relating to sport within very short time limits and at low cost. The CAS was created in 1984 and is under the administrative and financial authority of the International Council of Arbitration for Sport (ICAS). ICAS is composed of 20 members from the International Sports Federations (IFs), the Association of Summer Olympic IFs (ASOIF), the Association of Winter Olympic Ifs (AIOWF), the International Olympic Committee and others organization. The purpose of ICAS is to facilitate the resolution of sports-related disputes through arbitration or mediation and to safeguard the independence of CAS and the rights of the parties. It also responsible for the administration and financing of CAS.

The CAS has nearly 300 arbitrators from 80 countries, chosen for their special knowledge and sports law. Around 200 procedures are registered by the CAS every year. And there are some mediators for the resolution of sport-related disputes through mediation.

The CAS has the task of resolving legal disputes in the field of sport through arbitration. It does this by issuing arbitral awards that have the same enforceability as the judgement of ordinary court. It can also help parties to solve their disputes on an amicable basis through mediation, when this procedure is possible. In addition, the CAS provides advisory opinions concerning legal questions related to sport. Finally, the CAS establishes non-permanent tribunals at the Olympic Games, the Commonwealth Games and other major sport event. To take into the circumstances of such events, special procedural rules are established on each occasion.

CAS procedures are conducted in French or English. Another language may be used with the agreement of all parties and the CAS.

国际体育仲裁法庭（Court of Arbitration for Sport, CAS）是在国际奥林匹克委员会（以下简称"国际奥委会"，IOC）前任主席萨马兰奇提议下于1984年成立的。国际体育仲裁法庭是一个独立的解决与体育有关的争议的仲裁机构，总部设在瑞士的洛桑。到目前为止，它的发展经历了两个阶段。

第一阶段从1984年至1994年。当时，国际体育仲裁法庭虽为独立的体育仲裁机构，但国际体育仲裁法庭的主席要由国际奥委会主席任命，国际奥委会承担国际体育仲裁法庭的运行费用，并负责国际体育仲裁法庭的行政管理及监督。在这一阶段，国际体育仲裁法庭实际上是国际奥委会的一个下属组织。

第二阶段从1994年至今。如前所述，1994年以前，国际体育仲裁法庭实际上依附于国际奥委会。在这种情况下，如果体育争议涉及国际奥委会，并把该争议交由国际体育仲裁法庭进行仲裁，国际体育仲裁法庭仲裁的独立性和公正性必受质疑。

1993年，瑞士联邦最高法院在对德国骑士甘德尔（Gundel）因其马匹尿样中含有禁用物质而被处以禁赛一案的上诉判决中表明了这种观点。在该案中，一次赛后的尿检显示，甘德尔的马匹的尿样中含有禁用物质，国际马术联合会法律委员会决定取消甘德尔及其马匹的参赛资格，并对甘德尔给予三个月内禁止参加国际马术比赛的处罚。在被国际马术联合会禁赛后，甘德尔根据《国际马术联合会章程》的规定将该决定上诉到国际体育仲裁法庭。仲裁庭经审理后认为，马匹尿样中含有禁用物质是毋容置疑的，负有注意义务的当事人并没有采取足够的预防措施以阻止其马匹在比赛前的数周以及在比赛期间服用禁用物质，因此仲裁庭维持国际马术联合会对甘德尔及其马匹禁赛的决定，但将禁止其参加国际马术比赛的三个月的处罚减少为一个月，外加1000瑞士法郎的罚金。由于对该仲裁裁决不满意，甘德尔随后试图根据瑞士法来推翻体育仲裁院的裁决，并就该仲裁裁决向瑞士联邦法院提起了公法上的上诉。上诉人质疑国际体育仲裁法庭存在的合法性以及管辖权，对国际体育仲裁法庭独立于国际马术联合会表示怀疑。瑞士联邦法院第一民庭于1993年6月18日作出判决，驳回了针对国际马术联合会和国际体育仲裁法庭裁决的上诉。瑞士联邦法院驳回甘德尔请求的理由是，国际体育仲裁法庭不是国际马术联合会的机构，它不接受该联合会的任何指示，具有足够的自治性。瑞士联邦法院还肯定国际体育仲裁法庭是一个独立的、对产生于体育运动中的体育争议具有管辖权的仲裁组织。然而，法院也注意到了国际体育仲裁法庭与国际奥委会之间存在的诸多联系：国际体育仲裁法庭几乎由国际奥委会独家提供财政资助；国际奥委会有权力修改国际体育仲裁法庭仲裁规则；国际奥委会和其主席有权任命国际体育仲裁法庭成员等。此类联系在国际奥委会为仲裁案件的一方当事人的情况下足以使人对国际体育仲裁法庭的独立性产生怀疑，国际体育仲裁法庭应当在组织和财政上更加独立于国际奥委会。正是这一判决最终导致了国际体育仲裁法庭的重大改革，即设立国际体育仲裁理事会（International Council of Arbitration for Sport，ICAS）以取代国际奥委会来监管国际体育仲裁法庭的运行和财政。1994年11月22日生效的《国际体育仲裁规则》肯定了这一改革成果。应该说，1994年以后，国际体育仲裁法庭成为一个完全独立于各类体育组织的仲裁机构。

国际体育仲裁法庭目前已经得到大部分国际单项联合会的认可，包括国际游泳联合会、国际足联和国际田联等都在各自章程中要求会员承诺接受国际体育仲裁法庭管辖并服从国际体育仲裁法庭作出的裁决。国际体育仲裁法庭迄今已经裁决4000多起案件。

国际体育仲裁法庭开庭审理案件通用的语言限于法语和英语，如涉及其他语言的使用，必须得到当事人各方及国际体育仲裁法庭的同意。

根据2019年1月1日版"Code of Sport-related Arbitration and Mediation Rules"，国际体育仲裁法庭分设普通仲裁庭（Ordinary Arbitration Division）、反兴奋剂仲裁庭（the Antidoping Division）和上诉仲裁庭（Appeals Arbitration Division）三种仲裁庭，分别处理普通程序争议案件、反兴奋剂有关争议和因体育组织裁决引起的争端。某中超俱乐部对国际足联处理的其与某外籍教练争议案件上诉到普通仲裁庭；2020年2月28日国际体育仲裁法庭公布的CAS2019/A6148游泳运动员孙某诉世界反兴奋剂机构案属于反兴奋剂仲裁庭审理。

国际体育仲裁法庭审理案件过程中主要依据的英语和法语版本的"Code of Sport-related Arbitration and Mediation Rules"，该规则分为Statutes of the Bodies Working for the Settlement of Sports-related Disputes, Procedural Rules, CAS Mediation Rules and Appendices四个部分，主要的是第二章的Procedural Rules，程序规则（70条）和第三章的Mediation Rules调解规则（14条）。每年ICAS会通过会议修订相关条款。目前使用的是2020年7月1日实施修订的规则。

《中国足协章程》第55条确立国际体育仲裁法庭是上诉案件审理机构，具体条款如下："①根据国际足联章程，任何对国际足联做出的最终的、具有约束力的裁决上诉，应当向位于瑞士洛桑的国际体育仲裁法庭提出，但下列情形除外：由协会或洲际足联独立、合理组成的仲裁机构做出的裁定，或违反《足球竞赛规则》的裁定，或4场以下、3个月以内的禁赛处罚的裁定。②在不违反我国有关法律法规的前提下，本会及本会管辖范围内的足球组织和足球从业人员均应服从国际足联相关机构或国际体育仲裁法庭做出的所有终审决定。"

第一章　足球争议案件准司法权

《中国足协章程》第 55 条的规定与《国际足联章程》的第九章仲裁涉及的第 57 条~59 条以及《亚足联章程》第 62 条~65 条关于国际体育仲裁法庭的规定相匹配，确立了国际体育仲裁法庭作为足球争议案件的上诉审理机构的法律地位。

引起足球界及媒体关注的案件是 2016 年国际体育仲裁法庭对前国际足联主席布拉特禁足案件的上诉案。

◆ 案例 ◆

布拉特案节选

Arbitration CAS 2016/A/4501 Joseph S. Blatter v. Fédération Internationale de Football Association (FIFA), award of 5 December 2016

Panel: Mr Manfred Nan (The Netherlands), President; Mr Patrick Lafranchi (Switzerland); Mr Andrew de Lotbinière McDougall (France)

Football

Disciplinary sanctions for infringements to the Code of Ethics

Principle "tempus regit actum" and prohibition against retroactivity

Admissibility of a witness statement of a witness not appearing at the hearing

Potential conclusive and preclusive effects of a previous award rendered in a closely connected case

Burden of proof

Standard of proof of "personal conviction"

Prohibition of bribery

Conflict of interests

Limited discretion to review sanctions imposed by disciplinary bodies of federations

I. PARTIES

1. Mr Joseph S. Blatter (the "Appellant" or "Mr Blatter") was President of the Fédération Internationale de Football Association between 1998 and 2015. Before being elected as President, Mr Blatter had already served the same organisation in various positions for twenty-three years,

including as its Secretary General from 1981 to 1998. Mr Blatter is of Swiss nationality.

2. The Fédération Internationale de Football Association (the "Respondent" or "FIFA") is an association under Swiss law and has its registered office in Zurich, Switzerland. FIFA is the governing body of international football at a worldwide level. It exercises regulatory, supervisory and disciplinary functions over continental federations, national associations, clubs, officials and football players worldwide.

II. FACTUAL BACKGROUND

A. Background Facts

……

B. Conclusion

318. Based on the foregoing, and after taking due consideration of all the evidence produced and all arguments made, the Panel finds that:

i. FIFA carries the burden of proof.

ii. The standard of proof to be applied is one of "personal conviction", which coincides with the standard of "comfortable satisfaction".

iii. It can be left open whether or not an oral agreement was concluded between Mr Blatter and Mr Platini regarding an annual remuneration for Mr Platini of CHF 1 million in 1998, although the Panel considers on the evidence before it that one was not entered into that bound FIFA.

iv. Even if there had been an oral agreement between Mr Blatter and Mr Platini in 1998, this agreement was superseded by means of the written agreement concluded in August 1999.

v. FIFA's payment pursuant to Mr Blatter's authorisation and direction of CHF 2 million to Mr Platini was made without contractual basis and this amounts to an undue gift.

vi. Mr Blatter unlawfully awarded contributions to Mr Platini under FIFA's ExCo retirement scheme and this amounts to an undue gift.

vii. Mr Blatter violated article 11 of the FCE (2006 edition) and article

10 of the FCE (2009 edition).

viii. Mr Blatter violated article 5 of the FCE (2009 edition).

ix. Since Mr Blatter is found guilty of the more specific violations of article 11 FCE (2006 edition), article 10 FCE (2009 edition) and article 5 FCE (2009 edition), article 3 and/or 9 (1) of the FCE (2009 edition) do not come into play.

x. A ban from taking part in any football-related activities (administrative, sports and other) at national and international level for six (6) years as from 8 October 2015 is to be imposed on Mr Blatter, as well as a fine in the amount of CHF 50,000.

布拉特对世界足球曾经作出了重大贡献，其知晓国际体育仲裁法庭是国际足联从章程上赋予当事人的救济途径之一。布拉特将案件上诉到国际体育仲裁法庭，其被禁止从事足球活动的时间调整到 6 年，相对于国际足联的处罚裁决有所减轻，也正是这个上诉机制保证了相关当事人的诉讼权利。

读者如果对国际体育仲裁感兴趣，可以浏览 CAS 的官网。以下是相关信息供参考。

For further information related to the CAS activity and procedures in general, please contact either Matthieu Reeb, CAS Secretary General, or Katy Hogg, Communications Officer. Château de Béthusy, Avenue de Beaumont 2, 1012 Lausanne, Switzerland. media@tas-cas.org; Tel: (41 21) 613 50 00; fax: (41 21) 613 50 01, or consult the CAS website: www.tas-cas.org

对俱乐部的建议：与外援或外籍教练签订工作合同可以约定如有争议，在 FIFA 裁决后上诉到 CAS 上海听证中心，这样可以节省时间、人力等成本。

第二章
足球争议案件管辖与冲突

《中国足协章程》第52条确立的纪律委员会、道德与公平竞赛委员会、仲裁委员会系中国足协的三个法律机构。目前案件审理机构主要是纪律委员会和仲裁委员会。纪律委员会涉及纪律处罚详见第十章足球与纪律处罚制度。

本章重点围绕平等民事主体之间争议案件的管辖与冲突事宜进行阐述。中国足协仲裁委员会、各级劳动争议仲裁委员会和人民法院依法依规对涉及足球要素的各类案件享有管辖权。国内足球要素争议案件存在两条仲裁路径,即中国足协仲裁委员会的仲裁和各级劳动争议仲裁委员会的仲裁。司法实践中,两种仲裁存在一定的冲突。本章将从中国足协仲裁、劳动争议仲裁、民事诉讼、救济途径及国际体育仲裁法庭五个方面对足球要素争议案件的管辖与冲突予以介绍。

第一节 足协仲裁委员会仲裁

中国足协仲裁委员会的仲裁活动系足协行业自治仲裁,受理范围是与足球运动要素有关的争议,涉及球员与俱乐部之间、俱乐部与俱乐部之间、经纪人与球员之间、经纪公司与俱乐部之间的争议等,其裁决书或调解书的效力限于足协范围内，不具有司法强制性。

中国足协仲裁委员会审理案件的依据是《中国足球协会仲裁委员会工作规则》（以下简称《中国足协仲裁规则》），采取不公开审理的方式，裁决实行一裁终局制度，原则上无救济途径，目前不收取任何费用。

球员与俱乐部之间因劳动报酬及球员身份发生争议的案件居多。据悉，涉及追索球员劳动报酬争议案件数量可能超过了中国足协仲裁委员会每年受理案件总数量的90%。

实践中，球员及其代理人会在劳动争议仲裁委员会与中国足协仲裁委员会之间选择争议解决机构，仲裁机构会根据具体情况作出相应的裁决。

◆ 案例 ◆

球员杨某与某俱乐部欠薪案

因与某俱乐部商量未果，球员杨某就俱乐部欠付2018年联赛奖金300余万元，在中国足协仲裁委员会提出仲裁申请，仲裁委员会予以受理。经审理后支持了杨某的大部分仲裁请求。

相关法条：
《中国足协章程》
第五十四条　争议管辖权

（一）除本章程和国际足联另有规定外，本会及本会管辖范围内的足球组织和足球从业人员不得将争议诉诸法院。有关争议应提交本会或国际足联的有关机构解决。

（二）争议各方或争议事项属于本会管辖范围内的为国内争议，本会有管辖权。其他争议为国际争议，国际足联有管辖权。

《中国足协仲裁规则》
第五条　仲裁委员会受理下列案件：

（一）对中国足球协会纪律委员会（以下简称"纪律委员会"）作出的处罚决定不服，且允许向仲裁委员会申请仲裁的；

（二）会员协会、足球俱乐部、足球运动员、教练员、经纪人相互间，就注册、转会、参赛资格、工作合同、经纪人合同等事项发生的属于行业管理范畴的争议；

（三）仲裁委员会认为应当受理的其他争议。

《中国足球协会球员身份与转会管理规定》

第八条　球员注册　球员注册应当按照《中国足球协会注册管理规定》办理。球员一经注册，即表明其同意遵守国际足联、亚足联、中国足协及其会员协会制定的各项管理规范。

第八十一条　在球员转会中发生的争议，当事方可将争议提交中国足协仲裁委员会仲裁，国内球员在国内发生的纠纷，中国足协仲裁委员会做出的裁决为最终裁决。

《中国足球协会职业俱乐部工作合同基本要求》

第二十条　争议处理：

（一）合同双方在履行合同过程中发生争议时，由双方协商解决。

（二）合同双方不能协商解决时，应向中国足球协会仲裁委员会申请仲裁，中国足球协会仲裁委员会的裁决为最终裁决。

从以上四个规范性文件可知，原则上球员与俱乐部之间的争议应当提交中国足协仲裁委员会审理，即交给足球行业本身的机构审理为宜，体现了体育自治精神。

第二节　劳动争议仲裁委员会仲裁

劳动争议仲裁委员会是依据《中华人民共和国劳动争议调解仲裁法》（以下简称《劳动争议调解仲裁法》）设立的法律机构，设在区、县、市，少部分案件实行一裁终局制度，大部分案件可以起诉到相对应级别的人民法院。生效的劳动争议仲裁裁决可以申请人民法院强制执行，具有司法强制性。

劳动争议仲裁委员会可以作出两种决定：一是受理后的审理，二是不予受理。

◆ 案例 ◆

球员谢某欠薪劳动仲裁案

2007年8月，球员谢某因南方某俱乐部欠薪8个月合计30余万元，向俱乐部所在地某区的劳动仲裁委员会提起劳动仲裁，该劳动仲裁委员会对该案件予以受理。

审理过程中，该俱乐部提出了管辖权异议，认为该事宜属于足球行业内部管辖，劳动仲裁委员会无权管辖。该俱乐部向仲裁庭提供了《中国足协章程》《中国足协仲裁规则》及球员与俱乐部的《工作合同》以证明中国足协仲裁委员会具有专属管辖权，尤其指出《工作合同》中约定任何一方不得向地方法院提出诉讼。结果该区劳动仲裁委员会受理了案件并支持了谢某的请求，俱乐部不服该裁决起诉到区法院，该区法院维持了劳动仲裁委员会的裁决。裁决强调了双方约定不得排除权利人的司法救济权，该约定管辖条款无效，当事人有权选择向劳动仲裁委员会申请仲裁。

◆ 案例 ◆

球员胡某欠薪不受理案

球员胡某因俱乐部存在欠薪行为在北方某市的区劳动仲裁委员会提起了劳动仲裁，劳动仲裁委员会经审理后作出了不予受理的决定。

2017年5月，球员胡某因俱乐部欠薪6个月合计120余万元，向俱乐部所在地某区劳动仲裁委员会提起劳动仲裁。审理过程中，该俱乐部提出了管辖权异议，即劳动仲裁委员会对足球争议案件无管辖权。俱乐部的答辩意见有两点：第一，该争议案件属足球行业内部管理，向仲裁庭提供了《中国足协章程》和《中国足协仲裁规则》以及该球员与俱乐部的《工作合同》，《工作合同》约定任何一方不得向地方法院提出诉讼。第二，国际足球领域的争议一般是所在国的体育仲裁法庭予以处理，俱乐部向仲裁委员会提供了《国际足联球员身份与转会规定》的中文版。最后该区劳动仲裁委员会作出了不予受理的决定。随后，该球员起诉到法院，一审法院裁定不予受理；该球员提起上诉，二审法院驳回该球员的上诉，维持一审法院的裁定。

上述两种不同的案件受理情况，体现了足球元素相关案件在管辖上的冲突。目前，各地法院在管辖的理解上存在一定的差异。

◆ 案例 ◆

翻译刘某与某俱乐部工资劳动合同争议案

2017年1月4日，毕业于北京外国语大学法语专业的刘某与北方某中超足球俱乐部签订1年期限的劳动合同,约定由其为该俱乐部聘请的主教练提供训练与比赛过程中的专职翻译,即劳动合同的岗位为翻译(未细化语种,无岗位调整的约定)。实际工作中,刘某也承担了主教练和其他教练的英语翻译工作;2018年中超赛季中,俱乐部未与刘某续签劳动合同,刘某仍然担任该主教练的训练与比赛的专职翻译工作;2018年9月因俱乐部球队成绩等原因,该主教练被解除了主教练职务,刘某暂时没有具体工作而被俱乐部要求离职,至此双方产生了工资支付等方面的争议。

刘某与俱乐部协商未果后,到某市劳动仲裁委员会申请了劳动仲裁。仲裁请求有两项:①请求俱乐部支付2018年劳动合同到期后9个月的双倍工资;②请求俱乐部支付违法解除劳动合同的经济补偿金。该仲裁委员会受理了刘某的仲裁申请。经合议庭主持调解,双方达成调解协议,某俱乐部支付刘某合计67 000元。

建议:

1. 及时签订书面劳动合同:俱乐部与俱乐部球员、教练人员以外的工作人员应当签订书面劳动合同,不得在员工提供了1个月以上劳动后仍然不与员工签订劳动合同,否则承担不订立书面劳动合同的法律责任;

2. 劳务派遣:俱乐部类似翻译的非一线岗位可以采取由《劳动合同法》确认的劳务派遣形式,这样会避免俱乐部自身的法律责任。

相关法条:

《劳动合同法》

第十条 订立书面劳动合同

建立劳动关系,应当订立书面劳动合同。已建立劳动关系,未同时订立书面劳动合同的,应当自用工之日起1个月内订立书面劳动合同。用人单位与劳动者在用工前订立劳动合同的,劳动关系自用工之日起建立。

第四十七条 经济补偿的计算

经济补偿按劳动者在本单位工作的年限,每满1年支付1个月工资的标准向劳动者支付。6个月以上不满1年的,按1年计算;不满6个月的,向劳动者支付半个月工资的经济补偿。劳动者月工资高于用人单位所在直辖市、设区的市级人民政府公布的本地区上年度职工月平均工资3倍的,向其支付经济补偿的标准按职工月平均工资3倍的数额支付,向其支付经济补偿的年限最高不超过 12 年。本条所称月工资是指劳动者在劳动合同解除或者终止前 12 个月的平均工资。

第四十八条　违法解除或者终止劳动合同的法律后果

用人单位违反本法规定解除或者终止劳动合同，劳动者要求继续履行劳动合同的，用人单位应当继续履行；劳动者不要求继续履行劳动合同或者劳动合同已经不能继续履行的，用人单位应当依照本法第 87 条规定支付赔偿金。

第五十八条　劳务派遣单位、用工单位及劳动者的权利义务

劳务派遣单位是本法所称用人单位，应当履行用人单位对劳动者的义务。劳务派遣单位与被派遣劳动者订立的劳动合同，除应当载明本法第 17 条规定的事项外，还应当载明被派遣劳动者的用工单位以及派遣期限、工作岗位等情况。劳务派遣单位应当与被派遣劳动者订立 2 年以上的固定期限劳动合同，按月支付劳动报酬；被派遣劳动者在无工作期间，劳务派遣单位应当按照所在地人民政府规定的最低工资标准，向其按月支付报酬。

第五十九条　劳务派遣协议

劳务派遣单位派遣劳动者应当与接受以劳务派遣形式用工的单位（以下称用工单位）订立劳务派遣协议。劳务派遣协议应当约定派遣岗位和人员数量、派遣期限、劳动报酬和社会保险费的数额与支付方式以及违反协议的责任。用工单位应当根据工作岗位的实际需要与劳务派遣单位确定派遣期限，不得将连续用工期限分割订立数个短期劳务派遣协议。

第八十二条　不订立书面劳动合同的法律责任

用人单位自用工之日起超过 1 个月不满 1 年未与劳动者订立书面劳动合同的，应当向劳动者每月支付 2 倍的工资。用人单位违反本法规定不与劳动者订立无固定期限劳动合同的，自应当订立无固定期限劳动合同之日起向劳动者每月支付 2 倍的工资。

第八十七条　违反解除或者终止劳动合同的法律责任

用人单位违反本法规定解除或者终止劳动合同的，应当依照本法第 47 条规定的经济补偿标准的 2 倍向劳动者支付赔偿金。

《劳动争议调解仲裁法》

第二条　受理范围

中华人民共和国境内的用人单位与劳动者发生的下列劳动争议，适用本法：

第二章　足球争议案件管辖与冲突

（一）因确认劳动关系发生的争议；

（二）因订立、履行、变更、解除和终止劳动合同发生的争议；

（三）因除名、辞退和辞职、离职发生的争议；

（四）因工作时间、休息休假、社会保险、福利、培训以及劳动保护发生的争议；

（五）因劳动报酬、工伤医疗费、经济补偿或者赔偿金等发生的争议；

（六）法律、法规规定的其他劳动争议。

第五条　提起仲裁与诉讼

发生劳动争议，当事人不愿协商、协商不成或者达成和解协议后不履行的，可以向调解组织申请调解；不愿调解、调解不成或者达成调解协议后不履行的，可以向劳动争议仲裁委员会申请仲裁；对仲裁裁决不服的，除本法另有规定的外，可以向人民法院提起诉讼。

第六条　举证责任

发生劳动争议，当事人对自己提出的主张，有责任提供证据。与争议事项有关的证据属于用人单位掌握管理的，用人单位应当提供；用人单位不提供的，应当承担不利后果。

第十六条　支付令

因支付拖欠劳动报酬、工伤医疗费、经济补偿或者赔偿金事项达成调解协议，用人单位在协议约定期限内不履行的，劳动者可以持调解协议书依法向人民法院申请支付令。人民法院应当依法发出支付令。

第二十一条　管辖

劳动争议仲裁委员会负责管辖本区域内发生的劳动争议。劳动争议由劳动合同履行地或者用人单位所在地的劳动争议仲裁委员会管辖。双方当事人分别向劳动合同履行地和用人单位所在地的劳动争议仲裁委员会申请仲裁的，由劳动合同履行地的劳动争议仲裁委员会管辖。

第二十七条　时效

劳动争议申请仲裁的时效期间为1年。仲裁时效期间从当事人知道或者应当知道其权利被侵害之日起计算。前款规定的仲裁时效，因当事人一方向对方当事人主张权利，或者向有关部门请求权利救济，或者对方当事人同意履行义务而中断。从中断时起，仲裁时效期间重新计算。因不可抗力或者有其他正当理由,当事人不能在本条第1款规定的仲裁时效期间申请仲裁的,仲裁时效中止。从中止时效的原因消除之日起,仲裁时效期间继续计算。劳动关系存续期间因拖欠劳动报酬发生争议的,劳动者申请仲裁不受本条第1款规定的仲裁时效期间的限制;但是,劳动关系终止的,应当自劳动关系终止之日起1年内提出。

2020年赛季,中国足协职业联赛受到前所未有的冲击,多家职业俱乐部因各种原因自行退出或者未能通过准入而无法取得职业联赛资格,被欠薪的球员可能就工资争议提起劳动仲裁及民事诉讼。

第三节　民事诉讼

民事诉讼是指法院在当事人和其他诉讼参与人参加下,审理解决民事案件的活动以及由这种活动所产生的诉讼关系的总和。人民法院是根据宪法、法律和全国人民代表大会常务委员会的决定设立的国家审判机关。根据《人民法院组织法》第12条规定,人民法院分为:① 最高人民法院;② 地方各级人民法院;③ 专门人民法院。第13条规定地方各级人民法院分为高级人民法院、中级人民法院和基层人民法院。第14条规定在新疆生产建设兵团设立的人民法院的组织、案件管辖范围和法官任免,依照全国人民代表大会常务委员会的有关规定。第15条规定专门人民法院包括军事法院和海事法院、知识产权法院、金融法院等。随着互联网技术的发展,该领域产生的法律问题逐渐显现出来,经最高人民法院批准分别在北京市和浙江省杭州市设立了互联网法院专门审理与互联网有关的一审案件。

我国的民事诉讼是依照《民事诉讼法》的规定在全国各级人民法院开展的包括立案、一审、二审、再审和强制执行等诉讼活动。

◆ 案例 ◆

球员李某与俱乐部"欠条"讨薪案

华东某俱乐部因资金周转困难,拖欠某些球员的薪资,俱乐部向球员李某出具了《欠条》,记载了欠薪数额、支付时间和违约责任等。俱乐部长时间未能向球员李某支付《欠条》中的款项。球员李某持该《欠条》到俱乐部所在地法院直接提起民事诉讼，法院予以受理。庭审过程中，该俱乐部提出了该争议属于行业内部管辖，依据《中国足协仲裁规则》及《中国足协章程》对案件提出管辖权异议，合议庭经法庭调查与审理，支持了球员李某的诉讼请求。该判决适用的法律是《最高人民法院关于审理劳动争议案件适用法律若干问题的解释（二）》第3条，劳动者以用人单位的工资欠条为证据直接向人民法院起诉，诉讼请求不涉及劳动关系其他争议的，视为拖欠劳动报酬争议，人民法院享有管辖权，最终法院判决该俱乐部于判决生效后10日内向球员李某支付欠薪。之后，球员李某持该判决书向法院申请强制执行而获得了工资报酬。

◆ 案例 ◆

某教练与球员《训练培养协议》"培养费"争议案

2003年3月，北方某职业俱乐部梯队某教练与10岁球员刘某及其母亲就刘某培养与未来足球职业发展签订了《训练培养协议》（手写），确认该梯队教练为刘某提供全面的足球培养训练，可在业余时间单独给刘某训练；即使该教练离开俱乐部，其也会安排其他教练为刘某提供良好的训练。协议约定经教练的培养与推荐，刘某进入到职业俱乐部预备队时，刘某需要向教练支付10万元的培养费；如刘某在职业俱乐部一线队注册报名，刘某需要向教练另行支付100万元的培养费，同时约定刘某母亲对上述支付义务承担连带保证责任。

签订《训练培养协议》后，该教练特别重视刘某的培养与训练，多次带领刘某参加国内青少年比赛，刘某体能和技术得到了很好的提升，逐渐成为该俱乐部梯队的主力队员，并入选中国足协的国少队。2014年3月，刘某入选中超某俱乐部预备队并上场参加比赛；2015年3月，刘某在中超某足球俱乐部一线队注册报名。

该教练多次向刘某及其母亲索要培养费，刘某及家长以各种理由拒绝支付。该教练就培养费事宜在区人民法院提起民事诉讼并要求刘某母亲承担连带责任。

法院经审理查明，本案案件事实清楚，刘某及家长承认教练培养球员的事实，只是就培养费的名目不清楚以及培养费数额过高提出了异议。最

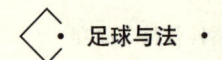

终经法院主持双方达成了调解，以刘某分3期向教练支付30万元而结案。

◆ 案例 ◆

某经纪公司与球员服务费争议案

2015年7月，北京某经纪公司与球员刘某签了3年期的《经纪专项服务代理协议》（以下简称《代理协议》），约定由该公司独家代理刘某国内转会服务，并约定以刘某转会完成后第2年的《工作合同》《补充协议》等的年收入的20%为服务费，《代理协议》还约定了经纪公司所在地法院为争议解决的管辖法院。2016年2月，该公司为刘某办理国内转会到南方某中超足球俱乐部，不但帮助刘某与该足球俱乐部签订了3年期的《工作合同》及《补充协议》，工资待遇涉及基本年薪工资、奖金、签约代言费、出场费等，而且为刘某争取到由俱乐部股东提供的位于某高端小区的189平方米的房屋一套（《补充协议》约定的给刘某工资待遇的补偿）。

因刘某与经纪公司之间对球员年收入的理解出现偏差及经纪服务费计算达不成一致，刘某拒绝向该经纪公司支付经纪服务费。2018年3月，该经纪公司就该代理协议产生的2017年的服务费争议向其经营所在地法院提起了民事诉讼。

法院审理过程中，经该经纪公司申请，法院调取了刘某在某足球俱乐部合同期第2年的薪酬待遇支付凭证；经该经纪公司申请，法院委托足球俱乐部股东赠与球员的房屋所在地司法鉴定机构对该房屋按照2016年市场进行了价格评估。最终，法院支持了该经纪公司对刘某涉及服务费的诉讼请求，判决刘某按照合同期第2年工资、奖金、代言费和房屋总价的20%向该经纪公司支付服务费。

◆ 案例 ◆

某经纪公司与某俱乐部佣金争议案

2016年12月，湖南某经纪公司与某中甲俱乐部签订了帮助该俱乐部引进某外援的《经纪代理协议》，约定2015年赛季成功引进某球员后，中甲俱乐部将向湖南经纪公司支付佣金20万元，争议管辖约定了中国足协仲裁。2015年2月，湖南经纪公司为该俱乐部引进了其拟引入的外援，该俱乐部为球员在中国足协办理了注册报名并参加了2015年和2016年中甲联赛。

之后,该俱乐部以管理人员人事变动以及该外援严重受伤而影响了俱乐部赛季比赛成绩为由,一直未向湖南经纪公司支付20万元的佣金。2017年4月湖南经纪公司在中国足协提起了要求某中甲俱乐部向其支付佣金及违约金的仲裁申请。仲裁庭审理过程中,俱乐部代理人以经纪公司没有在中国足协注册、该《经纪代理协议》无效为由予以抗辩,最终仲裁庭支持经纪公司的仲裁请求。

◆ 案例 ◆

球星菲戈肖像权案[1]

2012年9月25日,原告路易斯·菲戈受大连阿尔滨足球俱乐部邀请,在大连进行为期3天的商务访问,其间曾在被告大连上品堂海洋生物有限公司(以下简称"上品堂公司")的旗舰店举行了一次球迷见面会。见面会上,被告公司的副总经理单方面将一块印有"上品堂海参推广大使"的牌子"赠"给菲戈先生。此后,被告便宣称菲戈为其海参全球推广大使的形象代言人。活动新闻出来后,菲戈就"上品堂海参推广大使"一事,委托代理人向上品堂公司提出了质疑。

2014年6月,菲戈正式向大连市中级人民法院提起诉讼,诉讼请求包括:① 请求被告停止对原告姓名权、肖像权的侵权行为;② 公开赔礼道歉;③ 赔偿原告经济损失380万元人民币和精神损害抚慰金20万元人民币。

大连市中级人民法院一审判令上品堂公司停止侵犯菲戈姓名权、肖像权的侵权行为;赔偿菲戈经济损失60万元人民币。双方不服,上诉至辽宁省高级人民法院。

---

〔1〕 体育界的运动员尤其明星运动员经常遇到其姓名和肖像未经本人同意而被第三人为商业利益非法使用的事件,如"被代言"等形式的侵权行为。此处以球星菲戈来华期间的姓名权与肖像权侵权案为例介绍一下我国法院和审理制度。我国民事审判采取两审终审制度,即一个案件经过二级法院审理即告终结并发生法律效力的制度,部分案件可以启动审判监督的再审程序。

菲戈案历经三个级别法院:一审为大连市中级人民法院、上诉到辽宁省高级人民法院(终审),后申诉到最高人民法院(再审)。

辽宁省高级人民法院经审理后认为：上品堂公司与菲戈之间没有任何书面合同，上品堂公司也从未向菲戈支付过报酬，不能仅凭活动现场赠给菲戈"上品堂海参推广大使"证书就视为菲戈默许免费担任上品堂海参的代言人，并允许上品堂公司任意使用其姓名和肖像进行宣传。根据《合同法》第12条的规定，本案中上品堂公司与菲戈之间完全没有关于"菲戈同意代言、如何代言、代言期限、报酬支付以及使用姓名、肖像的范围"等关键事项的约定，双方没有形成对于上述事项的真实合意，没有成立代言合同关系，且上品堂公司从未向菲戈支付过报酬。在没有菲戈允许的情况下，上品堂公司为商业宣传之目的在其官网使用菲戈姓名和肖像，误导公众认为菲戈为其产品代言的行为，侵犯了菲戈的姓名权和肖像权。

上品堂公司未经菲戈同意使用其姓名和肖像，具有通过利用其姓名和肖像的商业价值，增加自身产品市场认可度和影响力进而获利的目的。上品堂公司的侵权行为属于互联网侵权的方式，该传播方式相较于传统的宣传方式，具有传播速度快、作用范围广的特点，一经发布则已由不特定数量的第三人知悉，无法控制侵权信息的浏览量、复制量、链接量，难以预测传播范围最终达到何广度。本案中，上品堂公司的行为实际上使其获得了名人代言的商业利益，应向代言人支付相应对价，在发生侵权的情况下赔偿额还应具有一定的惩罚性质。

辽宁省高级人民法院维持原审判决第一项即判令上品堂公司停止对原告姓名权、肖像权的侵权行为，改判上品堂公司赔付路易斯·菲戈经济损失人民币200万元。

上品堂公司委托律师，以"一、二审法院认定基本事实错误，二审认定的赔偿数额存在错误，缺少事实及法律依据"为由，向最高人民法院提起了审判监督程序。

最高人民法院经审理后就以下问题作出认定：

一、上品堂公司是否侵犯菲戈的姓名权、肖像权

菲戈是在国际和国内均享有一定知名度的足球运动员，其姓名和肖像具有较大的商业价值。上品堂公司作为商业行为主体，将带有菲戈肖像和签名的配图放置在公司官方网站首页并在配图旁边标注"上品堂大连海参

全球推广大使",同时在其网站"资讯中心"板块项下"企业动态"板块中,有以"菲戈现身上品堂旗舰店成为上品堂海参推广大使"为题的图文并茂的文章等事实,客观上利用了菲戈的影响力,主观上具有宣传、销售其商品或者服务的目的,具有营利属性,存在使用菲戈的姓名和肖像的行为。二审法院认为上品堂公司侵犯菲戈的姓名权、肖像权并无不当。

二、二审法院认定的 200 万元赔偿数额是否合理

上品堂公司侵犯菲戈姓名权、肖像权,应当承担损害赔偿责任。法律规定的侵权损害赔偿责任,具有补偿性、预防性和惩罚性的特征,因案情不同而在责任认定上各有侧重。根据《侵权责任法》第 20 条的规定:"侵害他人人身权益造成财产损失的,按照被侵权人因此受到的损失赔偿;被侵权人的损失难以确定,侵权人因此获得利益的,按照其获得的利益赔偿;侵权人因此获得的利益难以确定,被侵权人和侵权人就赔偿数额协商不一致,向人民法院提起诉讼的,由人民法院根据实际情况确定赔偿数额。"二审法院综合考虑上品堂公司的过错程度、场合、行为方式、时间、影响范围、承担责任的经济能力以及菲戈的知名度、所受侵害与所失利益等,结合侵权责任制度的功能,酌定赔偿数额为人民币 200 万元,具有合理性,并无不当。上品堂公司关于赔偿数额不合理的再审申请理由不能成立。

最高人民法院据上述理由,驳回上品堂公司的再审申请。

相关法条:
《民法总则》

第一百一十条　民事权利类别　自然人享有生命权、身体权、健康权、姓名权、肖像权、名誉权、荣誉权、隐私权、婚姻自主权等权利。法人、非法人组织享有名称权、名誉权、荣誉权等权利。

《合同法》

第十条　合同的形式　当事人订立合同,有书面形式、口头形式和其他形式。法律、行政法规规定采用书面形式的,应当采用书面形式。当事人约定采用书面形式的,应当采用书面形式。

《侵权责任法》

第二条　保护范围　侵害民事权益,应当依照本法承担侵权责任。本法

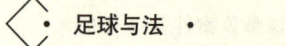

所称民事权益，包括生命权、健康权、姓名权、名誉权、荣誉权、肖像权、隐私权、婚姻自主权、监护权、所有权、用益物权、担保物权、著作权、专利权、商标专用权、发现权、股权、继承权等人身、财产权益。

第十五条　承担侵权责任的方式承担侵权责任的方式主要有：

（一）停止侵害；

……

（六）赔偿损失；

（七）赔礼道歉；

（八）消除影响、恢复名誉。以上承担侵权责任的方式，可以单独适用，也可以合并适用。

《民事诉讼法》

第十八条　中级人民法院管辖下列第一审民事案件：

（一）重大涉外案件；

（二）在本辖区有重大影响的案件；

（三）最高人民法院确定由中级人民法院管辖的案件。

第二十八条　侵权诉讼管辖　因侵权行为提起的诉讼，由侵权行为地或者被告住所地人民法院管辖。

菲戈姓名权和肖像权案中侵权行为地和被告住所地出现了竞合，最终选择在被告经营所在地的大连市中级人民法院起诉。

建议：

运动员及其经纪人最好有几位靠谱的体育律师朋友。

第四节　管辖冲突的救济
——民事诉讼的再审程序与检察院的抗诉程序

足球界近年来出现的欠薪事件主要始于2018年夏季。2018年7月，中国足协所属的中乙联赛部分俱乐部因未能在夏季转会窗口期届满前向中国足协提交《俱乐部全额支付教练员、运动员、工作人员工资奖金确认表》（以下简称《工资奖金确认表》）等文件，俱乐部未能通过中国足协准入审

第二章 足球争议案件管辖与冲突

查而被取消了中国足协职业联赛资格。

2018年7月11日,中国足协纪律委员会作出了足纪字(2018)067号取消沈阳某足球俱乐部注册资格处罚决定,即沈阳某足球俱乐部丧失了中乙联赛职业资格,不再是中国足协注册会员。

因欠薪事宜,部分球员向中国足协仲裁委员会提出仲裁,并向沈阳市铁西区劳动仲裁机构提请劳动仲裁,向人民法院提起诉讼。中国足协仲裁委员会因沈阳某俱乐部不再是中国足协会员作出不予受理的决定;沈阳市铁西区劳动仲裁委员会以不属于受理范围而不予受理,铁西区法院同样也认定不属于法院管辖范围而裁定驳回起诉,沈阳市中级人民法院维持了原审法院的裁定而驳回上诉。之后,球员向辽宁省高级人民法院申请再审,辽宁省高级人民法院同样以不属于法院管辖而驳回了球员的再审申请。

无独有偶,2019年1月,原具有中甲联赛资格的大连某足球俱乐部未能在冬季窗口准入期限届满前向中国足协提交《工资奖金确认表》,该俱乐部未能通过中国足协准入审查而被取消了中国足协中甲联赛注册资格。欠薪的球员面临着和沈阳某俱乐部原球员一样的境遇,大连市沙河口区人民法院裁定不予受理,大连中级人民法院维持原审法院的民事裁定。

◈ **案例** ◈

球员崔某与某俱乐部的欠薪案

球员崔某因某俱乐部欠薪向人民法院提起诉讼,被一审法院驳回起诉。崔某不服提起上诉,二审法院裁决维持一审裁定。崔某提出再审申请也被裁定驳回再审。

再审法院经审查认为,本案争议焦点为崔某与俱乐部之间因履行工作合同发生的纠纷是否属于人民法院受理民事诉讼的范围。经审查,首先,依据《体育法》第32条"在竞技体育活动中发生纠纷,由体育仲裁机构负责调解、仲裁。体育仲裁机构的设立办法和仲裁范围由国务院另行规定"的规定,本案中双方签订的《足球俱乐部运动员工作合同》及《足球俱乐部有限公司工作合同补充协议》,系双方在参加职业足球运动中形成的,现双方发生纠纷,属于在竞技体育活动中发生的纠纷,故应由体育仲裁机构负责调解、仲裁,排除人民法院管辖。其次,双方签订的案涉工作合同中也约定了仲裁条款，根据《体育法》第 32 条及相关规定，双方产生的纠纷应提交中国足协仲裁委员会裁决。最后，虽然俱乐部未能通过 2019 年中国足协准入审查工作，未能在中国足协注册成功，但双方之间的合同系在俱乐部在中国足协注册成功时签订，双方的纠纷在 2019 年之前已经产生。崔某申请再审所依据的《中国足协仲裁规则》第 5 条规定，包括足球俱乐部与足球球员、教练员相互间就注册、转会、参赛资格、工作合同等事项发生的属于行业管理范畴的争议，属于中国足协仲裁委员受理的案件情形。因此，原审裁定驳回崔某的起诉并无不当。再审法院据此驳回崔某的再审申请。

笔者认为，法院不应当然地放弃司法管辖权。2020 年 2 月，又有多家中甲俱乐部和中乙俱乐部因财务等各种原因丧失中国足协职业联赛资格，导致大批欠薪事件的出现。如果部分法院仍固守体育仲裁管辖权排斥司法管辖权的观点，必然导致某些球员的欠薪债权无法得到实现，又会出现司法上相互推诿导致球员讨薪无门的尴尬境地。

要破除上述的困境，应理顺以下问题：

其一，《中国足协章程》是否自动剥夺了劳动仲裁委员会和人民法院的司法管辖权？

关于足球运动员与俱乐部之间的纠纷是否应当完全提交足协仲裁委员会管辖，司法实践中的观点并不统一。在（2018）辽 01 民再 32 号沈阳某俱乐部诉李某案件中，再审法院沈阳市中级人民法院认为，双方签订的工作合同就争议解决方式明确约定向中国足协仲裁委员会申请仲裁，即双方就争议解决方式达成了仲裁协议，排除了人民法院对争议的管辖权，即认定球员与俱乐部之间关于工资和奖金争议不属于人民法院的受理范围。

与上述案件不同的是，深圳福田区法院受理了深圳红钻足球俱乐部与球员的欠薪案，并作出了（2012）深福法民四初字第 330~338 号系列民事判决书，确认了球员与俱乐部所产生的工资薪酬争议，劳动仲裁委员会和法院均享有相应的管辖权。随后上海、江苏等地的法院也就球员与足球俱乐部的欠薪按照劳动争议案件予以受理与审理，取得了良好的法律效果和社会效果。

申请人上海某青少年足球俱乐部与被申请人沈某之间薪酬待遇争议撤销之诉的（2018）沪 01 民特 127 号民事裁定书也确认了法院对教练员与

俱乐部之间薪酬待遇争议享有管辖权；原告天津某足球俱乐部有限公司与被告沈某（领队）之间薪酬待遇争议的（2019）津 0103 民初 6653 号民事判决书、原告李某与被告天津某足球俱乐部有限公司之间薪酬待遇争议的（2019）津 0103 民初 5760 号民事判决书、上诉人（原审被告）江苏盐城某足球俱乐部有限公司与被上诉人（原审原告）赵某之间薪酬待遇争议的（2019）苏 09 民终 3848 号民事判决书、原告云南某足球俱乐部有限责任公司与被告何某薪酬待遇争议的（2020）云 0103 民初 359 号民事判决书都得到了人民法院的受理与审理。

不同地区的法院在处理运动员与俱乐部之间欠薪争议的司法观念、法律适用不同，必然导致审判的结果不同。如果法院在审判过程中引用某些所谓的规则而排除了自己的司法管辖权，那就给运动员维护自身的权益设置了司法障碍。虽然我们国家不适用案例法，各个地区不同的法院可以出现不同的判决，但从最高人民法院的审判趋势来看，类案应当有相同的法律适用，而不是当然对运动员与俱乐部之间的争议完全排除司法管辖。在某些地区的判决出现了极大偏差，应当引起司法界的重视。笔者认为，对于足球行业内特殊的诉请首先应当选择在足协仲裁委员会申请仲裁，但是，对于俱乐部出现的工资奖金的欠薪争议，无论俱乐部是否享有职业联赛资格，劳动仲裁委员会和人民法院当然享有司法管辖权，劳动仲裁机构和法院不应当排除司法管辖！

图 2-1：2012 年的深圳某足球俱乐部欠薪，球员打横幅讨薪

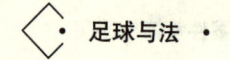

建议：

中国足协会同国家体育总局、人社部与司法部门等进行调研，及时颁布规范性文件来从司法层面维护球员的合法权益。

足球领域存在着类司法系统，即中国足协仲裁委员会作为足球行业内的争议解决机构专门受理球员与俱乐部之间发生的争议纠纷。《中国足协章程》第54条第1款规定，除本章程和国际足联另有规定外，本会及本会管辖范围内的足球组织和足球从业人员不得将任何争议诉诸法院。有关争议应提交本会或国际足联的有关机构解决。即对涉及足球行业的争议通过足协章程排除了法院的司法管辖，其立法的本意是对从事足球运动的相关主体之间的争议通过行业内的规则予以调整，而且这些主体必须是在中国足协进行注册或者备案，这与国际足联的规定是一致的。现实中，如果某俱乐部被足协取消了注册资格的话，不再属于足协的会员，中国足协或地方足协都不再享有对俱乐部的管理权。即《中国足协章程》第54条规定的足协争议管辖权要求争议的主体必须是足协注册或备案的会员，只有建立在这个前提下，足协才能享有管辖权和相应的管理权。如果争议的主体有一方，尤其俱乐部未能在足协注册或备案，中国足协就不对其享有管理权和管辖权。

从诉讼权利的角度而言，人的诉权是人权的一部分，任何人、任何机构无权剥夺人的诉权。通过民事诉讼的途径维护自身权利是权利救济的根本方式，也是救济的最后一道防线。何以体育行业能够存在"法外之地"，能够不受司法管辖呢？目前某些地区法院的做法与民事诉讼的基本原则是相悖的。即便一个行业再具有特殊性，也不能排除司法管辖。

从司法管辖权的角度，人民法院享有管辖权。但是，这种管辖的效力如何？行业协会是否会遵照国家司法判决来执行，司法过度干预行业协会内部事务，是否会阻碍行业协会的发展？这些问题需要加以考虑和分析。

其二，人民法院对足球行业的争议是否享有管辖权？

笔者认为对以下两种情形，应当分别对待：① 争议的主体都在足协注册或备案，这类争议应当按照工作合同的约定及《中国足协章程》的规定在中国足协仲裁委员会予以处理；② 对没有在足协注册或备案的或者丧失了职业联赛资格的俱乐部，人民法院当然享有管辖权。

从公示的部分裁判文书来看，受理球员提起欠薪追索劳动报酬案件的人民法院均认定足球运动员是具有专业技能的自然人，具备劳动者的身份，而俱乐部是具有独立地位的企业法人有限公司或者股份有限公司，无论从双方签订的工作合同的内容（尤其在工作合同中约定了劳动报酬）来看，还是足球运动的训练与比赛的合同目的来看，双方都应当受《劳动法》《劳动合同法》的调整。

在此类案件是否能够由人民法院管辖的问题上，笔者注意到部分地区人民法院的裁判观点经历了一个从认可管辖到排除管辖的变化，如沈阳市中级人民法院2016年裁判的案例中，法院认为："现行法律法规并未排除职业运动员适用《劳动法》《劳动合同法》的规定，《××足球俱乐部运动员工作合同》主要条款包括合同依据、工作内容、工作时间和休息休假、劳动报酬、工作保障、义务和纪律、经济补偿等，上述工作合同内容符合《劳动合同法》规定的劳动合同的基本条款。上诉人是职业足球运动员，接受被上诉人的管理、训练，接受被上诉人的安排参加比赛，从被上诉人处获得报酬，双方之间的关系符合劳动关系的特征。现上诉人因支付经济补偿金、补缴社会保险与被上诉人发生争议，该纠纷属于劳动纠纷。上诉人作为劳动者有权依据上述法律规定向劳动争议仲裁委员会申请仲裁，对仲裁裁决不服的，有权依法向人民法院提起诉讼。"

但在2017年12月的一裁判文书显示，此观点发生了巨大变化："《体育法》第32条规定：'在竞技体育活动中发生纠纷，由体育仲裁机构负责调解、仲裁。体育仲裁机构的设立办法和仲裁范围由国务院另行规定。'本案××俱乐部是在中国足协注册的职业足球俱乐部，××是经中国足协注册为东进俱乐部的职业球员，双方在参加职业足球运动中引发的本案纠纷，属于在竞技体育活动中发生的纠纷，故本案纠纷由体育仲裁机构负责调解、仲裁，排除人民法院管辖，另参照四部委意见，工作合同约定符合足球行业特点，亦符合《体育法》规定，合法有效，故本案纠纷应由中国足协仲裁委员会裁决。"球员的上诉也因此被驳回。

通过上述内容的分析，可以看出目前在沈阳地区职业足球运动员的司法管辖权，法院采取了排除的态度，即如果工作合同中明确约定了中国足协仲裁委员会管辖，那么人民法院将不受理此类案件。无独有偶，2019年大连地区法院和辽宁省高级人民法院都出现这类司法倾向。

根据《立法法》第8条的规定，诉讼和仲裁制度只能由法律规定，目前国内涉及仲裁制度的法律只有《仲裁法》和《劳动争议调解仲裁法》，足协的仲裁委员会系足协章程确定的行业内部的争议解决机构，不是《立法法》或《体育法》所授权的仲裁机构，甚至都没有公章。因此，笔者认为辽宁省高级人民法院的观点值得商榷。

诚然，我国不是判例法国家，上述观点并不等于其他地区的法院都适用。例如我们检索到的案例显示同在辽宁地区，2018年大连中院就裁决了××俱乐部与××球员的劳动纠纷案件，判决该俱乐部与该球员劳动关系解除。由此可见并非所有法院一律将此类纠纷排除法院管辖。北京、上海、山东、广东的法院均受理了此类纠纷，并且作出了相应的裁决。

其三，法院自行排除司法管辖作出容易收回难

司法冲突表现在司法管辖方面。第一个案例是李某诉沈阳某俱乐部欠薪案。辽宁省高院认为此类争议是特定领域内的争议，根据《体育法》，人民法院不予受理，应当由中国足协仲裁委员处理。此案排除了法院以及劳动仲裁系统对球员与俱乐部间劳动争议的司法管辖。但是其中一个法律适用的重大错误在于《体育法》中的仲裁机构是司法行政机构批准的仲裁机构与中国足协设立的行业仲裁委员会完全是两个机构。沈阳某俱乐部已经被中国足协取消了注册资格，根据《中国足协仲裁工作规则》，中国足协仲裁委员会不再受理李某与某俱乐部的仲裁案件。李某的民事权利的存在显而易见，但是却在人民法院错误裁判的处理下无处主张，处于两不管的状态。

2019年，大连某足球俱乐部的欠薪案上演了一样的结果。大连两级法院参照了辽宁省高院既往案件审理精神，驳回了球员的起诉，同时在再审过程中作出了不予受理的裁定，严重剥夺了球员的诉讼权利。

另外一个重要的救济途径是通过人民检察院的抗诉程序。当事人根据《民事诉讼法》第208条、第209条、第211条、第212条等规定，对法院的判决不服的可以申请检察院通过抗诉来启动再审程序。

相关法律：
《立法法》
第八条

下列事项只能制定法律：

（一）国家主权的事项；

（二）各级人民代表大会、人民政府、人民法院和人民检察院的产生、组织和职权；

（三）民族区域自治制度、特别行政区制度、基层群众自治制度；

（四）犯罪和刑罚；

（五）对公民政治权利的剥夺、限制人身自由的强制措施和处罚；

（六）对非国有财产的征收、征用；

（七）民事基本制度；

（八）基本经济制度以及财政、税收、海关、金融和外贸的基本制度；

（九）诉讼和仲裁制度；

（十）必须由全国人民代表大会及其常务委员会制定法律的其他事项。

《体育法》
第三十二条

在竞技体育活动中发生纠纷，由体育仲裁机构负责调解、仲裁。体育仲裁机构的设立办法和仲裁范围由国务院另行规定。

《民事诉讼法》
第一百九十八条　法院决定再审

各级人民法院院长对本院已经发生法律效力的判决、裁定、调解书，发现确有错误，认为需要再审的，应当提交审判委员会讨论决定。最高人民法院对地方各级人民法院已经发生法律效力的判决、裁定、调解书，上级人民法院对下级人民法院已经发生法律效力的判决、裁定、调解书，发现确有错误的，有权提审或者指令下级人民法院再审。

第一百九十九条　当事人申请再审

当事人对已经发生法律效力的判决、裁定，认为有错误的，可以向上一级人民法院申请再审；当事人一方人数众多或者当事人双方为公民的案件，也可以向原审人民法院申请再审。当事人申请再审的，不停止判决、裁定的执行。

第二百条 再审理由

当事人的申请符合下列情形之一的，人民法院应当再审：

（一）有新的证据，足以推翻原判决、裁定的；

（二）原判决、裁定认定的基本事实缺乏证据证明的；

（三）原判决、裁定认定事实的主要证据是伪造的；

（四）原判决、裁定认定事实的主要证据未经质证的；

（五）对审理案件需要的主要证据，当事人因客观原因不能自行收集，书面申请人民法院调查收集，人民法院未调查收集的；

（六）原判决、裁定适用法律确有错误的；

（七）审判组织的组成不合法或者依法应当回避的审判人员没有回避的；

（八）无诉讼行为能力人未经法定代理人代为诉讼或者应当参加诉讼的当事人，因不能归责于本人或者其诉讼代理人的事由，未参加诉讼的；

（九）违反法律规定，剥夺当事人辩论权利的；

（十）未经传票传唤，缺席判决的；

（十一）原判决、裁定遗漏或者超出诉讼请求的；

（十二）据以作出原判决、裁定的法律文书被撤销或者变更的；

（十三）审判人员审理该案件时有贪污受贿，徇私舞弊，枉法裁判行为的。

第二百零一条 调解书再审

当事人对已经发生法律效力的调解书，提出证据证明调解违反自愿原则或者调解协议的内容违反法律的，可以申请再审。经人民法院审查属实的，应当再审。

第二百零三条 申请再审的材料

当事人申请再审的，应当提交再审申请书等材料。人民法院应当自收到再审申请书之日起5日内将再审申请书副本发送对方当事人。对方当事人应当自收到再审申请书副本之日起15日内提交书面意见；不提交书面意见的，不影响人民法院审查。人民法院可以要求申请人和对方当事人补充有关材料，询问有关事项。

第二百零四条 审查申请和再审法庭

人民法院应当自收到再审申请书之日起3个月内审查，符合本法规定的，裁定再审；不符合本法规定的，裁定驳回申请。有特殊情况需要延长的，由本院院长批准。因当事人申请裁定再审的案件由中级人民法院以上的人民法院审理，但当事人依照本法第199条的规定选择向基层人民法院申请再审的除外。最高人民法院、高级人民法院裁定再审的案件，由本院再审或者交其他人民法院再审，也可以交原审人民法院再审。

第二百零五条　申请再审期限

当事人申请再审，应当在判决、裁定发生法律效力后6个月内提出；有本法第200条第1项、第3项、第12项、第13项规定情形的，自知道或者应当知道之日起6个月内提出。

第二百零六条　原裁判和调解书执行中止

按照审判监督程序决定再审的案件，裁定中止原判决、裁定、调解书的执行，但追索赡养费、扶养费、抚育费、抚恤金、医疗费用、劳动报酬等案件，可以不中止执行。

第二百零八条　检察院抗诉

最高人民检察院对各级人民法院已经发生法律效力的判决、裁定，上级人民检察院对下级人民法院已经发生法律效力的判决、裁定，发现有本法第200条规定情形之一的，或者发现调解书损害国家利益、社会公共利益的，应当提出抗诉。地方各级人民检察院对同级人民法院已经发生法律效力的判决、裁定，发现有本法第200条规定情形之一的，或者发现调解书损害国家利益、社会公共利益的，可以向同级人民法院提出检察建议，并报上级人民检察院备案；也可以提请上级人民检察院向同级人民法院提出抗诉。各级人民检察院对审判监督程序以外的其他审判程序中审判人员的违法行为，有权向同级人民法院提出检察建议。

第二百零九条　申请检察建议或抗诉

有下列情形之一的，当事人可以向人民检察院申请检察建议或者抗诉：

（一）人民法院驳回再审申请的；

（二）人民法院逾期未对再审申请作出裁定的；

（三）再审判决、裁定有明显错误的。

人民检察院对当事人的申请应当在3个月内进行审查，作出提出或者不予提出检察建议或者抗诉的决定。当事人不得再次向人民检察院申请检

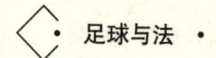

察建议或者抗诉。

第二百一十条　调查核实

人民检察院因履行法律监督职责提出检察建议或者抗诉的需要，可以向当事人或者案外人调查核实有关情况。

第二百一十一条　裁定再审

人民检察院提出抗诉的案件，接受抗诉的人民法院应当自收到抗诉书之日起三十日内作出再审的裁定；有本法第200条第1项至第5项规定情形之一的，可以交下一级人民法院再审，但经该下一级人民法院再审的除外。

第二百一十二条　抗诉书

人民检察院决定对人民法院的判决、裁定、调解书提出抗诉的，应当制作抗诉书。

第二百一十三条　检察官出庭

人民检察院提出抗诉的案件，人民法院再审时，应当通知人民检察院派员出席法庭。

第五节　商事仲裁

人民法院的民事诉讼活动是传统的解决争议的方法。在解决经济贸易纠纷领域，民商事仲裁发挥极大的作用。第二次世界大战以后，美国等西方国家率先开始探索替代性纠纷解决方法（Alternative Dispute Resolution, ADR），ADR中最主要的方法是仲裁。仲裁得到重视的一个很重要的例证是在第二次世界大战结束不久，联合国于1958年召开了国际商业仲裁会议，并在该次会议中制定和通过了《承认和执行外国仲裁裁决公约》(Convention of the Recognition and Enforcement of Foreign Arbitration Awards，以下简称《纽约公约》)。《纽约公约》使各国作出的仲裁裁决可以直接得到其他缔约国的司法承认和执行。正因为这套跨国承认与执行制度的构建，如今全球商事纠纷更多趋向于采用仲裁解决。

近年我国仲裁立法和实践得到极大改进与提升，现就《仲裁法》的规定作简单介绍：

第一，案件管辖和纠纷处理的协商制度。法院诉讼管辖是一种强制性的管辖，诉讼中原告起诉和法院的管辖不需要事先征得被告的同意，不需要事先和被告达成一致就可立案审理。仲裁的管辖，包括仲裁地点、机构、法律适用等都需要双方自愿约定和选择。双方需事先或者事后达成仲裁协议或者仲裁条款来确定仲裁的管辖和仲裁地点等仲裁事项，仲裁管辖和仲裁地点具有可预见性。当然，在达成仲裁协议或者签订仲裁条款的过程中，双方可以对仲裁的管辖、地点、法律适用、语言等进行讨价还价，双方可以像踢足球那样"争主场"。

第二，排除法院管辖。根据《仲裁法》第5条的规定，仲裁协议或仲裁条款可以排除法院管辖权，即剥夺了案件的可诉性。

第三，仲裁条款的独立性。仲裁条款独立于主合同，主合同无效、未生效、终止或解除，都不影响仲裁条款的效力。

第四，仲裁效率高。仲裁实行一裁终局制度，裁决后履约率高。

第五，仲裁适用范围限于平等主体的公民、法人和其他组织之间的合同纠纷和其他财产权益纠纷，即原则上受理财产权争议案件；婚姻、收养、监护、扶养、继承争议案件是被排除仲裁的。

对于足球领域发生的代言合同、特许合同、赞助合同、经纪合同、票务合同等与财产有关的争议可以根据合同约定的仲裁条款而提交到相应的仲裁机构进行仲裁审理。中国国际经济贸易仲裁委员会系国内受理贸易争端的专业机构，为了更方便受理与审理贸易有关的争议，除了在北京受理案件外，其在上海、深圳分别设立了上海分会和华南分会。根据《仲裁法》的规定，各地方的仲裁委员会在解决贸易合同争议案件过程中发挥了重大作用。近几年，北京仲裁委员会开展的仲裁活动得到了商事企业和律师界极大认同，已迅速成长为在国内享有广泛声誉、在国际上亦有一定地位和影响的仲裁机构。与足球及体育有关的商事活动，可以在合同或者协议中约定仲裁条款，必要时通过提交仲裁机构来解决彼此的纷争。

第三章
足球争议案件程序审理与特有证据

审理相关的案件首先会涉及程序上的审理，只有程序法上的公正才能保证实体法得到公正的审理。本章简要介绍中国足协三个法律机构审理案件的程序规则及足球涉及争议案件特有证据的形式。

第一节 足协仲裁委员会审理程序规则

《中国足协仲裁规则》是中国足协仲裁委员会审理案件的程序规则，包含了总则、程序、裁决和附则四个部分，总计30条。

总则确立了《中国足协仲裁规则》来源于国际足球联合会章程和中国足协章程的授权，确立中国足协仲裁委员会系中国足球协会处理行业内部纠纷的仲裁机构，足协仲裁实行一裁终局制度，列明了案件受理范围及两类案件的仲裁时效等。

第二章程序部分强调了受理后仲裁员的仲裁庭的组成、签发受理通知书、审理方式、当事人举证责任、仲裁庭自行调查与收集证据的权利等。目前，仲裁受理案件采取通过足协官网的仲裁争议端口先行电子申请与上传立案，便捷了当事人尤其球员的立案申请方，但页面操作过于繁琐，后台立案信息的办公效率有待于提高。

第三章裁决部分确认了案件的审理期限裁决规则与救济途径。仲裁庭应当根据事实，依照法律规定和行业规定，参照国际惯例，并遵循公平、公正原则作出裁决。实践中，部分案件超过6个月的审限不能结案的情况时有发生，甚至出现案件立案半年之久而未开庭的情形。在中国尚未建立球员工会或者联合会的情况下应当引起有关部门的关注，尤其作为足协的专项委员会之一的运动员委员会应当履行其职责为广大球员提出诉请，即不应当因超过审限而影响甚至剥夺了球员踢球的权利与机会。笔者认为可以建立对如事实清楚的欠薪案件而请求获得自由身请求案件采取类似人民法院快速裁决通道，进而快速解决相关方的争议；同时，提请与注册管理部门协调通过临时注册的救济措施来维护球员的合法权益。

第四章附则部分确认了仲裁委人员组成的确定方式、对纪律委员会处罚不服的仲裁案件不停止原处罚的执行的特点以及重大疑难案件的救济途径。实践中，某些案件未能在6个月审限内完成，导致某些球员的合法利益无法得到有效的维护，建议中国足协仲裁委员会在修改《中国足协仲裁规则》时细化审限规定，比如对于涉及球员身份的解除合同或注册事宜的案件参照《劳动争议仲裁调解法》的审限或者参照人民法院对小额争议采取快速裁决的方式予以调整。

第二节 纪律委员会审理案件程序规则

《中国足协纪律委员会纪律准则》（以下简称《纪律准则》）、足协章程、赛事规程等都是中国足协纪律委员会审理案件的重要依据，包含了前言、通则、罚则、纪律委员会的组织与工作和附则合计113条。

具体详见第十章足球与纪律处罚制度。

第三节 道德与公平竞赛委员会审理案件程序规则

《中国足球协会道德与公平竞赛委员会工作规则（试行）》是足协道德与公平竞赛委员会的工作规则，包含了总则、组织规则、职责范围、办案规则、财务规则和附件六章合计33条。该委员会的工作范围与足球腐败等行为有关，目前尚未发生相关案例。

2015年12月21日，国际足联道德委员会曾经就国际足联前主席布拉特违反2012年版《国际足联道德准则》第13、15、19、20和21条5个条款对其采取了8年禁足的处罚。

第四节　足球争议案件特有证据

中国足协的三个法律机构在审理案件过程中，除了审查常见的民事诉讼法证据外，还会审查足球行业本身特有的一些证据。以下作简单介绍：

（一）秩序册

每个赛事，赛事组委会一般都会制作参赛赛事的《秩序册》。中国足协举办的各级职业联赛秩序册一般包含赛事组织机构、各个赛区委员会组织机构、联赛规程、商务实施细则、各个参赛俱乐部的基本信息（注册报名的领队、教练和队员等）、比赛对阵日程等。秩序册记载的信息资料可以成为某些案件的证据。

◆ 案例 ◆

某球员与某俱乐部工资与伤病案

2017年1月，某球员以"自由身"转会与某俱乐部签订了3年期的一线队《工作合同》后参加了该俱乐部在土耳其海外的冬训；冬训过程中，俱乐部为参加联赛的教练组及球员拍摄了全家福合影。某日训练中，该球员出现了左侧锁骨骨折，俱乐部的相关人员陪同球员到医院进行了救治，俱乐部领队通过个人信用卡支付了球员手术治疗费等费用，球员回国后在俱乐部队医指导下进行康复治疗；后经俱乐部领队同意，该球员于3月回到老家当地医疗机构继续康复治疗。

俱乐部以球员受伤系自身行为所致，一直没有支付工资，对该球员后期在国内老家的康复费也没有报销。2017年8月，该球员向中国足协仲裁委员会启动了关于工资支付及伤病报销的仲裁申请。

案件审理过程中，球员除了提供《工作合同》、《补充协议》、飞机登机牌和康复医疗收据等证据外，也向足协仲裁委员会提交了《秩序册》中该俱乐部在2017年海外冬训期间的"全家福合影",该证据是证明球员已经属于俱乐部成员之一的事实,事后双方达成了调解而结案。

《秩序册》中有关俱乐部在2017年海外冬训期间的"全家福合影"的证据在这个案件中属于辅助性证据,间接证明了球员与俱乐部直接的工作关系;从足球行业角度来讲,秩序册中全家福合影意味着俱乐部在赛季准备注册报名人员名单,即进入全家福的球员将进入俱乐部未来赛季的大名单。

(二)足球运动员注册、转会、参赛资格登记证

根据《中国足协注册管理规定》(以简称《注册规定》)第25条规定,球员参加中国足协组织的足球比赛,必须在中国足协注册或备案,且持有中国足协制作并颁发的《足球运动员注册、转会、参赛资格登记证》(业内俗称"参赛证")。球员无"参赛证"或者持有未经有关单位确认的"参赛证"将不得参加比赛。如果出现了无参赛证或持无效参赛证的球员参加了相应比赛的,则该球队可能受到比分上的直接处罚,甚至被中国足协纪律委员会采取进一步的纪律处罚。

根据《注册规定》,"参赛证"记载了包括个人及监护人的姓名、出生日期、身份证号、证号、注册所在的地方协会、曾经注册的年度、转会信息、注册所在的俱乐部和某年度注册联赛等级等信息;该"参赛证"为延续使用证件,每名球员只能有一本"登记证证号",即每名球员只能有"一本一码"。

该参赛证系球员参加比赛的基本要件。比赛球员入场前,比赛监督现场核实报名表与参赛证记载的球员姓名、注册与否等信息。只有通过比赛监督核实了相关报名信息与注册信息相符合的球员才能被允许进入正式比赛场地和替补席。

历史上,个别球员因年龄等原因出现两本以上的"参赛证",即出现了两个以上不同号码的"参赛证",这个需要在仲裁案件过程中邀请相关部门予以识别和判断。

"参赛证"不单是球员上场比赛的重要证件,还可以成为某些案件如索取培训补偿费、享有首次签订工作合同权利等案件的重要书证。

目前,中国足协已经开展了电子"参赛证"工作。请注意新的变化。

案例

某业余足球俱乐部与某中甲足球俱乐部培训补偿费案

某业余足球俱乐部系由某职业球员退役后成立的专注于青少年培训的业余俱乐部,曾经向职业俱乐部输送了许多优秀的球员。2016年2月,其通过签订《转会协议》方式将李某等3名青少年球员转会到某中甲足球俱乐部,后因根据《球员身份与转会管理规定》就培训补偿事宜与某中甲足球俱乐部未能达成意见而就培训补偿在中国足协仲裁委员会申请了仲裁。

仲裁过程中,某业余足球俱乐部向仲裁委提供了其与李某等球员的相应培训协议来证明其为李某等球员提供培训的时间和培训过程,其以该证据来作为其主张培训补偿费的证据。但没有提供补偿费所涉及的该球员成为职业球员的证据而被驳回了仲裁申请。

该案件除了培训协议外,重要的证据应该是李某是否成为职业球员。职业球员的证明要件恰恰是"参赛证",即依照该"参赛证"的记载内容来判断球员的身份属性。实践中,"参赛证"是随着球员转会或租借而"流转"。

建议:

2020年5月1日起实施的《最高人民法院民事诉讼证据的若干规定》以下简称《民事证据规定》的"书证提出命令"制度(第45~48条),申请人享有要求被申请人俱乐部出示球员参赛证的权利。通过申请被申请人出示其控制下的参赛证可以辨别出球员是否为职业球员的相关信息,这样书证提出命令制度有利于申请人权利的有效维护。无论诉讼还是仲裁案件,充分掌握证据规则和使用规则显得尤为重要。

(三)注册比赛报名表

有些赛事,赛事组委会或赛区一般会制作注册比赛报名表等,记载了参赛俱乐部领队、教练和球员的基本信息。其功能类似于秩序册。这类注册比赛报名表是涉及青训所产生的首次签订合同权利重要证据之一。

(四)工作合同

根据《注册规定》第26条规定,合法有效的《工作合同》是球员注册的重要依据之一,即球员注册过程中,俱乐部必须向注册管理部门提供合

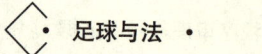

法有效的《工作合同》。某一方对合同的效力存在异议争议，可能向足协仲裁委员会申请仲裁。

中国足协仲裁委员会受理的大多数案件与《工作合同》履行过程中产生的争议有关，如涉及合同的效力（有效、无效、附条件等）、合同的解除、合同的撤销以及违约赔偿等，故《工作合同》是双方履行义务和行使权利的极为重要的证据。同时，职业球员聘请专业体育律师授权其在与俱乐部商谈工作合同中特定解除合同条款、奖金激励条款、违约责任等条款的设计具有重要意义。

◆ 案例 ◆

某球员因年龄所引发的合同效力案

2000年3月1日出生的某球员，自2010年7月开始在某职业俱乐部接受足球专业训练，司职中场。该球员于2016年1月3日与某职业足球俱乐部签订了3年期的《工作合同》，注册报名在预备队参加了相关比赛。后期因与俱乐部就工资涨幅出现争议，2017年3月，该球员就《工作合同》效力事宜申请了足协仲裁。

仲裁过程中，合议庭通过审查球员提供的二代身份证、出生证、户口簿和《工作合同》等证据，查明因俱乐部与球员签订合同时，球员没有满十六周岁的事实，认定该俱乐部的签约行为违反了《球员身份与转会管理规定》的关于签订工作合同的年龄上的强制规定，裁决球员与俱乐部2016年1月3日签订的《工作合同》无效。

建议：

实践中，俱乐部一般会对有培养潜力的青少年球员通过提前签订一份《工作合同》而锁定某些优秀的球员。操作过程中，俱乐部可能忽略了球员签约年龄和合同执行时间的年龄问题。足球领域的《工作合同》应当属于射幸合同，签订工作合同时往往还没有满16周岁或18周岁，对这类问题应当在签订合同时通过补充说明予以标注和说明。

（五）俱乐部全额支付教练员、运动员、工作人员工资奖金确认表

根据中国足协的相关规定，中超、中甲、中乙职业足球俱乐部一般每年1月15日前需要向足协准入审查部提交其《工资奖金确认表》来完成下

赛季的部分准入审查工作，即通过审核俱乐部提交的《工资奖金确认表》来解决部分俱乐部欠付工作人员薪水的行为，该制度的目的之一是确保辛苦工作了一年的球员和教练员等工作人员的正常收入能得到有效保障。

现实中，个别俱乐部存在在《工资奖金确认表》中代签、冒签等行为来"蒙骗"足协准入的审查而逃避其法律责任。

◆ **案例** ◆

周某与某中乙足球俱乐部欠薪案

球员周某系某中超俱乐部球员，司职边锋，2016年2月通过租借方式加盟了某中乙足球俱乐部。《租借协议》约定由某中乙足球俱乐部承担球员周某税后120万元的工资，工资和奖金分配方案在其签订的《工作合同》中也予以了确认。2016年赛季结束后，该中乙俱乐部没有足额支付工资和奖金，尚欠50余万元没有支付。

2017年5月，球员周某针对某中乙俱乐部欠薪行为申请了仲裁。

仲裁庭开庭过程中，该中乙足球俱乐部以其提交的2016年《工资奖金确认表》上的球员周某的签字作为其全额支付的抗辩理由，即球员签字意味球员收到了俱乐部支付的全部工资与奖金。球员到庭解释了在《工资奖金确认表》签字的大致过程，当时该俱乐部确实困难，好多球员都没拿到工资，俱乐部老板承诺等年后会筹措钱款给大家补上，希望球员予以理解，当时相信了俱乐部某些领导的话，也是碍于面子就在《工资奖金确认表》上签了字，但实际上自2016年8月后没有收到俱乐部支付的工资和承诺的奖金。

仲裁庭询问俱乐部工资奖金发放方式是通过银行转账支付。球员提供了该球员银行工资发放的流水凭证（开户行、个人信息、费用标注等），证明其自2016年8月之后就没有收到俱乐部支付的款项。综合全案证据的合理性和举证责任的分配，最后裁决该俱乐部自该仲裁裁决书生效之日向球员周某支付50余万元。

建议：

现实中，每年足协收到各家俱乐部提交的《工资奖金确认表》会存在一定的瑕疵，比如代签、冒签或者编造理由在签字栏予以标注。由于联赛结束后，某些球员实际收到了其上个赛季的工资与奖金，但是由于个人原因，球员无法亲自签字，就有可能委托其经纪人或俱乐部工作人员签字，该代理人的签字行为有效。但个别情况下，个别俱乐部为完成老板的任务就会出现无授权的代签或冒签，该冒签代签行为属于民事法律的无效行为。为了防止这类情况的发生，中国足协设定了异议期制度，即在公示的异议期内，任何有关人员可以到足协予以申诉。2020年赛季就因为某些球员申诉俱乐部《工资奖金确认表》签字存在虚假冒签代签行为而影响了其收入。本案的情况也是部分俱乐部的实际做法，球员没有收到俱乐部应当支付的工资，但碍于情面等原因而在《工资奖金确认表》上签字，但是从民事法律的角度，球员的签字行为不一定就意味着俱乐部履行了支付工资义务，仲裁庭会综合全案的证据情况、交易行为等来判断俱乐部是否履行了支付行为。

球员没有收到相关机构应当支付的款项时，不要贸然在某些文件上签名，避免不必要的争议。

（六）裁判报告

为完成某项比赛，中国足协或地方足协根据比赛赛程指派若干裁判员到赛区进行裁判工作。比赛结束后，裁判组除了提交裁判技术上的报告外还会就赛前、赛中和赛后是否出现违规违纪作出《裁判报告》，该报告完整记录了整个比赛过程中发生违规违纪的比赛名称、轮次、场序、比赛队伍、比赛时间、地点、比赛过程中发生的客观情况表述、违规球员某些违纪动作的定性及处罚。裁判报告系纪律委员会召开听证会过程中非常重要的证据。

建议：

在涉及纪律听证案件过程中，球员和俱乐部应当引起足够的重视。

（七）比赛监督报告

为完成某项比赛，中国足协或地方足协根据比赛赛程指派经验丰富的比赛监督参与到赛区整个赛事工作中，比赛监督系整场比赛的最高指挥官。

比赛结束后，比赛监督除了提交赛事技术上报告外，还会就赛前、赛中和赛后是否出现违规违纪作出《比赛监督报告》，该报告完整记录了整个比赛过程中发生违规违纪的比赛名称、轮次、场序、比赛队伍、比赛时间、地点、比赛过程中发生的客观情况表述、裁判员对违规球员某些违纪行为作出的处罚，比赛监督报告会更全面反映出比赛的全过程，系纪律委员会召开听证会过程中非常重要的证据。

建议：

在涉及纪律听证案件过程中，球员和俱乐部应当引起足够的重视。

（八）裁判员评议报告

某场次比赛的裁判引起较大异议时，裁判管理部一般会聘请足球行业专家裁判对某场比赛进行技术评估或者还原而出具相应的裁判技术上的评议报告。虽然该评议报告并不能改变比赛结果，但对于对还原比赛现场事实具有重要意义的，对于某些案件起到比较好的证明作用，其类似民事诉讼中的专家证言，具有比较高的证明力。

（九）比赛数据

比赛数据主要指的是球员比赛的上场数据，如整个赛季的出场时间、进球数、有效抢断等。出场时间与进球数是球员向俱乐部主张上场费和进球奖金的主要证据之一。

少于10%足协官方比赛出场时间可以成为球员根据《球员身份与转会管理规定》解除工作合同的正当理由。

建议：

球员及经纪人和俱乐部在赛季结束后，适当予以检索并作出必要的评估。

（十）转会协议

《转会协议》是俱乐部之间就某球员转会过程中最重要的法律文件。转会过程中的标的系球员，涉及原俱乐部、新俱乐部及交易的球员三方主体，某种程度上突破了《合同法》的相对性原则。实践中，《转会协议》会涉及球员转会协议无效、未及时支付转会补偿费、上场回避、回购条款争议等。

《球员身份与转会管理规定》第19条规定了《转会协议》形成的要件。转会操作过程中，涉及的证据文件有《国内转会申请表》《国内转会证明索要函》《国内转会证明》《国际转会申请表》《国际转会证明索要函》等文件，目前这些文件基本都是通过网上传送完成，转会过程中也会涉及转会注册的临时救济措施。

建议：

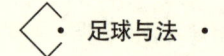

笔者认为，建议俱乐部不能完全停留在《球员身份与转会管理规定》第19条涉及转会协议的基本条款，俱乐部应当根据实际需要而设定特殊的如违约条款细则、转会协议附生效条件、转会球员上场回避、争议产生的违约方承担守约方所支出的律师费等维权费用等条款。

（十一）租借协议

《租借协议》是俱乐部之间就某球员流转过程中最重要的法律文件。租借过程中的标的系球员，涉及了原俱乐部、新俱乐部及交易的球员三方主体，某种程度上突破了《合同法》的相对性原则。实践中，《租借协议》会涉及球员租借费的逾期履行、球员上场回避、伤病、租借转会条款争议等。

建议：

其中，租借球员上场回避条款要引起俱乐部领队的重视，及时提醒对方，尤其注意在《租借协议》中主、客场的分别约定的违约责任。

（十二）司法鉴定意见或司法鉴定报告

某些案件中，当事人一方享有提出对某些如签订工作合同或协议的签名存疑证据进行司法鉴定的权利；同时，仲裁委员会也会根据案件的具体需要就是否进行司法鉴定提出释明。在中国足协仲裁委员会审理案件过程中，最典型的案件是原青岛中能球员刘某自由身案件过程中就刘某本人在工作合同上署名签字的真伪进行的司法鉴定。

2020年新修改的《民事证据规定》中用了足足12个法条诠释了从第30条的鉴定启动、第31条当事人申请鉴定的期限及逾期后果、第32条鉴定人的选任和人民法院委托鉴定、第33条鉴定人义务、第34条鉴定材料的提交、第35条未如期完成鉴定的处理、第36条鉴定书的内容、第37条对鉴定意见的异议、第38条鉴定人出庭费用的预交、第39条鉴定人出庭费用的负担、第40条申请重新鉴定的情形及后果、第41条当事人单方自行委托鉴定的效力和第42条对鉴定意见撤销的限制不同情况提供解决方案。规则上的改变与操作上的细化，为打破司法实践中的鉴定难的困局提供了有力法律支撑。

以上介绍了足协仲裁案件过程中可能遇到的部分特殊形式的证据，希望相关利益方合理运用。

第三章　足球争议案件程序审理与特有证据

足协仲裁过程中，除了运用前述足球行业特有名称证据外，还会适用大量的民事诉讼证据规则。接下来，简要介绍2020年《民事证据规定》修改的主要内容。

自2020年5月1日起实施的《民事证据规定》对2002年《民事证据的规定》进行了大篇幅的修改，仅仅保留了11条，修改41条，增加47条。

新《民事证据规定》延续了原《民事证据规定》的体例、结构，包括"当事人举证""证据的调查收集和保全""举证时限与证据交换""质证""证据的审核认定"和"其他"六个组成部分，体现了证据在民事诉讼中动态的过程。在"当事人举证"部分，主要补充完善了当事人自认规则；在"证据的调查收集和保全"部分，对鉴定的规定进行了补充完善，增加了对鉴定人虚假鉴定处罚的内容，同时增加规定了"书证提出命令"制度；在"举证时限和证据交换"部分，完善了举证时限的操作性规则；在"质证"部分，对于当事人的陈述和证人作证行为的程序、要求进行完善和补充，对于当事人、证人故意虚假陈述规定了处罚措施；在"证据的审核认定"部分，完善了电子数据的审查判断规则。

这些规定对于在审判过程中发现客观真实、提高认定事实的精准度，从而实现公正裁判具有十分重要的意义。

随着足球联赛的职业化发展和电子信息化的进步，如足协的电子注册系统和国际转会过程中电子化的大量使用，电子证据可能成为某些案件的核心证据，现结合《民事证据规定》中的电子证据相关规定予以介绍。

修改后的《民事证据规则》第14条以列举的方式规定了电子数据类型，其特点是任何"以数字化形式存储、处理、传输的能够证明案件事实的信息"。涉及与足球领域有关的证据如微信通知、往来电子邮件等电子证据会成为足协仲裁案件的证据之一。修改后的《民事证据规则》对电子数据真正起到关键意义的是第93条、94条中明确了人民法院审核电子数据真实性的审核标准。其中，值得特别关注的是：①人民法院认为有必要的，可以通过鉴定或者勘验等方法，审查判断电子数据的真实性。②经公证机关公证的电子数据内容，法院"应当"确认其真实性，而未经公证但符合真实性审核标准的电子数据，法院"可以"确认。二者的审核标准并不相同。应该说，关于电子数据的上述规定，为律师在诉讼代理中收集证据及质证

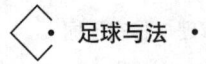

的实操性问题提供了具体的方向及指引。同时，期待中国足协仲裁委员会、各方代理人在审理与代理案件过程中积极运用新规则去分析问题与解决问题。也期待中国足协在修改相关文件时将新《民事证据规定》调整到新的法律文件中去。

建议：

此外，足协仲裁委员会在审理案件过程中，除了会适用民事诉讼证据规定外，未来可能引用中国国际贸易仲裁委员会的证据指引。

第四章
诉讼时效、除斥期间与送达

第一节 诉讼时效制度

诉讼时效是指请求权人不行使权利的状态超过法定期间，义务人即享有抗辩权的法律制度。诉讼时效是一种强行法制度，当事人不得约定延长或者缩短诉讼时效期间，或预先放弃诉讼时效利益。但是，权利人在诉讼时效届满后，放弃诉讼时效利益的，则不为法律所禁止。司法实践中，不同法律或者规则关于诉讼时效的规定是有所区别的，故相关当事方，尤其权利人应及时妥善适用该规则，否则权利人原本享有的权利可能经过被告或者被申请人的抗辩而丧失胜诉的机会。接下来，就不同规则的诉讼时效制度予以分别介绍。

一、《中国足协仲裁规则》仲裁时效

《中国足协仲裁规则》第6条规定了两类不同类型案件的7天与1年的时效制度。

《中国足协仲裁规则》第6条规定申请人向仲裁委员会申请仲裁的，应当根据不同案件，分别于下列期限内提出：① 对纪律委员会作出处罚决定不服而申请仲裁的，自处罚决定公布之日起7日内；② 因其他案件申请仲裁的，从其知道或者应当知道权利被侵害之日起1年内；③ 超过上述期限申请仲裁的，不予受理。

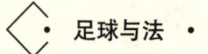

◆ 案例 ◆

某球员与足协纪律委员会停赛处罚的仲裁案

2017年11月1日，中国足协纪律委员会就北京某足球俱乐部球员张某在2017年10月25日中超联赛第215轮对阵重庆足球俱乐部北京赛区发生的场上不当行为涉嫌违规违纪举行了听证会后，作出了停止其参加2017年中超联赛2场及停止其参加2018年中国足协举办联赛10场的足纪字（2017）257号《处罚决定》。

球员张某于该《处罚决定》签发之日起第6天通过足协官网电子上传系统及邮政快递EMS方式向中国足协仲裁委员会提出了仲裁撤销请求，中国足协仲裁委员会依法作出予以受理决定，即球员张某在《中国足协仲裁规则》规定的7天时效内向中国足协仲裁委员会提起了仲裁申请，仲裁委员会依照该规则作出了受理决定，其程序权利得到了有效保障。

◆ 案例 ◆

球员张某等20人与某俱乐部欠薪案

自2011年4月，某俱乐部就出现欠付球员和管理层薪酬问题。某集团通过在当地媒体发布公告说欠薪事情已经得到妥善解决，俱乐部和股东不存在欠付球员工资情况。但事实却是，作为俱乐部股东的某集团因经营上的问题及当地政府政策扶持问题没有及时向俱乐部进行"输血"，进而导致出现欠付球员和管理层工资的事件。

2013年8月，球员张某等20人向中国足协仲裁委员会提起了向某俱乐部"讨薪"的仲裁申请。后经仲裁委员会审查，因该"欠薪"行为存在时间久远，球员提起仲裁的时间已经超过了《中国足协仲裁规则》第6条1年时效的规定，故该案被予以驳回。

无论是大陆法系还是英美法系，均设定了诉讼时效制度。诉讼时效的效力就是指诉讼时效届满所产生的法律后果。在诉讼时效期间届满之后，所产生的法律后果是消灭了权利人享有的胜诉权，即权利人丧失了获得法律强制保护的权利。诉讼时效届满权利人一般是丧失了胜诉权，而不丧失起诉权。

第四章　诉讼时效、除斥期间与送达

实践中，中国足协仲裁委员会处理的案件超过 90% 都与薪酬有关，而且足协仲裁委员会审理案件适用的法律及相关《工作合同》适用的法律几乎都是《劳动法》及《劳动合同法》。故建议球员等债权人及代理人应关注我国涉及劳动争议纠纷的《最高人民法院关于审理劳动争议案件适用法律若干问题的解释》（以下简称《解释》）的具体阐释，如在《解释（二）》第一条对《解释》如下：人民法院审理劳动争议案件，对下列情形，视为《劳动法》第 82 条规定的"劳动争议发生之日"：①在劳动关系存续期间产生的支付工资争议，用人单位能够证明已经书面通知劳动者拒付工资的，书面通知送达之日为劳动争议发生之日。用人单位不能证明的，劳动者主张权利之日为劳动争议发生之日。②因解除或者终止劳动关系产生的争议，用人单位不能证明劳动者收到解除或者终止劳动关系书面通知时间的，劳动者主张权利之日为劳动争议发生之日。③劳动关系解除或者终止后产生的支付工资、经济补偿金、福利待遇等争议，劳动者能够证明用人单位承诺支付的时间为解除或者终止劳动关系后的具体日期的，用人单位承诺支付之日为劳动争议发生之日。劳动者不能证明的，解除或者终止劳动关系之日为劳动争议发生之日。这个司法解释对涉及若干时间节点问题作了非常明确的解释与界定。

实践中，许多球员因"欠薪"事宜不掌握或者不熟悉《中国足协仲裁规则》1 年时效的强制性规定而丧失了许多权利是非常可惜的。在此，笔者提出建议：为了更好地保护球员等债权人的利益，在将来修改与完善《中国足协仲裁规则》时借鉴《民法总则》中一般民事案件 3 年时效和国际足联案件 2 年时效的规定来适当延长足协仲裁案件时效的规定。

二、国际足联争议案件时效

2020 年版《球员身份与转会规定》(Regulations on the Status Transfer of Players，简称 RSTP) Article 25 Procedural guidelines 5 The Players' Status Committee, the Dispute Resolution Chamber, the single judge or the DRC (as the case may be) shall not hear any case subject to these regulations if more than two years have elapsed since the event giving rise to the dispute. Application of this limit shall be examined ex officio in each individual case. 第 25 条第 5 款确

认了国际足联球员身份委员会和争议解决庭受理争议案件的时效期间为 2 年。

国际足联设定的 2 年时效规则更能有效地保护双方当事人的合法权益，《中国足协仲裁规则》可以借鉴或者采用国际足联争议解决机制的这种时效制度。

◆ 案例 ◆

孙某等球员"涮水"国外俱乐部丧失诉讼时效案

2011 年 8 月，中国足协为长远青训发展，在某公司的"资助"下启动了所谓的 500.com 留洋计划，即中国足协向相关俱乐部和地方会员协会下发了足协字（2011）413 号葡萄牙培训通知，要求相关俱乐部、地方足协积极响应足协号召，积极推送 1995、1996 和 1997 等年龄段出生的优秀球员，然后由某公司"操作"到葡萄牙俱乐部进行青少年足球留洋训练。

根据足协下发的足协字（2011）413 号葡萄牙培训通知，足协明确表态球员留洋培训后仍然回原单位，保证隶属关系不变。有了这个保证条件，山东鲁能、青岛中能、长春亚泰等俱乐部都积极选送了比较优秀的适龄球员参加到了这个留洋计划。随后，某公司把相关球员安排到了葡萄牙的俱乐部接受足球青训的训练；2013 年，部分球员还回国代表各个省队参加了在辽宁举办的全运会比赛。

出生于 1995 年的球员孙某是这批留洋运动员之一。2014 年 10 月，其原注册的中方俱乐部收到了中国足协转送的葡萄牙足协签发的《国际转会证明》，即某葡萄牙俱乐部向孙某原先注册的俱乐部提出了国际转会申请，孙某所在中方俱乐部拒绝了该申请并向葡萄牙足协提供了球员孙某与原俱乐部的《合同书》，证明该球员与中方俱乐部存在合同关系，不同意转会到葡萄牙俱乐部并向国际足联身份委员会提出了异议。

2017 年 10 月，该俱乐部咨询某体育法律师寻求解决途径，经查阅相关俱乐部与中国足协、国际足联往来传真等资料，确认相关细节：2014 年 10 月，中方俱乐部收到中国足协转葡萄牙足协的《国际转会证明索要函》，得知该球员单方与葡萄牙某俱乐部进行了转会；同月，中方俱乐部就该事宜向国际足联相关机构提出了异议，国际足联于当月回复了包括上诉机构和程序上要求的函件，即国际足联球员身份委员会向孙某原中国注册俱乐部签发了该事情的说明，交代了国际足联处理解决这类临时注册争议的机制及后期的救济途径，并在回复中建议中方俱乐部按照当时 2012 年版的《国际足联球员身份与转会规定》[1] 第 25 条规定向球员身份委员会提起争议诉讼。国际足联身份委员会复函告诉了对中方某俱乐部的争议解决上诉机构、程序规则等。之后中方俱乐部只是一味向国际足联身份委员会说明该球员归中方俱乐部所有和不同意转会的观点而未在国际足联身份委员会启动上诉程序。实际上，球员孙某等人通过国际转会系统（TMS）完成了 2014 赛季葡萄牙某俱乐部的临时注册。经过分析该争议案件的信息，该律师明确告知中方俱乐部该争议已经超过国际足联身份委员会上诉的诉讼时效期间，即时效已经超期，无法在国际足联的身份委员会获得胜诉的机会，即使在国际足联身份委员会提起该事件的上诉也将面临败诉的不利法律后果，故建议该俱乐部通过收集某些证据来突破中国足协涉及诉讼时效规定后在中国足协启动相关违约等事项的仲裁来挽救案涉争议的部分利益，即通过突破国内仲裁时效后启动相关案件，中方俱乐部接受该律师的意见，通过收集相关证据后在中国足协启动了包括违约责任和体育处罚等仲裁来弥补俱乐部的损失。之后，中国足协仲裁委员会启动案件后，经过反复开庭，历时 3 年之久，最终中方俱乐部获得了比较满意的仲裁结果，有效维护其合法利益。

三、劳动争议案件仲裁时效

劳动争议申请仲裁的时效期间为 1 年，其法律依据是 2008 年 5 月 1 日实施的《劳动争议调解仲裁法》。该法第 27 条规定劳动争议申请仲裁的时效期间为 1 年。仲裁时效期间从当事人知道或者应当知道其权利被侵害之日起计算。该仲裁时效会因为出现一定缘由导致时效中断与中止。具体体现在第 27 条的第 2 款和第 3 款：劳动争议申请仲裁的时效，因当事人一方向对方当事人主张权利，或者向有关部门请求权利救济，或者对方当事人同意履行义务而中断。从中断时起，仲裁时效期间重新计算。因不可抗力

---

[1] Article 25 Procedural guidelines 和 RULES Governing the Procedures of the Player' Status Committee and the Dispute Resolution Chamber.

或者有其他正当理由，当事人不能在《劳动争议仲裁调解法》规定的仲裁时效期间申请仲裁的，仲裁时效中止。从中止时效的原因消除之日起，仲裁时效期间继续计算。

劳动关系存续期间因拖欠劳动报酬发生争议的，劳动者申请仲裁不受《劳动争议仲裁调解法》规定的仲裁时效期间的限制；但是，劳动关系终止的，应当自劳动关系终止之日起1年内提出。

同时，司法实践中也会对诉讼时效理解有个别偏差，这时候就要看相关的司法解释在实践中是如何界定的。2006年10月1日实施的法释（2006）6号对"劳动争议发生之日"，《解释（二）》第一条作出如下解释：人民法院审理劳动争议案件，对下列情形，视为《劳动法》第82条规定的"劳动争议发生之日"：① 在劳动关系存续期间产生的支付工资争议，用人单位能够证明已经书面通知劳动者拒付工资的，书面通知送达之日为劳动争议发生之日。用人单位不能证明的，劳动者主张权利之日为劳动争议发生之日。② 因解除或者终止劳动关系产生的争议，用人单位不能证明劳动者收到解除或者终止劳动关系书面通知时间的，劳动者主张权利之日为劳动争议发生之日。③ 劳动关系解除或者终止后产生的支付工资、经济补偿金、福利待遇等争议，劳动者能够证明用人单位承诺支付的时间为解除或者终止劳动关系后的具体日期的，用人单位承诺支付之日为劳动争议发生之日。劳动者不能证明的，解除或者终止劳动关系之日为劳动争议发生之日。司法解释细化了诉讼时效的起始时间即劳动争议发生之日，便于司法实践操作。

四、民事诉讼时效制度的演变及目前诉讼时效制度

（一）民事诉讼时效制度的调整与进步

1987年1月1日实施的《民法通则》第七章就专门对当为事人的权利提供了有效保护的诉讼时效制度进行了具体规定。第135条规定了普通诉讼时效：向人民法院请求保护民事权利的诉讼时效期间为2年，法律另有规定的除外。第136条规定了短期诉讼时效，下列情形的诉讼时效期间为1年：① 身体受到伤害要求赔偿的；② 出售质量不合格的商品未声明的；③ 延付或者拒付租金的；④ 寄存财物被丢失或者损毁的。第137条规定了长期诉

讼时效，诉讼时效期间从知道或者应当知道权利被侵害时起计算。但是，从权利被侵害之日起超过 20 年的，人民法院不予保护。有特殊情况的，人民法院可以延长诉讼时效期间。

2017 年 10 月 1 日实施的《民法总则》第 188 条规定，向人民法院请求保护民事权利的诉讼时效期间为 3 年。法律另有规定的，依照其规定。诉讼时效期间自权利人知道或者应当知道权利受到损害以及义务人之日起计算。法律另有规定的，依照其规定。

通过以上两部法律诉讼时效制度的调整，普通诉讼时效从 2 年提高到 3 年，能更好保护权利人的利益，是我国司法制度改革的进步。

（二）普通民事诉讼时效 3 年的规定

◆ 案例 ◆

球员刘某与队友张某借款纠纷案

2011 年 2 月 25 日，张某从队友刘某处借款 30 万元用于购买结婚用的车辆，刘某爽快答应，通过其女朋友在中国银行上海某支行账户向张某转账 30 万元；事后，张某给刘某出具了《欠条》，约定 2012 年过大年前还款。

事后，张某以各种理由没有向刘某偿还 30 万借款，刘某因为不好意思未向张某主张还 30 万的事。2013 年 3 月，张某转会到其他俱乐部，与刘某之间没具体联系。2017 年 1 月，刘某注意到张某退役后生意做得很好，就打电话要求张某清偿 2011 年的借款，张某以各种借口予以敷衍。刘某无奈持《欠条》到张某户籍地法院起诉，开庭过程中，张某代理人的律师提出了该案件诉讼时效已过的抗辩事由，认为原告刘某主张权利的时效早就超过《民法通则》规定的 2 年时间，且不存在时效中止中断情况，故请求法院驳回原告的诉讼请求。经法庭调查，原告未能提供时效中止中断的证据，合议庭经合意后采纳了被告张某代理律师的意见，驳回了刘某的起诉，即原告刘某即使手中持有《欠条》，但其主张被告张某还钱的请求没有得到法律上的支持，其原因就是其主张权利的时效严重超期。

如果当事人之间有争议，应尽快向有关机构提出权利的主张如诉讼或仲裁并留存相关证据，尤其应注意保留涉及诉讼时效中止、中断的证据。

（三）不适用诉讼时效的案件

司法实践中会有部分争议案件不适于诉讼时效，主要体现在《民法总则》第196条，下列请求权不适用诉讼时效的规定：①请求停止侵害、排除妨碍、消除危险；②不动产物权和登记的动产物权的权利人请求返还财产；③请求支付抚养费、赡养费或者扶养费；④依法不适用诉讼时效的其他请求权。民法用列举方式对不适用诉讼时效的案例类型予以介绍。

（四）最长保护20年的诉讼时效

体现在《民法总则》第188条自权利受到损害之日起超过20年的，人民法院不予保护。即设定了最长20年的保护期，对一些特殊案件更好地保护权利人的利益。例如球员队友之间因借款的案件，如《欠条》没有约定还款时间的，其债权可以最长保护20年。

（五）诉讼时效的中止制度

《民法总则》第194条规定，在诉讼时效期间的最后六个月内，因下列障碍，不能行使请求权的，诉讼时效中止：①不可抗力；②无民事行为能力人或者限制民事行为能力人没有法定代理人，或者法定代理人死亡、丧失民事行为能力、丧失代理权；③继承开始后未确定继承人或者遗产管理人；④权利人被义务人或者其他人控制；⑤其他导致权利人不能行使请求权的障碍。该条第二款就中止与诉讼时效中断的间隔时间予以了确认，即自中止时效的原因消除之日起满六个月，诉讼时效期间届满。

足球要素争议案件会因涉及不可抗力引发诉讼时效的中止。例如2020年爆发的新冠肺炎的疫情可以构成不可抗力。

（六）诉讼时效的中断制度

体现在《民法总则》的第195条，有下列情形之一的，诉讼时效中断，从中断、有关程序终结时起，诉讼时效期间重新计算：①权利人向义务人提出履行请求；②义务人同意履行义务；③权利人提起诉讼或者申请仲裁；④与提起诉讼或者申请仲裁具有同等效力的其他情形。

足球领域争议案件，可以通过就事实内容往来的函件加以确认，从而来完成时效中断的举证责任。

（七）申请强制执行的期间

申请强制执行期间为2年，自法律文书规定履行期限的最后1天起计算，未规定履行期限的，自法律文书生效之日起计算。

◆ 案例 ◆

李某与队友刘某借款纠纷一案

球员李某因与队友发生的借款纠纷，将曾经的队友刘某起诉到刘某户籍所在地上海某区法院，法院经审理后双方达成了和解意见。2016年6月4日，法院向双方签发民事调解书，确认了刘某的付款时间和相应的数额及违约责任。但是调解书确定的付款时间届满后，刘某未能按照调解书约定的时间履行支付义务。2017年5月4日，李某向该法院申请了强制执行。申请执行后，该区法院将刘某列入最高人民法院失信名单中，采取限制刘某高消费等措施，最后刘某乖乖地携相关款项到法院兑现了民事调解书的内容。

当事人申请法院强制执行的，《民事诉讼法》是有2年时间期限的明确规定，法院出具的民事判决书或民事调解书一般会在法院盖章落款附近注明申请强制执行2年的时间，故当事人为维护自身的权益，一定注意该2年时间的规定。

第二节 除斥期间制度

除斥期间是指法律规定某种民事实体权利存在的期间。权利人在此期间内不行使相应的民事权利，则在该法定期间届满时导致该民事权利的消灭。除斥期间一般是不变期间。不因任何事由而中止、中断或者延长。除斥期间消灭的是权利人享有的实体民事权利本身，如追认权、撤销权、解除权等。

一、首次签订工作合同除斥期间

中国足协在《中国足协关于调整青少年转会与培训补偿标准管理制度的实施意见》以下简称《青训实施意见》中创设了俱乐部享有对部分青训球员的首次签订工作合同的权利。2018年2月14日，中国足协颁布了《〈中国足协关于调整青少年转会与培训补偿标准管理制度的实施意见〉执行原则的通知》，其在第4条中就享有与青少年首次签订合同的俱乐部行权的时间作了界定：即享有首次签订工作合同的俱乐部行使该权利不得超过培训协议期限届满后的30日，就是要求享有权利的俱乐部必须在培训期限届满后30日内行使权利，该期限应当属于民法上的除斥期间。如俱乐部在培训协议期限届满30天后才向球员主张首次签订工作合同权利的，俱乐部就丧失了其享有的权利。

◆ 案例 ◆

某足球俱乐部与首次签订工作合同球员潘某争议案

2000年10月12日出生的潘某自2010年9月1日就在某中乙俱乐部的梯队接受足球专业的培训，司职前锋，是非常有培养潜力的球员，俱乐部的教练和领导倾注了大量精力和心血。俱乐部负责注册工作的人员参加了2018中国足协的注册工作会议，知晓首次签订工作合同相关条件的具体规定，就及时向俱乐部领导提出了对该球员签署工作合同的建议。

自2018年9月初，俱乐部就开始与该球员及家长商议签订首次工作合同的事情，后期该球员的经纪人介入与俱乐部商讨签订工作合同的商谈中，一直未就具体待遇等达成一致意见，也未签署备忘录或者会议纪要等材料，经纪人也未在微信中提出具体商谈条件。2019年1月中旬，该球员经纪人通知中乙俱乐部该球员已经与某中甲俱乐部签订了工作合同，该经纪人的这个通告行为使中乙俱乐部极为不满，拟向中国足协仲裁委申请仲裁。某体育律师接受俱乐部邀请对全案涉及的交涉的相关证据进行了分析，告诉该中乙俱乐部如申请仲裁的话，其保存的证据十分不足，即未能在培训期限届满30日内向球员发出签署工作合同的明确邀约。其在整个过程中原则上未固定文字证据，比如双方谈判过程中未签署任何涵盖涉及商谈时间、商谈地点、工资待遇等内容的会议纪要或者备忘录，甚至在与经纪人往来微信中没有涉及待遇、注册报名等细节的记载。鉴于启动仲裁案件败诉的风险概率较大，该俱乐部最后未申请仲裁。

职业俱乐部在涉及享有首次签订工作合同行权过程中处理工资待遇、合同期限等事项时，一是要在30天的除斥期间内履行告知义务，最重要的是行权过程设法留存或者保存各种包括但不限于书面、视频与微信类的电子证据等！否则即使在除斥期间行权了，但苦于没有固定好相关证据所带来的法律后果也是极为严重的，小到会造成某个球员流失，大到造成国有企业甚至国有技术资产的流失，所以聘请一位体育律师显得尤为重要。

二、足球领域案件涉及撤销权的除斥期间

除了中国足协设立的首次签订工作合同的 30 日除斥期间制度外，关于民事法律的除斥期间主要反映在《民法总则》《合同法》及相关的司法解释中，相信在未来颁布的对某些条件下设定了撤销权制度的《民法典》一定会有更为全面的阐述与介绍。在此，主要就《民法总则》和《合同法》涉及除斥期间制度予以介绍。

1.《民法总则》第 152 条规定，有下列情形之一的，撤销权消灭：① 当事人自知道或者应当知道撤销事由之日起 1 年内、重大误解的当事人自知道或者应当知道撤销事由之日起 3 个月内没有行使撤销权；② 当事人受胁迫，自胁迫行为终止之日起 1 年内没有行使撤销权；③ 当事人知道撤销事由后明确表示或者以自己的行为表明放弃撤销权。当事人自民事法律行为发生之日起 5 年内没有行使撤销权的，撤销权消灭。

2.《合同法》第 55 条规定，有下列情形之一的，撤销权消灭：① 具有撤销权的当事人自知道或者应当知道撤销事由之日起 1 年内没有行使撤销权；② 具有撤销权的当事人知道撤销事由后明确表示或者以自己的行为放弃撤销权。第 75 条撤销权的期间规定，撤销权自债权人知道或者应当知道撤销事由之日起 1 年内行使。自债务人的行为发生之日起 5 年内没有行使撤销权的，该撤销权消灭。

关于撤销权的除斥期间主要体现在以上两部法律的三个条文，实践中，请关注 1 年和 5 年的规定。同时，该时间的规定是不适用诉讼时效的中止和中断。《民法总则》第 199 条明确规定了，法律规定或者当事人约定的撤销权、解除权等权利的存续期间，除法律另有规定外，自权利人知道或者应当知道权利产生之日起计算，不适用有关诉讼时效中止、中断和延长的规定。存续期间届满，撤销权、解除权等权利消灭。

在足球领域，涉及撤销权的除斥期间的案件大多是俱乐部与球员、教练员以及领队签署的工作合同或者解除合同后形成的和解协议而引发的争议。

三、民事法律的期间计算

当事人在民事活动过程中，经常遇到时间计算问题，个别情况因时间计算出现瑕疵而影响了当事人的权益。《民法总则》的第十章就民事活动过程期间计算进行了比较系统的梳理：第200条规定，民法所称的期间按照公历年、月、日、小时计算。第201条规定，按照年、月、日计算期间的，开始的当日不计入，自下一日开始计算。按照小时计算期间的，自法律规定或者当事人约定的时间开始计算。第202条规定，按照年、月计算期间的，到期月的对应日为期间的最后一日；没有对应日的，月末日为期间的最后一日。第203条规定，期间的最后一日是法定休假日的，以法定休假日结束的次日为期间的最后一日。期间的最后一日的截止时间为24时；有业务时间的，停止业务活动的时间为截止时间。第204条规定，期间的计算方法依照本法的规定，但是法律另有规定或者当事人另有约定的除外。第83条规定，期间耽误和顺延，当事人因不可抗拒的事由或者其他正当理由耽误期限的，在障碍消除后的10日内，可以申请顺延期限，是否准许，由人民法院决定。

司法实践中，应着重注意提交答辩状时间、举证期限等期间。

第三节 送达制度

民事审判和商事仲裁活动都会涉及诉讼程序上的送达环节，足协仲裁过程中也会涉及送达。据了解，在足协受理案件中有部分因无法送达到被申请人（尤其当被申请人是外援时），导致案件无法正常进行下去，给足协的仲裁案件审理无形中设置了障碍。无法把涉及仲裁的仲裁申请书、证据、案件受理及组庭通知书和开庭通知等材料送达被申请人，势必影响仲裁庭正常开庭，也势必影响申请人的合法权利。

送达涉及两方面的工作：其一，申请人提供涉案当事人的送达信息如地址、电子邮件等是否准确；其二，仲裁委秘书处采取何种送达方式。

《民事诉讼法》中关于送达的规定原则和送达方式同样适用于中国足协仲裁委员会的送达。民事诉讼送达工作要强调送达的三个原则：① 正当程序原则，正当程序应成为民事送达制度的主要指导原则。②参与原则，参与原则是指当事人能够富有影响地参与争执解决活动中。其核心思想是，那些权益可能受到裁决影响的人，应有充分的机会参与法庭裁判的形成过程，并能以自己的行为对裁判结果的形成发挥积极而有效的影响和作用。诉讼文书送达制度就是为了保障当事人以程序主体的身份充分参与诉讼活动，使受送达的人有一个公正的机会对受送达的信息及时和充分地了解。因此，送达是诉讼参与的必然要求。③充分、合理性原则，这是送达诉讼文书的具体标准。法院应依照法定的程序和要求以适当的送达方式对当事人进行送达，通知其诉讼，以使当事人尽可能地得到诉讼通知。

人民法院送达的方式有六种，其中直接送达、电子送达、邮寄送达和公告送达是可以借鉴到足协仲裁案件的。《民事诉讼法》第85条规定了直接送达：送达诉讼文书，应当直接送交受送达人。受送达人是公民的，本人不在交他的同住成年家属签收；受送达人是法人或者其他组织的，应当由法人的法定代表人、其他组织的主要负责人或者该法人、组织负责收件的人签收；受送达人有诉讼代理人的，可以送交其代理人签收；受送达人已向人民法院指定代收人的，送交代收人签收。受送达人的同住成年家属，法人或者其他组织的负责收件的人，诉讼代理人或者代收人在送达回证上签收的日期为送达日期。因为中国足球协会注册于北京市，涉案的当事人如是北京机构或者人员，可以采用直接送达方式进行。

《民事诉讼法》第87条规定了电子送达：经受送达人同意，人民法院可以采用传真、电子邮件等能够确认其收悉的方式送达诉讼文书，但判决书、裁定书、调解书除外。采用前款方式送达的，以传真、电子邮件等到达受送达人特定系统的日期为送达日期。随着互联网等科技不断发展，电子送达应该成为送达的一种普遍方式。

《民事诉讼法》第88条委托及邮寄送达：直接送达诉讼文书有困难的，可以委托其他人民法院代为送达，或者邮寄送达。邮寄送达的，以回执上注明的收件日期为送达日期。《最高人民法院关于以法院专递方式邮寄送达民事诉讼文书的若干规定》（以下简称《送达规定》）确定了邮政系统作为邮寄送达的方式，为便于当事人依法行使诉讼权利，保证民事诉讼活动的正常进行提供了制度保障。

自 2005 年 1 月 1 日，邮寄送达成为某些法院的主要送达方式之一。邮寄送达是目前足协仲裁案件使用的常见方式，即采用中国邮政系统的 EMS 作为送达方式。

《民事诉讼法》第 92 条公告送达：受送达人下落不明，或者用本节规定的其他方式无法送达的，公告送达。自发出公告之日起，经过 60 日，即视为送达。公告送达，应当在案卷中记明原因和经过。公告送达方式是一种比较无奈的送达方式，属于司法机关或仲裁机关的被迫选择，在民事诉讼中是某些案件最重要的送达方式，所以我们经常在地方主流报纸或法院系统报纸中见到这种涉及起诉状、开庭传票等文件的公告送达。建议足协仲裁委员会对部分案件可以选择在北京市的主流报刊或者被申请人户籍所在地主流媒体予以公告送达来解决送达问题，对这类案件不能束之高阁而不采取措施。

相关法条：
《最高人民法院关于进一步加强民事送达工作的若干意见》

送达是民事案件审理过程中的重要程序事项，是保障人民法院依法公正审理民事案件、及时维护当事人合法权益的基础。近年来，随着我国社会经济的发展和人民群众司法需求的提高，送达问题已经成为制约民事审判公正与效率的瓶颈之一。为此，各级人民法院要切实改进和加强送达工作，在法律和司法解释的框架内，创新工作机制和方法，全面推进当事人送达地址确认制度，统一送达地址确认书格式，规范送达地址确认书内容，提升民事送达的质量和效率，将司法为民切实落到实处。

一、送达地址确认书是当事人送达地址确认制度的基础。送达地址确认书应当包括当事人提供的送达地址、人民法院告知事项、当事人对送达地址的确认、送达地址确认书的适用范围和变更方式等内容。

二、当事人提供的送达地址应当包括邮政编码、详细地址以及受送达人的联系电话等。同意电子送达的，应当提供并确认接收民事诉讼文书的传真号、电子信箱、微信号等电子送达地址。当事人委托诉讼代理人的，诉讼代理人确认的送达地址视为当事人的送达地址。

三、为保障当事人的诉讼权利，人民法院应当告知送达地址确认书的填写要求和注意事项以及拒绝提供送达地址、提供虚假地址或者提供地址不准确的法律后果。

四、人民法院应当要求当事人对其填写的送达地址及法律后果等事项进行确认。当事人确认的内容应当包括当事人已知晓人民法院告知的事项及送达地址确认书的法律后果，保证送达地址准确、有效，同意人民法院通过其确认的地址送达诉讼文书等，并由当事人或者诉讼代理人签名、盖章或者捺印。

五、人民法院应当在登记立案时要求当事人确认送达地址。当事人拒绝确认送达地址的，依照《最高人民法院关于登记立案若干问题的规定》第7条的规定处理。

六、当事人在送达地址确认书中确认的送达地址，适用于第一审程序、第二审程序和执行程序。当事人变更送达地址，应当以书面方式告知人民法院。当事人未书面变更的，以其确认的地址为送达地址。

七、因当事人提供的送达地址不准确、拒不提供送达地址、送达地址变更未书面告知人民法院，导致民事诉讼文书未能被受送达人实际接收的，直接送达的，民事诉讼文书留在该地址之日为送达之日；邮寄送达的，文书被退回之日为送达之日。

八、当事人拒绝确认送达地址或以拒绝应诉、拒接电话、避而不见送达人员、搬离原住所等躲避、规避送达，人民法院不能或无法要求其确认送达地址的，可以分别以下列情形处理：

（一）当事人在诉讼所涉及的合同、往来函件中对送达地址有明确约定的，以约定的地址为送达地址；

（二）没有约定的，以当事人在诉讼中提交的书面材料中载明的自己的地址为送达地址；

（三）没有约定、当事人也未提交书面材料或者书面材料中未载明地址的，以一年内进行其他诉讼、仲裁案件中提供的地址为送达地址；

（四）无以上情形的，以当事人一年内进行民事活动时经常使用的地址为送达地址。

人民法院按照上述地址进行送达的，可以同时以电话、微信等方式通知受送达人。

九、依第八条规定仍不能确认送达地址的，自然人以其户籍登记的住所或者在经常居住地登记的住址为送达地址，法人或者其他组织以其工商登记或其他依法登记、备案的住所地为送达地址。

十、在严格遵守民事诉讼法和民事诉讼法司法解释关于电子送达适用条件的前提下，积极主动探索电子送达及送达凭证保全的有效方式、方法。有条件的法院可以建立专门的电子送达平台，或以诉讼服务平台为依托进行电子送达，或者采取与大型门户网站、通信运营商合作的方式，通过专门的电子邮箱、特定的通信号码、信息公众号等方式进行送达。

十一、采用传真、电子邮件方式送达的，送达人员应记录传真发送和接收号码、电子邮件发送和接收邮箱、发送时间、送达诉讼文书名称，并打印传真发送确认单、电子邮件发送成功网页，存卷备查。

十二、采用短信、微信等方式送达的，送达人员应记录收发手机号码、发送时间、送达诉讼文书名称，并将短信、微信等送达内容拍摄照片，存卷备查。

十三、可以根据实际情况，有针对性地探索提高送达质量和效率的工作机制，确定由专门的送达机构或者由各审判、执行部门进行送达。在不违反法律、司法解释规定的前提下，可以积极探索创新行之有效的工作方法。

十四、对于移动通信工具能够接通但无法直接送达、邮寄送达的，除判决书、裁定书、调解书外，可以采取电话送达的方式，由送达人员告知当事人诉讼文书内容，并记录拨打、接听电话号码、通话时间、送达诉讼文书内容，通话过程应当录音以存卷备查。

十五、要严格适用民事诉讼法关于公告送达的规定，加强对公告送达的管理，充分保障当事人的诉讼权利。只有在受送达人下落不明，或者用《民事诉讼法》第一编第七章第二节规定的其他方式无法送达的，才能适用公告送达。

十六、在送达工作中，可以借助基层组织的力量和社会力量，加强与基层组织和有关部门的沟通、协调，为做好送达工作创造良好的外部环境。有条件的地方可以要求基层组织协助送达，并可适当支付费用。

十七、要树立全国法院一盘棋意识，对于其他法院委托送达的诉讼文书，要认真、及时进行送达。鼓励法院之间建立委托送达协作机制，节约送达成本，提高送达效率。

第四章 诉讼时效、除斥期间与送达

对《最高人民法院关于进一步加强民事送达工作的若干意见》(以下简称《送达意见》)具体的规定,可以作如下的解读:

一、文件出台的背景

送达是人民法院审理民事案件所必须遵守的基本程序规程,是人民法院与当事人、其他诉讼参与人之间沟通诉讼信息的重要手段,是保障当事人诉讼权利的重要内容。作为民事案件审理过程中的重要程序事项,送达也是民事诉讼程序顺利进行的保障。近年来,随着我国社会经济的发展,因人口流动频繁而社会管理手段相对滞后、社会诚信缺失引发的送达难问题凸显,规避、抗拒送达以及通过制造送达困难拖延诉讼的情形日益突出。这种情况不仅严重影响正常的民事诉讼秩序和民事审判的效率,也对当事人诉讼权利的行使和实体权利的救济造成障碍。可以说,民事审判送达问题已经成为影响当事人实现权利、制约民事审判效率提升的瓶颈之一。为此,最高人民法院将"推动建立当事人确认送达地址并承担相应法律后果的约束机制,探索推广信息化条件下的电子送达方式,提高送达效率"作为"四五改革纲要"的改革课题,积极研究破解送达难的有效方法。在充分调研、广泛征求意见的基础上,出台了《送达意见》。

《送达意见》坚持问题导向,以提高送达效率和质量、促进诉讼诚信、防止当事人恶意规避送达为目标,在民事诉讼法及民事诉讼法司法解释框架下探索改进送达工作的方法。《送达意见》以落实当事人送达地址确认制度为核心,主要涉及送达地址确认书记载事项、基本要求、适用范围、法律后果、当事人拒绝确认送达地址或者躲避、规避送达等情形下的处理等问题;对于电子送达,在严格遵守民事诉讼法和民事诉讼法解释关于电子送达适用条件的前提下,对电子送达及送达凭证保全的方式、方法作出进一步规定。对于解决审判实践中的送达难问题,具有十分积极的意义。

二、主要内容

(一)送达地址确认

送达地址确认制度是 2004 年公布实施的《送达规定》中所确立的制度。《送达规定》第 3 条明确,当事人起诉或者答辩时应当向人民法院提供或者确认自己准确的送达地址，并填写送达地址确认书。对于送达地址确认书的内容、当事人拒绝提供送达地址的后果，《送达规定》也作出了原则性规定。

《送达规定》在审判实践适用中取得了比较好的效果，也积累了比较丰富的经验。《送达意见》在《送达规定》的基础上，对送达地址确认书的内容、效力、适用范围以及当事人拒绝提供送达地址等情形的处理作出了进一步更具操作性的规定。

1.人民法院要求当事人确认送达地址的时间节点。根据《送达意见》的精神，人民法院应当在第一次接触当事人时要求当事人填写送达地址确认书，确认送达地址。在登记立案阶段，人民法院首先应当要求提起诉讼的当事人确认送达地址。当事人拒绝确认送达地址的，属于《最高人民法院关于登记立案若干问题的规定》第7条规定的当事人提交的诉讼材料不符合要求的情形，人民法院应当告知其在指定期限内补正；逾期未补正的，退回诉状并记录在册，或者裁定不予受理、决定不予立案。在登记立案时要求当事人确认送达地址，尽管只针对原告，但仍然是十分必要的。审判实践中，经常发生原告随着诉讼程序的推进意识到可能败诉时，躲避、规避裁判文书送达，迫使人民法院不得不进行公告送达，严重影响民事诉讼的正常秩序。在案件审理过程中，人民法院应当在第一次直接接触当事人时要求当事人确认送达地址，以保障后续诉讼活动的顺利进行。

2.送达地址确认书的内容。送达地址确认书是当事人送达地址确认制度的基础。其内容对于当事人送达地址确认制度的实施效果以及当事人的诉讼权利保障具有十分重要的意义。2004年公布实施的《送达规定》第4条第1款规定，送达地址确认书的内容应当包括送达地址的邮政编码、详细地址以及受送达人的联系电话等内容。随着实践的发展，各地法院根据审判实际需要，在《送达规定》第4条第1款的基础上对送达地址确认书的内容进行细化、完善和补充。《送达意见》在总结审判实践经验的基础上，对送达地址确认书的内容作出更为明确细致、更具有操作性的规定。

送达地址确认书既要便利人民法院诉讼文书的送达，也要保障当事人的诉讼权利不受侵害。因此，送达地址确认书中应当包括明确的送达地址、人民法院的告知事项、送达地址确认书的适用范围和变更方式以及当事人对送达地址的确认等内容。在送达地址确认书的基本构成要素中，送达地址是核心和基础。其中，当事人提供和填写的送达地址应当明确，不仅应当有详细地址，还应当填写邮政编码、联系电话等内容，以便人民法院准确送达。当事人同意电子送达的，应当选择电子送达的方式并提供相应的传真号码、电子信箱、微信号等电子送达地址。对于当事人委托诉讼代理人进行诉讼而本人并不到场的，诉讼代理人能否确认送达地址，审判实践中曾经存在争议。我们认为，接收诉讼文书是诉讼代理人当然的代理事项，亦不属于民事诉讼法规定的需要特别授权的情形。因此，除非授权委托书中明确排除外，诉讼代理人所确认的送达地址视为当事人的送达地址。

为保障当事人的诉讼权利，送达地址确认书中有关人民法院告知事项的内容应当全面、详细。大致可以将人民法院的告知事项区分为一般性告知和法律效果的告知两部分。告知送达地址确认书的填写要求和注意事项属于一般性告知，其目的在于提高填写的准确性和效率。而法律效果的告知既包括拒绝提供送达地址、提供虚假送达地址或者提供的送达地址不准确的法律后果的告知，也包括适用范围和变更方式的告知。法律效果的告知是送达地址确认书的必要记载事项，既是当事人程序保障的要求，也是送达地址确认书法律后果适用正当性的要求。在诉讼过程中，当事人既应当清楚送达地址确认书的意义和对自己诉讼权利的影响，也有权利知道其确认的送达地址发生法律效力的范围，以及在需要更换送达地址时以何种方式、在何时向人民法院提出。

当事人的确认，是送达地址确认书发生法律效力的关键因素，是送达地址确认书必须具备的内容。当事人确认的内容既包括对送达地址的确认，也包括对法律后果的确认。在形式上，当事人确认部分包括两方面内容，一方面是当事人对人民法院告知事项及送达地址确认书法律效果已经知悉的确认，另一方面也包括对人民法院通过其确认的地址送达诉讼文书的同意。当事人确认的方式是签名、盖章或者捺印。当事人委托诉讼代理人的，确认送达地址是诉讼代理人当然的代理事项。除授权委托书中明确排除外，诉讼代理人在送达地址确认书上签名与当事人签名具有同等法律效力。

3.送达地址确认书的效力范围。有关送达地址确认书的效力范围，《送达规定》没有明确规定。但该《送达规定》第4条第3款规定，"当事人在第一审、第二审和执行终结前变更送达地址的，应当及时以书面方式告知人民法院",隐含了送达地址确认书的效力及于第一审程序、第二审程序和执行程序的内容。《最高人民法院关于适用〈中华人民共和国民事诉讼法〉的解释》(以下简称《民诉解释》)第137条规定,"当事人在提起上诉、申请再审、申请执行时未书面变更送达地址的,其在第一审程序中确认的送达地址可以作为第二审程序、审判监督程序、执行程序的送达地址"。在《送达意见》出台后,有人对于第5条"当事人在送达地址确认书中确认的送达地址,适用于第一审程序、第二审程序和执行程序"的规定与《民诉解释》第137条规定是否存在矛盾提出疑问。我们认为,《民诉解释》第137条规定针对的提起上诉、申请再审和申请执行的一方当事人,即发动程序的一方,由于其在发动程序时有充分机会书面变更送达地址,故其未提出书面变更请求的,以其一审程序中确认的地址为送达地址并不损害其诉讼权利。而《送达意见》第5条的规定针对的是诉讼双方当事人,由于审判监督程序并非通常诉讼程序,且程序启动的事由和原因比较复杂,在通常诉讼程序终结后,如果送达地址确认书仍然在审判监督程序适用于双方当事人,则很有可能损害被动一方的诉讼权利。故在《送达意见》中并未规定送达地址确认书适用于审判监督程序。就执行程序而言,由于其本身是生效判决胜诉方实现权利的通常方式,当事人对执行程序的启动存在合理预期,且程序启动事由相对简单,故送达地址确认书适用于执行程序不会产生损害当事人诉讼权利问题。

4. 对躲避、规避送达的处理。审判实践中,当事人拒不提供送达地址或者以拒绝应诉、拒接电话、躲避送达人员等方式躲避、规避送达的情形比较突出。这种情形严重浪费审判资源,损害对方当事人合法权益,严重干扰正常的民事诉讼秩序。

《送达意见》第8条、第9条针对这种躲避、规避送达致使人民法院无法要求其确认送达地址的情形,提出应对措施。

送达的目的在于使当事人知悉诉讼有关的事项,因此在当事人送达地址不明确时,有必要通过合理方式确定与当事人联系最为密切的地址进行送达,以使其知悉相应的诉讼事项。为此,《送达意见》第8条对此种情况下如何确定当事人送达地址作出顺位上的规定。对于当事人在与本案有关的民事活动中明确约定了送达地址的,以该地址作为送达地址,符合当事人的约定，也最有可能为当事人实际知悉。因此，当事人在合同、往来函件中约定的送达地址为送达地址不明确时第一顺位选择。

审判实践中，有的当事人虽然拒不提供送达地址或者在意识到诉讼结果对其不利时躲避、规避送达，但曾经在诉讼中向人民法院提供过书面诉讼材料，其上载明的当事人自己的地址可以视为其认可的地址。在当事人对于送达地址无约定的情况下，可以作为送达地址。在不存在前两种情形时，可以通过关联案件检索确定当事人送达地址。一些当事人可能牵涉系列诉讼、仲裁案件，其在作为消极当事人时可能采取躲避、规避送达等方式拖延诉讼进程，但在其他诉讼、仲裁中特别是作为积极当事人时往往会采取积极方式推动诉讼程序进行，也因此会有明确的送达地址。这种情况下，通过信息化系统进行查询，能够有效确定相应的数据信息。《送达意见》规定以1年内其他诉讼、仲裁案件中提供的地址为送达地址，具有合理性、现实性，也兼顾了实际效果。在没有以上三种情形时，如果能够查询到当事人一年内从事民事活动时经常使用的地址的，可以以该地址为送达地址。比较典型的是网络购物活动中的收货地址，如果当事人经常使用，可以作为人民法院的送达地址。

根据《送达意见》第9条的规定，依第八条规定仍然不能确定送达地址的，自然人以其户籍登记中的住所地或者经常居住地登记的地址为送达地址；法人或者其他组织以其工商登记或者其他依法登记、备案的住所地为送达地址。该条规定与《送达规定》第5条的内容基本一致，只是在经常居住地的确定上更为具体，即通过登记识别经常居住地的具体地址。

（二）电子送达

电子送达是2012年《民事诉讼法》修改时增加规定的一种送达方式。对于这种新的送达方式如何适用，需要人民法院在审判实践中进行探索。因此《送达意见》对于电子送达的方式提出了建议，同时对于送达凭证的保全方式提出了必要的要求。

对于电子送达的方式，《送达意见》鼓励各地法院进行积极探索。有条件的法院可以建立专门的电子送达平台，或以诉讼服务平台为依托进行电子送达，或者采取与大型门户网站、通信运营商合作的方式，通过专门的电子邮箱、特定的通信号码、信息公众号等方式进行送达。就电子送达凭证的保全而言，无论采用传真、电子邮件还是短信、微信等方式送达，均需要记录发送端和接收端的基本信息、发送时间、送达诉讼文书名称，并打印传真发送确认单、电子邮件发送成功网页，短信、微信等送达内容照片，存卷备查。

需要强调的是，适用电子送达需严格遵守民事诉讼法规定的条件和范围。根据《民事诉讼法》第87条的规定，电子送达的适用以经受送达人同意为条件，以判决书、裁定书、调解书之外的诉讼文书为适用范围，以能够确认受送达人收悉为送达方式的基本要求。对于电子送达的探索应当严守法律的规定。

建议：

笔者认为中国足协仲裁委员会可以借鉴人民法院的多种送达方式，用于受理通知及裁决书的送达。在修改仲裁程序规则上，除了邮政方式外可以采取使用电子送达，在保障程序权利的同时，实现环保的无纸化办公。

司法实践中，涉及送达俱乐部的一般不会存在太大的法律障碍。但对于作为球员、教练员和其他工作人员自然人的送达会存在一定的问题，主要是由于在相应的工作合同中关于送达地址不清晰或没有标注，导致涉及仲裁过程中无法准确送达而影响提出仲裁的申请人的利益。笔者建议，俱乐部在与相关人员签订合同时可以标注清楚合同中的家庭地址为送达地址，尤其标注其电子邮箱作为有效的送达方式予以确认，这样有效解决了司法送达难的问题，为仲裁的顺利进行奠定了一定的基础，电子送达必然成为一种便捷的送达方式。

第五章
注册与转会制度

第一节　注册制度

根据《国家体育总局全国运动员注册与交流管理办法（试行）》第二章注册的相关条款规定，运动员参加相关赛事是需要在国家体育总局或在各省、自治区、直辖市、新疆生产建设兵团、解放军、行业体协及经过国家体育总局、全国性单项体育协会或运动项目管理中心批准认可的参加全国成年、青年和少年比赛的单位进行注册（第5、6条），注册证由全国性单项体育协会或运动项目管理中心统一颁发，由注册单位负责管理和使用（第17条），即专业或职业运动员只有取得注册证或参赛证（各个单项协会的注册证名称有所不同）后才能参加相关比赛。

2006年11月13日，中国足协根据注册和转会有关规定颁布了《中国足球协会运动员登记证管理暂行规定》，足球运动员参加中国足协举办的各级各类足球比赛必须持有《足球运动员注册、转会、参赛资格登记证》（以下简称为"登记证"，也有称"参赛证"）；2007年，中国足协制定了《中国足球协会注册工作管理暂行规定》（以下简称《注册暂行规定》）用来指导各俱乐部、会员协会、球员、教练员、裁判员、足球学校等的注册。2016年，中国足协颁发了《中国足球协会注册管理规定》（以下简称《注册规定》），即在原有《注册暂行规定》的基础上进一步规范和调整了相关注册的规定。注册是指中国足协在注册期内对会员协会、职业联赛参赛俱乐部、职业球员、执教职业联赛参赛俱乐部队的教练员、具有国家级以上级别的裁判人员、经中国足协考核批准的球员代理人等相关足球组织及从业人员进行登记及审核的行为。注册是各级、各类组织和人员参加或举办有组织的足球活动以及从事相关业务活动的基本条件。中国足协管辖范围内的各级会员协会、足球俱乐部、足球学校、教练员、球员、裁判人员、球员代理人等各级各类组织和人员均须办理注册或备案，即强调了运动员有关的注册制度的合理性与合规性。《注册规定》第25条再次明确了球员的注册制度流程和具体要求，即球员参加中国足协组织的足球比赛，必须在中国足协注册或备案，且持有中国足协制作并颁发的"登记证"。球员持有未经有关单位盖章确认注册的"登记证"将不能参赛。同时，确认了"登记证"为延续使用性证件，每名球员只能有一本"登记证"和一个"证号"。同时第26、28条分别就职业球员和业余球员的注册作出了具体的规定。司法实践中，球员与俱乐部有时会因注册事宜导致诉讼或仲裁。

◆ 案例 ◆

撤销外援联赛注册报名案

2012年2月22日，作为甲方的某俱乐部与乙方某外援签署了一份2个赛季的工作合同。工作合同第5.12条约定，甲方有权根据乙方能力、表现以及状态，单方面决定乙方代表一线队或者预备队出场比赛。在乙方代表预备队比赛期间，外援无权获得工作合同约定的薪资，外援球员仅领取人民币2000元/月的预备队薪资。乙方无权以任何形式提起申诉或要求赔偿。

2012年7月13日，俱乐部时任主教练通知外援，俱乐部不准备在下半赛季为其报名注册中超联赛。原因是俱乐部在二次转会期间引进了新外援，由于外援名额限制无法再为该外援注册与报名。在得知俱乐部主教练的决定后，该外援在当日仍然与球队一同出发参加客场对阵山东鲁能的比赛。

2012年7月14日，主教练通知该外援不再被允许随一线队一同训练。自此以后，该外援再未收到来自俱乐部方面的任何口头或者书面通知，并且不被允许与一线队以及预备队一同训练。为确保自身竞技状态，该外援于2012年7月19日起在没有任何教练员或者医疗人员的辅助下开始独自训练；2012年7月23日，外援的经纪人向俱乐部发送传真，要求俱乐部立即为外援提供适当的训练条件，并且允许随一线队或者预备队一同训练。

另外，他还要求俱乐部允许外援开始寻找新东家；经纪人随后于7月25日、7月27日、7月31日以及8月3日多次向该俱乐部发送传真，要求俱乐部按照工作合同的约定允许外援随球队一同训练；在8月3日的最后一份传真中经纪人要求俱乐部在8月6日前提供充足的训练设施，否则其将立即采取法律措施，上述传真均未得到俱乐部的回复。2012年8月7日，外援向俱乐部发送挂号信并以其具有正当理由立即解除了工作合同。理由是俱乐部单方面违反工作合同，没有履行提供训练及医疗条件义务。外援与俱乐部曾在8月及9月初试图以友好方式协商解决，但并未达成一致。

外援委托律师后向国际足联申请仲裁。国际足联争议解决委员会于2013年8月30日作出裁决，裁定由俱乐部向外援支付拖欠的工资以及违约赔偿金及相应利息。

俱乐部不服国际足联争议解决委员会的裁决向国际体育仲裁法庭提起上诉。国际体育仲裁法庭认定的正当理由为，俱乐部单方面决定撤销外援的中超报名并且拒绝向其提供医疗及训练设施。国际体育仲裁法庭经审查后认为：①外援并未接受将其撤销中超报名并下放至预备队的决定，而且对俱乐部未向其提供医疗及训练设施反复提出抗议；②撤销外援的中超报名后，俱乐部的管理层没有与其进行商谈或者解释；③外援的经纪人在此期间多次以书面方式联系俱乐部，俱乐部管理层没有表现出与外援解决争议的诚意，因此俱乐部违反了诚实信用原则。国际体育仲裁法庭仲裁结果及理由：外援单方解除工作合同具有正当理由，作出俱乐部应当向球员支付拖欠工资及违约赔偿金的裁决。俱乐部与外援签署的工作合同中虽然存在俱乐部单方面决定球员能否代表一线队出场以及降薪的条款，但这并不代表俱乐部依据该等条款撤销外援联赛注册报名不会构成违约。

球员通过体育活动实现其职业生涯的周期非常短暂。球员参与与之竞技水平相当的体育比赛、通过比赛获取经济报酬的权利应当受到行业规则和法律的保护。对职业运动员而言，停赛或者任何其他形式的限制参赛可能会对作为职业运动员的竞技能力及经济收入等造成不利影响。运动员若无法积极投身于竞赛中，其商业价值以及未来职业成就将会受到严重影响。一名在顶级联赛效力的职业球员为了保证其市场价值，不仅需要与其同等水准的球员一同训练，还必须与球队一同参与最高水准的比赛。球员在工作合同项下的基本权利中，不仅包括及时获得报酬的权利，还包括参与训练以及获得代表球队在官方比赛中与其队友同场竞技的机会的权利。如果取消一名球员的注册或者报名，俱乐部实质上完全剥夺了这名球员参加比赛的权利，侵犯了球员的基本权利。

建议：

每个赛季，中超、中甲联赛存在外援注册与报名制度，且都有不同程度的调整。俱乐部主教练的调整与使用与引进外援"配额"之间会产生冲突，俱乐部在转会窗口期进行外援的替换虽为常规操作，某些不当的撤销注册与报名会给俱乐部带来一定的法律风险。

第二节 博斯曼法案

转会制度系足球领域特有的以球员"流转"作为标的的一项特有制度，最早诞生于1888年的英格兰，从权利制度上而言涉及劳动者就业自由选择权与足球行业垄断规则、培训补偿和联合机制补偿制度等。

现代足球转会制度改革，足球人应当致敬比利时中场球员博斯曼，正是他将比利时列日俱乐部（SA Royal Foutball Club of Liege，以下简称"列日俱乐部"）、比利时足球协会（以下简称"比利时足协"）和欧洲足球协会联盟（以下简称"欧足联"）机构告上法庭的抗争而最终促成了《博斯曼法案》。博斯曼是真正对抗欧足联及国际足联关于转会制度的抗"制"英雄，由其引发的《博斯曼法案》是现代足球发展历史上一个里程碑性的法案，体育自治也要受到所在国或所在区域法律制度的限制。

1990年8月，比利时球员博斯曼在转会过程中因无法完成转会而丧失了转会与租借机会而处于无球可踢的状态。同年8月6日，博斯曼将列日俱乐部及比利时足协和欧足联先后告上了法庭，其诉讼请求的核心理由是比利时和欧足联现有的转会制度违反了欧洲经济共同体的《罗马条约》第48条之规定。该案引发了欧盟法院对欧足联现有的转会制度存在违规行为的裁决，该裁决认定欧足联现有的转会制度违反了《罗马条约》第48条"劳动者自由流动的权利"的规定，该裁定对自由转会的条款产生了革命性影响，即合同期满后，球员可以零转会费加盟其他球队，改变了球员就业

第五章　注册与转会制度

的规则，就此诞生了伟大的《博斯曼法案》。

在某种程度上，正是由于博斯曼的自我抗争与牺牲才极大地推动了欧洲足球及世界足球转会制度的进步与调整，也促进了世界职业足球行业健康有序的发展。

◈ 案例 ◈

博斯曼法案

图 5-1：让·马克·博斯曼

让·马克·博斯曼（Jean-Marc Bosman）是一名比利时足球运动员。1990年夏季，在让·马克·博斯曼合同即将届满之际，列日俱乐部向其提供了一份报酬为每月3万比利时法郎的续约合同，该待遇仅为原有合同报酬的1/4。博斯曼不愿与列日俱乐部续约，俱乐部将博斯曼列入了准备转会球员名单。

根据当时欧足联的转会制度，合同到期的球员转会，接收球员的俱乐部必须向球员原所属俱乐部支付一笔转会费用。列日俱乐部对博斯曼开出的转会费为1174.3万比利时法郎，法国敦刻尔克队俱乐部（US Dunkerque，以下简称"敦刻尔克队俱乐部"）就租借博斯曼与列日俱乐部进行谈判，在敦刻尔克队俱乐部与博斯曼签订雇佣合同之后，两个俱乐部之间就租借费等发生争议，列日俱乐部没有向比利时足协申请博斯曼去法国踢球的工作许可，敦刻尔克队俱乐部因此没有支付该笔转会费，并于1990年8月3日宣布取消与博斯曼签订的球员合同，博斯曼转会未果。

1990年8月6日，愤怒的博斯曼将列日俱乐部告上比利时法院，后期将比利时足协和欧足联追加为共同被告。根据1957年创建欧洲经济共同体《罗马条约》第48条的规定，任何一个成员国的劳动者都有权在欧盟各成员国之间自由流动平等就业，球员认为被告列日俱乐部要求转会费的行为限制了自己在欧盟成员国内自由就业的权利。被告比利时足协与欧足联提出的抗辩理由是转会费规则的设立是为了维护足球运动项目的利益，转会费规则可以防止弱小俱乐部的优秀球员流失到大俱乐部去，以至于俱乐部球队实力的差距越来越大；转会费制度还可以鼓励各俱乐部培养青年球员，防止各俱乐部辛苦培养的青年球员被其他俱乐部随意挖走。

根据欧盟法律的规定，各成员国法院审理案件时，如果涉及欧盟条约的解释问题，成员国法院有权要求欧盟法院就欧盟条约解释问题发表初步裁决，比利时法院向欧盟法院请求初步裁决。这场原以为15天就能搞定的纷争却足足耗费了5年。1995年12月15日，欧盟法院15位法官经合意作出了对博斯曼有利的裁决，认定俱乐部在与球员合同到期后要求支付转会费的行为违反了《罗马条约》第48条劳动者自由流动的权利（a worker's right of freemovement）的规定。《博斯曼法案》主要内容包括：雇佣合同只剩6个月时间段内被称为"合同结束阶段"，球员可以接触任何俱乐部，如果双方达成转会共识，买方俱乐部不用向球员原俱乐部支付转会费，即以形成自由转会。因此，在"合同结束阶段"，球员享有决定续约或转会的主动权。球员自此获得了几乎全部其他行业从业者都具备的自由就业选择权，将对转会的操控权一定程度上掌握在了自己手中，在球员和俱乐部的关系中，俱乐部不再拥有绝对的主导地位。

第五章 注册与转会制度

图 5-2：1995 年，博斯曼与律师团队胜诉后喜笑颜开

欧盟法院不仅审理该案件主要涉及《罗马条约》第 48 条"劳动者自由流动的权利"的规定，还审查了《罗马条约》第 85 条和第 86 条（现在的条文是第 81 条和第 82 条）"禁止限制竞争行为"与"禁止滥用市场优势地位"反垄断与反不正当竞争的规定事宜，即比利时俱乐部限制博斯曼向国外俱乐部转会的行为是否构成对国外俱乐部的不正当竞争。欧盟法院亦表达了对例如欧足联作为欧洲职业足球的行业协会是否拥有市场独占地位、是否滥用了其市场优势地位在足球市场运作中的不正当竞争问题的关注。因此在博斯曼案件审理完毕之后，直接负责欧盟内部垄断与竞争事务的欧盟委员会立即着手处理有关欧洲足球界的反不正当竞争问题。1996 年 1 月 19 日，欧盟委员会向欧足联指出，其必须遵守《罗马条约》的相关条款，并特别提到了欧洲足联的有关规则违反了《罗马条约》第 85 条的反垄断规定。事实上，欧盟法院通过博斯曼案件所确立的合同期满后的球员可以自由转会到其他欧盟成员国的原则，不仅适用于原欧盟成员国家，也适用于不是欧盟成员的几个国家——冰岛、列支敦士登与挪威，它们是原欧洲自由贸易联盟的成员，欧洲自由贸易联盟国家与欧洲共同体（欧盟前身）

国家之间有一个建立"欧洲经济区"（European Economic Area，EEA）的协议。根据这个协议，欧盟法院在自由贸易与人员自由流动问题上所做出的判决，对所有欧洲经济区国家均适用。这一点在国际足联在后期修改《球员身份与转会规定》过程中都有体现。

博斯曼法案在欧盟法院的胜利直接导致传统的足球转会制度、俱乐部并购规则、球票销售体系、电视转播权制度等规则将面临司法的挑战与审查，大量的投诉与诉讼涌到了欧盟委员会与欧盟法院，体育行业自治与欧盟法律之间的冲突如何解决显得尤为重要。国际足联开始关注欧盟的动向，他们要求足球行业取得欧盟竞争法的豁免，保持其自治地位。

欧盟法院与欧盟委员会认定欧盟范围内的球员自由流动应当受到保护，在合同履行期届满后转会要求支付转会费是限制竞争行为。这样一来，国际足联与欧洲足联的有关球员转会的规则都将受到考验，而整个国际球员转会制度都必须重新构建。经过几年若干轮谈判后，欧盟委员会终于首肯了国际足联和欧足联几经修改的球员转会方案，欧盟委员会表示将终止对国际足联的起诉。

修改后的球员转会方案体现进步的基本内容有以下几个方面：

1. 建立对小俱乐部训练年轻球员的补偿机制，同时对各俱乐部的收入进行重新调整分配，分配对象包括参与训练和教育球员的业余俱乐部。

2. 对 18 岁以下的球员的国际转会要设立一定条件，以保证这些年轻球员在进行训练的同时能接受学校教育。

3. 在每个赛季设定一个转会期，在赛季中期也有一个短期的转会时间。限制每名球员每赛季只能转会一次。

4. 合同最短为 1 年，最长为五年。

5. 28 岁以下的球员的合同将有 3 年保护期，28 岁以上的球员为 2 年。

6. 建立相关制裁机制，以保证体育竞赛的正常进行。单方面违约只允许在赛季结束时进行。无论是球员或者是俱乐部单方面违约，都将支付一定的费用作为经济赔偿。

7. 在合同保护期内单方面违约，球员、俱乐部或者是经纪人都将受到处罚，其中处罚按严重程度来分担相应的比例。

8. 建立一个代表俱乐部和球员利益的仲裁机构，其主席为独立人士。

仲裁机构是一个自发性非官办机构，但不排除向国际性的法院如欧洲法院寻求合作的可能性。

现代足球相关的转会制度的改进根植于博斯曼法案，平衡了球员与俱乐部、俱乐部与俱乐部、协会与协会、会员协会与国际足联等之间的利益冲突。

第三节　转会制度

足球运动是体育界产业链比较完整的单项运动，在其产业发展过程中建立起了相对完整的、具有自治性的法律体系。足球行业法律体系以注册制度、转会制度、准入制度等展现出固有的行业特点，其中转会制度是足球法规体系中最具魅力的制度。球员注册与转会制度是足球行业资源流动的基本制度，是整个足球行业的基本制度，可以说注册与转会制度是保障球员权益的基石，是足球产业顺利运行的基础。根据国际足联官网记载，《国际足联球员身份与转会规定》从2001年到2020年历经了16次修订，从最初的十五章20条到现在的九章29条7个附件，使转会制度逐渐得到了完善。近几年，国际足联理事会通过修正案的方式对《国际足联球员身份与转会规定》进行了有效的局部调整。

任何一项运动良好有序的发展有赖于规则，规则的精髓在于公平。如何公平地权衡球员、俱乐部、联赛和足协之间的利益，是制定球员注册与转会制度的根本原则。在《博斯曼法案》促进下，经国际足联与欧盟法院和欧盟委员会不断的谈判与博弈下，建立与完善转会制度《国际足联球员身份与转会规定》。《国际足联球员身份与转会规定》是国际足联理事会通过的关于球员注册转会制度的重要法律文件之一。

现存的转会制度包括国际足联的转会制度和中国足协的转会制度。

首先，介绍国际足联的转会制度。2020年3月1日生效的《国际足联球员身份与转会规定》包含了九章29条和7个附件，其中注册制度规定在第二、三章的12个条款，保持合同稳定性规定在第四章6个条款，青训鼓励与保护的内容规定在第六章2个条款，国际足联案件的管辖规定在第八章4个条款。

从《博斯曼法案》等引起转会规则被不断引入到《国际足联球员身份与转会规定》开始，该规定在球员培训和发展以及促进足球赛事的良好运作上发挥了关键的作用，特别体现在第四章的保持合同稳定性、第五章的保护未成年球员与促进年轻球员发展。《国际足联球员身份与转会规定》重点强调了以下原则：①保持合同稳定性。第四章6个条款及修正案阐述了遵守合同、正当理由解除合同、解除合同限制及不当解除的法律后果等，尤其用14条的bis修正案特别提到了作为正当理由的欠薪所产生的法律后果。国际足联受理的案件当中涉及违反合同稳定事宜的案件居多。②保护未成年球员与鼓励青训。第五、六、七章和附件4就涉及青训及补偿机制。对于整个足球产业来讲，只有源源不断地的新鲜血液注入，才能保证这项运动有序发展。因此，注册转会制度也要重点保护未成年球员，鼓励培训，促进年轻球员发展，团结职业与业余球员，促进竞争平衡等，确保促进足球事业公平发展。③球员注册与转会的严格限制。第三、六章和附件1、2和3就球员的注册与转会的操作流程作出了明确的规定。转会是足球行业特有的一种规则，是指职业球员从一个俱乐部转入另一个俱乐部，并由新俱乐部向原俱乐部支付一定转会费的行为，职业球员的转会受到转会规则的严格限制如时间、手续等。首先，转会的时间受到严格限制。职业球员只能在每赛季中的两个转会期内进行转会，只有在转会期内完成转会的球员才能在足协注册。其次，球员转会受到俱乐部的限制。当球员与俱乐部之间工作合同期满时可以自由转会，但在合同未到期时，必须经球员与俱乐部协商一致或者在其中一方有正当理由终止工作合同的情况下才能转会；《国际足联球员身份与转会规定》为了保护青训还设立专门章节，规定青少年球员转会应受到限制。青少年球员的培养的原则之一是为未成年球员提供稳定的训练和教育环境，尊重家庭的重要性。因此对青少年球员的转会进行更严格的限制也在情理之中，但事情总是有两个方面，要求严格执行禁止青少年球员转会政策，可能会不利于某些青少年球员，限制他们获得足球发展的机会。禁止与限制总是在青少年转会的规则中不断地碰撞，因此应当继续保持禁止对未满18岁的未成年球员进行转会为原则，满足一定社会条件为例外。④青训激励与补偿制度的第七章及附件4和5。球员在注册转会过程中，一般必须向原俱乐部支付转会费，包括培训费或联合机制补偿费及根据俱乐部之间的转会协议提前终止合同的赔偿或单方面或其他相关当事人终止合同后的赔偿等。球员首次签订工作合同成为职业球员后所属的俱乐部，或职业球员在23周岁赛季结束前每次转会加入新的俱乐部（无论转会是在原工作合同到期前还是到期后进行），均有向注册过该球员的俱乐部和（或）培训单位支付补偿的义务，即培训补偿。职业球员在原工作合同期限届满前转会，所有注册过该球员的俱乐部和（或）培训单位，均可从新俱乐部因球员转会而支付给原俱乐部的补偿中获得相应比例的联合机制补偿。职业球员在合同到期前转会时，新俱乐部需要将支付给原俱乐部的扣除培训补偿后的其他补偿的5%作为联合机制补偿分配给曾经参与培训和教育该球员的俱乐部。

《国际足联球员身份与转会规定》通过修正案的方式进行部分调整，如国际足联"球员身份及转会规程"的修正案第14、17、18和24条的调整，它在禁止权利滥用、禁止宽限期、欠薪终止合同、赔偿金计算方法以及裁决执行中处罚等方面进行了修订，由此拉开了新一轮球员注册转会制度架构改革的序幕，以期引起读者关注。

第14条第2款 Article 14 Terminating a contract with just cause 正当理由解除合同的特别条款。

2. Any abusive conduct of a party aiming at forcing the counterparty to terminate or change the terms of the contract shall entitle the counterparty (a player or a club) to terminate the contract with just cause. 2. 任何企图强迫对方终止或变更合同条款的单方权利滥用行为，相对方（球员或俱乐部）均有权以正当理由终止合同。

任何权利的行使都有一定的范围和程度的限制。第14条第2款体现了禁止权利滥用原则。禁止权利滥用原则指一切民事权利的行使均不得超过其正当界限，否则即构成权利的滥用。任何权利的行使都应当具有一定程度和范围的限制，如果本次修订规定一方（球员或俱乐部）的目的旨在迫使对方终止或更改合同条款情形的，对方就此享有以正当理由解除合同的权利，也就是滥用权利一方导致对方享有相应的合同的解除权。《民法总则》第132条规定民事主体不得滥用民事权利损害国家利益、社会公共利益或者他人合法权益，该条即为民事法律上的禁止权利滥用原则在中国法项下的具体体现。这一点与《国际足联球员身份与转会规定》修改是一脉相承的。国内球员与俱乐部的工作合同关系原则上属于劳动合同关系，不同于欧盟联赛中雇佣关系。体育领域中，部分俱乐部或者是具有优势地位的个人利用优势地位滥用权利，典型的是俱乐部因各种原因采取对个别球员进行单独训练、跑圈等惩罚性训练行为导致球员不得不接受俱乐部提出的某些苛刻条件，球员及其代理律师面对这类事件无法找到法律上的应对措施和法律方案。国际足联这次修改为这类案件的处理提供了法律依据，也期待中国足协在未来修改《球员身份与转会管理规定》时予以吸收。当然，中国足协仲裁委员会参照该条款并运用到某些案件的审理中。《中国足协仲裁规则》第18条规定仲裁庭应当根据事实，依照法律规定和行业规定，参照国际惯例，并遵循公平、公正原则作出裁决。

第14条bis 以拖欠工资为正当理由终止合同 14 bis Terminating a contract with just cause for outstanding salaries

In the case of a club unlawfully failing to pay a player at least 2 months salaries on their due dates, the player will be deemed to have a just cause to terminate his contract, provided that he has put his debtor club in default in writing and has granted a deadline of at least 15 days for the debtor club to fully comply with its financial obligations(s). Alternative provisions in contracts existing at the time of this provision coming to force may be considered.

For any salaries of a player which are not due on a monthly basis, the pro-rata value corresponding to 2 months shall be considered. Delayed payment of an amount which is equal to at least 2 months shall also be deemed a just cause for the player to terminate his contract as per paragraph 1 above.

1. 若俱乐部在合同约定的支付日期拖欠球员工资超过两个月的，则球员有权以正当理由终止其合同，但球员应当提前书面通知俱乐部并给予俱乐部至少15天的宽限期。本条款生效时，双方已成立的合同另有约定的从其约定。

2. 对于不是按月支付工资的球员，当被拖欠的金额相当于两个月工资的，也应参照前款适用。

迟延支付相当于至少两个月工资金额的，也应被视为球员终止合同的正当理由，但须遵守上述第 1 款的终止通知程序。

◆ 案例 ◆

北方某俱乐部外援欠薪案

2018 年 10 月，澳大利亚外援与北方某俱乐部签订了 3 年期的工作合同。2019 年 6 月，因俱乐部 2 个月没有及时向外援支付工资，该外援在律师指导下利用新规修正案而提出了解除合同，同时提出了赔偿请求。

后经双方协商，双方解除了外援的工作合同，并给予了一定的赔偿。

实践中，部分俱乐部仍沿用在原先的《国际足联球员身份与转会规定》规定或者在《工作合同》的 3 个月的约定。现在是国际足联是以修正案的方式修改该规定，不能任意扩大或延长逾期支付球员工资的时间，否则将承担不利法律后果。

修正案第 17 条第 1 款 无正当理由终止合同的后果 Article 17 Consequences of terminating a contract without just cause

The following provisions apply if a contract is terminated without just cause:

1. In all cases, the party in breach shall pay compensation. Subject to the provisions of article 20 and Annexe 4 in relating to training compensation, and unless otherwise provided for in the contract, compensation for the breach shall be calculated with due consideration for the law of the country concerned, the specificity of sport, and any other objective criteria. These criteria shall include, in particular, the remuneration and other benefits due to the player under the existing contract and / or the new contract, the time remaining on the existing contract up to a maximum of five years, the fees and expenses paid or incurred by the former club (amortised over the term of the contract) and whether the contractual breach falls within a protected period.

Bearing in mind the aforementioned principles, compensation due to a player shall be calculated as follows:

1) in case the player did not sign any new contract following the

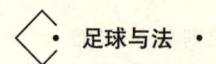

termination of his previous contract, as a general rule, the compensation shall be equal to the residual value of the contract that was prematurely terminated;

2) in case the player signed a new contract by the time of the decision, the value of the new contract for the period corresponding to the time remaining on the prematurely terminated contract shall be deducted from the residual value of the contract that was terminated early (the Mitigated Compensation). Furthermore, and subject to the early termination of the contract being due to overdue payables, in addition to the the Mitigated Compensation, the player shall be entitled to an amount corresponding to three monthly salaries (the Additional Compensation). In case of egregious circumstance, the Additional Compensation may be increased up to a maximum of six monthly salaries. The overall compensation may never exceed the rest value of the prematurely terminated contract.

3) Collective bargaining agreements validly negotiated by employers'and employees'representative at domestic level in accordance with national law may deviate from the principles stipulated in the points 1) and 2) above. The terms of the such an agreement shall prevail.

2. Entitlement to compensation cannot be assigned to a third party. If a professional is required to pay compensation, the professional and his new club shall be jointly and severally for its payment. The amount may be stipulated in the contract or agreed between the parties.

3. In addition to the obligation to pay compensation, sporting sanctions shall also be imposed on any player found to be in breach of contract during the protected period. This sanction shall be a four-month restriction on playing in official matches. In the case of aggravating circumstances, the restriction shall last six-months. These sporting sanctions shall take effect immediately once the player has been notified of the relevant decision. The sporting sanctions shall remain suspended in the period between the last official match of the season and the first official match of the next season, in both cases including national cups and international championships for

the clubs. The suspension of the sporting sanctions shall, however, not be applicable if the player is an established member of the representative team of the association he is eligible to represent, and the association concerned is participating in the final competition of an international tournament in the period between the last match and the first match of the next season. Unilateral breach of without just cause or sporting just cause after the protected period shall not result in sporting sanctions. Disciplinary measures may, however, be imposed outside the protected period for failure to give notice of termination within 15 days of the last official match of the season(including national cups) of the club with which the player is registered. The protected period starts again when, while renewing the contract, the duration of the previous contract is extended.

4. In additional to the obligation to pay compensation, sporting sanctions shall be imposed on any club found to be in breach of contract or found to be including a breach of contract during the protected period. It shall be presumed, unless established to the contrary, that any club signing a professional who has terminated his contract without just cause has induced that professional to commit a breach. The club shall be banned from registering any new players, either nationally or internationally, for two entire and consecutive registration periods. The club shall be able to register new players,either nationally or internationally, only as of the next registering period following the complete serving of the relevant sporting sanctions. In particular, it may not make use of the exception and the provisional measures stipulated in article 6 paragraph 1 of these regulations in order to register players at an earlier stage. (article 6 paragraph 1: players may only be registered during one of the two annual registration periods fixed by the relevant association. Association may fix different registration periods for their male and female competitions. As an exception to this rule, a professional whose contract has expired prior to the end of a registration period may be registered outside that registration period. Associations are

authorized to register such professional provided due consideration is given to the sporting integrity of the relevant compensation. Where a contract has been terminated with just cause, FIFA may take provisional measures in order to avoid abuse, subject to article 22).

5. Any person subject to the FIFA Statues and regulations who acts in a manner designed to induce a breach of contract between a professional and a club in order to facilitate the transfer of the player shall be sanctioned.

1. 在任何情况下违约方都要支付赔偿金。根据第20条和附件4有关培训补偿的规定，除非合同中另有说明，否则在任何情况下违约方都要支付赔偿金，违约赔偿金依据国家法律、体育特殊性以及其他客观标准计算。这些标准包括：球员在现有合同和／或在新合同中的薪酬及其他福利、现有合同的剩余时间（最多不超过5年）、由前俱乐部支付或承担的费用（均摊到合同年限中）以及违约是否发生在保护期内。

考虑到上述原则，球员获得的赔偿金应按如下方式计算：

（1）如果球员在终止后没有签署任何新合同，作为一般原则，赔偿金应等于提前终止的合同（原合同）的剩余价值；

（2）如果球员在决定终止原合同时签订了新合同，则与原合同剩余时间相对应的新合同价值应从原合同剩余价值中扣除（"减轻赔偿"）。另外，在合同提前终止的情况下，除去可减轻赔偿后，因俱乐部拖欠球员的逾期应付款，球员还有权获得相当于三个月工资金额的额外补偿。情节严重的，额外补偿可以增加到六个月。但球员总体获得的赔偿不得超过提前终止合同的剩余价值。

（3）球员和俱乐部代表根据本国国内法在国内层面做出的有效的集体劳资协议，集体劳资协议约定与前述第1款和第2款规定的原则不一致的，以集体劳资协议的条款为准。

第17条做出了一项重要变更，即在无正当理由终止合同的情况下如何计算违约赔偿。第17条第1款还进一步规定了支付球员的赔偿金的计算方法，并且区分了在没有正当理由的情况下，违反合同后球员没有工作的情况和球员找到了新工作的情况予以分别处理，给利益相关方提供了具有实践上可操作性的方案。

修正案第 18 条第 6 款 职业球员和俱乐部之间的合同有关的特殊规定，应付款项的修正

Article 18 Special provisions relating to contract between professionals and clubs

6. Contractual clauses granting the club additional time to pay the professional amounts that have fallen due under the terms of the contract (so-called "grace periods") shall not be recognized. Grace periods contained in collective bargaining agreement validly negotiated by employers' and employees' representatives at domestic level in accordance with national law shall, however, be legally binding and recognized. Contract existing at the time of this provision coming into force shall not be affected by this prohibition.

俱乐部根据合同约定可以延期支付到期应付款项的条款（所谓"宽限期"）无效。根据国家国内法，球员和俱乐部代表在国内层面做出的有效的集体劳资协议中包含宽限期的，可以视为有效。本条款生效时已成立的合同不受此条款约束。

第 24 条 bis 支付货币裁决的执行 24bis Article 24 bis Execution of monetary decision

1. When instructing a party (a club or a player) to pan another party (a club or a player) a sum of money (outstanding amounts or compensation), the Player' Status Committee, the DRC, the Single Judge or the DRC judge (as the case may be) shall also decide on the consequence of the failure to pay the relevant amounts in due time.

2. Such consequences shall be included in the findings of the decision and will be the following:

1）Against a club, a ban from registering any new player, either nationally or internationally, up until the due amounts are paid. The overall maximum duration of the registration ban, including possible sporting sanctions, shall be of three entire and consecutive registering periods.

2）Against a player, a restriction on playing official matches up until the due amounts are paid. The overall maximum duration of the restriction, including possible sporting sanctions, shall be of six months on playing in official matches.

3. The ban or the restriction will be lifted prior to its complete serving, once the due amounts are paid.

4. The ban or the restriction shall be applicable if the due amounts are not paid within a period of 45 days as of the creditor having provided the debtor with the required bank details for the payment while the relevant decision having become final and binding.

1. 当裁决决定一方（俱乐部或球员）向另一方（俱乐部或球员）支付一笔款项（未付金额或赔偿金）时，球员身份委员会、DRC、单独法官或DRC法官（视情况）还应在裁定中写明未能及时支付相关款项的后果。

2. 这些后果应包含在裁决决定中，可以包含如下内容：

对于俱乐部，可以禁止转入国内/国际球员，直到支付完全部款项为止。包括其他可能的处罚在内，处罚的总体最长期限，应不超过三个连续的注册期。

对于球员，可以在官方比赛中停赛，直到支付完全部款项为止。包括其他可能的处罚在内，停赛的期限最长不超过六个月。

3. 一旦支付了全部款项，处罚或限制将提前终止。

4. 如果有关裁决为最终裁决并生效，在债权人向债务人提供了付款所需的银行详细信息后，债务人在45天内仍未支付应付款项，则可适用处罚。

该修正的内容中涉及处罚的目的是有利于相关裁决得到更好的执行，也可以根据实际执行情况予以提前终止。

◆ 案例 ◆

2109 重庆某俱乐部因未能及时支付费用涉及第24条修正案案

Dear Sirs,

We refer to the above-mentioned matter as well as to the decision passed by the member of the FIFA Disciplinary Committee on 5 March 2019, and notified to the parties on 6 March 2019 (cf. enclosure). In particular, we

第五章 注册与转会制度

would like to refer the Club Chongqing Lifan FC (the Debtor) and the Chinese Football Association to the point 4. of the afore-mentioned decision.

Following the wording of said article, if payment is not made to the Club SC Internacional (the Creditor) and proof of such payment is not provided to the secretariat to the FIFA Disciplinary Committee and to the Chinese Football Association within thirty (30) days as from notification of the decision, three (3) points will be deducted automatically by the Chinese Football Association without a further formal decision having to be taken nor any order to be issued by the FIFA Disciplinary Committee or its secretariat.

In this respect, up to date, it appears that we have not been provided with evidence of the automatic implementation of the points deduction that the Chinese Football Association was ordered to carry out in compliance with point 4 of the above-mentioned decision nor with any proof of the initiation by the afore-mentioned association of any internal procedure that may be required to ensure a timely implementation of the sanction (as explained in the FIFA Circular N° 1628).

Consequently, we request the Chinese Football Association to immediately provide our services with the proof of the points deduction, in particular the standings of the relevant division on which it can be seen that three (3) points have been deducted from the first team of the Club Chongqing Lifan FC in the domestic league championship.

Please let us remind you that in case the Chinese Football Association should fail to do

so, disciplinary proceedings will be opened against the latter in order for the FIFA Disciplinary Committee to pronounce an appropriate sanction against said association, which can lead to expulsion from all FIFA competitions (cf. point 6 of the above-mentioned decision).

The Chinese Football Association is requested to forward immediately this letter to its affiliated, the Club Chongqing Lifan FC.

Thank you for your cooperation in the present matter.

Yours faithfully,

FÉDÉRATION INTERNATIONALE
DE FOOTBALL ASSOCIATION

Diego Flórez Otero

Deputy Secretary to the Disciplinary Committee

鉴于重庆俱乐部及时履行了支付义务而免除了中国足协纪律委员会的追加处罚。切不可因小失大，请尊重规则。

《国际足联球员身份与转会规定》在2019年作了修改，以下简要介绍：

在定义中增加了过桥转会，具体体现在第24条：

24. Bridge transfer: any two consecutive transfers, national or international, of the same player connected to each other and comprising a registration of that player with the middle club to circumvent the application of the relevant regulations or laws and/or defraud another person or entity.

随后在第5条注册制度第2款及bis予以了表述：5 Registration 第2款

A player may only be registered with a club for the purpose of playing organised football. As an exception to this rule, a player may have to be registered with a club for mere technical reasons to secure transparency in consecutive individual transactions (cf. Annexe 3).

5bis Bridge transfer

1. No club or player shall be involved in a bridge transfer.

2. It shall be presumed, unless established to the contrary, that if two consecutive

transfers, national or international, of the same player occur within a period of 16 weeks, the parties (clubs and player) involved in those two transfers have participated in a bridge transfer.

3. The FIFA Disciplinary Committee, in accordance with the FIFA Disciplinary Code, will impose sanctions on any party subject to the FIFA Statutes and regulations involved in a bridge transfer.

应当注意的是，国际足联是倾向于反对过桥转会的。

第19条加强保护青少年球员。

19 Protection of minors

2.The following five exceptions to this rule apply:

a) The player's parents move to the country in which the new club is located for reasons not linked to football.

b) The transfer takes place within the territory of the European Union (EU) or European Economic Area (EEA) and the player is aged between 16 and 18.

In this case, the new club must fulfil the following minimum obligations:

i. It shall provide the player with an adequate football education and/or training in line with the highest national standards (cf. Annexe 4, article 4).

ii. It shall guarantee the player an academic and/or school and/or vocational education and/or training, in addition to his football education and/or training, which will allow the player to pursue a career other than football should he cease to play professional football.

iii. It shall make all necessary arrangements to ensure that the player is looked after in the best possible way (optimum living standards with a host family or in club accommodation, appointment of a mentor at the club, etc.).

iv. It shall, on registration of such a player, provide the relevant association with proof that it is complying with the aforementioned obligations.

c) The player lives no further than 50km from a national border and the club with which the player wishes to be registered in the neighbouring association is also within 50km of that border. The maximum distance between the player's domicile and the club's headquarters shall be 100km. In such cases, the player must continue to live at home and the two associations concerned must give their explicit consent.

d) The player flees his country of origin for humanitarian reasons, specifically related to his life or freedom being threatened on account of race, religion,

10 Loan of professionals 租借制度

1. A professional may be loaned to another club on the basis of a written

agreement between him and the clubs concerned. Any such loan is subject to the same rules as apply to the transfer of players, including the provisions on training compensation and the solidarity mechanism.

2. Subject to article 5 paragraph 3, the minimum loan period shall be the time between two registration periods.

3. The club that has accepted a player on a loan basis is not entitled to transfer him to a third club without the written authorisation of the club that released the player on loan and the player concerned.

◆ 案例 ◆

虚假自由转会案

2018年2月，某外方经纪人携带某非洲球员来北方某俱乐部进行试训，声称该球员已经取得了自由身。经教练组考核后，认为该外援可以作为引进外援候选人之一。在转会谈判过程中，该经纪人要求既然俱乐部已经认同了该球员的能力，北方某俱乐部必须先向其支付球员的签字费和经纪费后，才能促成该球员的国际转会ITC及TMS操作。鉴于该球员系以自由身加入俱乐部，某俱乐部按照要求向经纪人支付了球员的签字费和经纪费。随后，经纪人以及外援回去安排家里人的事情先行回国了。

随后在办理国际转会手续时，经系统检索，发现该球员根本不是自由身状态，其注册所在球队提出了高额的转会费导致该转会无法进行，这时候再无法联系上所谓的经纪人。这也直接导致该俱乐部在转会窗口期无法获得原计划的外援，丧失了引援机会，直接导致该俱乐部半个赛季缺少一个外援的被动局面的同时，该俱乐部也因过于相信所谓的经纪人而承受了经济损失，该经纪人和球员构成了《合同法》上的缔约过失责任，但追索该责任带来的成本比较高。

因此，在面对自由转会的情况，应把握三点：一是在没有完成国际转会前，俱乐部一般不支付费用；二是签署转会协议前，由球员与俱乐部签署自由身的证明并提供由经纪人承担连带责任的保证函；三是向该球员注册的俱乐部发出拟转会的书面函并要求提供该球员雇佣合同的复印件。

以上介绍了国际足联的转会制度，接下来介绍中国足协的转会制度。

第五章　注册与转会制度

自职业化以来，中国足协的转会制度也面临着挑战与改进，也经历了如所谓的"挂牌与摘牌"制度。现在主要介绍一下2009版和2016版的转会制度。

在借鉴《国际足联球员身份和转会规定》基础上，2009年中国足球协会颁布了《中国足协球员身份与转会暂行规定》（以下简称《转会暂行规定》），统筹球员的注册与转会工作；2016年1月1日，开始适用《中国足协员身份与转会管理规定》（以下简称《转会规定》）。2018年和2019年采取了类似于修正案的方式对《转会规定》部分条款予以修订，尤其在鼓励与加大保护青训制度方面作出了重大调整。

《转会规定》包含了球员身份、国内转会、国际转会、转会补偿、工作合同、国家队征召等一系列与球员、俱乐部、国家队乃至青训和经纪人等相关的规定，可以说是一部中国足球界的"劳动法"。相对于《转会暂行规定》，《转会规定》有5个方面的明显变化：① 取消转会手续费。② 出场时间不到10%的球员可获自由身。《转会规定》第46条规定，若一名职业球员在一个赛季中代表其所注册俱乐部参加比赛的上场时间少于该俱乐部官方比赛时间总和的10%，则该球员有权以正当体育理由提前终止合同。球员以正当体育理由提前终止合同时不受体育处罚，但可能涉及经济赔偿。球员只能在其所注册俱乐部赛季最后一场官方比赛结束15天后依据正当体育理由终止合同。这条规定与国际足联的《国际足联球员身份与转会规定》接轨，保护了球员的权益，可以有效避免"不听话把你摁死在板凳上"的事情再发生。③ 16周岁就可以打职业联赛。《转会暂行规定》第47条规定，不满18周岁的球员不得签订劳动合同。《转会规定》第50条规定，不满16周岁的球员不得签订劳动合同。16周岁以上不满18周岁，能够以自己的劳动取得收入，并能维持当地公众一般生活水平的，可以签订劳动合同。不满18周岁球员签订的工作合同期限不得超过3年，超出部分中国足协不予认可。梅西17岁3个月就在西甲完成了首秀，克里斯蒂亚诺·罗纳尔多17岁半在葡超迎来首秀。在发达足球国家，16岁是普遍的可以签订职业合同的年龄。④ 合同到期前半年可以自由身的身份与任何俱乐部签新合同。《转会暂行规定》第49条规定，新俱乐部有意转入与原俱乐部劳动合同期限未满的球员，应当在开始商洽转会前书面通知原俱乐部和球员本人。球员只有在原劳动合同期限届满或原劳动合同将在3个月届满时方可签订新劳动合同。《转会规定》第51条规定，新俱乐部有意转入与原俱乐部劳动合同期限未满的球员，应当在开始商洽转会前书面通知原俱乐部和球员本人。球员只有在原劳动合同期限届满或原劳动合同将在6个月届满时方可签订新劳动合同，其与《博斯曼法案》一脉相承，更有效地保护这类球员的合法利益，促进了转会市场的有效流动。⑤青训补偿翻倍。《转会暂行规定》中有关培训费用：国内转会时，中国足协管理的俱乐部划分为以下类别：中超俱乐部为第一类别；中甲俱乐部为第二类别；中乙俱乐部为第三类别。培训费用标准为：第一类别俱乐部：5万元人民币／年；第二类别俱乐部：3万元人民币／年；第三类别俱乐部：1万元人民币／年。而《转会规定》中有关培训费用规定，国内转会时，中国足协管理的俱乐部划分为以下类别：中超俱乐部为第一类别；中甲俱乐部为第二类别；中乙俱乐部为第三类别。培训费用标准为：第一类别俱乐部：10万元人民币／年；第二类别俱乐部：6万元人民币／年；第三类别俱乐部：2万元人民币／年。这是整个新规的一大亮点。终端价格翻番，不管是生产环节的青训，还是流通环节的经纪业务，都将因此受益而得到更好发展。《转会规定》对青训补偿的调整，意在使俱乐部购买年轻球员的成本大幅上升，从价格上引导俱乐部向青训倾斜，即积极鼓励各个机构开展青少年的足球培训。2018、2019年，中国足协为了进一步鼓励与加强青少年足球的青训工作，分别颁布了《青训实施意见》和足球字（2019）46号关于修改《中国足协关于调整青少年转会与培训补偿标准管理制度的实施意见》的通知，设定了培训单位享有青训球员的首次签订工作合同权利的制度；将《转会规定》中获得培训补偿的年龄调低到8周岁，即增加了4个年龄时间；调整培训补偿的类别范围和补偿标准，中超、女超为第一类别，中甲、女甲俱乐部为第二类别，中乙、女乙为第三类别，其他俱乐部为第四类别；对应的标准分别为50万／年（一类）、25万／年（二类）、10万／年（三类）、2万／年（四类）。该制度的调整，能保障与鼓励从事培训的培训单位未来可期待利益。

第五章　注册与转会制度

◆ 案例 ◆

官宣转会"空挂"案

2018年2月初，某球员经试训后与某俱乐部就待遇等事项签署工作备忘录；随后两个俱乐部签署了转会协议并开始了转会系统的网上操作，但球员因个人原因未能在转会协议上签字。

随后该俱乐部通过媒体官宣了该球员加入某俱乐部的信息。转会窗口期结束后，该球员的转会信息也体现在了中国足协的官网。

实际上，该球员没有与转入俱乐部签订工作合同，没有在转入俱乐部完成注册；但原俱乐部也未能给该球员在该赛季进行注册，导致了该球员处于无球可踢状态，即转会"空挂"，该球员实际上未能完成在中国足协的转会。这也直接引发了两个俱乐部之间的赔偿争议。

◆ 案例 ◆

转会培训补偿案

某球员自14岁起便在职业俱乐部培训成长，曾多次入选足协男子国家队。在其以1个亿的价格从南方某俱乐部转会到北方某俱乐部时，原培养俱乐部就培训补偿费向北方某俱乐部提出了请求，商量未果后在中国足协提出了仲裁。

综合全案时效和证据等情况，足协仲裁委员会支持了某职业俱乐部的主张，北方某俱乐部也按照裁决书的时间及时履行了支付义务。

◆ 案例 ◆

拖欠转会补偿及违约责任案

2015年1月，南方某俱乐部就某球员的永久转会与北方某俱乐部达成了《转会协议》，约定了转会费及逾期支付的违约责任。北方俱乐部在冬季窗口期如约履行了相应手续，球员顺利转会注册到南方俱乐部，球员也参加了相关比赛，但南方俱乐部迟迟未能按照《转会协议》的约定支付转会补偿费，存在严重违约情形。经北方俱乐部多次索要无果的情况下，北方俱乐部后在中国足协提出仲裁申请。

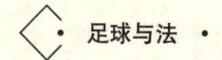

本案事实比较情况，最后仲裁委员会支持了北方俱乐部的要求南方俱乐部支付转会补偿费请求，也支持了大部分的违约金。

◆ 案例 ◆

转会补偿费案

2016年2月，甲俱乐部就某18岁球员李某转会到乙方俱乐部达成《永久转会协议》。在2017冬季窗口期，甲方完成了球员的全部转会手续，球员李某顺利在乙方俱乐部注册，但乙方俱乐部以各种理由未能支付转会费。

双方在履行支付转会费过程中达成分期支付的补充协议，约定了第一部分和第二部分的转会补偿费分别以球员进入2017年乙方俱乐部首发18人名单及在足协杯或中超联赛能上场比赛后分别予以支付。2017年，甲俱乐部了解到2017年中超联系秩序册中有该球员的注册信息，甲俱乐部再次索要转会费未果后将乙方俱乐部在足协提起了仲裁。

仲裁过程中，乙方俱乐部承认该球员2017赛季注册到一线队的事实，但注册到一线队后该球员未能获得进入2017赛季的中超联赛或者足协杯的18人一线队首发名单，即付款条件未成就，故抗辩不予支付付款的理由正当。经仲裁委员会审理后，支持了乙方俱乐部的抗辩理由而驳回了甲俱乐部的仲裁申请。

建议：

本案约定的付款条件是进入一线队首发名单而不是一线队注册与报名。进入首发名单与注册报名是足球比赛中两个不同的概念。只有付款条件成就时，乙方俱乐部才负有支付义务。

◆ 案例 ◆

租借上场回避案

2017年2月，南方某俱乐部就其现有多余的外援租借到北方某俱乐部事宜达成一致意见，通过中国足协办理相关租借手续，北方某俱乐部也顺利为该外援作了一线队的注册报名，在《租借协议》中明确了涉及租借费、工资分摊等条款，特别约定了该南方外援在北方俱乐部客场比赛的单一上场回避冲突条款及其违约责任承担。

在2017年中超联赛南方俱乐部对阵北方某俱乐部客场比赛开赛前，南方俱乐部发现该外援出现在客队即北方某俱乐部比赛18人首发名单中，南方俱乐部领队立即向北方俱乐部提出了异议并予以交涉，并提示如外援违反约定上场的话，北方俱乐部将承担违约责任，但该外援在比赛的下半场上场参加了比赛。事后，南方俱乐部向北方某俱乐部签发了就北方俱乐部违约行为的《律师函》，强调了北方俱乐部的违约行为所导致其承担相应违约金。在多次协商未果的情况下，南方某俱乐部就北方俱乐部违反约定所应承担的违约责任提出了仲裁申请。

经足协仲裁委员会开庭审理过程中，北方俱乐部接到开庭通知后没有到庭。最后，仲裁委员会进行了缺席审理支持了南方俱乐部的大部分仲裁请求。

建议：

原则上，俱乐部在涉及租借及转会协议过程中关于约定的球员上场回避条款要严格执行。同时，建议回避条款违约责任最好量化，根据不同的违约责任形式可以承担与之对应的不同程度的违约责任，俱乐部可以在具体执行中予以权衡。

◆ **案例** ◆

球员受伤不能继续踢球案

2015年1月，北方某俱乐部与西部某俱乐部就某球员租借一年期限达成了一致意见，除了约定租借期间工资分摊、租借期满转回等条款外，还就租借期间进行了约定，如球员发生重大伤情的处理方案。其中约定如球员出现的伤病导致该球员无法继续从事足球运动的西部俱乐部责任承担条款。

租借期间，在某场比赛中，该球员不幸受伤导致其眼部受伤，经医疗期治疗后，该球员的伤情鉴定结果为其无法继续从事足球运动。

在多次就该球员的伤情赔偿问题与西部俱乐部进行协商未果的情况下，北方俱乐部在足协提起了仲裁申请。

仲裁过程中，作为被申请人的西部俱乐部对球员伤情没有太大的异议，但对1亿元的赔偿金额提出了异议，最后仲裁委还是支持了北方俱乐部的部分仲裁请求。

◆ 案例 ◆

律师代理费转嫁案

2016年1月,某北方俱乐部就某球员转会到南方俱乐部事宜达成了一致意见,《转会协议》中除了约定转会补偿费的标准、支付方式及违约责任外,还就南方某俱乐部可能违约导致北方俱乐部聘请律师的律师代理费等维权费用进行了特别约定。该球员顺利在2016赛季窗口期办理了在南方俱乐部的注册,即顺利完成了转会手续。但事后,南方俱乐部一直拖欠着北方俱乐部就该球员转身所产生的转会补偿费用。多次催要未果后,2017年6月,北方俱乐部在仲裁时效内就该转会补偿费、律师代理费等向足协仲裁委员会提起了仲裁申请。

2017年10月,经仲裁委员会审理,仲裁委在支持该俱乐部主张的拖欠的转会补偿费外,也支持了北方俱乐部聘请律师的代理费等合理维权费用。

建议:

从民事法律角度而言,在双务合同中,可以就各方为维护权利支出的律师代理费、调查取证费、住宿费等合理的维权费在合同中予以约定。守约方为维护自身利益聘请律师所发生的维权费用就可以直接转嫁到违约方,即守约方没有为维权的事情而导致成本的支出。

第六章
球员、教练员相关合同

足球的实际工作过程中，球员、教练员是通过与相关方签订合同或者协议建立了法律上的关系，其中最重要的是薪酬待遇等的权利与义务、违约责任、争议管辖等条款。本章通过球员、教练员合同的一般性规定、工作合同及相关合同四节对合同作出介绍，期待对球员、教练员等人士有所帮助。

第一节　球员、教练员合同的一般性规定

国际足联争议案件裁决的法律适用：球员、教练员与俱乐部之间雇佣合同（employment contract）一般适用《国际足联章程》《国际足联球员身份与转会规定》、修正案、相关规范性文件及瑞士联邦法律等。

国内争议案件裁决的法律适用：球员、教练员与俱乐部之间工作合同有关纠纷审理过程中除了适用《中国足协章程》《转会规定》及其他规范性文件外，还涉及《劳动法》《劳动合同法》《劳动争议仲裁调解法》《合同法》《民事诉讼法》等法律适用。球员、教练员的其他商事活动与合同一般适用

《民法总则》《合同法》《公司法》的调整，未来将受已经颁布的《民法典》的调整。接下来，分别从国际足联的规定、中国足协的规定和我国现存法律三个层面予以介绍。

一、国际足联的规定

《国际足联球员身份与转会规定》第六章用了第 13~17 条 5 个条文及修正案就保持合同的稳定性作了阐述，现节选部分条款作以介绍。

IV. Maintenance of contractual stability between professionals and clubs

13 Respect of contract

A contract between a professional and a club may only be terminated upon expiry of the term of the contract or by mutual agreement.

第 13 条指出，职业球员与俱乐部的工作合同在合同期限届满或者双方协商一致的情况下才能终止，即双方一定要尊重与遵守合同。

14 Terminating a contract with just cause

1.A contract may be terminated by either party without consequences of any kind (either payment of compensation or imposition of sporting sanctions) where there is just cause.

2.Any abusive conduct of a party aiming at forcing the counterparty to terminate or change the terms of the contract shall entitle the counterparty (a player or a club) to terminate the contract with just cause.

第 14 条指出，任何一方可以以正当理由终止合同，其中第 2 款系特别条款，任何企图强迫对方终止或变更合同条款的单方权利滥用行为，相对方（球员或俱乐部）均有权以正当理由终止合同，是民事法律中禁止权利滥用原则的具体体现。滥用原则指一切民事权利的行使均不得超过其正当界限，否则即构成权利的滥用。球员或俱乐部一方迫使对方终止或更改合同条款情形的，则对方就此享有以正当理由解除合同的权利，滥用权利一方导致对方享有相应合同的解除权，属于以正当理由终止合同。

15 Terminating a contract with sporting just cause

An established professional who has, in the course of the season, appeared in fewer than ten per cent of the official matches in which his club has been involved may terminate his contract prematurely on the ground of sporting just cause. Due consideration shall be given to the player's circumstances in the appraisal of such cases. The existence of sporting just cause shall be established on a case-by-case basis. In such a case, sporting sanctions shall not be imposed, though compensation may be payable. A professional may only terminate his contract on this basis in the 15 days following the last official match of the season of the club with which he is registered.

第 15 条规定了体育正当理由终止合同的情形，即少于官方 10% 比赛时间的职业球员可以在赛季结束 15 日后以体育正当理由终止合同。

16 Restriction on terminating a contract during the season

A contract cannot be unilaterally terminated during the course of a season.

第 16 条强调了严格限制赛季中合同终止情形，即赛季中不得单方终止合同。

17 Consequences of terminating a contract without just cause

The following provisions apply if a contract is terminated without just cause.

如工作合同因无正当理由终止的，违约方将面临赔偿、禁赛、禁止窗口期转会的处罚。

《国际足联球员身份与转会规定》通过 5 个条款强调了合同的稳定性原则、工作合同可以以正当理由解除，无正当理由解除合同的一方将面临违约赔偿、体育禁赛、禁止窗口期转会等的处罚。

二、中国足协的规定

（一）《中国足球协会职业俱乐部工作合同基本要求》

第 2 条诚信守约原则。合同双方应诚实守信，自觉维护合同的稳定性并严格履行合同。该原则系民事法律的诚实信用原则具体运用到职业俱乐部工作合同的具体体现。

（二）《转会规定》

第七章用了第 41~54 条合计 14 个条文规定了合同的保持协议及合同的

稳定性问题，《转会规定》原则上与《国际足联球员身份与转会规定》规定的一致，体现了作为国际足联成员的中国足协遵照与尊重国际足联的具体表现。

第45条规定了俱乐部拖欠工作奖金的，球员享有解除工作合同的权利，但同时赋予了前置程序即经足协相关部门认定制度。司法实践中，一般是球员提出仲裁申请后由中国足协仲裁委员会予以审理后作出裁决，球员持该生效裁决到注册管理部办理相关的注册与转会。

国际足联在修订《球员身份与转会规定》过程中，2018年通过的14bis修正案调整了关于俱乐部违约不能支付球员工资超过2个月期限的规定，球员在给与俱乐部15天宽限期后，可以因正当理由而享有合同的解除权。该修正案的颁布，及时保护了球员的利益，遏制了某些俱乐部的不当行为。期待中国足协在未来修改《转会规定》时予以借鉴。

《国际足联球员身份与转会规定》的第14条以拖欠工资为正当理由终止合同的修正案。

14 bis Terminating a contract with just cause for outstanding salaries

In the case of a club unlawfully failing to pay a player at least 2 months salaries on their due dates, the player will be deemed to have a just cause to terminate his contract, provided that he has put his debtor club in default in writing and has granted a deadline of at least 15 days for the debtor club to fully comply with its financial obligations(s). Alternative provisions in contracts existing at the time of this provision coming to force may be considered.

For any salaries of a player which are not due on a monthly basis, the pro-rata value corresponding to 2 months shall be considered. Delayed payment of an amount which is equal to at least 2 months shall also be deemed a just cause for the player to terminate his contract as per paragraph 1 above.

Collective bargaining agreements validly negotiated by employers' and employees'representative at domestic level in accordance with national law may be deviate from the principles stipulated in paragraph 1 and 2 above. The terms of such an agreement shall prevail.

第 46 条规定球员以少于官方比赛时间总和的 10% 的正当理由提前终止合同，该规定是来源于国际足联的规定，请俱乐部的管理层，尤其人力资源负责人注意，实践中已经产生争议案例。

第 50 条规定球员、教练员相关合同强调了签订合同年龄的限制。结合 2019 年 46 号关于修订《青少年球员转会与培训补偿标准管理制度的实施依据》通知第四条增加了不满 18 周岁球员不得签订工作合同（由俱乐部职业联赛一线队报名的除外）的规定，即严格限制了年轻球员签订工作合同年龄，该规定与某些球员工作合同的效力存在着一定的关联，即如果俱乐部与未满 18 岁球员签订了工作合同但没有注册报名到一线队的合同可能引起争议。

三、中华人民共和国法律

司法实践中，球员、教练员与俱乐部的工作合同争议案件处理过程中除了适用《中国足协章程》《转会规定》及其他规范性文件外，案件审理过程中也会涉及《劳动法》《劳动合同法》《劳动争议仲裁调解法》《合同法》《民事诉讼法》等法律的适用，涉及劳动争议仲裁和人民法院审理案件时涉及的法律适用会更丰富。现节选部分《劳动合同法》和《合同法》的相关规定予以介绍。

（一）劳动合同法

球员、教练员与俱乐部的工作合同条款涉及《劳动法》及《劳动合同法》的内容比较多，一部分案件的法律适用引用的劳动合同的规定。

第二章劳动合同的订立，涉及劳动关系的建立、违法解除及后果、赔偿标准计算等。

第七条　劳动关系的建立（用人单位自用工之日起即与劳动者建立劳动关系），现实中某些俱乐部聘请了教练，但不与教练员签署书面的工作合同，俱乐部时有发生管理层随时解除教练员的情形，这涉及劳动关系的建立时间与相应的法律后果如双倍工资等问题。

第三十七条　劳动者提前 30 日以书面形式通知用人单位，可以解除劳动合同。

> 足球与法

实践中，教练员会因待遇等事宜跳槽到其他俱乐部，其提前 30 天解除工作合同情形的法律规定，即提前 30 天向俱乐部提出辞职甚至不辞而别。故提请俱乐部在管理过程中适当注意各个俱乐部不同队伍的待遇，及时调整相关教练的待遇或者解决合理诉球或其他福利来留住优秀的足球青训队伍教练；同时，俱乐部在合同管理上可以设计违约责任来予以预防。

第三十八条　用人单位有下列情形之一的，劳动者可以解除劳动合同：① 未按照劳动合同约定提供劳动保护或者劳动条件的；② 未及时足额支付劳动报酬的；③ 未依法为劳动者缴纳社会保险费的；④ 用人单位的规章制度违反法律、法规的规定，损害劳动者权益的；⑤ 因本法第 26 条第 1 款规定的情形致使劳动合同无效的；⑥ 法律、行政法规规定劳动者可以解除劳动合同的其他情形。用人单位以暴力、威胁或者非法限制人身自由的手段强迫劳动者劳动的，或者用人单位违章指挥、强令冒险作业危及劳动者人身安全的，劳动者可以立即解除劳动合同，不需事先告知用人单位。

司法实践中，球员提出解除工作合同最多的案由是"欠薪"，即俱乐部未能及时足额支付工资与奖金的居多。俱乐部在管理过程中除了极大关注比赛成绩外，其最大的义务是及时足额向球员支付工作与奖金。如俱乐部未能及时足额向球员支付工资奖金而导致解除合同将是俱乐部比较大的法律风险。

第三十九条　用人单位单方解除劳动合同（过失性辞退）。司法实践中，因为足球运动特有的转会制度，俱乐部单方解除球员的工作合同的情形非常少。俱乐部单方解除与教练员工作合同的情形反而比较多，即常见某某教练"下课"事件。

第四十条　有下列情形之一的，用人单位提前 30 日以书面形式通知劳动者本人或者额外支付劳动者一个月工资后，可以解除劳动合同：① 劳动者患病或者非因工负伤，在规定的医疗期满后不能从事原工作，也不能从事由用人单位另行安排的工作的；② 劳动者不能胜任工作，经过培训或者调整工作岗位，仍不能胜任工作的；③ 劳动合同订立时所依据的客观情况发生重大变化，致使劳动合同无法履行，经用人单位与劳动者协商，未能就变更劳动合同内容达成协议的。

这种情形涉及俱乐部在某些情况下解除某些包括球员、教练员及工作人员合同的情形，例如涉及调岗调薪案件。

第四十六条 有下列情形之一的，用人单位应当向劳动者支付经济补偿：①劳动者依照本法第38条规定解除劳动合同的；②用人单位依照本法第36条规定向劳动者提出解除劳动合同并与劳动者协商一致解除劳动合同的；③用人单位依照本法第40条规定解除劳动合同的；④用人单位依照本法第41条第1款规定解除劳动合同的；⑤除用人单位维持或者提高劳动合同约定条件续订劳动合同，劳动者不同意续订的情形外，依照本法第44条第1项规定终止固定期限劳动合同的；⑥依照本法第44条第4项、第5项规定终止劳动合同的；⑦法律、行政法规规定的其他情形。这涉及俱乐部解除合同的赔偿情形。

第四十七条 经济补偿按劳动者在本单位工作的年限，每满1年支付1个月工资的标准向劳动者支付。6个月以上不满1年的，按1年计算；不满6个月的，向劳动者支付半个月工资的经济补偿。劳动者月工资高于用人单位所在直辖市、设区的市级人民政府公布的本地区上年度职工月平均工资3倍的，向其支付经济补偿的标准按职工月平均工资3倍的数额支付，向其支付经济补偿的年限最高不超过12年。本条所称月工资是指劳动者在劳动合同解除或者终止前12个月的平均工资。

第八十七条 用人单位违反本法规定解除或者终止劳动合同的，应当依照本法第47条规定的经济补偿标准的2倍向劳动者支付赔偿金。这两条涉及了违规解除的法律后果及2倍赔偿的法律后果。

这三条是涉及违法解除合同的支付经济补偿、计算标准。

第四十八条 用人单位违反本法规定解除或者终止劳动合同，劳动者要求继续履行劳动合同的，用人单位应当继续履行；劳动者不要求继续履行劳动合同或者劳动合同已经不能继续履行的，用人单位应当依照本法第87条规定支付赔偿金。

即用人单位违法解除或者终止劳动合同的法律后果，给劳动者留出了一定的选择权，可以灵活运用。

（二）合同法

球员、教练员与俱乐部的工作合争议案件除了涉及适用劳动法及劳动合同法外，部分案件还适用合同法的相关规定。现拣选一部分与球员教练员合同有关的条款予以介绍。

第六条 诚实信用原则（当事人行使权利、履行义务应当遵循诚实信用原则）。这是民事法律中的帝王条款，强调了诚信的大前提。

第七条 遵纪守法原则（当事人订立、履行合同，应当遵守法律、行政法规，尊重社会公德，不得扰乱社会经济秩序，损害社会公共利益）。这两个原则在足协各个规范性文件中都有体现，这也是人类应当遵守的规则。

第八条 依法成立的合同，对当事人具有法律约束力。当事人应当按照约定履行自己的义务，不得擅自变更或者解除合同。依法成立的合同，受法律保护。履行原则是某些判决中引用的重要条文。

第九条 当事人订立合同，应当具有相应的民事权利能力和民事行为能力。当事人依法可以委托代理人订立合同。

这与球员及监护人签订培训协议或工作合同的民事行为能力所引申出来的合同效力问题有关。

球员、教练员工作合同在履行过程中遇到最多的争议是合同中的解除，尤其教练员被下课的解除情形。合同法规定的解除权条款体现在第93条、第94条。

第九十三条 合同约定解除（当事人协商一致，可以解除合同。当事人可以约定一方解除合同的条件。解除合同的条件成就时，解除权人可以解除合同），即约定一定的解除条件，条件成就时该合同予以解除。教练被下课时，一方面是双方予以协商，就下课作出一个解决方案或者按照合同的约定执行。否则俱乐部可能面临仲裁或诉讼的风险。实践中，中方教练往往碍于情面在签订合同时没有请律师参加合同的谈判，自然就没有解约的赔偿条款，自身的利益得不到有效维护。

第九十四条 合同的法定解除（有下列情形之一的，当事人可以解除合同：① 因不可抗力致使不能实现合同目的；② 在履行期限届满之前，当事人一方明确表示或者以自己的行为表明不履行主要债务；③ 当事人一方迟延履行主要债务，经催告后在合理期限内仍未履行；④ 当事人一方迟延履行债务或者有其他违约行为致使不能实现合同目的；⑤ 法律规定的其他情形）。

该条规定了五种法定解除权情形。

如某球员少于10%官方比赛时间、撤销注册报名未能实现工作合同踢球目的，可能导致球员行使解除权等。

第二节　球员工作合同

一、球员的正当理由解除合同

近几年，尤其是2019赛季，某些俱乐部经营过程中出现了大量的"欠薪事件"。欠薪满足一定约定条件就构成解除合同的正当理由。合同当事人双方应留存好工作合同和银行流水等证据。

◆ **案例** ◆

某球员少于10%官方比赛时间的合同解除案

2015年2月，某球员司职边锋，经试训，其与某中甲足球俱乐部签订了为期4年一线队的工作合同。2015、2016赛季中，该球员的上场时间良好，但在2017赛季比赛过程中，该球员的上场时间受到了极大限制与影响。

2017赛季结束后，经查阅一线球队的比赛时间，该球员的比赛上场时间严重少于2017赛季中甲联赛和足协杯的合计比赛时间的10%，该球员以该事由向足协提起了仲裁申请。审理过程中，俱乐部的答辩意见是由于球队面临保级任务、外援的使用和球员本身有伤三个理由才没能安排该球员过多上场，还强调俱乐部都按时足额发放了球员整个赛季的工资待遇，球员于情于理不应当提出解除合同的要求。但仲裁过程中，俱乐部没有向合议庭提供相应的证据。经仲裁庭审理及调查，事实查明该球员在2017赛季的比赛时间少于足协举办的中甲及足协杯比赛时间的10%，最后裁决支持了球员解除合同的仲裁请求。

建议：

这类案件核心的是俱乐部提出的抗辩证据合理与否。启动这类案件的法律依据是《转会规定》第46条规定，球员享有正当理由解除合同权利。其一，从主体上限定于职业球员；其二，限定少于官方比赛合计总和时间的10%，这包括职业联赛和足协杯比赛；其三，俱乐部可以提出经济赔偿。

· 足球与法 ·

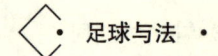

本案中，作为被申请人的俱乐部没有向仲裁庭提供相应的证据以反驳球员的主张，也没有就该球员提出解除合同的请求而提出经济赔偿反诉请求，其主张未获仲裁庭支持。随着职业俱乐部的不断发展，这类案件会逐渐增多，应当引起重视。

◆ 案例 ◆

某俱乐部与某球员合同解除案

2016年2月，司职中场的某球员与某俱乐部签订了三年期的工作合同。2018赛季初，因该球员在某场比赛中的不当行为被足协纪律委员会追加了停赛6场和罚款6万元的处罚，随后俱乐部又作出了罚款20万的处罚。停赛处罚结束后，该球员继续上场比赛并为俱乐部最后的保级做出了一定贡献。赛季结束后，该球员没有像其他队友从俱乐部拿到赢球奖金和平球奖金，俱乐部的答复是因为球员的严重场上违规行为给俱乐部造成保级的被动，其罚款20万不足以弥补俱乐部的损失，球员不能获得奖金。

2019年3月，该球员就奖金事宜向中国足协提起了仲裁。仲裁庭审理过程中，俱乐部抗辩的理由就是因为该球员的严重违规行为差一点导致俱乐部降级，其追加的20万罚款不足以弥补造成的损失，其他有类似违规球员和俱乐部领队的奖金也没有发放，俱乐部应该一视同仁。经最后仲裁庭审理调解俱乐部根据其奖金方案在扣除罚款外向该球员支付25余元的奖金而结案，同时解除了双方的工作合同。

◆ 案例 ◆

未注册报名球员解除合同案

2017年1月3日，某球员经试训后与某俱乐部签订了3年期的工作合同，在2018年南方冬训期间，该球员因出现前交叉韧带损伤而住院治疗，俱乐部未能为其办理当赛季的注册，除了为其垫付了治疗费费外没有支付自4月以来的工资，俱乐部的答复是其损伤是个人造成的，且严重影响了俱乐部的引援计划，提出可以给"自由身"而解除合同。

球员委托律师与俱乐部进行交涉与谈判，最终双方达成和解，俱乐部支付球员8个月工资和康复费，并解除了双方于2017年1月签订的工作合同。

球员与俱乐部双方签署的工作合同受法律保护，不因为受伤而被单方解除工作合同。

二、工作合同的效力

仲裁实践中，有时候会遇到球员与俱乐部之间工作合同效力的争议，尤其在足球新政会导致某些球员想与俱乐部谈待遇签订的条件。

◆ 案例 ◆

某球员工作合同无效案

2002年5月2日出生的某球员因具有一定的天赋于2010年3月被某俱乐部招入，开始了青少年足球专业的系统训练，并参加了相应的比赛。因球员个人能力表现出色，2018年2月，该俱乐部与球员签订了三年期的工作合同，并在一线队为其进行了注册与报名，但2018赛季未能上场比赛。2019年，球员经纪人以所谓足协新政向俱乐部提出了提高球员工资等待遇，后期因未与俱乐部达成一致，该球员就工作合同的效力提出了仲裁申请。

仲裁过程中，球员提出签订工作合同时其未满16周岁，因主体年龄问题导致该工作合同必然无效，即不但违反了《劳动法》的强制性规定，也违反了《转会规定》的规定。俱乐部抗辩的理由为，在体育特种行业，年龄可以适当放宽，而其合同已经实际履行，即使合同无效也应是部分无效，满16周岁之后的合同期限是有效的。最后经仲裁庭合意支持了球员的请求权，确认了该《工作合同》无效。

第三节 教练员工作合同

教练员涉及工作合同主要争议是欠薪、欠付奖金、下课的违规解除合同案等。

◆ 案例 ◆

李某与某俱乐部工资、医疗费与违法解除工作合同案

2016年12月22日，原告李某与被告俱乐部签订《足球俱乐部教练员

工作合同》，合同约定原告工作岗位为预备队守门员教练，期限自2016年12月22日起至2017年12月21日止，待合同期满前一个月，被告根据原告工作业绩和表现有权主动选择续约合同至2019年12月20日止。该合同同时约定了其他权利义务关系。2017年12月21日合同到期后，原告仍在被告处工作，但被告未与原告签订书面劳动合同。2018年7月，原告因在训练中受伤，共花费医疗费42 024元，被告一直未予以报销。被告至今仍拖欠原告2018年10月28日至2018年11月12日4场预备队比赛奖金共39 000元。直至2018年12月7日，被告在没有任何正当理由的情况下通知原告解除劳动合同。2019年1月16日，原告向天津市河西区劳动人事争议仲裁委员会申请仲裁，天津市河西区劳动人事争议仲裁委员会做出的津西劳人仲裁字[2019]第143号仲裁裁决书，仅裁决被告向原告支付违法解除劳动合同赔偿金。因原告不服该仲裁裁决，向法院提起诉讼。

原告李某向法院提出如下诉讼请求：

1. 依法判令被告支付原告医疗费42 024元；

2. 依法判令被告向原告给付因未签订书面劳动合同的双倍工资（自2018年1月至2018年12月）464 629.08元；

3. 判令被告给付原告违法解除劳动关系的经济赔偿金67 284（社平工资5607元/月×3倍×2个月×2倍＝67 284元）。

被告足球俱乐部辩称：不同意原告全部诉讼请求。根据原、被告双方签订的合同3.12条的规定，原告不享有俱乐部奖金，原告无权要求被告支付比赛奖金；对其医疗费我方已经为被告投保了社会保险，该医疗费应向社保机构进行报销。

法院经审查后认定：原告于2016年12月22日入职被告处，任守门员教练。同日，原告与被告签订了《足球俱乐部教练员工作合同》约定："甲方同意乙方担任甲方俱乐部预备队守门员教练；聘用期限为1+2年，自2016年12月22日起至2017年12月21日止。如赛程变更，聘用期限需要延长以满足比赛需要，由甲方决定是否延长期限，乙方予以配合。待合同期满前一个月，甲方根据乙方工作业绩和表现有权主动选择续约合同至2019年12月20日；乙方不享受俱乐部住房、奖金及其他各项补贴；本合同期限满自然失效，双方终止执行，如需续订双方在合同期前满一个月内协商。其中，如因赛程变更导致延期，依照第1.2款执行；本合同的变更需双方协商同意……"2018年7月25日原告因在训练中扭伤腰部，经诊断为：腰椎间盘突出症。后原告经其上级教练张某的签字认可，于2018年8月8日前往北京大学某医院做手术，共花费治疗费42 024元。该治疗费不在医保报销目录内。2018年12月7日被告因人事调整原因书面通知原告与其解除劳动关系。2019年1月24日，原告向天津市河西区劳动人事争议仲裁委员会申请仲裁，要求被告向其支付：① 2018年8月8日至2018年8月21日医疗费42 024元；② 2018年1月至2018年12月未签订书面劳动合同双倍工资464 629.08元；③ 给付违法解除劳动关系的经济赔偿金67 284元。2019年5月17日，天津市河西区劳动人事争议仲裁委员会作出津西劳人仲裁字[2019]第143号仲裁裁决书，裁决：被申请人支付申请人违反解除劳动合同赔偿金67 284元。原告因不服仲裁裁决，故向法院提起诉讼。

法院认为，当事人对自己提出的诉讼请求所依据的事实或者反驳对方诉讼请求所依据的事实有责任提供证据加以证明。关于原告主张的要求被告支付医疗费42 024元的诉讼请求。庭审中被告虽抗辩原告看病没有向被告申报过，"医药费报销申请"中主教练张某的签字是后补的，但未提供相关证据予以佐证，故本院对被告的抗辩理由不予采信。况且，考虑到足球行业的特殊性，且庭审中主教练张某作为证人出庭，证明原告因训练受伤以及治疗前向其提出过申请，并经过批准后方去治疗的事实。故对原告该项诉讼请求，本院予以支持。关于原告主张的要求被告给付因未签订书面劳动合同的双倍工资（自2018年1月至2018年12月）464 629.08元的诉讼请求，因原、被告双方签订的工作合同中，明确约定：聘用期限为1+2年，自2016年12月22日起至2017年12月21日止。待合同期满前一个月，甲方根据乙方工作业绩和表现有权主动选择续约合同至2019年12月20日。一年合同到期后，原、被告双方均未提出终止劳动合同，亦未提出变更原合同，故应视为原合同期限延续至2019年12月20日。因此，对原告的该项诉讼请求，本院不予支持。关于原告主张的要求被告给付原告违法解除劳动关系的经济赔偿金67 284元的诉讼请求，因被告认可，并表示同意仲裁裁决，故本院照准。

综上，依照《劳动合同法》第47条、第87条，《民事证据规定》第2

条之规定判决如下：

一、本判决生效之日起 10 日内，被告足球俱乐部限公司支付原告医疗费 42 024 元；

二、本判决生效之日起 10 日内，被告足球俱乐部限公司支付原告违法解除劳动合同赔偿金 67 284 元。

本案涉及教练员 1+2 工作合同的解除及医疗费报销事宜。

相关法律：

《劳动合同法》

第四十七条　经济补偿按劳动者在本单位工作的年限，每满 1 年支付 1 个月工资的标准向劳动者支付。6 个月以上不满 1 年的，按 1 年计算；不满 6 个月的，向劳动者支付半个月工资的经济补偿。

本条所称月工资是指劳动者在劳动合同解除或者终止前 12 个月的平均工资。

第八十七条　用人单位违反本法规定解除或者终止劳动合同的，应当依照本法第 47 条规定的经济补偿标准的 2 倍向劳动者支付赔偿金。

《民事证据规定》

第二条　当事人对自己提出的诉讼请求所依据的事实或者反驳对方诉讼请求所依据的事实有责任提供证据加以证明。

没有证据或者证据不足以证明当事人的事实主张的，由负有举证责任的当事人承担不利后果。

◆ **案例** ◆

女教练工资欠薪及违法解除合同赔偿案

昆明市盘龙区劳动人事争议仲裁院受理何某与云南北联公司（以下简称"北联公司"）劳动争议一案，何某提出请求：

①裁决北联公司支付何某 2019 年 1 月 1 日至 2019 年 2 月 22 日期间拖欠的工资 14 292 元；②裁决北联公司支付何某拖欠工资的赔偿金 28 584 元；③裁决北联公司支付何某违法解除劳动合同的赔偿金 68 664 元。

2019 年 12 月 12 日，昆明市盘龙区劳动人事争议仲裁院作出《仲裁裁决书》，支持了何某的大部分主张。北联公司不服《仲裁裁决书》，诉至法院主张权利。

原告北联公司向本院提出诉讼请求：① 判决原告无须向被告支付 2019 年 1 月 1 日至 2019 年 2 月 22 日期间工资；② 判决原告无须向被告支付拖欠工资赔偿金；③ 判决原告无须向被告支付违法解除劳动关系赔偿金。

原告认为：首先，原被告双方签订的《女子甲级足球队领队工作合同》（以下简称《女甲领队合同》）期限自 2019 年 2 月 23 日起至 2021 年 12 月 31 日止，被告所主张的期限并非双方建立劳动关系的期限，被告在 2019 年 1 月至 2 月期间并未为原告提供劳动，因此，被告无权要求原告支付该期间的工资报酬，自然也无权要求原告支付拖欠工资的赔偿金。原告在庭审中补充，关于是否支付拖欠工资赔偿金的问题，双方关于三倍支付拖欠工资约定是无效规定，拖欠工资的赔偿金首先是由劳动行政部门责令支付，如用人单位未限期支付的，则应当承担 50% 以上 100% 以下的赔偿金，因此关于拖欠工资赔偿金的问题，属于行政事务不属于人民法院受理的范围。其次，原告并不存在违法解除劳动合同的情形。根据原告提交的证据可知，被告存在多次私自罚款、多次骚扰未成年女队员的行为，其行为已严重违反原告的规章制度及《女甲领队合同》的相关约定，已符合法定的解除劳动合同的条件。同时，《劳动合同法》第 43 条虽然规定用人单位单方解除劳动合同应当事先将理由通知工会，但是该规定的适用是以用人单位已经成立工会为前提。根据《工会法》第 2 条的规定，工会是职工自愿结合的工人阶级的群众组织，建立工会组织是企业职工的自愿行为，在未建立工会的情况下，原告解除劳动合同无法完成通知工会的程序。最高人民法院《关于审理劳动争议案件适用法律若干问题的解释（四）》第 12 条也仅针对已建立工会组织的用人单位，未建立工会组织的用人单位无法履行通知工会的程序。基于此，原告认为，原被告之间不存在劳动关系，原告不应当向被告承担用人单位的相关法律责任。

何某辩称，《仲裁裁决书》认定事实清楚，适用法律正确，请求法院依法驳回原告全部诉求，维持该裁决。

原告北联公司围绕诉讼请求依法提交了下列证据：

证据一：①（2019）盘劳人仲字第 666 号《仲裁裁决书》；

证据二：②《陈述书》，③ 微信转账记录，④《女子球队队规》，⑤《教

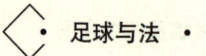

练员管理条例》；

证据三：⑥被告刻制的公司印章，⑦被告用刻制印章签订《劳动合同》；

证据四：⑧解除劳动关系《通告》，⑨接处警登记表。

被告何某提交了下列证据：

证据一：①企业信用信息公示报告，②云南北联足球俱乐部有限责任公司营业执照，③内蒙古北联足球俱乐部有限责任公司营业执照，④内蒙古北联足球俱乐部有限责任公司《员工工作合同》，⑤云南北联足球俱乐部有限责任公司《女甲领队合同》；

证据二：⑥借记卡账户历史交易明细清单；

证据三：⑦《云南佳仕景女子足球队队规》；

证据四：⑧单位注册信息表一份，⑨《赛区组委会副主任推荐表》一份，⑩《情况说明》一份，⑪《证明》一份，⑫《运动员永久转会协议》。

对有争议的证据和事实，法院认定如下：第一，对北联公司提交的证据②中唐芳婷的陈述书，何某认可为唐芳婷所书写，但是内容不予认可，法院认为唐芳婷的陈述书属于证人证言，因唐芳婷未出庭作证，且无其他证据佐证其证言内容，法院不予认可其证言内容；第二，对北联公司提交的证据④~⑦，何某对真实性、合法性、关联性不予认可，法院认为证据④~⑦加盖有云南恒骏北联佳仕景女子足球俱乐部、云南恒骏北联足球俱乐部有限责任公司印章，何某未提交相反证据予以反驳，本院依法确认其真实性；第三，对何某提交的证据④，北联公司不予认可，法院认为证据④显示加盖有内蒙古北联足球俱乐部有限责任公司印章和该公司原法定代表人孔繁强的签名，北联公司不申请对印章和签名进行鉴定，没有相反证据予以否定，法院依法确认其真实性；第四，对何某提交的证据⑤，北联公司不予认可，法院认为证据⑤显示加盖有云南北联足球俱乐部有限责任公司印章和该公司原法定代表人孔繁强的签名，北联公司不申请对签名进行鉴定，且在仲裁阶段对该证据真实性、合法性、关联性予以认可，其在庭审中否定该份证据没有合理理由，且违反禁止反言原则，法院依法确认证据⑤的真实性、合法性、关联性；第五，对何某提交的证据⑦，北联公司对真实性、合法性、关联性不予认可，但未说明合理理由，法院认为，

第六章 球员、教练员相关合同

证据⑦与北联公司提交的《女子球队队规》内容相同,其上面加盖印章与证据⑤上加盖印章相同,法院依法确认《女子球队队规》的真实性;第六,对何某提交的证据⑧~⑫,北联公司对真实性、合法性、关联性不予认可,但未说明合理理由,法院认为,上述证据加盖有北联公司印章与证据⑤上加盖印章相同,且有原件与之相印证,何某对持有原件的原因已作合理解释,法院依法确认证据⑧~⑫的真实性。对经法庭确认证据的关联性、合法性及证明内容,法院将在下文中综合评述。

根据当事人陈述和经审查确认的证据,法院认定事实如下:内蒙古北联足球俱乐部有限责任公司(以下简称"内蒙古北联公司")与何某于2016年2月28日签订《员工工作合同》,双方约定聘任何某为职业队管理部部长,每月税后工资为8000元,如未履行合同薪酬支付日期(超出一个月)及数额支付薪酬,应3倍偿还,约定合同期限为2016年3月1日至2019年2月28日。2019年2月13日,内蒙古北联公司名称变更为北联公司。北联公司与何某签订《女甲领队合同》,双方约定聘任何某为女子甲级足球队领队,每月税后工资为:2019年10 000元,2020年11 500元,2021年13 225元,如未履行合同薪酬支付日期(超出一个月)及数额支付薪酬,应3倍偿还。约定合同期限为2019年2月23日至2021年12月31日。2019年9月7日,北联公司单方与何某解除合同。

法院认为,根据双方当事人的诉辩意见,本案争议焦点为:

1.北联公司是否需向何某支付2019年1月1日至2月22日的工资及如何计算工资;

2.北联公司是否需向何某支付拖欠工资的赔偿金及如何计算赔偿金;

3.北联公司是否需向何某支付违法解除劳动合同的赔偿金及如何计算赔偿金。

(一)关于北联公司是否需向何某支付2019年1月1日至2月22日的工资及如何计算工资的问题

根据《劳动合同法》第33条之规定:"用人单位变更名称、法定代表人、主要负责人或者投资人等事项,不影响劳动合同的履行。"本案《企业公示报告》显示,云南北联足球俱乐部有限责任公司于2016年3月2日登记成立,并于2019年2月13日将名称由内蒙古北联公司变更为北联公司。

根据何某提交《员工工作合同》及《女甲领队合同》，内蒙古北联公司与何某签订了期限为 2016 年 3 月 1 日至 2019 年 2 月 28 日的《员工工作合同》，北联公司与何某签订了期限为 2019 年 2 月 23 日至 2021 年 12 月 31 日的《女子甲级足球领队工作合同》。本院经审查，确认了《企业公示报告》《员工工作合同》《女甲领队合同》的真实性，由此确认何某自 2016 年 3 月份起就在北联公司处任职，根据《劳动合同法》第 30 条规定："用人单位应当按照劳动合同约定和国家规定，向劳动者及时足额支付劳动报酬。"同时，根据《工资支付暂行规定》第 6 条之规定："用人单位必须书面记录支付劳动者工资的数额、时间、领取者的姓名以及签字，并保存两年以上备查。"北联公司未能向本院提交相关工资支付凭证佐证已支付过何某 2019 年 1 月 1 日至 2019 年 2 月 22 日期间的工资，北联公司就此承担举证不能的责任。因此，本院确认北联公司应向何某支付 2019 年 1 月 1 日至 2019 年 2 月 22 日的工资。

关于工资的计算。《员工工作合同》内容载明何某 2016 年 3 月 1 日至 2019 年 2 月 28 日期间的工资为每月税后 8000 元，何某据此主张欠付工资符合事实，故北联公司应向何某支付 2019 年 1 月 1 日至 2019 年 2 月 22 日期间拖欠的工资为 13 885.06 元。

（二）关于北联公司是否需向何某支付拖欠工资的赔偿金及如何计算赔偿金的问题

《员工工作合同》及《女甲领队合同》中均载明"如甲方未履行合同薪酬支付日期（超出一个月）及数额支付乙方薪酬，应 3 倍偿还乙方"。该约定系双方的真实意思表示，也未违反法律的禁止性规定，对双方具有法律约束力。关于北联公司提出的双方关于 3 倍支付拖欠工资约定是无效规定，拖欠工资的赔偿金应由劳动行政部门责令支付，如用人单位未限期支付的，才应当承担 50% 以上 100% 以下的赔偿金的观点，法院认为，用人单位拖欠工资时，劳动者可选择请求仲裁裁决用人单位依照劳动合同中的约定支付工资及赔偿金，也可选择向劳动行政部门反映后由劳动行政部门责令限期支付，劳动行政部门的处理并非提起劳动仲裁的前置程序，北联公司的观点没有合法依据，法院不予采纳。北联公司应按约定赔偿标准向何某支付拖欠工资的 2 倍的赔偿金。

关于赔偿金的计算。经法院确认，北联公司 2019 年 1 月 1 日至 2019 年 2 月 22 日期间拖欠何某的工资金额为 13 885.06 元，则拖欠工资的赔偿金应为 13 885.06 元 ×2=27 770.12 元。

（三）关于北联公司是否需向何某支付违法解除劳动合同的赔偿金及如何计算赔偿金的问题

判断北联公司是否需向何某支付违法解除劳动合同的赔偿金的关键在于判断北联公司以何某多次对小队员进行私自罚款、多次骚扰未成年女队员为由，单方与何某解除合同是否合法。北联公司主张何某存在多次对小队员进行私自罚款、多次骚扰未成年女队员的行为，且提交了《陈述书》、微信转账记录佐证其观点。但对于唐芳婷的《陈述书》，何某对陈述内容不予认可，唐芳婷也未出庭佐证其陈述内容，无法核实其内容上的真实性，本院不予采信，对于王璇、方奕锦的陈述书，结合微信转账记录能有效证明何某对两位队员存在罚款行为。但《女子球队队规》与《教练员管理条例》中并无何某的签字，无法证明何某知悉且受其约束，《女甲领队合同》对该队规、条例的内容、适用范围及违反后果也均无载明。综上，北联公司无法充分证明何某对两位队员的罚款行为违反北联公司规章制度或双方签订的《女甲领队合同》的约定，且达到北联公司单位规章制度或双方签订的《女甲领队合同》中约定北联公司可以单方与何某解除合同的程度。北联公司以何某多次对小队员进行私自罚款、多次骚扰未成年女队员为由，单方与何某解除合同的依据不充分。根据《劳动合同法》第 87 条之规定："用人单位违反本法规定解除或者终止劳动合同的，应当依照本法第 47 条规定的经济补偿标准的 2 倍向劳动者支付赔偿金。"北联公司应向何某支付违法解除劳动合同的赔偿金。

关于违法解除劳动合同的赔偿金的计算。根据查明的案件事实，何某于 2016 年 3 月 1 日起在北联公司任职。庭审中双方认可劳动关系至 2019 年 9 月 7 日终止。根据《劳动合同法》第 47 条、第 87 条的规定，北联公司应支付以何某离职前 12 个月的平均工资为基数，计算 4 个月工资之 2 倍的赔偿金。至于何某的平均工资，本院结合何某提供的《员工工作合同》、《女甲领队合同》、银行交易明细清单及其主张，确定何某离职前 12 个月的平均工资为 8583 元。北联公司应向何某支付的违法解除劳动关系赔偿金为 8585 元 ×4×2=68 664 元。

综上所述，依照《劳动法》第 50 条，《劳动合同法》第 33 条、第 47 条、第 87 条，《民诉解释》第 90 条之规定，判决如下：

一、北联公司于本判决生效之日起 10 日内支付何某 2019 年 1 月 1 日至 2 月 22 日的工资 13 885.06 元；

二、北联公司于本判决生效之日起 10 日内支付何某拖欠工资的赔偿金 27 770.12 元；

三、北联公司于本判决生效之日起 10 日内支付何某违法解除劳动关系赔偿金 68 664 元；

四、驳回北联公司的诉讼请求。

本案证据篇幅比较多，涉及证据的证明力等。案件争议焦点是本案企业迁移过程企业变更名称延伸工作合同的履行以及教练工作合同的解除是否违反《劳动合同法》的规定。

企业迁移过程中涉及名称的变更不影响其责任的承担。中国足球历史上经历迁移变更名称比较明显的是北京某足球俱乐部，从上海到西安，再到贵州，2016 年来到北京，其迁移过程不影响其主体责任的承担。

足球训练中，个别教练存在粗暴简单地处理球员，包括采取罚款、谩骂踢打球员等不良行为，甚至出现强制猥亵小球员的行为。如果俱乐部以此为由解除工作合同，一是要有管理制度，二是要固定、收集好相关不良行为的证据。只有建立这两个前提，俱乐部解除教练的工作合同才不被认定为违法解除合同。否则被认定为违反解除工作合同的法律后果比较严重。这一点，俱乐部要加以注意。

◆ 案例 ◆

俱乐部拖欠工资及违法解除合同案

原告俱乐部与被告沈某劳动争议纠纷一案，法院于 2019 年 5 月 7 日受理后，依法适用简易程序，公开开庭进行了审理。原告俱乐部的委托诉讼代理人，被告沈某到庭参加了诉讼。法案现已审理终结。

俱乐部向法院提出诉讼请求：

1. 请求判令俱乐部不支付沈某 2019 年 1 月 1 日至 2019 年 3 月 21 日工

资 136 781.6 元；

2. 请求判令俱乐部不支付沈某解除劳动合同经济补偿金 50 000 元。

俱乐部认为，沈某在 2019 年初就没有从事劳动合同约定的岗位工作，因此不应按照每月 50 000 元标准发放工资。俱乐部在 2019 年初调整沈某岗位后，沈某就没有从事总经理助理兼副领队的职务，沈某要求其在俱乐部处没有从事劳动合同约定的具体工作期间的每月 50 000 元的工资这显然对俱乐部是不公的。沈某系主动辞职，其无权要求俱乐部支付经济补偿金。俱乐部未及时足额支付沈某劳动报酬系双方对工资支付数额问题产生争议，不存在故意或重大过失不支付沈某劳动报酬，在此情况下沈某主动辞职，其无权要求俱乐部支付经济补偿金。退一步讲，即便应当向沈某支付经济补偿金，劳动仲裁裁决的支付经济补偿金的数额也明显高出法定标准。俱乐部不服天津市河西区劳动人事争议仲裁委员会的津西劳人仲裁字 [2019] 第 161 号仲裁裁决，诉至法院。

俱乐部向本院提交如下证据：

1. 仲裁裁决书 1 份，证明本案经过劳动仲裁前置程序；
2. 平安银行梅江支行的个人账户汇总信息清单 1 份，证明沈某在俱乐部处工作期间的收入情况；
3. 单方解约通知书 1 份，证明是沈某向俱乐部提出辞职。

沈某辩称，不同意俱乐部全部诉讼请求。沈某认为天津市河西区劳动人事争议仲裁委员会作出的津西劳人仲裁 [2019] 第 161 号仲裁裁决书认定事实清楚，适用法律正确。俱乐部的诉讼请求没有事实和法律依据。①俱乐部诉称其在 2019 年年初对沈某进行调岗，之后按照合同约定的工资支付对其不公平。沈某认为作为用人单位的俱乐部与作为劳动者的沈某签订的劳动合同是合法有效的，对双方均有约束力。在劳动仲裁阶段，俱乐部已经明确的承认了沈某是不需要进行打卡考勤的，其在 2019 年 2 月 18 日向沈某送达的《处罚通知》中，却违背了事实以沈某严重违反俱乐部的规章制度（上下班从不打卡）为由对沈某进行了降薪调岗处分，还将降职处罚毫无道理的追溯到一月份。对于俱乐部的这种严重违反合同约定，以劳动者不存在的过错对劳动者未及时足额支付劳动报酬书面通知解除劳动关系。在此期间俱乐部理应按照劳动合同的约定支付劳动报酬。法律规定，单位因经营需要调整劳动者岗位应当跟劳动者进行协商，不得导致劳动者收入严重下降。就是为了避免用人单位利用自己的优势地位和以经营自主权为借口损害劳动者的合法权益。因此在双方劳动关系存续期间，俱乐部应当按照约定支付工资。仲裁裁决俱乐部向沈某支付2019年1月1日至2019年3月21日的工资适用法律正确。②俱乐部诉称沈某主动辞职，无权要求支付解除劳动合同补偿金。沈某认为俱乐部提供《单方解约通知书》中明确显示了沈某解除劳动合同的原因是俱乐部不按时足额支付工资。《劳动合同法》第38条规定了用人单位未及时足额支付劳动报酬的，劳动者可以解除劳动合同。另，《劳动合同法》第46条第2项规定，劳动者依照《劳动合同法》第38条解除劳动合同的，用人单位应当向劳动者支付经济补偿金。本案中，直至2019年3月21日，俱乐部仍未支付2019年1月份和2月份的工资。沈某以俱乐部未按时足额支付工资为由解除劳动合同，俱乐部应当向沈某支付经济补偿金。至于俱乐部主张的劳动仲裁裁决的经济补偿金高于法律的上限，完全曲解了《劳动合同法》第47条第2款的立法本意，劳动仲裁裁决结果适用法律正确。请求法院驳回俱乐部的诉讼请求。

沈某向法院提交2份《足球俱乐部工作合同》，证明俱乐部与沈某系劳动关系及合同相关约定。

法院经审查后认定：2018年9月1日，沈某入职俱乐部，双方于2018年9月25日签订书面劳动合同，约定沈某税前工资11 000元/月，合同期限为2018年9月3日至2019年9月2日。2018年12月1日，俱乐部与沈某双方又签订了一份合同期限为2018年12月1日至2021年12月31日的书面劳动合同，工资标准为50 000元/月（税后）。2019年2月18日，俱乐部向沈某发出《处罚通知》，内容为"由于沈某工作纪律散漫，上下班不打卡，迟到早退，严重违反俱乐部的规章制度，决定给予沈某降薪处分，按俱乐部最低标准发放工资（3500元/月），从2019年1月开始执行，并将沈某调至后勤保障部工作"。沈某对此存在异议，至天津市河西区劳动人事争议仲裁委员会提出仲裁申请。2019年3月21日，沈某以俱乐部未及时足额支付劳动报酬为由提出解除劳动合同申请。2019年4月28日，天津市河西区劳动人事争议仲裁委员会出具津西劳人仲裁字[2019]第161号仲裁裁决书，裁决俱乐部支付沈某2019年1月1日至2019年3月21日工资136 781.6元、解除劳动合同经济补偿金50 000元。俱乐部不服，于2019年5月7日至法院提起诉讼。

法院认为，本案争议焦点在于俱乐部主张推翻仲裁裁决结论是否具有合理依据。本案中，俱乐部与沈某签订了书面劳动合同，并约定沈某工资标准为50 000元/月（税后）。该劳动合同系双方自愿签订，且内容不违反法律及行政法规的强制性规定，属于合法有效，双方均应按照劳动合同内容行使权利，履行义务。俱乐部不同意按照双方约定的工资标准支付沈某2019年1月1日至2019年3月21日工资，而是单方出具《处罚通知》，以沈某存在违纪行为，严重违反俱乐部规章制度为由对其降薪调岗。沈某不认可该处罚通知的内容，俱乐部亦未提交证据证实沈某存在该《处罚通知》中的违纪行为，根据证据规则的相关规定，俱乐部应承担举证不能的法律责任，该《处罚通知》欠缺事实依据，应属无效。在俱乐部不能举证证明沈某在2019年1月1日至2019年3月21日期间未提供正常劳动的情况下，应按照双方约定的工资标准向其支付劳动报酬。仲裁裁决俱乐部按照税后工资50 000元/月标准支付沈某2019年1月1日至2019年3月21日工资136 781.6元符合法律规定，本院予以支持。至于解除劳动合同经济补偿问题，俱乐部尚未支付沈学某2019年1月1日至2019年3月21日工资，沈某以俱乐部拖欠工资为由解除劳动合同符合支付解除劳动合同经济补偿的法定情形，但其工资标准高于天津市2018年度职工月平均工资标准（5871元/月）3倍，根据相关法律规定，应以天津市2018年度职工月平均工资标准（5871元/月）3倍作为计算基数，根据沈某在俱乐部的工作年限，仲裁委裁决的经济补偿数额过高，本院依法予以调整为17 613元。综上所述，依照《劳动法》第3条《劳动合同法》第38条第1款第2项、第46条第1项、第47条，《民诉解释》第90条之规定，判决如下：

一、自本判决生效之日起5日内，原告俱乐部支付被告沈某2019年1月1日至2019年3月21日期间的工资136 781.6元；

二、自本判决生效之日起5日内，原告俱乐部支付被告沈某解除劳动合同经济补偿金17 613元；

三、驳回原告俱乐部的其他诉讼请求。

本案涉及调岗调薪、领队是否存在违反俱乐部的管理制度问题。调岗调薪原则上看工作合同条款的约定。违反俱乐部管理规定一定得保留证据。

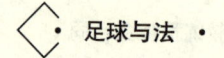

相关法律：

《劳动法》

第三条 劳动者享有平等就业和选择职业的权利、取得劳动报酬的权利、休息休假的权利、获得劳动安全卫生保护的权利、接受职业技能培训的权利、享受社会保险和福利的权利、提请劳动争议处理的权利以及法律规定的其他劳动权利。

劳动者应当完成劳动任务，提高职业技能，执行劳动安全卫生规程，遵守劳动纪律和职业道德。

《劳动合同法》

第三十八条 用人单位有下列情形之一的，劳动者可以解除劳动合同：

（一）未按照劳动合同约定提供劳动保护或者劳动条件的；

（二）未及时足额支付劳动报酬的；

（三）未依法为劳动者缴纳社会保险费的；

（四）用人单位的规章制度违反法律、法规的规定，损害劳动者权益的；

（五）因本法第26条第1款规定的情形致使劳动合同无效的；

（六）法律、行政法规规定劳动者可以解除劳动合同的其他情形。

用人单位以暴力、威胁或者非法限制人身自由的手段强迫劳动者劳动的，或者用人单位违章指挥、强令冒险作业危及劳动者人身安全的，劳动者可以立即解除劳动合同，不需事先告知用人单位。

第四十六条 有下列情形之一的，用人单位应当向劳动者支付经济补偿：

（一）劳动者依照本法第38条规定解除劳动合同的；

（二）用人单位依照本法第36条规定向劳动者提出解除劳动合同并与劳动者协商一致解除劳动合同的；

（三）用人单位依照本法第40条规定解除劳动合同的；

（四）用人单位依照本法第41条第1款规定解除劳动合同的；

（五）除用人单位维持或者提高劳动合同约定条件续订劳动合同，劳动者不同意续订的情形外，依照本法第44条第1项规定终止固定期限劳动合同的；

（六）依照本法第44条第4项、第5项规定终止劳动合同的；

（七）法律、行政法规规定的其他情形。

第六章 球员、教练员相关合同

第四十七条 经济补偿按劳动者在本单位工作的年限，每满 1 年支付 1 个月工资的标准向劳动者支付。6 个月以上不满 1 年的，按 1 年计算；不满 6 个月的，向劳动者支付半个月工资的经济补偿。

劳动者月工资高于用人单位所在直辖市、设区的市级人民政府公布的本地区上年度职工月平均工资 3 倍的，向其支付经济补偿的标准按职工月平均工资 3 倍的数额支付，向其支付经济补偿的年限最高不超过 12 年。

本条所称月工资是指劳动者在劳动合同解除或者终止前 12 个月的平均工资。

◆ 案例 ◆

足球俱乐部诉沈某申请撤销仲裁裁决案

申请人足球俱乐部不服《仲裁裁决书》，向法院申请撤销仲裁裁决。

申请人俱乐部认为：仲裁委忽略了俱乐部作为证据提交的《教练员管理手册》及《7月份考勤记录》，属于程序违法；沈某提供的微信聊天记录，真实性存疑，仲裁委在尚未认定证据效力的情况下就作出了裁决；仲裁委不顾毅涛俱乐部提供的证据和查明的事实所作认定，属于枉法裁决。

被申请人沈某辩称：仲裁委审理程序合法，不存在枉法裁决，故不同意撤销仲裁裁决，请求法院驳回俱乐部的申请。

法院经审查认为，发生劳动争议，当事人对自己提出的主张，有责任提供证据。本案中，俱乐部主张沈某旷工 4.5 个工作日，故其系合法解除劳动合同，但俱乐部并未就其主张之事实提供充分有效的证据予以佐证。仲裁委依据所查明的事实作出俱乐部违法解除劳动合同的裁决，并无不当。俱乐部以仲裁委违反法定程序及裁决所根据的证据是伪造的为由，申请撤销仲裁裁决，缺乏依据，法院不予支持。另外，俱乐部主张仲裁委枉法裁决，但亦未就此提供相应的证据予以证明，故俱乐部的该申请理由不能成立，法院不予支持。

法院裁定驳回申请人上海足球俱乐部要求撤销《仲裁裁决书》的申请。

本案是俱乐部依照《劳动争议调解仲裁法》第 49 条规定法律适用错误、无管辖权、程序违法、证据伪造等六项程序问题提出对仲裁委员会的撤销裁决之诉。这六项的证据要求是非常严格的。撤销之诉是通过提高审判机构级别（中级人民法院）全面撤销原仲裁委员会的裁决来达到其目的。该裁定是终审裁定，不可以上诉。

相关法律：

《劳动争议调解仲裁法》

第四十九条

用人单位有证据证明本法第47条规定的仲裁裁决有下列情形之一，可以自收到仲裁裁决书之日起30日内向劳动争议仲裁委员会所在地的中级人民法院申请撤销裁决：

（一）适用法律、法规确有错误的；

（二）劳动争议仲裁委员会无管辖权的；

（三）违反法定程序的；

（四）裁决所根据的证据是伪造的；

（五）对方当事人隐瞒了足以影响公正裁决的证据的；

（六）仲裁员在仲裁该案时有索贿受贿、徇私舞弊、枉法裁决行为的。

人民法院经组成合议庭审查核实裁决有前款规定情形之一的，应当裁定撤销。

仲裁裁决被人民法院裁定撤销的，当事人可以自收到裁定书之日起15日内就该劳动争议事项向人民法院提起诉讼。

◈ 案例 ◈

某教练保级奖金案

2017年2月，某俱乐部与某主教练签订了一年期的工作合同，约定了本赛季保级奖金200万元。工作合同签订后，该教练带队最后一轮保级成功。赛季结束后，俱乐部没有与该教练续约，同时以约定的奖金过高等理由而拒绝支付保级奖金。2018年3月，该教练就保级奖金事宜向中国足协仲裁委员会提起了仲裁申请。

俱乐部答辩：一是约定的奖金过高不符法律规定；另一方面保级也不完全是教练的功劳，还有俱乐部的支持和球员的贡献。主教练履行职责时不服从俱乐部管理，擅自更改训练计划，违反俱乐部规定多次喝大酒而影响训练，导致俱乐部最后一轮才保级，但俱乐部没有向仲裁委提供证据。

最后仲裁庭认为，约定的保级条件有效，最后支持了教练的关于要求俱乐部支付保级奖金的申请事项。

建议：

本案中，教练与俱乐部约定的保级奖金条款属于《合同法》的附条件的合同，当条件成就时，该条款生效。《合同法》第 45 条规定，当事人对合同的效力可以约定附条件。附生效条件的合同，自条件成就时生效。本案中，设定的保级条件是双方约定，不违反法律禁止性规定，当条件成就时，被申请人俱乐部负有支付保级奖金的义务。

◆ 案例 ◆

某教练与某俱乐部无固定期限工作合同案

2015 年 1 月到 2016 年 12 月，某教练与某俱乐部签订了一年期的工作合同。合同期届满前，该俱乐部与该教练签订了到 2017 年 12 月 31 日的一年期的工作合同，双方合同履行一切顺利。到 2018 年年初，俱乐部未能再与该教练续签合同，即合同予以终止。

某教练认为其享有与该俱乐部签订无固定期限工作合同的权利，故其向俱乐部提出签订无固定期限工作合同的申请，俱乐部认为其没有义务与该教练签订无固定期限合同的义务，拒绝了该教练的申请。

2018 年 3 月，该教练就与俱乐部签订无固定期限工作合同的争议向足协仲裁委员会提出了仲裁申请，其提出的理由就是其已经连续 2 次与俱乐部签订了工作合同，符合《劳动合同法》第 14 条第 3 款的规定。

足协仲裁委员会合议庭经过审理认为，虽然该教练与俱乐部连续签订了两次工作合同，形式上符合《劳动合同法》第 14 条关于签订无固定期限劳动合同的要件，但从足球行业和国际惯例，俱乐部一般不会聘请某位教练一直在俱乐部从事教练某个岗位工作，综合全案情况，仲裁委员会驳回了该教练的请求。

建议：

根据《中国足协仲裁规则》第 18 条第 1 款的规定，仲裁庭应当根据事实，依照法律规定和行业规定，参照国际惯例，并遵循公平、公正原则作出裁决。仲裁庭审理案件过程中除了法律规定外，还要参照足球行业和国

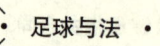

际惯例进行审理。本案中，仲裁庭参照足球行业及国际惯例，妥善地处理了争议。

◆ 案例 ◆

某外籍教练"被下课"案

2017年3月，某外籍教练团5人与某足球俱乐部分别签订了二年期《工作合同》。随后，该俱乐部在主教练带领下进行了训练并完整参加了2017赛季的中超联赛及足协杯杯赛。2018年2月初，俱乐部以上赛季球队成绩不理想未能完成老板制定的目标，由俱乐部向该外籍团队发出解除合同通知书。该《通知书》没有就解除工作合同提出任何的赔偿或者补偿。

2018年3月，该外籍教练团队就解除合同事宜向中方俱乐部提出了解除合同赔偿的律师函，但中方俱乐部没有答复。随后，外籍教练团队在国际足联启动了索赔程序，国际足联球员身份委员会支持了大部分外籍教练的主张。目前该案已经由俱乐部上诉到国际体育仲裁法庭。

建议：

总体来讲，外籍人士比较重视合同规则，重视契约精神。反而我们某些俱乐部的老板随意性比较强。教练下课与否往往取决于某个老板的一句话，最后导致被起诉到国际足联的诉讼案件比较多。本土教练有时候好面子，在合同中没有约定下课赔偿条款。所以给俱乐部的建议是与教练的工作合同中约定清楚下课条件，而且下课条款的赔偿合理合规。实践中，往往由于中国教练的不好意思纵容了某些俱乐部肆意妄为，不能欺负老实人，彼此应当成为君子。

◆ 案例 ◆

某主教练因涉嫌猥亵女球员被解除工作合同案

2019年11月2日，曾经担任某俱乐部女足的主教练刘某因涉嫌长期猥亵女球员经当地公安机关侦察后，由当地检察院以强制猥亵罪、猥亵儿童罪批准逮捕，随后被提起公诉。

经法院审理后认定，该教练担任女足教练期间长期以谈心、单独指导为名将部分女球员，尤其2005、2006年出生的小球员在宿舍内引诱其脱光衣服采取所谓身体接触性指导，对不从命令的女球员采取打骂猥亵等不良行为，并对某些女球员采取巨额罚款，逼迫球员就范，其行为已经严重侵犯了球员的身心健康，构成《刑法》第237条及《刑法修正案（九）》的强制猥亵罪及猥亵儿童罪，该教练因违反了刑事法律而被解除合同。

第四节　球员、教练员的其他相关合同

优秀运动员和教练员会因自己的肖像和成绩获得某些商业公司的代言机会而取得收入，也会通过对外投资进行获取收益。在相关活动中，由于种种原因，其个人利益受到不同程度的影响。

一、球员和教练员代言合同引发的问题

优秀球员往往通过受邀成为某公司或某公司某产品的形象代言等形式来实现自己的商业价值。这种代言合同是双务合同，商业公司通过球员的代言提升公司品牌的商业价值和某种装备的市场销售份额等实现商业价值；球员通过代言活动获得一定的收入。

实践中，时有代言费未能及时收到的情况发生，球员本身的价值未能得到体现，而代言公司违约行为给该公司带来不利影响。

◆ 案例 ◆

刘某代言装备案

2017年3月，刘某入选国家队后受邀成为某公司某装备的中国大陆区的形象代言大使。刘某在母亲的协调下，刘某与某公司签订了3年的代言合同，约定代言费的年度标准、付款方式、付款时间以及其他条件。公司在2017、2018年均及时履行了支付义务。

在2019年合同年度履行过程中，某公司以各种理由未能及时足额支付2019年度代言费，即代言公司的逾期支付行为导致刘某未能及时收到相应代言费。刘某母亲多次催促该公司未果，委托律师向该公司及其集团公司发送律师函。经协商代言公司向刘某支付了相应的代言费和部分逾期支付

的违约金。同时，该商业公司与球员刘某又签订了扩大产品线代言的三年新合同，新代言合同包含递增、违约维权成本分摊、管辖等条款。

建议：

司法实践中，代言合同争议案件主要是围绕着合同履行过程中商业公司的逾期付款和球员行为违约是否发生。

建议球员在与商业公司洽谈代言合同时应注意商业公司的信誉调查、代言费递增条款、代言产品导致球员价值贬损的赔偿、发生诉争（诉讼或仲裁）案件时违约方维权合理支出承担等问题。

同时，对于代言合同、特许合同、赞助合同、票务合同等这类商事合同或协议，可以通过在合同中仲裁条款约定来处理彼此之间纷争，详见第二章第六节。

二、球员和教练员对外投资引发的问题

优秀球员和教练员会以自己的收入进行对外投资，比如通过参股、入伙等方式对体育行业或其他行业进行投资或理财，如被邀请参加内部所谓股权投资、P2P理财、信托基金或保险理财等。

实践中，由于足球运动员和教练员没有太多的投资经验和法律知识，投资后基本不介入所投资的企业参与管理，当了甩手掌柜，投资失败的情形时有发生。除了缺乏投资经验和公司经营问题外，较为重要的一个原因是作为投资者的球员、教练没有法律意识或者法律意识淡漠，即使权利受到侵犯还不知道，更不知道如何处理，甚至碍于情面而不追究相关人的责任。

从《公司法》的角度，常见的问题有知情权、查账权、分红权、表决权等被剥夺或者不知道如何行使相应的权利。根据《公司法》及相应的司法解释的规定，股东尤其小股东对公司享有查账权、股东会决策权、知情权、股东代表诉讼权和公司解散权等。

从《刑法》的角度，不排除某些管理人通过挪用、侵占、关联交易、转移定价等行为故意把公司做大亏空，进而导致球员的投资无法获得回报。故球员和教练员在对外投资过程中，应注意定期审核财务、监督运营部门的实际情况，必要时聘请第三方审计公司对公司全面或单体项目进行审计。通过财务、审计和律师的定期工作，球员、教练员可以发现投资公司的财

务情况（挪用、账外现金不入对公账户）、企业运营情况和法律问题。球员等体育人士的投资与理财需要相关的前期调查，聘请律师参与签署相关协议或合同，提高法律意识，防范法律风险。

第五节 "讨薪"难引发的思考与建议

球员、教练员被俱乐部欠薪是中国老生常谈的问题，几乎成为中国足球发展过程中的普遍现象，尤其在2020赛季显得尤为突出。根据中国足协2020年5月23日公布的2020年赛季准入名单，共计有11家俱乐部未取得2020年赛季的联赛资格，其主要的原因为俱乐部的资金链断裂导致出现欠薪的情况，进而引发和加剧了球员与教练员的讨薪难。讨薪难主要表现为两个方面：一是，俱乐部丧失职业联赛资格后，其不再是中国足协的注册会员单位，中国足协不再享有相应对俱乐部的管辖权，即使中国足协仲裁委员会出具了裁决书，其对俱乐部不再具有强制性的拘束力；二是，某些地区的劳动仲裁机构及法院以工作合同约定的中国足协仲裁委员会管辖而作出了不予受理的决定或者裁定，即自行排出了司法管辖，直接剥夺了球员的诉权。这两种情形直接导致了球员工资的债权无法实现。

针对这种情况，笔者建议：

一、建立与完善足协内部机制

（一）建立速裁制度，缩短审限

中国足协仲裁委员会系审理球员与俱乐部之间争议案件的法律机构，根据《中国足协仲裁规则》第17条规定该委员会的审限为6个月。

实践中，部分案件存在超过了6个月审限而未能结案的情形。如涉及球员解除合同（自由身确认）之仲裁案，如出现跨过转会窗口期未能签发裁决的，其必然影响球员后期的转会与注册，进而导致球员无法及时完成注册而剥夺了球员踢球工作的权利。建议从仲裁委员会委员中遴选出速裁组，借鉴人民法院的速裁制度建立足协的快速裁决制度，即对欠薪事实清楚的案件，在转会窗口期前采取快速裁决，从而及时有效保护与维护球员踢球的权利。

（二）发挥足协运动员委员会的职能

2016年5月，中国足协设立的运动员委员会系中国足协的专项委员会之一，其职责之一是维护运动员的合法权益，该委员会的主任委员与副主任委员应当及时履行职责，而不是仅仅是停留在一个荣誉或者名称而已。

建议运动员委员会督促中国足协建立一定的对球员的保护机制，形成球员群体力量来促使中国足协的主动改革，甚至时机成熟时建立中国足协的球员联盟来维护球员的合法利益。通过一定的组织如建立俱乐部的大股东或实际控制人对球员工资承诺支付的连带保证制度，这个制度更能在劳动仲裁与法院审理过程中从制度上有效维护球员的合法权益。期待在即将成立的职业联赛联盟能建立对球员有所保护的制度。

（三）建立足协球员保障基金，保障球员和教练员的最低收入

中国足协可以从其收入中提取一定的比例建立中国足协的球员保障基金，对不享有职业联赛资格俱乐部的球员与教练在无法实现其工资收入的时候，给予最低的保障，从而解决那些讨薪无门的球员与教练的困境。

（四）修改《转会规定》第45条

先行的《转会规定》第45条规定，俱乐部违反工作合同约定，拖欠球员工资或奖金的，经中国足协相关部门认定，该球员有权单方面终止合同。

《转会暂行规定》第44条规定，俱乐部违反劳动合同约定，1年内累计拖欠球员工资或奖金超过3个月的，该球员有权单方面终止合同。

《国际足联球员身份与转会规定》14 Terminating a contract with just cause 正当理由终止合同

1. A contract may be terminated by either party without consequences of any kind (either payment of compensation or imposition of sporting sanctions) where there is just cause.

14bis Terminating a contract with just cause

for outstanding salaries

1.In the case of a club unlawfully failing to pay a player at least two monthly salaries on their due dates, the player will be deemed to have a just cause to terminate his contract, provided that he has put the debtor club in default in writing and has granted a deadline of at least 15 days for the debtor club to fully comply with its financial obligation(s). Alternative provisions in contracts existing at the time of this provision coming into force may be considered.

2.For any salaries of a player which are not due on a monthly basis, the pro-rata value corresponding to two months shall be considered. Delayed payment of an amount which is equal to at least two months shall also be deemed a just cause for the player to terminate his contract, subject to him complying with the notice of termination as per paragraph 1 above.

对比三个规定的相应条款，笔者认为《转会规定》对照《转会暂行规定》及国际足联的规定存在着两个方面的滞后，表面上删除了原先3个月的规定，但会造成实际操作过程中的困惑，甚至给某些俱乐部留出空子。《国际足联球员身份与转会规定》的欠薪2个月的时间是相对合理的，建议中国足协尽早修订与调整，尽早与国际足联衔接，甚至可以提出把欠薪的时间超过1个月作为解除合同的法定要件；实践中，各地的劳动仲裁委员会及人民法院对球员与俱乐部之间的薪酬争议案件是享有司法管辖权的，故劳动仲裁委员会和人民法院的裁定和判决具有司法效力，建议删除《转会规定》第45条中"经中国足协相关部门认定"的表达，或调整为经有关部门认定，不能完全排除司法机构的管辖权。

（五）完善联赛保证金制度

中国足协的中超、中甲、中乙联赛曾经设立过保证金制度，但其目的更多是为保障联赛的举行，该费用是赛事费用。根据实际情况，应当留出或提高一定保证金的比例来保障球员与教练的最低收入。

（六）从制度上为教练员设立一定的保护制度

基层足球教练的工资待遇不高，事实上已经影响了其长期从事青训工作的热情。近几年来，基层教足球练被欠薪也显得尤为突出，进而导致教练员无法安心长期地从事青少年的足球青训工作。

中国足球的振兴与未来是寄托在足球青训工作上，建议中国足协在未来调整或单独制定相关规范性文件来保障基层教练的权利，从而更好地鼓励基层教练更好地为青训投入工作。

（七）通过《转会规定》第45条修正案增加逾期履行的罚则

24bis Execution of monetary decisions

1.When instructing a party (a club or a player) to pay another party (a club or a player) a sum of money (outstanding amounts or compensation), the Players' Status Committee, the DRC, the Single Judge or the DRC judge (as the case may be) shall also decide on the consequences of the failure to pay the relevant amounts in due time.

2.Such consequences shall be included in the findings of the decision and will be the following:

Against a club, a ban from registering any new players, either nationally or internationally, up until the due amounts are paid. The overall maximum duration of the registration ban, including possible sporting sanctions, shall be of three entire and consecutive registration periods;

《国际足联球员身份与转会规定》第24条修正案规定了任何一方不按照裁决履行的罚则，俱乐部不履行裁决书确定支付义务的，球员身份委员会及争议解决庭可以采取禁止国际国内转会与注册新球员。建议未来中国足协在修订《转会规定》时，对第45条予以调整，赋予足协仲裁委员会对拒绝履行支付义务的一方当事人采取直接的惩罚措施，进而加大执行的震慑力度。

二、协调劳动仲裁与人民法院的管辖

司法实践中，某些地区的劳动仲裁委员会及人民法院对球员与俱乐部之间薪酬待遇争议自行放弃了司法管辖权。这种做法，一方面是剥夺了作为劳动者球员的诉讼权利，导致讨薪无门；另一方面，司法机构放弃司法管辖权是对我国国家司法体制的挑战。

建议中国足协提请国家体育总局会同人力资源与社会保障部和最高人民法院等部门就相关的球员寻求司法救济做出回应纪要或司法解释，明确人民法院不得单方面自行放弃司法管辖权，从而从司法救济上给球员留出一个救济渠道。

第七章
足球青训保护与鼓励制度

足球产业涵盖了足球运动的全产业链，足球青训已经成为整个足球产业链发展的一个重要环节。但实践中，部分青少年球员在监护人或者在部分经纪人操作下干扰甚至破坏了青训制度的情况时有发生，在足球发展欠发达地区的足球青训受到的影响显得更为突出。

国际足联及会员协会都会颁布相关行业规范性文件调整和约束足球青训保护与鼓励制度。国际足联的足球青训保护与鼓励制度体现在《国际足联球员身份与转会规定》和《青少年保护指南》。中国足球协会对足球青训保护与鼓励制度主要体现在《转会规定》《注册规定》和其颁布的足球字的规范性文件。以下通过国际足联、中国足协的制度及民事法律制度来介绍足球青训保护与鼓励制度。

第一节 足球青训与保护制度

一、国际足联的足球青训保护制度

《国际足联球员身份与转会规定》第19条及相关条款对青少年球员限制国际转会来对青训机构进行保护。其主要保护制度体现在第19条、附件

2及指南。主要介绍第19条的规定，尤其第2款的除外规定。

19 Protection of minors

1.International transfers of players are only permitted if the player is over the age of 18.

2.The following five exceptions to this rule apply:

a) The player's parents move to the country in which the new club is located for reasons not linked to football.

b) The transfer takes place within the territory of the European Union (EU) or European Economic Area (EEA) and the player is aged between 16 and 18.

d) The player flees his country of origin for humanitarian reasons, specifically related to his life or freedom being threatened on account of race, religion, nationality, belonging to a particular social group, or political opinion, without his parents and is therefore at least temporarily permitted to reside in the country of arrival.

e) The player is a student and moves without his parents to another country temporarily for academic reasons in order to undertake an exchange programme. The duration of the player's registration for the new club until he turns 18 or until the end of the academic or school programme cannot exceed one year. The player's new club may only be a purely amateur club without a professional team or without a legal, financial or de facto link to a professional club.

《国际足联球员身份与转会规定》第19条第1款建立青少年球员转会保护制度，限制18岁以下球员不得进行转会，即原则上球员只有满18岁时才能进行国际转会。该制度的设计意在防止历史上某些经纪人或俱乐部随意地不分年龄地无序转会，不但导致足球转会市场的混乱，而且直接导致青训机构的培训机制遭到破坏，使原本承担青训职责的机构不愿意进行青少年培养工作，该制度的颁布是保护青训机构的利益。但同时，第19条第2款又作出了但书表达，即对5种情况予以了除外。

同时，《国际足联球员身份与转会规定》通过附件2的9个条款就未成年球员第一次注册与转会的程序作出了规定。下面简单列举一些基本原则供读者参考。

Procedure governing applications for first registration and international transfer of minors (article 19 paragraph 4)

1 Principles

1.All applications for a first registration of a minor according to article 19 paragraph 3, or an international transfer involving a minor according to article 19 paragraph 2, must be submitted and managed through TMS.

2.Unless otherwise specified in the provisions below, the Rules Governing the Procedures of the Players' Status Committee and the Dispute Resolution Chamber shall be applied in the application procedure, subject to slight deviations that may result from the computer-based process.

◆ 案例 ◆

Arbitration CAS 2015/A/4312

John Kenneth Hilton v. Fédération Internationale de Football Association (FIFA), award of 9 August 2016

International transfer of minor players Restrictive interpretation of Art. 19 RSTP .Assessment of the goal sought by the player's parents for moving

我们截取了该裁决书的一部分予以介绍。

1. Article 19 FIFA RSTP is a very important provision, which sets key principles designed to protect the interest of minor players. There is therefore a need to apply the rules on the protection of minors in a strict, rigorous and consistent manner.

2. Whenever the player's parents took football into consideration, even if this was only part of the reasons for the move, then the exception is not applicable. It is not required that the parents' main objective in their decision to move is their child's football activity – it is rather sufficient that the move of the player's parents occurred due to reasons that are not independent from the football activity of the minor or are somehow linked to the football

activity of the minor. In this respect, the burden of proof is placed on the shoulders of the party that claims to fall within the scope of an exception. However, in such cases were the CAS panel is convinced that the move of the family was motivated by a mixture of several reasons, and where each one of the other proven reasons is legitimate per se, the application of the exception will be assessed and decided based on the weight of the "football factor" within the whole range of reasons and the overall circumstances of the matter, such as: what were the other reasons? Whether all the family moved? To what extent the specific location to which the family decided to move was chosen with due consideration of the football activity of the minor, etc.

强调了第19条的除外情形应当严格理解，尤其涉及足球要素与目的。

I. PARTIES

1. Mr. John Kenneth Hilton (hereinafter referred to as the "Mr. Hilton", "the Player" or "the Appellant") is an amateur minor football player. He was born on 15 June 2001 and is a US citizen. He is the son of Kenneth Tyrone Hilton (hereinafter: "the Player's Father"), a US citizen, and of Dina Conceiçao Hilton (hereinafter: "the Player's Mother"), a US and Brazilian citizen.

2. The Fédération Internationale de Football Association (hereinafter referred to as "FIFA" or the "Respondent") is the worldwide governing body of Football and has its registered office in Zurich, Switzerland.

II. THE DECISION AND ISSUES ON APPEAL

3. Mr. Hilton appeals a decision (hereinafter referred to as the "Appealed Decision") of the Single Judge of the FIFA Players' Status Sub-Committee (hereinafter referred to as the "Single Judge" or the "Sub-Committee") dated 1 September 2015, rejecting the application of the Royal Dutch Football, Association (Koninklijke Nederlandse Voetbalbond, hereinafter "KNVB") on behalf of its affiliated club, AFC Ajax (hereinafter: "the Dutch Club" or "AFC Ajax"), for the approval prior to the Appellant's request for the International Transfer Certificate (ITC).

4. The Appellant requests that said decision be set aside, considering that the requirements set out in Art. 19 para. 2 FIFA Regulations on the status and transfer of players (hereinafter referred to as the "FIFA RSTP") are met in the present situation and that thus KNVB's application submitted before the Single Judge should have been approved.

III. BACKGROUND FACTS

5. Below is a summary of the main relevant facts and allegations based on the parties' written submissions and evidence adduced at the hearing. Additional facts and allegations may be set out, where relevant, in connection with the legal discussion that follows. While the Panel has considered all the facts, allegations, legal arguments and evidence submitted by the Parties in the present proceedings, it refers in its Award only to the submission and evidence it considers necessary to explain its reasoning.

A. The Players football career and move to Europe

6. The Player is a minor talented football player who had been living with his family in Los Angeles, USA, before moving to Europe in 2014.

7. In 2010, the Player joined the Total Futbol Academy (hereinafter referred to as the "TFA Academy") and began to travel internationally along with his teammates. His first trip to Europe was to play a friendly match against FC Barcelona's football academy. In the following years, the Player travelled with the TFA Academy to Europe for other competitions, playing against teams such as FC Barcelona, AFC Ajax or Manchester United.

8. Since 2013, the Player has been regularly selected to play with the US national team.

……

11. In early 2015, the Player, together with his Mother and siblings moved to Amstelveen, the Netherlands, and has been living there since then.

12. On 5 January 2015, the Player's was enrolled at the "Amsterdam International Community School" in Amsterdam.

13. On 9 April 2015, the Player's Mother registered the company "Bem

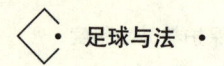

Brasil" which is located in Amstelveen. That said company's activities are: "tutoring, formation, education", "translator, interpreter" and "event catering".

B. The procedure before FIFA

14. On 8 July 2015, the KNVB submitted in the FIFA Transfer Matching System (TMS) an application for the approval of the international transfer of the minor Player based on the exception set out in Art. 19 para. 2 lit. a) FIFA RSTP *"Move of the player's parents for reasons not linked to football"*, on behalf of its affiliated club, AFC Ajax, a professional club competing in the first division in the Netherlands.

......

25. Furthermore, according to various articles published on the official website of the TFA located in the USA and led by Mr Paul Walker, the Player, whose nickname is *"Xuxuh"*, joined said academy *"... when he was 8 years old and over the past four years has blossomed into a world class junior soccer player"*. In particular, it appears that the Player *"...began to travel internationally along with his teammates beginning in 2010 when [the academy's] program took them to Barcelona, Spain to be showcased in front of FC Barcelona's Academy staff during a friendly match against their age appropriate academy team"*. In continuation, Mr Paul Walker explained, through his academy's website, that *"Over the next few years [the Academy Program] continued to send Xuxuh and his teammates to Europe to compete against and in front of some of the biggest and most reputable professional soccer academies of the world such as: FC Barcelona, Ajax, Manchester United, etc. and never did they disappoint. Just this past March [2013] after playing in the MIC13 [Mediterranean International Cup] tournament in Spain and making it to the semi-finals, Xuxuh's qualities and notoriety were now on the radar of several of these world class academies including Manchester United who wanted to sign and take him right then and there back to England"*. During said tournament, *"... the TFA team faced eventual champions FC

Barcelona Academy, playing them to a draw - the only team to manage the feat in the tournament. The team had a strong run, defeating the storied Dutch Ajax Youth Academy to reach the tournament semi-final round".

26. On 1 September 2015, the Single Judge rendered the Appealed Decision. The grounds of said decision were notified on 6 November 2015 to KNVB by the Respondent and on the same date to the Appellant by AFC Ajax. The FIFA PSC-Subcommittee considered in substance the following:

"22. In view of all the above, the Single Judge held, in particular, that, based on the documentation submitted, it could not be undoubtedly and clearly established that the player's mother had relocated for reasons that were not linked to football. In fact, it would rather appear that the player's football career was presumably the predominant reason for the move, and that the player's mother moved to the Netherlands in order to circumvent the regulations related to the protection of minors.

23. On account of the above, the Single Judge determined – applying strictly the Regulations – that in the present matter, the requirements set out in art. 19 par. 2a) of the Regulations are not met.

24. Consequently, the Single Judge decided to reject the request made by the Koninklijke Nederlands

Voetbalbond (KNVB) on behalf of its affiliated club, AFC Ajax, for the approval prior to the request for the International Transfer Certificate of the US minor player, John Kenneth Hilton".

......

VI. THE PARTIES' SUBMISSIONS

A. Mr. John Kenneth Hilton

54. The Appellant's submissions, in essence, may be summarized as follows:

55. On the Player's standing to appeal:

In CAS 2013/A/3140 the CAS Panel has found that minor players have standing to challenge FIFA decisions that deny them International Transfer

Certificates under Article 19, par. 2 FIFA RSTP even if the initial matter is not brought before FIFA directly by them:

"FIFA has expressly admitted the existence of a sufficient interest for a minor player to file an appeal at CAS although he was not a party in the first procedure before the FIFA Players Status Sub-Committee. [...] The Player is affected by the Appealed Decision, and has an actual interest to appeal against it and in particular to submit that he has to be considered as benefitting from an exception to Article 19 RSTP. [This] is in line with Swiss law".

B. FIFA

57. The arguments submitted by the Respondent in its Answer as well as orally at the hearing may be summarized, as follows:

In the challenged decision the Single Judge rejected the application mainly on the basis that the documentation and information submitted and at his disposal indicated that he could not undoubtedly and clearly establish that the Appellant's Mother had relocated for reasons that were not linked to football. In particular, the Single Judge deemed that it would rather appear that, despite the reasons invoked by the Appellant's parents, the Appellant's football career was presumably the predominant reason for the Appellant's Mother's move.

VII. THE PARTIES' REQUEST FOR RELIEF

58. The Appellant's requests for relief are the following:

The Appellant respectfully requests that this CAS Panel:

1. Set aside the determination of the FIFA Single Judge of the Players' Status Sub-Committee (Mr. Edmond Isoz) that the requirements set out in FIFA Article 19, paragraph 2 are not met by Mr. Hilton;

2. Find that the requirements set out in FIFA Article 19, paragraph 2, are met since Mr. Hilton's family moved to the Netherlands for reasons completely unrelated to football;

3. Order that FIFA grant KNVB's application on behalf of its affiliated club, AFC Ajax, for the approval prior to the request for the International Transfer Certificate of the minor player, Mr. John Kenneth Wilson (USA), the Appellant.

4. Order the Respondent to pay Mr. Hilton's costs associated with this appeal.

5. Award the Appellant any other relief that this Panel deems to be just and equitable.

59. The Respondent's requests for relief are the following:

The Respondent pleads before the CAS that an award be issued granting the following:

1. To reject the present appeal against the decision passed by the Single Judge of the Players' Status Sub-Committee on 1 September 2015 and to confirm the relevant decision in its entirety.

2. To order the Appellant to cover all the costs incurred with the present procedure.

3. To order the Appellant to bear all legal expenses of the Respondent related to the procedure at hand.

......

XII. CONCLUSION

102. Based on the foregoing, and after taking into due consideration all evidence produced and all arguments made, the Panel finds that the request for the registration of the Player must be rejected, because the criteria for the exception to the prohibition of international transfers for minors, pursuant to Article 19 para. 2 lit. a) have not been met in the present case.

103. The Player's appeal is therefore dismissed.

ON THESE GROUNDS

The Court of Arbitration for Sport hereby rules:

1. The appeal filed by John Kenneth Hilton on 25 November 2015 against the decision of the Single Judge of the FIFA Players' Status Sub-Committee rendered on 1 September 2015 is dismissed.

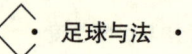

2. The decision of the Single Judge of the FIFA Players' Status Sub-Committee rendered on 1 September 2015 is confirmed.

3. (…).

4. (…).

5. All other prayers for relief are dismissed.

综合全案，国际体育仲裁法庭认为，球员母亲虽然在荷兰开设公司即离开了美国来到荷兰与球员一同居住，但其离开美国的真实目的与其来到荷兰居住与球员的职业发展存在一定的关系，某种程度上属于恶意规避了第 19 条第 2 款除外情形的规定，故最终接受国际足联身份委员会下设委员会关于拒绝向荷兰足协签发国际转会证明 ITC 的观点，驳回了球员的上诉。

司法实践中，应慎重使用第 19 条的除外情形，一定要合理合规，不能利用规则规避真实目的。第 19 条第 2 款 a、b、d 和 e 项四项的除外情形规定对于中国足协或者某些俱乐部来说，也许是个商业机会。

二、中国足协及民事法律上的足球青训保护制度

（一）中国足协青训的保护制度

中国足协的青训保护制度主要体现在《转会规定》及修正案。

1.《转会规定》第 25 条、第 58 条、第 59 条足球青训保护制度。《转会规定》通过对青少年球员年龄限制控制青少年的国际与国内转会，从而对足球青训机构予以保护。

（1）限制低于 18 岁未成年球员的国际转会。该规定主要针对最近几年来发生的在培训协议有效期内的部分球员，被通过采取"出口转内销""出国涮水"等洗白的方式危害国内青训机构。《转会规定》第 58 条规定了未成年球员的国际转会和国际首次注册：只有年满 18 周岁以上球员方可进行国际转会，同时也设置了 33 种除外情形。

（2）限制低于 16 岁未成年球员的国内转会，防止国内某些经纪公司利用某些利益"贩卖"某些未成年球员。主要体现在第 59 条规定的未成年球员的国内转会和国内首次注册必须满足年满 16 周岁以上的条件。同时，对某情况作出四种例外：①球员的户籍迁至新单位所在城市；②球员的监护人因与足球无关的原因搬迁至新单位所在地，且提供以下证明：球员在新单

第七章　足球青训保护与鼓励制度

位所在城市的学籍证明；球员监护人在新单位所在城市至少6个月以上的社保或个税缴纳证明、凭证或者记录文件。其中涉及球员监护的条件是中国足协2018、2019年分别对《调整青少年球员转会与培训补偿标准管理制度的实施依据》（以下简称《青训实施依据》）作出的修正，即增加了相应的条件。

（3）特定条件阻却未成年球员转会制度。该制度设立的法律依据是《转会规定》第59条第3款进行的国内转会以及首次注册均需经中国足协相关部门批准后方可进行，相关转会程序参照本规定第五章国内业余球员转会办理。第25条规定，具有下列情形之一的业余球员，不予转会：① 未在中国足球会员协会注册或已在中国足球会员协会注册但未在中国足协备案的；② 拒绝履行中国足协仲裁委员会作出的裁决或纪律委员会作出的处罚的；③ 与原单位存在培训争议且该争议与球员转会相关。这两个条款是足协保护青训制度的基础条件。其中第3款规定，培训协议期限内的未成年球员与青训培训机构发生争议的，青训机构享有阻却未成年球员提出转会的权利。

◆ 案例 ◆

某俱乐部就某未成年球员的转会申请行使合理使用阻却权

2001年7月出生的章某某，于2010年6月与北方某职业足球俱乐部签订了《培训协议》，期限截至2019年12月31日。该球员在俱乐部接受了系统的足球技能培训，司职前锋和中锋，曾经入选中国足协国少和国青队；2016年5月，该球员在某锦标赛过程中不服从教练管理而向俱乐部提出转会申请并拒绝参加余下比赛，同时拒绝参加正常训练与比赛。

俱乐部了解到章某已经与另外一家俱乐部签订了新的协议，拟在地方足协办理转会。北方某俱乐部与章某存在一份《培训协议》，在2016赛季夏季转会窗口期内向中国足协注册管理部门提出了阻却该球员转会申请。中国足协注册管理部经审查，依照第25条的规定没有未办理该球员的转会，有效阻止了该球员的转会行为。俱乐部合理地运用了第25条的规定而保护了自己的青训。

2.《注册规定》第28条关于未成年球员足球青训的保护制度。第28条关于业余球员：非户籍所在地的球员首次注册时（在足球学校进行首次注册的球员除外）必须提供以下证明：球员在首次注册协议所在城市的学籍证明；球员监护人在新单位所在的城市至少6个月以上的社保、个税缴纳证明或者记录文件（修正内容）。究其原因，一是未成年球员的义务教育不可或缺，二是家庭父母的陪伴是未成年球员成长的必要条件，即通过保证义务教育和家庭陪伴为未成年球员的足球青训提供制度保证，同时防止未成年球员的无序注册与转会。

3.《青训实施意见》第1条、第4条、第6条和第7条足球青训的保证制度。

（1）第1条，加大对未满16周岁青少年球员国内转会的管控力度并调整业余球员首次注册的条件，要求未成年球员的监护人提供6个月以上社保或个税缴纳证明、凭证或者记录文件，实际上加大了监护人的责任或者说增加了某些经纪公司的运营成本。

（2）第4条，首次确定了职业俱乐部享有对未成年球员首次签订工作合同的权利，同时加大了违规涉及24个月停赛的纪律处罚。从保护的角度极大保护了职业俱乐部的青训权利。

（3）第6条，加强培训协议有效期内的青少年球员国内转会管理，即对尚在培训协议有效期内青少年球员的转会作了更加严格的规定："青少年球员应先与原培训单位就培训协议解除达成一致。未达成一致的，禁止办理国内转会。"这条规定为足球青训机构提供了法律上阻却部分青少年的"违规"国内转会的机会和权利，也为足协注册管理部门设定了行使权利的法律依据，使得无序转会事件得到了一定控制；同时，根据该条第2款的规定，"青少年球员与培训单位就培训协议的履行发生争议的，可以向中国足协仲裁委员会提交仲裁申请"，即给发生争议的当事人留下仲裁的法律救济渠道，当然这种制度如果由培训机构启动后再结合《转会规定》第25条就能阻却某球员的国内转会。即对培训协议产生争议，可以在足协启动仲裁申请。

（4）第7条，设计条款严厉打击利用涉外转会手段逃避培训协议约定的行为，即对涉嫌利用涉外转会进行"出口转内销""出国涮水"等不良行为的设计24个月停赛纪律处罚的制度。

4.关于修改《青训实施意见》的通知第5、7项的足球青训保护制度。

即在《青训实施意见》基础上进行了调整与增加，其中第 5 项规定首次签订工作合同的期限不长于 2 年到 3 年，从时间上更好地保护了职业俱乐部的青训成果。第 7 项增加一款即不满 18 周岁球员不得签订工作合同（由俱乐部在职业联赛一线队报名的除外），该条款从制度上是为更好地保护未成年球员。

（二）民事法律上的足球青训保护制度

青训机构对未成年球员的足球培训是一种技能的培训，在某种程度上也属于商事活动或者具有商事活动的元素。现代社会的商事活动一般会通过协议或合同来体现彼此的权利与义务。青训机构一般通过培养协议或培训协议来体现彼此的权利义务，尤其通过履约、解除与违约条款的设定更能维护好双方的权利与义务。

《合同法》第 6 条诚实信用原则（当事人行使权利、履行义务应当遵循诚实信用原则）和第 8 条依合同履行义务原则（依法成立的合同，对当事人具有法律约束力。当事人应当按照约定履行自己的义务，不得擅自变更或者解除合同。依法成立的合同，受法律保护），这两个原则系民事法律的基本原则，当事人应当切实履行其已经签订的协议或合同中约定的义务。任何一方不得随意或者无故解除协议或合同，否则承担相应的违约责任等不利法律后果。《合同法》第 107 条规定了违约责任，即当事人一方不履行合同义务或者履行合同义务不符合约定的，应当承担继续履行、采取补救措施或者赔偿损失等违约责任。其中最大的责任是赔偿责任，实际上是信用的一种丧失。

涉及足球青训争议过程中比较多的是球员与青训机构解除培训协议的案件。这类争议大多与《合同法》中的解除权行权有关，涉及解除权有关的法律有《合同法》《合同法解释（二）》《民法总则》和《民事审判会议纪要》等。

以下通过一个案例予以说明：

◆ 案例 ◆

《委托培训协议书》解除案

原告冷某系北京某中学附属小学学生（2005 年 5 月出生），被告北京

足球与法

某足球培训中心系一家毗邻原告就读某中学经营足球培训的机构。

2011年5月18日,原告及其法定代理人母亲严某与被告签订了《委托培训协议书》,约定由被告聘请足球教学经验丰富、事业心责任感强并持有专业教练员证书的专业人员带队执教,为原告提供足球运动专业技术培训,被告提供必要的培训设施如足球、场地及相关设施设备等,根据能力情况安排参加国家级、市级比赛;原告每月10日前向被告支付当月培训费600元,同时原告母亲向被告交纳了3000元纪律保证金。

原告诉称,自2011年6月,原告业余时间在被告处接受足球训练,足球技能得到了一定提高。2016年10月30日,被告因租赁该中学的《租赁合同》期限届满后搬迁到5公里以外的西罗园体育场。原告诉称,训练场地发生重大变化导致原告及法定代理人无法正常去被告处继续接受足球训练,甚至存在交通安全隐患,属于合同履行中重大变更,《委托培训协议书》无法继续履行,故请求解除该《委托培训协议书》并返还原告已经交纳的纪律保证金3000元。

被告答辩,不同意原告的诉讼请求。该《委托培训协议书》系双方真实意思表示,其合法有效,原告在被告处受到了良好培训,个人足球技能得到了极大提高(曾代表区市级比赛并取得了良好成绩)。培训过程中。训练场地变化实属无奈,其并不影响原告继续接受被告提供的足球专业训练,其不构成解除合同的法定条件;同时,原告在被告培训过程中,其已经在市足协注册为我单位球员。原告因其无法通过足协的注册系统而转会到其他俱乐部,其起诉的真正目的是受到某些经纪人的"蛊惑"想跳槽到其他俱乐部,通过所谓的解除合同的目的来满足自己的个人目的,其行为严重破坏了足球行业青训的良好秩序,属于严重违约转会行为。

一审法院围绕着合同解除与否的焦点进行了审理。原告提交的证据有《委托培训协议书》和收款收据。被告未提供证据。双方围绕上述两份证据予以了质证与证据交换,对证据的真实性均无异议。

法院查明认定的事实:2011年5月8日,甲方北京某足球培训中心与乙方冷某及其法定代理人签订了《委托培训协议书》,约定甲方的责任包括:①保证队员正常训练及训练质量,按照青少年足球训练大纲认真完成训练课程;②聘请教学经验丰富、事业心责任感强并持有教练员资格的专业人员带队执教；③提供必要的训练条件：包括足球、训练场地及相关训练设施；④安排队员参加全国性、市级的各项足球比赛及相当场次的邀请赛。乙方责任包括：①乙方自愿报名参加本俱乐部的培训，全面了解并确认自身身体和精神状况完全符合参加训练及比赛的各项要求，乙方对参加训练及比赛可能发生的各种风险及意外已经做了全面、审慎的评估，并自愿承担可能的任何意外；②乙方自愿注册为甲方的业余球员；③乙方向甲方交纳纪律保证金3000元；④乙方应按甲方要求按时向甲方交纳培训费用。双方约定了违约责任：①如乙方违反上述条款，甲方有权禁止其转会要求并追加违约金1万元；②乙方如违反上述条款，甲方有权终止其俱乐部球员资格。双方还约定了协议终止条款：如乙方提出终止协议要求，需要提交书面材料，经甲方同意后协议自动中止。本协议有效期9年。《收款收据》记载了冷某交纳保证金3000元的事实。

原告认为训练场地变更，属于情势变更，无法实现其接受足球培训的合同目的，故形成合同的解除。被告对原告提出的变更训练场地事实无异议，但认为并不构成解除条件。

法院查明：《委托培训协议书》未约定训练地点。法院还查明，从足球训练场地某中学到新场地西罗园体育场乘坐公交车需要25分钟，驾驶车辆需要12分钟。

法院认为，依法成立的合同，自成立时生效。当事人协商一致可以解除合同。根据《合同法》第94条规定，有下列情形之一的，当事人可以解除合同：①因不可抗力致使不能实现合同目的；②在履行期限届满之前，当事人一方明确表示或者以自己的行为表明不履行主要债务；③当事人一方迟延履行主要债务，经催告后在合理期限内仍未履行；④当事人一方迟延履行债务或者有其他违约行为致使不能实现合同目的；⑤法律规定的其他情形。本案中，双方当事人协商一致签订的《委托培训协议》系双方当事人的真实意思表示，合法有效，双方当事人应当遵照履行。原告冷某称由于被告变更培训地点导致无法实现合同目的，从足球训练场地某中学到新场地西罗园体育场乘坐公交车需要25分钟，驾驶车辆需要12分钟，双方签署的《委托培养协议书》中没有约定培训地点，故原告主张解除《委托培训协议书》及返还保证金的诉讼请求，依据不足，本院不予支持，故依照《合同法》第69条、第93条、第94条之规定，驳回冷某的全部诉讼请求。

冷某不服该判决提起上诉。

二审过程中，双方当事人没提交新证据，二审法院补充查明被上诉人（原审被告）收到了租赁标的方北京第十八中学向被上诉人（被告）发出书面通知函，该函称其决定在双方签订的《场地、房屋租赁合同》于2016年10月30日到期后不再续租的事实并要求承租人退还租赁标的及其设施设备。二审法院认为，根据《合同法》第8条的规定，依法成立的合同，受法律保护。依法成立的合同，对当事人具有法律约束力。当事人应当按照约定履行自己的义务。本案中，冷某与被上诉人签订的《委托培训协议书》内容不违反法律、行政法规的强制性规定，故应当认定为有效。合同法第94条规定，有下列情形之一的，当事人可以解除合同：①因不可抗力致使不能实现合同目的；②在履行期限届满之前，当事人一方明确表示或者以自己的行为表明不履行主要债务；③当事人一方迟延履行主要债务，经催告后在合理期限内仍未履行；④当事人一方迟延履行债务或者有其他违约行为致使不能实现合同目的；⑤法律规定的其他情形。因双方签署的《委托培训协议书》中并未约定具体的培训地点和培训教练，故冷某在诉讼中提出的要求解除合同的理由不符合上述法律规定的解除合同的情形，也不符合协议书中有关"如遇不可抗力影响，则本协议自行终止"的约定，故二审法院对冷某的上诉请求不予支持，驳回上诉，维持原判。

本案审理的核心是原告解除权的条件是否成就，即原告提出的《委托培训协议书》解除权能否得到法律上的支持。从案件的实际处理效果来看，原告提供的证据未能满足解除权的要件而被驳回起诉。

本案的证据之一《委托培训协议书》没有约定争议管辖，故双方的争议可以起诉到法院，基层法院依法享有该争议案件的管辖权。本案涉及问题是行使解除权的条件是否成就，从合同成立与生效的角度来看，双方成立的合同依法有效，不得随意找个理由就解除。司法实践中，一般是享有解除权的人才能提出解除。合同法上的解除权分为约定解除权和法定解除权，主要体现《合同法》的第93条合同约定解除（当事人协商一致，可以解除合同。当事人可以约定一方解除合同的条件。解除合同的条件成就时，解除权人可以解除合同）和第 94 条合同的法定解除（有下列情形之一的，当事人可以解除合同：① 因不可抗力致使不能实现合同目的；② 在履行期限届满之前，当事人一方明确表示或者以自己的行为表明不履行主要债务；③ 当事人一方迟延履行主要债务，经催告后在合理期限内仍未履行；④ 当事人一方迟延履行债务或者有其他违约行为致使不能实现合同目的；⑤ 法律规定的其他情形）。即只有满足约定解除要件或法定要件时，权利人才能通过行使合同的解除权达到其商业目的。

◆ 案例 ◆

原告小熊与被告某市区业余体校《青少年足球培训合同》解除案

2014 年 5 月 31 日，2004 年 2 月 16 日出生的小熊及其母亲经某足球教练推荐与某市区的业余体校签订了《青少年足球培训合同》，合同约定"由该区业余体校配备足球教练为小熊免费提供足球专业的训练课程，培训合同期限截止到 2021 年 6 月 1 日；球员自愿接受体校安排的训练和代表区和体校参加相关比赛，体校负责小熊培训期间的注册、转会、输送事项，未经体校的许可不得私自转会或代表第三方机构进行比赛；合同期限内球员技术资产属于体校，如球员私自转会或到其他机构进行训练与比赛，球员需要支付 100 万的违约金条款；争议管辖机构为体校所在地人民法院"。

培训合同签订后，小熊与其他小伙伴 20 余人课余时间到该体校接受教练的足球培训，通过练习与对抗，小熊的足球技能得到了良好的提升，代表体校参加一些当地市区的比赛。自 2017 年 3 月起，上课的教练口头通知小熊这批学员，其不能再为这些球员上课，宣布球队"解散"，此后小熊这批球员就未能参加体校的训练。

2018 年 6 月 10 日，基于孩子的兴趣，即小熊还是要"踢球"的想法，小熊的父亲就找到另一家培训机构拟进行继续足球的培训，但在办理当地足协注册备案过程中，原体校不配合出具相关球队"解散"的文件导致小熊无法完成当地足协的注册。同时，原体校向小熊的法定代理人提出 100 万元的索赔。

为完成小熊继续踢球的心愿，小熊及其代理人向法院提起了民事诉讼。一审诉讼过程中，体校就培训合同的违约条款向小熊提起了 100 万元赔偿的反诉。

代理律师经反复讨论,确认该案件诉讼的核心问题是原告享有法定解除该合同的条件成立与否,即解除权的证据收集与固定,但现存有利证据极少,且很难收集。

立案与开庭前,代理律师作了大量的调查工作,与球员家长一起走访了小熊当年一起踢球的10个伙伴及13位家长,作了8份调查笔录;与体校原负责人见面了解2017年3月到2018年6月期间该球队的状况;找到了当地带队的教练及推荐签合同的教练说出了球队"解散"的背后原因,代理律师成功说服该教练作为小熊案件证人出庭作证,客观陈述了当时球队"解散"原因,法庭主要根据该教练的证人证言,再结合其他证据,依照《合同法》第94条第4款(当事人一方迟延履行债务或者有其他违约行为致使不能实现合同目的),确定被告体校违约在先,无法为原告提供足球培训,其没有实现该合同的目的,原告享有《青少年足球培训合同》解除权的理由成立,支持了原告的诉讼请求,并驳回了体校要求赔偿的反诉请求。

判决后,被告体校没有上诉。原告持该《判决书》在当地足协顺利办理了注册。

本案是原告成功利用《合同法》第94条解除权实现了原告继续踢球的目的。足球青训机构与未成年球员及监护人签订的协议或合同自签字及盖章后即可生效,其依法受法律保护。足球青训机构在与球员及监护人签约过程中,应当把培训期限、注册、违约责任与管辖等事项标注清楚。培训协议是双务合同,各方都负有履行的义务。实际履行过程中,青训机构一定切实履行好提供足球专业培训的义务,做好教练的管理工作。青训机构遇到诉讼时,一定组织好自身证据,依法运用法律手段寻求司法救济。

第二节 足球青训与鼓励制度

一、培训补偿费、联合机制补偿费制度与青训鼓励制度

1.《国际足联球员身份与转会规定》第20、21条及附件4和5对青训机构作出了经济上的补偿制度,为鼓励与促进青训机构的良好发展奠定了

制度保证。

20 Training compensation

Training compensation shall be paid to a player's training club(s):

(1) when a player is registered for the first time as a professional, and (2) each time a professional is transferred until the end of the season of his 23rd birthday.

The obligation to pay training compensation arises whether the transfer takes place during or at the end of the player's contract. The provisions concerning training compensation are set out in Annexe 4 of these regulations. The principles of training compensation shall not apply to women's football.

21 Solidarity mechanism

If a professional is transferred before the expiry of his contract, any club that has contributed to his education and training shall receive a proportion of the compensation paid to his former club (solidarity contribution). The provisions concerning solidarity contributions are set out in Annexe 5 of these regulations.

附件 4

Training compensation

1 Objective

1.A player's training and education takes place between the ages of 12 and 23.

Training compensation shall be payable, as a general rule, up to the age of 23 for training incurred up to the age of 21, unless it is evident that a player has already terminated his training period before the age of 21. In the latter case, training compensation shall be payable until the end of the season in which the player reaches the age of 23, but the calculation of the amount payable shall be based on the years between the age of 12 and the age when it is established that the player actually completed his training.

3 Responsibility to pay training compensation

1.On registering as a professional for the first time, the club with which the player is registered is responsible for paying training compensation within 30 days of registration to every club with which the player has previously been registered (in accordance with the players' career history as provided in the player passport) and that has contributed to his training starting from the season of his 12th birthday. The amount payable is calculated on a pro rata basis according to the period of training that the player spent with each club.

In the case of subsequent transfers of the professional, training compensation will only be owed to his former club for the time he was effectively trained by that club.

附件 5

Solidarity mechanism

1 Solidarity contribution

1.If a professional moves during the course of a contract, 5% of any compensation paid within the scope of this transfer, not including training compensation paid to his former club, shall be deducted from the total amount of this compensation and distributed by the new club as a solidarity contribution to the club(s) involved in his training and education over the years.

This solidarity contribution reflects the number of years (calculated pro rata if less than one year) he was registered with the relevant club(s) between the seasons of his 12th and 23rd birthdays, as follows:

— Season of 12th birthday: 5% of 5% of any compensation

— Season of 13th birthday: 5% of 5% of any compensation

— Season of 14th birthday: 5% of 5% of any compensation

— Season of 15th birthday: 5% of 5% of any compensation

— Season of 16th birthday: 10% of 5% of any compensation

— Season of 17th birthday: 10% of 5% of any compensation

— Season of 18th birthday: 10% of 5% of any compensation

— Season of 19th birthday: 10% of 5% of any compensation

— Season of 20th birthday: 10% of 5% of any compensation

— Season of 21st birthday: 10% of 5% of any compensation

第七章　足球青训保护与鼓励制度

– Season of 22nd birthday: 10% of 5% of any compensation

– Season of 23rd birthday: 10% of 5% of any compensation

《国际足联球员身份与转会规定》第20、21条的规定明确了相关接受球员的机构负有向原青训机构支付相关费用的义务并运用附件4和5的具体计算方式和比例。

2.《转会规定》是通过定义及附件1和附件2对培训补偿和联合机制补偿作出了与《国际足联球员身份与转会规定》基本一样的规定。

3.调整与提高了培训补偿费标准。中国足协于2018年和2019年先后三次就青少年转会与培训补偿出台了规范性文件,尤其在关于修改《青训实施意见》的通知中,就培训补偿的起始年龄及培训补偿标准予以了调整与提高。

第2条将《转会规定》中获得培训补偿的年龄从12岁调低到8周岁,即增加了4个年龄时间的培训补偿;第3条培训补偿的类别范围和补偿标准的调整,中超、女超俱乐部为第一类别,中甲、女甲俱乐部为第二类别,中乙、女乙为第三类别,其他俱乐部为第四类别,即女子足球联赛俱乐部与男子足球俱乐部对等;对应的标准分别为50万/年(一类)、25万/年(二类)、10万/年(三类)、2万/年(四类),该标准远远高于《转会规定》附件1的规定,该制度的调整明显加大了对青训机构的鼓励与支持,促进与保障青训机构的未来利益,是现代中国足球发展制度的创新!

诚然,我们在培训补偿费制度上进行了创新,但不难发现《转会规定》附件1规定的培训补偿费的支付条件过于苛刻,即原则上只有球员被注册为职业球员后,新俱乐部才负有支付培训补偿费的义务。实践中,某些俱乐部在引援时会考虑将部分球员注册为业余球员就回避了这个规定,导致原青训机构无法取得或者收到相应的培训补偿费。

◆ 案例 ◆

某业余俱乐部培训补偿费案

某业余足球俱乐部系由某职业球员退役后成立的专注于青少年培训的业余俱乐部,2018年2月,其通过签订《转会协议》方式将李某等3名青少年球员转会到某中甲足球俱乐部。因就培训补偿事宜与某中甲俱乐部未能达成意见在中国足协仲裁委员会申请了仲裁。

仲裁过程中，某业余俱乐部向仲裁委提供了其与李某等球员的相应培训协议来证明其为李某等球员提供培训的时间和培训过程，其以该证据来作为其主张培训补偿费的依据。但没有提供该球员成为职业球员的证据而被驳回了仲裁申请。

该案件除了培训协议外，重要的证据应该是李某是否成为职业球员。职业球员的证明恰恰是"参赛证"或者注册系统的记载。申请人未能提供3名球员注册为职业球员的证据而败诉。

笔者认为，培训补偿费的支付条件可以适当放宽：

1. 取消球员被注册为职业球员才支付培训补偿费的规定，只要球员被完成了转会手续的，新俱乐部就负有支付培训补偿费的义务。

2. 延长支付条件中的年龄从23到30岁。

3. 增设宽限期后新俱乐部无正当理由，拒绝向原青训机构支付培训补偿费的，赔偿一倍费用的条款；同时如足协相关机构出具了新俱乐部负有支付培训补偿费裁决的，新俱乐部需另行承担培训补偿费一倍的罚款义务。

4. 界定清楚职业球员的概念：职业球员概念界定是培训补偿费获得的最直接证据。前述案件争议焦点是李某等3位球员的身份是否为注册为职业球员。

实际生活中，职业球员概念是混乱的，导致许多误解。法律上的理解与注册部门的理解及竞赛部门的理解不同，需要足协未来在修改规范性文件时一定要界定清楚。关于球员的类别或者属性的表达体现在足协的《转会规定》和《注册规定》。

转会制度中职业球员概念应当是依照《转会规定》第二章球员身份第3条，球员分为职业球员和业余球员。职业球员是指与俱乐部签订了书面工作合同，且从事足球活动的收入大于实际支出的球员。业余球员是指除职业球员以外的球员，即与俱乐部签订了书面工作合同，且其收入大于实际支出的即为职业球员，这个关于职业球员的概念非常宽泛。《转会规定》附件1关于培训补偿费支付条件之一是首次注册为职业球员，其把问题指向了注册部门。

注册制度中的职业球员概念：《注册规定》第26条职业球员注册：注册表、合法有效的工作合同和"登记证"提交属地会员协会初审后再提交中国足协审批注册。第 29 条业余球员注册：注册表、培训协议和相关证件提交属地会员协会进行注册。即只有通过中国足协审批的球员才是职业球员，地方会员协会即地方足协注册的属于业余球员，但地方足协注册需要培训协议。根据《注册规定》第 29 条业余球员注册第 2 项培训协议最长不得超过球员 18 周岁生日，那么就存在了矛盾，按照这个规定，18 岁以下的球员才涉及培训协议及培训业务。

按照《注册规定》第 26 条的表达，只有获得了中国足协注册的球员才能成为职业球员。

足协会根据联赛《规程》就注册名额作出了限制。超过名额限制球员的身份如何界定？超过 18 岁的球员但未能在中国足协注册的球员，其与俱乐部签订工作合同的属性是什么？如其在地方足协注册球员的地位是什么？预备队或 U23 联赛是职业比赛还是业余比赛？如果该联赛是业余比赛，根据职业球员不能参加业余比赛的规定，该联赛违规。如果该联赛是职业比赛，但实践中却有许多注册的业余球员参加了。代表中超、中甲职业足球俱乐部参加预备队或 U23 联赛的球员的身份如何界定？地方足协注册业余球员需要球员的培训协议，地方足协在审查球员来地方足协办理注册时提供的《工作合同》，其是否有权以材料存在瑕疵为由拒绝注册？关于注册为哪类球员是否需要在与俱乐部的合同中予以约定？还是球员单方放弃注册归属的权利？

以上的问题，期待足协在未来的规范性文件中予以协调理顺，避免政出多门的情况发生，避免给司法审判带来困惑。

据了解，国际足联目前在研发与建立清洁系统（Clear-House），通过该系统来保障培训补偿与联合机制补偿得到充分的落实；期待中国足协与国际足联尽早接轨，通过该清洁系统来充分保障中国青训机构的培训补偿和联合机制补偿。

同时，随着电子技术的发展，中国足协即将在原有纸质"参赛证"基础上，开始使用电子注册系统，希望通过该电子注册系统的使用能促进培训补偿的落实。

足球学校与青训鼓励制度

《国际足联球员身份与转会规定》在定义的第 12 项对足球青训作了界定。

Definitions：

12.Academy: an organisation or an independent legal entity whose primary, long-term objective is to provide players with long-term training through the provision of the necessary training facilities and infrastructure. This shall primarily include, but not be limited to, football training centres, football camps, football schools, etc.

即足球青训机构可以采取多种形式长期为球员的培养提供足球专业训练。

同时，《国际足联球员身份与转会规定》在第19条通过修正案的6个条款具体强调俱乐部、足协的义务及与未成年球员有关的注册与报告制度。

19bis Registration and reporting of minors at academies

1. Clubs that operate an academy with legal, financial or de facto links to the club are obliged to report all minors who attend the academy to the association upon whose territory the academy operates.

2. Each association is obliged to ensure that all academies without legal, financial or de facto links to a club:

a) run a club that participates in the relevant national championships; all players shall be reported to the association upon whose territory the academy operates, or registered with the club itself; or

b) report all minors who attend the academy for the purpose of training to the association upon whose territory the academy operates.

3. Each association shall keep a register comprising the names and dates of birth of the minors who have been reported to it by the clubs or academies.

4. Through the act of reporting, academies and players undertake to practise football in accordance with the FIFA Statutes, and to respect and promote the ethical principles of organised football.

5. Any violations of this provision will be sanctioned by the Disciplinary Committee in accordance with the FIFA Disciplinary Code.

6. Article 19 shall also apply to the reporting of all minor players who are not nationals of the country in which they wish to be reported.

第七章　足球青训保护与鼓励制度

中国足球学校的优势在于，根据《转会规定》第九章关于足球学校制度和第 59 条第 1 款国内转会的 4 种情况例外第 4 项，即通过俱乐部或俱乐部的大股东注册某足球学校合理解决了未成年球员国内转会限制与招募工作，解决了俱乐部的梯队青训建设。

通过足球学校制度，俱乐部把青训与职业俱乐部的一线队、预备队有机地衔接起来，在解决青少年学籍、学习问题的同时，极大促进了职业足球俱乐部的青少年培训工作。

二、建立了职业俱乐部享有的首次签订工作合同权利制度

2018 年 1 月 31 日，中国足协颁布了足球字（2018）61 号《中国足协关于调整青少年转会与培训补偿标准管理制度的实施意见》（简称《青训实施意见》）第 4 条第一次确立了培训单位享有对未成年球员的首次签订工作合同权利的制度，这是中国足协为更加长期重视与培养青少年球员制度的巨大贡献。

前述《青训实施意见》经过一年的适用，2019 年 1 月 15 日，中国足协在《青训实施意见》基础上颁布了足球字（2019）46 号关于修改《中国足协关于调整青少年转会与培训补偿标准管理制度的实施意见》的通知，在该通知第 4 条增加青少年球员首次签订工作合同的相关要求，在第 1 项更加细化了享有首次签订工作合同权利的条件：同时满足以下条件的，培训单位有权选择与业余球员签订不长于三年（含三年）的工作合同：

1. 培训单位已按照《注册规定》第 29 条的相关规定为业余球员办理了年度注册与备案；

2. 业余球员已在该培训单位连续注册且每年代表该培训单位报名参加中国足协组织的官方比赛的时间超过四年（含四年）；

3. 该培训单位应该为该业余球员现在注册培训单位；

4. 培训单位提供的薪酬水平不低于培训单位所属会员协会地区（城市）上一年度社会平均工资的三倍。

第 6 项对享有上述首次签订工作合同的主体予以了界定，即在中国足协注册的具备参加中超、中甲、中乙和中冠（决赛阶段）联赛资格的俱乐部；同时，第 4 项规定若球员无正当理由拒绝签订工作合同，则中国足协

纪律委员会可以对该球员处以停赛24个月的处罚，即对拒绝履行义务的球员设定停赛处罚条款，从制度上增加违规成本，从而威慑某些想"逃跑"的球员，即在制度上赋予了取得职业联赛资格的俱乐部对满足相应法定条件青训球员享有首次签订工作合同的权利。这种权利从《立法法》的角度，属于法定权利，这种制度是对职业足球俱乐部青训工作在制度保障上的贡献，职业足球俱乐部在追求其一线队联赛成绩的同时，会更好地维护青少年的利益。

◆ 案例 ◆

球员王某首签权案

2001年6月出生的王某自2013年3月一直在某俱乐部接受系统的足球训练，也参加了足协举办的相关比赛，还入选了足协国少队和国青队。其与俱乐部签订了到2018年12月31日的培训协议。

自2018年9月，俱乐部开始与其讨论签订工作合同事宜，球员迟迟不表态，也不拒绝俱乐部的要求。到2019年1月，球员及其经纪人拒绝了俱乐部要求签订工作合同的要求，转而与其他俱乐部签订了一份待遇优厚的工作合同。俱乐部因无法取得该球员的首次签订工作合同的机会而在足协启动了俱乐部享有首次签订工作合同权利的仲裁。

经过近半年的仲裁审理，俱乐部的请求得到了仲裁委员会的支持。

从足球青训发展的角度，首次签订工作合同的权利是个非常好的制度，既有保护作用，也有鼓励作用，是中国足协在足球青训发展上的创新型制度。

从实践的角度来看，对于职业俱乐部而言，其实现权利的第2个报名参赛的条件过于苛刻，比如球员参加比赛的条件是"代表该培训单位报名参加中国足协组织的官方比赛时间超过四年（包括四年）"。实践中，一部分未成年球员可能由于受伤无法参加相应的比赛，二是"超过四年"的时间限制过长。职业俱乐部在青训引进部分未成年球员涉及选材过程，引进的部分优秀的未成年虽然未满四年的要求，作为培养单位的职业足球俱乐部无法行使首签权必然导致自身的损失，故建议把报名参赛的时间调整到二年为宜，这样更能鼓励职业俱乐部在建立球探系统时为完善梯度青训工作提供制度保障。

三、民事法律与青训鼓励制度

青训机构可以通过与未成年球员及监护人签订定向培养协议、联合培养协议、网点培养协议、出国培训协议等方式来维护自身的合法权益。本文简要介绍定向委托培养和出国培养协议。

（一）定向委托培养

作为非职业足球俱乐部的青训机构通过与未成年球员及监护人签订定向委托培训协议更好保护自身的利益。

青训机构通过培养协议的定向培养条款来实现协议的合同目的符合民事法律中合同法的规定。通过具体的协议内容，尤其培养方向、合作职业俱乐部、违约条款的设定更能维护好双方的权利与义务。

《合同法》第8条依合同履行义务原则（依法成立的合同，对当事人具有法律约束力。当事人应当按照约定履行自己的义务，不得擅自变更或者解除合同。依法成立的合同，受法律保护）系民事法律中最重要的基本原则之一，被培训的未成年球员及监护人应当切实履行其已经签订的协议中的义务。通过设定违约条款来约束违约方，主要表现形式就是赔偿责任的承担，即通过民事法律制度鼓励青训。

（二）出国培训

《国际足联球员身份与转会规定》第19条第2e项的除外条款。

19 Protection of minors

1. International transfers of players are only permitted if the player is over the age of 18.

2. The following five exceptions to this rule apply:

……

e) The player is a student and moves without his parents to another country temporarily for academic reasons in order to undertake an exchange programme. The duration of the player's registration for the new club until he turns 18 or until the end of the academic or school programme cannot exceed one year. The player's new club may only be a purely amateur club without a professional team or without a legal, financial or de facto link to a professional club.

　　国际足联的这项关于青少年业余球员留学的除外规定意在鼓励青训的海外交流。根据该规定，国际足联允许未成年球员到境外的培训机构进行学习，境外交流过程中在当地足协机构进行注册与转会。

　　相关足球青训机构可以通过与未成年球员及监护人签订相关出国培训协议完成青训工作。足球青训机构需要在相关的培训协议中约定清楚双方的权利义务，尤其违约责任、回国服务期限等。通过合同的约定，在为未成年球员提供足球专业更好培训的同时，俱乐部也要通过协议维护好自身利益，切记避免足协2013年部分年轻球员在葡萄牙等国留学后转会、"出口转内销""涮水"等事件的再次发生。

第八章
足球俱乐部管理风险与处罚制度

足球俱乐部在运行与管理过程中,除了聚焦赛事活动外,与法律法规交织比较多的是球员、教练员合同管理及违规违纪的处罚。合同管理与处罚措施不当往往容易造成俱乐部经营的法律风险。本章通过俱乐部合同签订过程、合同履行过程管理风险及处罚制度三节予以介绍。

第一节 合同签订过程中的法律风险

一、年龄与合同效力

◆ 案例 ◆

王某与某俱乐部工作合同无效案

王某,2000年4月2日出生,自2012年在某俱乐部接受足球专业培训,代表俱乐部参加足协梯队锦标赛等。2016年2月,因技术突出被上调至预备队,签订了3年期工作合同。双方履行了合同义务,俱乐部及时支付了工资及奖金。王某领取了工资和奖金,并进入了预备队首发大名单且参加了部分比赛。

2018年3月,因续签合同待遇过程中产生了分歧,该球员就2016年2

月双方签订的《工作合同》无效提出了仲裁申请。

俱乐部答辩中声称：该工作合同经过了球员监护人签字确认，且已经实际履行了大部分，即使无效仅仅是未满16岁期间的部分无效，满16岁后的合同期限有效。经足协仲裁委员会审理，认定了该《工作合同》因签署合同时王某未满足16周岁违反了《转会规定》第50条的规定而无效。

球员签订《工作合同》年龄限制主要体现在《转会规定》第50条规定：不满16周岁的球员不得签订工作合同。16周岁以上不满18周岁的球员，能够以自己的劳动取得收入，并能维持当地公众一般生活水平的，可以签订工作合同。该工作合同须由球员和监护人共同签署。不满18周岁球员签订的工作合同期限最长不得超过3年，任何超出部分中国足协均不予认可。即对签订合同的期限也作出了限制。

2019年1月15日，中国足协对《青训实施意见》进行修改，第4条增加了一款："不满18周岁球员不得签订工作合同（由俱乐部在职业联赛一线队报名的除外）"。这个条款的修改实际上限制了部分满16周岁不满18周岁球员签订工作的机会，即原则上该年龄区间的球员仍然处于培训协议状态，只有在职业俱乐部一线队注册报名的作为例外。该制度在某种程度上是保护青训的一种制度，但也从另一个角度限制了球员尽早成为职业球员的发展机会。

建议：

俱乐部在与将年满18岁青少年球员签订合同过程中，不但要其监护人签字，同时要对球员提供的二代身份证、出生医学证明及户口簿进行严格的审核。同时，为了避免发生对签署的真实性及过程的歧义，建议俱乐部通过视频监督而固定签订全过程的证据。

二、试训过程中伤病的法律风险

◆ 案例 ◆

"自由身"球员胡某海南冬训期间受伤案

2016年12月初，胡某因"自由身"受某俱乐部主教练邀请来到该俱乐部在海南冬训所在地进行试训。某天下午试训过程中，该球员因与对方球员对抗过程中铲断动作过大而导致该试训球员的右侧小腿骨骨折，俱乐部领队就近安排到医院进行抢救，拍片后该球员被诊断为胫腓骨骨折而进行了钢板固定手术，俱乐部垫付了部分医疗费。2017赛季，该俱乐部没有引进该试训球员，没有与该球员签订工作合同。

2017年10月，该试训球员就骨折后的部分医疗费、康复费、护理费、营养费等待遇与俱乐部协商未果后，将俱乐部起诉到俱乐部所在地人民法院。

双方对案件发生的事实无异议，但俱乐部不同意赔偿相关的费用，其抗辩的理由：竞技体育出现损伤是常见现象，球员自愿来试训自然就自行承担可能受伤的潜在后果。

法院经审理后认定该球员承担30%的责任，俱乐部承担70%的责任，最后判决该俱乐部赔偿该球员医疗费、康复费、护理费等17余万元。

建议：

作为竞技体育的足球，球员在训练与比赛过程中发生的运动损伤可以通过所在俱乐部的保险制度解决或者由俱乐部直接承担。球员想与某俱乐部签约前，常常有试训环节，试训过程中也可能发生运动损伤，有时甚至出现伤亡现象，这就引发了训练过程中的伤、亡的责任承担问题。为避免发生纷争，俱乐部可以通过签署《试训声明》来确认试训过程中发生的运动损伤、装备、住宿、餐饮等责任的承担，约定责任划分。

实践中，也会有球员为找队而外出试训。在这个过程中，俱乐部可要求外出试训球员作出免责声明，主要内容是外出试训是自身行为、所发生的一切后果与原俱乐部无关，即排除俱乐部承担责任的机会。

三、转会《备忘录》缔约过失责任法律风险

◆ **案例** ◆

转会过程中签署《备忘录》的法律责任

2017年2月2日，两俱乐部就某球员的转会事项达成了一致意见，双方签署了该球员转会《备忘录》，其中确认了转会补偿费标准、球员工资待遇及期限、球员通过试训后签署正式转会等主要条款。

该球员在泰国经过试训后与新俱乐部签了《工作合同备忘录》，确认了合同期限、工资和奖金条件。随后，在球员不知情的情况下，新俱乐部在自己网站公布了球员加盟的姓名、照片等信息。中国足协在转会窗口结束

后还在其官网上公布了该球员转会信息。

事实上,球员与新俱乐部未能签署正式《工作合同》,也未在《永久转会协议》签字。该球员没有完成实际的转会,没有注册到新俱乐部。随后球员就转会赔偿事宜向新俱乐部发起仲裁申请。

两俱乐部签署该球员转会《备忘录》后,没有将球员转会流程完成,直接导致了新俱乐部没有实际取得该球员,承担《合同法》的缔约过失责任。随后,两俱乐部通过协商方式解决了该问题。

建议:

本案涉及的是《合同法》缔约过失责任。关于缔约过失责任体现在《合同法》第42条:当事人在订立合同过程中有下列情形之一,给对方造成损失的,应当承担损害赔偿责任:① 假借订立合同,恶意进行磋商;② 故意隐瞒与订立合同有关的重要事实或者提供虚假情况;③ 有其他违背诚实信用原则的行为。本案涉及第3项,原俱乐部工作上的疏忽导致转会交易没有完成,给新俱乐部造成一定的损失。

四、球员存在案件未履行所导致的法律风险

◆ **案例** ◆

球员孙某未履行足协仲裁案件裁决案

2018年8月,球员孙某因与原俱乐部存在违约行为被足协仲裁裁决承担赔偿责任,但孙某一直未能及时向原俱乐部履行支付义务,受到足协的体育禁赛处罚。

2019年2月,孙某以自由身加盟了某俱乐部。原俱乐部一直向球员主张支付赔偿金,在球员拒绝履行义务后,原俱乐部提出了体育禁赛处罚的申请。后期通过新俱乐部与原俱乐部的协调,由第三方通过其他方式予以了解决。

建议:

俱乐部在转会引进球员过程中涉及球员背负着案件的裁决和体育禁赛处罚的可能。故俱乐部在引进内援与外援过程中,一是需要通过渠道了解球员是否存在案件未履行的情况,二是可以要求球员在工作合同中作出无债务、无处罚的声明。如有类似情况的,球员将承担相应的违约责任。

第二节　合同履行的法律风险

一、撤销注册报名的法律风险

◆ 案例 ◆

某俱乐部撤销某球员赛季注册报名案

2015 年 1 月，某球员与某俱乐部签订了五年期的工作合同，前三年，俱乐部都为该球员在中超联赛进行了注册报名，球员的上场比赛时间得到了一定保证。2018 年冬季转会窗口期间，俱乐部未能为该球员进行注册报名，也未在地方足协为其注册导致该球员无法上场比赛，也无法参加预备队的比赛。

球员因与俱乐部协商夏季窗口转会事宜未能达成一致意见，向足协提起仲裁，申请解除工作合同。其申请的理由是俱乐部未能为其在联赛注册报名，剥夺了其踢球的权利，无法实现其工作合同的目的，故提出裁决解除该工作合同申请。案件审理过程中，确认了俱乐部未能为球员报名的事实，俱乐部抗辩的原因是球员不服从教练组安排，多次违反俱乐部管理规定，但俱乐部未能向仲裁委员会提供相应的证据。仲裁庭经过调解，俱乐部同意其解除合同。

建议：

球员与俱乐部签署《工作合同》的目的之一是为了保证球员踢球的工作权利。俱乐部抗辩过程中，一是没有提供球员违规违纪的证据，二是即使提供了证据也很难满足撤销注册报名的条件。应注意在合同签署过程中明确合同解除条件。

二、高风险运动禁止所带来的法律风险

◆ 案例 ◆

某主力球员因休假期间从事高危运动而受伤的解除合同案

2016 年 1 月，某俱乐部花费比较高的转会费引进了某主力球员（左后卫，三年合同，工资年薪税后 1200 万）。2016 联赛结束后放假期间，该球员到国外参与某跳伞活动过程中出现碰撞事故导致腰椎 3-4-5 骨折，出现部

分下肢运动及神经障碍，经相关机构鉴定，该球员基本丧失继续从事足球运动的能力，导致该球员的工作合同无法继续履行。

2017年6月，在球员结束医疗期后，俱乐部根据《合同法》关于解除权的规定向球员发出了解除工作合同通知书，同时给与了一个月工资作为补偿。

后期，该球员的家长为医疗康复事宜与俱乐部进行交涉，甚至提起了仲裁，但开庭前自行撤诉。

建议：

俱乐部对球员的管理权一般限于训练与比赛，对球员训练与比赛之外的事情一般不会干预。球员的技术资产不但属于本人，也是俱乐部的重要资产之一。球员参加某些高风险运动如跳伞、赛车等所带来的运动损伤不但会给球员本人带来伤害，也可能给俱乐部造成损失和不利后果。俱乐部对球员或教练员参加某些高风险运动所产生的不良后果可以行使一定的"长臂管辖权"，即解除合同并追索违约责任。

职业球员不应当从事相关高风险运动是职业运动员的共识。在NBA、橄榄球等职业运动联盟及运动员的合同中都对包括但不限于跳伞、赛车等高风险运动作了限制。车王舒马赫滑雪事故案便曾引起了体育界的高度关注。

2013年12月29日，号称车王的七届F1世界冠军迈克尔·舒马赫在法国滑雪摔伤，颅脑遭受重创被送往医院救治。医院第一时间给舒马赫进行了手术，此后舒马赫一直处于手术后的长期治疗中，昏迷了长达五年之后，舒马赫才苏醒过来，无法继续从事其热爱的赛车运动。其滑雪行为带来的损伤直接导致其作为职业赛车手的职业生涯的断送，也给其所在的俱乐部及其代言公司带来了巨大损失。

球员本身在训练与比赛中经常会出现运动损伤。有时候，某些严重的损伤直接导致球员职业生涯的结束。球员因非训练比赛所产生的损伤不但影响自身作为职业球员的职业发展，也会影响俱乐部的整个赛事。明星球员的非竞赛损失有时候会直接影响到俱乐部在联赛中的成绩，有时候甚至会涉及争冠或保级。美国四大联盟对其职业球员的合同条款就禁止球员参加危险运动（Prohibition of dangerous activity participation），这包括但不限于跳伞、悬挂式滑翔、滑雪、攀岩和攀山（非一般徒步登山）、蹦极、拳击、摔跤、赛车、驾驶飞行器等。即在职业联盟球员的标准合同中就明确采取了球员高风险运动禁止条款，一方面是为了保护球员的健康，另一方面也为联盟的自身利益考虑。

俱乐部可以通过在《工作合同》作出特殊条款限制与提醒，或者在俱乐部管理制度或办法中通过中文及英文予以明确。在休假前的会议中予以强调。若球员在高风险运动中出现不良后果，势必影响俱乐部的训练与比赛，甚至与俱乐部的夺冠、取得亚冠资格和保级都有一定的关系，对这类球员的工作合同可以约定一定数额的因违反禁止性规定的赔偿金，提出赔偿一般能得到仲裁机构的支持。本身不是赔偿多少的问题，问题是违规行为给俱乐部带来的各种荣誉和经济上的损失难以计算。所以要完善球员的工作合同，也要完善俱乐部的管理规定。如球员未经俱乐部同意参与某些高风险运动导致其自身损伤而无法继续履行合同的，俱乐部某种程度上享有解除工作合同及向球员追索赔偿的权利。

三、伪造、变造球员签字的法律风险

◆ 案例 ◆

某俱乐部老总冒用某球员之名代为签署工作合同效力案

球员刘某与原俱乐部的工作合同期限于2013年12月31日届满。2014年1月2日，南方某俱乐部官宣与该球员签订了工作合同的加盟信息。当晚，该球员的原俱乐部宣布鉴于该球员与原俱乐部存在一份续约到2017年12月的工作合同，故该球员与南方俱乐部的"转会行为无效"，进而导致该球员无法完成在中国足协2014赛季冬季窗口的注册。

该球员明确表示没有与原俱乐部进行续约，不存在所谓的续约工作合同，故就该争议向中国仲裁委员会提起仲裁，要求确认所谓"续约合同"无效。

仲裁过程中，该球员就所谓续约工作合同的签字真伪提请司法文字鉴定。经委托司法鉴定中心确认，续约工作合同中球员签字与样本的签字不一致，即所谓续签合同的签字不是球员本人的签字，最终确认该工作合同

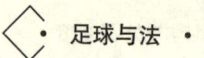

无效。同时，该俱乐部因上述虚假行为干扰了中国足协的正常工作而被中国足协纪律委员会作出了扣除联赛6分的处罚。

建议：

代签或者冒签行为属于一种民事法律中的代理行为，其必须取得当事人的有效授权或者追认。未取得合法授权或追认的签字可能面临合同无效的不利法律后果，甚至被中国足协采取进一步的纪律处罚。

相关法条：

《民法总则》

第一百六十一条　民事主体可以通过代理人实施民事法律行为。依照法律规定、当事人约定或者民事法律行为的性质，应当由本人亲自实施的民事法律行为，不得代理。

第一百六十二条　代理人在代理权限内，以被代理人名义实施的民事法律行为，对被代理人发生效力。

第一百六十三条　代理包括委托代理和法定代理。委托代理人按照被代理人的委托行使代理权。法定代理人依照法律的规定行使代理权。

第一百六十五条　委托代理授权采用书面形式的，授权委托书应当载明代理人的姓名或者名称、代理事项、权限和期间，并由被代理人签名或者盖章。

第一百六十九条　代理人需要转委托第三人代理的，应当取得被代理人的同意或者追认。转委托代理经被代理人同意或者追认的，被代理人可以就代理事务直接指示转委托的第三人，代理人仅就第三人的选任以及对第三人的指示承担责任。转委托代理未经被代理人同意或者追认的，代理人应当对转委托的第三人的行为承担责任，但是在紧急情况下代理人为了维护被代理人的利益需要转委托第三人代理的除外。

第一百七十三条　有下列情形之一的，委托代理终止：① 代理期间届满或者代理事务完成；② 被代理人取消委托或者代理人辞去委托；③ 代理人丧失民事行为能力。

四、不履行中国足协仲裁裁决的法律风险

◆ 案例 ◆

某俱乐部拒绝履行中国足协裁决被扣除联赛积分案

2016年2月，某俱乐部与天津俱乐部就某球员转会达成《转会协议》，天津俱乐部履行了转会手续，球员顺利转会注册到某俱乐部，但某俱乐部以各个理由拒绝向天津俱乐部支付转会补偿费。

2017年8月，天津俱乐部就转会补偿费向足协提起了要求某俱乐部支付转会补偿费的仲裁。

2018年10月，仲裁委员会签发了某俱乐部在裁决之日起10日内向天津俱乐部支付转会补偿费的裁决。但某俱乐部仍然拒绝履行支付义务。

2019年9月，中国足协纪律委员会就该事件根据天津俱乐部的申请举行了听证会，作出扣除某俱乐部中乙联赛6分的处罚。

《转会规定》第57条规定了拖欠应付款的救济途径。《中国足协纪律准则》第79条规定违反或不执行中国足协以及国际体育仲裁法庭、国际足联、亚足联决定或裁决，中国足协可以采取的处罚措施有：① 追加罚款、暂停比赛、减少转会名额、扣分、取消注册资格；② 对不服从国际体育仲裁法庭、国际足联或亚足联裁决且拒付罚款及相关款项的组织，将从联赛保证金或分成款中扣除有关款项以支付国际体育仲裁法庭、国际足联或亚足联裁定的款项。中国足协纪律委员会享有对不履行相关机构决定或裁定的处罚权，足协纪律委员会根据具体情况采取不同类型的处罚措施。

第三节 俱乐部处罚制度

一、俱乐部处罚权来源

2020年2月，南方某足球俱乐部对某外援球员因其训练迟到作出了罚款300万元的处罚公告，引起了部分球迷对俱乐部是否享有处罚权、处罚依据等问题的热议。

从竞技运动行业管理来看，职业俱乐部享有对违规违纪球员采取处罚

的权利。2016年3月1日，中国足协颁布的足球字（2016）86号《中国足球协会职业俱乐部运动员工作合同基本要求》（以下简称《工作合同基本要求》），该文件系指导各俱乐部与球员签订《工作合同》的规范性文件，该文件第三章除了关于双方合同权利与义务条款外，第6条俱乐部的权利第4项、第9条球员的义务第3项及第14条俱乐部订立合同时应考虑的主要内容的第15项以授权的方式授予了俱乐部对违规违纪球员采取处罚及纪律措施的权利，即俱乐部通过足协规范性文件取得了对违规违纪球员进行处罚的权利；另一方面，根据《工作合同基本要求》的《工作合同范本》第8条第3款，俱乐部通过与球员签订工作合同特定条款取得了处罚权。同时，足球作为竞技运动，足球俱乐部对违规违纪球员处罚也符合国际上足球行业的通行做法。

俱乐部的处罚权虽然属于俱乐部自我管理的私法自治范畴，但其制定管理制度或处罚办法必须符合我国现行法律法规的强制性规定。

◆ 案例 ◆

某俱乐部因球员的违规被处以"三停"案

2016年4月，某球员因违反了某俱乐部"管理规定"被某俱乐部处以"停训、停赛、停薪"，即停止日常训练、停止参加比赛、停发工资的"三停"处罚，还附加了每日"跑圈"10公里的训练。

在长达4个月的"三停"处罚后，球员就"三停"向中国足协提起了仲裁申请，一是要求裁定支付欠付工资，二是裁定解除与俱乐部工作合同，获得"自由身"。

俱乐部答辩称：①"三停"系足球的行规，许多俱乐部对某些违规球员历史上都是这样执行的；②俱乐部公布的管理制度中，俱乐部享有对违规球员采取停训、停赛和停薪的"三停"处罚权；③球员向俱乐部提交的检讨书中承认了其严重违反了俱乐部的规定，并表示自愿接受俱乐部的任何处罚。中国足协仲裁委员经审理后支持了球员的两项仲裁请求，裁定俱乐部在裁定生效之日起10日内向某球员支付欠付4个月的工资，同时裁定解除了俱乐部与球员的工作合同，球员获得了自由身。

作为体育竞技行业，俱乐部可以根据双方的《工作合同》和俱乐部的管理制度或处罚办法享有对球员的违规违纪行为采取如停训、停赛、罚款、下放预备队等的处罚权。根据《劳动法》《劳动合同法》及《工资支付暂行办法》等法律法规的规定，在劳动合同履行过程中，用人单位不得全部扣除员工的工资。本案中，某俱乐部对球员采取的"三停"中的停薪处罚行为违反了《劳动法》及《劳动合同法》的强制性规定，属于无效处罚。俱乐部的管理规定不得与法律、法规与规章的规定相违背。如球员出现违规违纪等涉及薪酬的问题，俱乐部可以采取减薪或降薪措施。

2018 年《国际足联球员身份与转会规定》第 14 条正当理由解除合同 Terminating a contract with just cause 增加的第 2 款 any abusive conduct of a party aiming at forcing to terminate or change the terms of the contract shall entitle the counterparty (a player or a club) to terminate the contract with just cause 的表达涉及类似的情形。期待中国足协在其《转会规定》的修改过程中予以适时调整。

二、处罚类型与合规性及合法性审查

（一）处罚类型

俱乐部常见的处罚类型有 11 种：通报批评、检讨、"跑圈"、停训、停赛、停薪（"三停"）、下放预备队、不予注册、降薪、罚款和开除，这 11 种处罚措施可以单独使用也可以合并使用。实践中争议比较多的是"跑圈"、"三停"、罚款和开除。

《中国足协纪律准则》第 13 条适用于自然人的处罚类型新增加了第 6 项参加社会公益活动。新增参加社会公益活动处罚类型条款是借鉴了国际上通行做法，该条款体现的不仅仅是处罚，更多是让球员更好融入社区从而提高球员的社会责任感，同时也能促进俱乐部的文化建设。期待俱乐部可以将违规违纪球员参加与足球有关的社区公益活动纳为一项新的处罚方式。

（二）常见处罚方式的合规性和合法性审查

对球员场上与场外的不良行为的纪律约束，俱乐部一般是通过颁布管理制度或处罚办法，这涉及该管理制度或处罚办法的合法性的审查，即不得违反现存法律法规的强制性规定，前述的案例停薪处罚行为违反了《劳动法》及《劳动合同法》的规定。

中超、中甲和中乙三级职业足球俱乐部均是依据《公司法》成立的有限公司或股份有限公司，根据《劳动合同法》第2条适用范围的规定，俱乐部其与员工签订的《工作合同》受《劳动合同法》调整；根据《工作合同基本要求》的《工作合同范本》第1条"合同依据是根据《劳动法》和《劳动合同法》及国家有关法律法规，结合足球行业具体实际，制度本合同"，第8条乙方义务与纪律也明确了甲方俱乐部的处罚权，原则上无论从法律层面还是中国足协管理制度层面都确认了《劳动法》及《劳动合同法》是调整俱乐部与球员之间工作合同的基本法律。但从《工作合同基本要求》第8条义务与纪律、第10条合同期限、第18条违约责任来看，更多体现的是《合同法》上的要素。司法界对于俱乐部和职业运动员之间的合同关系属性尚没有明确的界定，即该工作合同是完全受《劳动合同法》调整还是受《合同法》调整存在一定争议。涉及处罚措施时，将会涉及具体适用哪一部法律的争议。

根据《工作合同基本要求》第六章第33条和《工作合同范本》第13条，俱乐部与球员的《工作合同》中约定了的要素条款同《劳动合同法》第17条规定的劳动合同应当具备的条款相比较，《工作合同》体现出的《劳动法》及《劳动合同法》属性的条款居多，可以视为其是具有特殊属性的一种劳动合同。俱乐部行使处罚权时，可以适用《劳动法》的相关规定进行处理，相应的处罚方式应当符合相关《劳动法》及《劳动合同法》等法律法规的规定。

下面将就停训停赛、下放预备队、不予注册、罚款和解除合同予以阐述。

1.停训与停赛：该种处罚方式体现了俱乐部管理的自主权。俱乐部根据自身的管理需要，通过管理制度或处罚办法有权对违规违纪球员采取停赛或要求暂停训练措施，但需要在管理制度或处罚办法中细化停训停赛的规则。停训与停赛时间过长，俱乐部可能会面临诉讼与仲裁的法律风险。

2.下放预备队：作为处罚措施之一，将违规违纪职业球员下放至预备队属于俱乐部管理权的量化体现，该种处罚相当于企业管理中对员工采取的调岗调薪或者降职降薪。下放预备队往往伴随着工资待遇的调整。这方面需要通过两种方式予以确认其合规性,一是通过双方在《工作合同》的约定,二是在俱乐部的管理规定中予以明确。如《工作合同》和管理制度中均没有关于下放预备队及降薪的规定,俱乐部如单方对球员采取下放预备队措施,可能面临仲裁与诉讼的法律风险。

3. 不予注册(撤销报名):对违规违纪职业球员不予在中国足协或地方足协注册或赛季中撤销报名属于一种处罚措施。注册制度是球员上场比赛的必备要件,如《工作合同》中没有关于不予注册与撤销报名的约定,管理制度中没有对不予注册与撤销报名的规定,俱乐部如单方对球员采取了不予注册或赛季中撤销报名措施,相当于剥夺了球员工作的权利,俱乐部将有可能面临仲裁与诉讼的法律风险。

4. 罚款:罚款制度属于一种常见的处罚方式。对于该种处罚措施,法律层面上仅仅在《行政处罚法》第12条中有所体现,即享有罚款权利的机关必须是被《行政处罚法》赋予处罚权的机关。目前对于职业球员罚款的处罚方式,一般由俱乐部管理制度或处罚办法予以规范,罚款一般体现为工资发放时予以直接扣除。罚则需要将罚款细则予以量化在管理制度或处罚办法中,即扣罚应要有合同约定或者制度规定,否则俱乐部面临着球员提起的仲裁与诉讼法律风险,甚至引起舆论关注。

5. 开除:通常所说的"开除""除名"等即为解除合同。俱乐部与职业球员的合同关系一般被认为是一种具有特殊属性的劳动关系。俱乐部享有的法定解除合同权利一般是体现在《劳动合同法》第39条第2项劳动者严重违反用人单位的规章制度和第6项劳动者被追究刑事责任。这涉及俱乐部的规章制度的民主程序的合法性审查,是否符合《劳动合同法》第4条的规定。

从工作合同的角度,根据《工作合同基本要求》的《工作合同范本》第9条有关合同的变更、解除和终止的规定,乙方(球员)有下列情形之一的,甲方可以解除本合同:①未能取得参赛资格或丧失参赛资格;②隐瞒重大伤病,不能参加或严重影响训练和比赛;③非因公伤病,医疗期满后不能再从事该职业;④严重违反甲方规章制度或比赛纪律;⑤严重违背职业道德或体育精神,对甲方利益或声誉造成重大损害;⑥同时与其他方建立劳动关系,对履行本合同造成严重影响,或拒不改正;⑦根据劳动合同法规定情形致使合同无效；⑧ 被依法追究刑事责任。上述规定针对俱乐部享有的单方解除权从足球行业角度予以了细化，只有球员存在上述 8 种情形之一时，俱乐部才享有单方解除工作合同的权利。俱乐部行使解除权时，一方面，需要俱乐部提供足够的证据支持，另一方面俱乐部要证明其规章制度符合《劳动合同法》第 4 条的规定。尤其第 ④ 项严重违反甲方规章制度或比赛纪律，以及第 ⑤ 项严重违背职业道德或体育精神，对甲方利益或声誉造成重大损害两项对证据证明力提出了更高要求。

根据《劳动合同法》第 4 条的规定，在制定规章制度时，须履行相应的民主程序，即"应当经职工代表大会或者全体职工讨论，提出方案和意见，与工会或者职工代表平等协商确定。在规章制度和重大事项决定实施过程中，工会或者职工认为不适当的，有权向用人单位提出，通过协商予以修改完善。用人单位应当将直接涉及劳动者切身利益的规章制度和重大事项决定公示，或者告知劳动者"。在实践中，由于俱乐部可能不具备选举职工代表的条件（人数不超过 100 人），或没有工会，那么就必须经全体职工协商一致，最终制定完毕后告知全体职工的程序，以达到规章制度制定程序合法的目的。即俱乐部制定的管理制度或处罚办法必须满足《劳动合同法》第 4 条关于制定规章制度的程序法上的要求，只有这样，该管理制度或处罚办法才可能成为有效的证据被仲裁机构或法院予以采信。否则因为管理制度或处罚办法没有满足程序法上的要求，仲裁或诉讼过程中，俱乐部将面临该证据的合法性被予以否决的法律风险，进而未能达到解除合同的目的。

实践中，针对工作合同解除条款，俱乐部可以进一步细化，比如明确规定球员针对政府、协会发出不当言论，种族歧视，违反宗教信仰，罢赛，弃赛，操纵比赛，食用兴奋剂，吸食毒品等行为构成解除合同的条件。

三、处罚尺度的合理性审查

如前所述，俱乐部在制定规章制度时程序合法，且不违法国家法律法规的规定，是否就可以成为解除球员工作合同的依据呢？实践中，关于规章制度内容的合理性往往会有较大争议，而争议最大的就属行为人违反行政法规、遭受行政处罚后用人单位是否有权依据规章制度解除劳动合同。

第八章　足球俱乐部管理风险与处罚制度

◆ 案例 ◆

邹某等三人参加聚众赌博被行政处罚案

2017年1月，邹某等三人在云南某地冬训期间，因在某酒店组织斗地主被当地派出所抓获，派出所依法没收了涉案赌资60余万元；同时，邹某被当地公安分局采取行政拘留15天和罚款2000元的行政处罚。俱乐部据此拟解除与邹某工作合同。

本案的争议焦点为作为组织者的邹某参与上述聚众赌博被行政处罚的行为是否严重影响俱乐部的冬训，俱乐部是否可以据此单方解除劳动合同而不支付违法解除劳动合同赔偿金？

俱乐部的规章制度及劳动纪律均不可能允许其员工在其管理范围内从事违法活动，邹某等三人参与聚众赌博的地点不在俱乐部的管理范围内，邹某虽然参与聚众赌博被公安机关行政处罚，属于故意违反公司规章制度，但实际上并未对俱乐部冬训造成实质影响。最终，俱乐部解除工作合同，根据俱乐部的规章制度对邹某认定为构成严重违纪，予以通报、提交不少于1500字的检讨书、"三停"处罚。

◆ 案例 ◆

李某吸食毒品强制戒毒案

2014年春节期间，球员李某因在家组织朋友吸食毒品被女朋友多次劝阻无效后举报到派出所。李某被带到派出所处理该案过程中，李某踢打其女朋友并扬言"整死"女友。派出所认定李某在公共场合对他人实施暴力，公安机关根据《治安管理处罚法》以影响社会治安给予其拘留10天和罚款1000元的行政处罚；同时，调查了李某吸食毒品的过程和既往历史，对其吸毒行为根据《禁毒法》采取予以强制戒毒措施（送到当地戒毒所）。

俱乐部得知李某被公安机关采取了行政处罚和行政强制措施后，以其违反了俱乐部的管理制度和公序良俗为由解除了工作合同。

实践中，对于员工受到行政处罚，公司是否有权依据规章制度解除劳动合同的争议一直很大，这就引申出规章制度内容合法，但在司法实践中还需要审查合理性的问题。

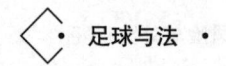

◆ 案例 ◆

某球员涂改车牌被俱乐部解除案

2020年4月,网络上有视频曝出某俱乐部球员张某涉嫌涂改车牌。随后相关公安通报,对张某处以拘留15天,罚款5000元,记12分的处罚。当晚,该球员所在俱乐部发布公告,对严重违反"三九"队规的球员张某给予开除处分。

对于开除张某的行为,某俱乐部是否涉嫌违法解除,一时间成为争议话题。通过以上三个案件,现就俱乐部处罚尺度的合理性问题予以讨论。

（一）"三停"处罚的合理性问题

"三停"中停训停赛是球队自主管理权的体现,单纯的停赛、停止训练并无不当。例如国内某球员,未能按照要求归队时,所在的俱乐部对其采取了停赛停训并每天单独跑圈20公里的处罚。这种情况下,本身俱乐部的该种处罚行为并无不当,但球员停训停赛时间过长严重影响了球员的运动功能甚至影响了其职业生涯,就存在一定的不合理性；国内俱乐部在停赛停训时往往会停薪,可能会被认定为处罚过当。而且在球队做出"三停"处罚时,往往没有明确处罚时间,一经决定,球员就长时间处于"三停"状态,严重侵犯了球员的合法利益,俱乐部可能面临诉讼与仲裁的法律风险。

建议：

俱乐部在制定规章制度时,对于可以预见的行为,应设定"三停"中停训停赛的期限,不能无限期地"三停"。"三停"期间工资标准明确,为不能预见的行为设定兜底条款以达到处罚明确有据。

（二）罚款尺度合理性问题

关于罚款,如前文所述,在合理范围内的罚款是允许的,不得影响劳动者的基本生活。

◆ 案例 ◆

未按期归队罚款案

2018年1月,某球员未能在球队要求集合训练日按期归队参加冬训,俱乐部以球员逾期3天归队严重违反了俱乐部的管理制度为由对其采取罚款100万的处罚。

◆ 案例 ◆

违纪罚款案

2019年10月，中国足协杯赛中，某俱乐部守门员在比赛第90分钟时，用手推击对方球员。随后中国足球协会纪律委员会给予其停赛四场，罚款人民币2万元的处罚决定。俱乐部在收到前述处罚决定后，根据规章制度给予该名守门员40万元罚款处罚。

建议：

以上两个案例中，两个罚单均较重，俱乐部对球员开出了近乎天价的罚款，球员对于罚单并没有采取仲裁与诉讼的救济手段。球员本身逾期归队或不良行为可能面临被罚款，但罚款的额度存在合理性审查的问题，罚款的计算方法、球员工资额度和处罚依据应明确在规章制度中。

（三）下放预备队的合理性审查问题

俱乐部有一线队员和预备队员的区分。教练组会根据球员的竞技状态和其他因素将某些球员下放到预备队，本身该决定属于俱乐部自主管理权的体现。但是该种方式需要有明确的规章制度和标准，如果是全凭教练组的主观判断，可能会导致出现争议，尤其涉及下放期间薪酬待遇问题。

建议：

工作合同中设定调整到预备队岗位条款，并确认按照调整预备队薪酬执行工资标准。

（四）"开除"的合理性审查问题

关于开除，很多企业包括俱乐部在制定规章制度时均规定，对于严重违纪可以开除即解除劳动合同。关于该条款的出处，应该来自《劳动合同法》第39条第6项"被依法追究刑事责任的"。但是"违法"和"被追究刑事责任"是两个完全不同的概念，广义上违法指生活中违反法律规定的行为，既有民事上的违约，也有行政法上的违法。被追究刑事责任是指违反了《刑法》规定，通过公安机关侦查、检察院起诉和法院审判活动，查究特定人因实施《刑法》所禁止的行为而依法应承担的法律后果，通过法院判决最终确定。被追究刑事责任一定是违法，但是有违法行为不一定全

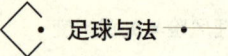

部被追究刑事责任。

建议：

俱乐部在日常管理中，往往适用类似因员工（或球员）触犯了"任何违法违纪行为"规定而开除员工或球员，这涉及处罚尺度的合理性问题。

公民在日常活动中，难免会有违法违纪的行为如驾驶车辆的违停、变道压线、伪造车牌等违反交规的行为，违反《道路交通安全法》和《治安管理处罚法》而受到行政拘留、罚款等行政处罚。如果行为人因受到相关机构的行政处罚而被俱乐部解除工作合同，俱乐部解除行为是值得商榷的，处罚可能过当或不当时，有可能被仲裁机构或法院予以否定。俱乐部在解除某球员时应持审慎态度，既要考虑其规章制度的合法性，也要考量其开除的法律条件是否成就，尤其在合理性方面予以综合考量。

综上所述，俱乐部在日常管理中，对于球员的处罚所依据的管理规章制度，除了程序合法、内容合法外，还需要考虑制度的合理性问题。

合理性如何界定，一般会从以下几个方面来审查：①规章制度是否与法律法规冲突；②是否造成俱乐部较大的损失；③是否对社会产生较大不良影响；④是否对合同履行产生实质影响；⑤处罚对于球员本身造成重大经济损失是否超出其能力承担范围。

第九章
足球俱乐部转让制度

随着职业联赛的不断发展，足球俱乐部的转让多有发生。鉴于国内俱乐部资产形式单一（俱乐部的资产限于职业联赛资格和签约的球员），其转让一般采取股权并购方式进行。本章主要是介绍通过股权方式进行的俱乐部转让制度。

第一节　足球俱乐部股权（份）转让的相关规定

一、股权（份）转让的一般性规定

职业足球俱乐部的法律实体是我国《公司法》规定下的企业，俱乐部按照《公司法》《公司登记管理条例》等相关法律的规定，依法进行工商登记，根据核定的公司经营范围开展相应的营业活动。一般而言，足球俱乐部的经营范围主要为：组织策划足球赛事、开展体育培训等，俱乐部出资方式主要为控股公司或个人出资。目前，我国现有足球俱乐部的企业组织形式基本以有限责任公司为主，近年来也有个别拟在各平台挂牌上市的企业，存在的类型和形态经过股改后，改为股份有限公司，但是总的来说，足球俱乐部普遍以有限责任公司制的形态来进行运营。

股权问题是有限责任公司制的核心问题。[1]股权从某种意义上，也可以说是对公司的控制权。股权转让会导致公司股权结构的变化，会导致公司控制权的变化。

我国《公司法》第71条[2]规定有限责任公司的股东之间可以相互转让其全部或者部分股权。这是对股权在公司股东内部之间进行流转的准许。内部之间流转没有进行限制，也就是说，没有其他特殊规定的情况下，股东将其持有的股权，全部或者部分转让给公司其他股东是被法律认可的。

该条第2款规定了股东向公司股东以外的人转让股权的条件。"股东向股东以外的人转让股权，应当经其他股东过半数同意。"是否其他股东不同意，股东就不能对外转让股权了呢？事实也并非如此。"股东应就其股权转让事项书面通知其他股东征求同意，其他股东自接到书面通知之日起满30日未答复的，视为同意转让。其他股东半数以上不同意转让的，不同意的股东应当购买该转让的股权；不购买的，视为同意转让。"

同时，公司法还赋予了其他股东优先购买权，即"经股东同意转让的股权，在同等条件下，其他股东有优先购买权"。如果两个以上股东同时主张行使优先购买权的，可以通过协商来确定各自的购买比例；协商不成的，按照转让时各自的出资比例行使优先购买权。

转让股权后的程序方面，需要公司做到注销原股东的出资证明书，向新股东签发出资证明书，并相应修改公司章程和股东名册中有关股东及其出资额的记载。特别说明一点，关于对公司章程的这一项修改不需再由股东会开会表决。

以上是股东自主转让股权时的一般性规定，那么在一些特殊情形下，

---

〔1〕薛中行：《中国式股权激励》，中国工商出版社2014年版。

〔2〕《公司法》第71条规定："有限责任公司的股东之间可以相互转让其全部或者部分股权。

股东向股东以外的人转让股权，应当经其他股东过半数同意。股东应就其股权转让事项书面通知其他股东征求同意，其他股东自接到书面通知之日起满30日未答复的，视为同意转让。其他股东半数以上不同意转让的，不同意的股东应当购买该转让的股权；不购买的，视为同意转让。

经股东同意转让的股权，在同等条件下，其他股东有优先购买权。两个以上股东主张行使优先购买权的，协商确定各自的购买比例；协商不成的，按照转让时各自的出资比例行使优先购买权。

公司章程对股权转让另有规定的，从其规定。"

股东即使没有找到愿意购买其股权的买方,依然可以要求公司按照合理的价格收购其股权。按照《公司法》第 74 条[1]的规定,股东对公司连续 5 年不向股东分配利润,而公司该 5 年连续盈利,并且符合《公司法》规定的分配利润条件的;公司合并、分立、转让主要财产的;公司章程规定的营业期限届满或者章程规定的其他解散事由出现,股东会会议通过决议修改章程使公司存续的这三种情形中的任一种情形表示反对时,均可以请求公司按照合理的价格收购其股权。公司拒绝收购其股权的,股东可以向人民法院提起诉讼。

股份有限公司的股东持有的股份可以依法转让[2]。股份有限公司与有限责任公司的股权转让的主要区别在于,股份有限公司的股份转让必须公开在交易平台进行[3]。

二、足球俱乐部股权(份)转让的特殊性规定

职业足球俱乐部作为一种特殊的公司形式,在进行股权(份)转让时,除了应当遵守《公司法》中关于公司股权转让的一般性规定外,还应当遵守足球俱乐部行业内的相关特殊性规定。

2016 年 10 月 27 日,中国足球协会制定《中国足球协会职业足球俱乐部转让规定》(以下简称《转让规定》)。这一规定的制定为各级职业联赛的稳定,保障职业足球俱乐部的健康、稳定、长期可持续发展,规范中超、中甲、中乙职业足球俱乐部的转让行为起到了指导作用,为逐步实现俱乐

---

[1]《公司法》第 74 条规定:"有下列情形之一的,对股东会该项决议投反对票的股东可以请求公司按照合理的价格收购其股权:

(一)公司连续 5 年不向股东分配利润,而公司该 5 年连续盈利,并且符合本法规定的分配利润条件的;

(二)公司合并、分立、转让主要财产的;

(三)公司章程规定的营业期限届满或者章程规定的其他解散事由出现,股东会会议通过决议修改章程使公司存续的。

自股东会会议决议通过之日起 60 日内,股东与公司不能达成股权收购协议的,股东可以自股东会会议决议通过之日起 90 日内向人民法院提起诉讼。"

[2]《公司法》第 137 条规定:"股东持有的股份可以依法转让。"

[3]《公司法》第 138 条规定:"股东转让其股份,应当在依法设立的证券交易场所进行或者按照国务院规定的其他方式进行。"

部属地化、股权多元化、名称中性化的目标作出了突出的贡献。此外，达到中乙联赛参赛成绩标准的业余俱乐部也将按照此规定执行。同时，该规定对女子足球俱乐部、五人制足球俱乐部以及沙滩足球俱乐部的转让提供了参照标准，起到了很好的示范作用。

说到特殊性，足球俱乐部的股权较为特殊的地方在于，职业足球俱乐部的股权转让分为重要股权转让和次要股权转让。职业足球俱乐部的转让应以股权转让或增资扩股的方式进行。俱乐部进行增资扩股的，新股东按照其在俱乐部的拟持股比例，作为其进行重要股权转让或进行次要股权转让的标准。当然，足球俱乐部的每一股份应当代表相等的权利。那么先引入两组概念：

重要股权转让是指俱乐部全部股权或重要股权、表决权（股权变更后，股东持股比例不低于30%，或股东拥有表决权比例不低于30%）发生变更，或因股权变更、更换法定代表人、借款、抵押、股权质押、代持协议等方式而使俱乐部的控股股东、实际控制人发生变更的股权转让。次要股权转让是指除以上重要股权转让外的股权变更。需要明确一点，足球俱乐部进行重要股权转让和次要股权转让按照规定都是被允许的，只是对这两种转让方式设定了不同的条件和要求。

对于俱乐部重要股权转让，首先，转让方应具备以下条件：

1. 转让方在其完成重要股权转让后3年内所转让的股权份额累计不得高于其所持股权的50%。

2. 至少有18名职业球员与俱乐部的工作合同在新赛季开始后仍有效。

3. 没有与行业内单位或个人的逾期债务，或逾期债务已经得到了解决。

其次，俱乐部重要股权转让中，受让方应具备以下条件：

1. 受让方应为在中国大陆地区（即中国足球协会管辖范围内）合法注册的法人单位。博彩类的法人单位禁止入股俱乐部。

2. 受让方经营及财务状况良好，具有良好商业信誉。最近两年的所有者权益至少应达到此俱乐部所在级别联赛准入规定中要求的最低所有者权益的5五倍。受让方最近2年的财务状况应为盈利。最近1期末不存在未弥补亏损。

3. 受让中超、中甲俱乐部的，受让方至少持续经营3年以上（3个连续完整会计年度)。受让中乙俱乐部的,至少持续经营2年以上(2个连续完整会计年度)。

4.无严重的违法经营记录。

5.受让方及其股东、实际控制人、法定代表人、高级管理人员与其他职业足球俱乐部无关联关系。

6.受让方及其股东、实际控制人、法定代表人、高级管理人员无违法犯罪记录,无足球行业内的严重纪律处罚记录。

7.其他影响受让的原因。

相较于重要股权的转让,针对俱乐部次要股权的转让,我们只对受让方提出了限制条件和要求。在俱乐部次要股权的转让中,受让方必须具备如下条件:

1.受让方应为在中国大陆地区(即中国足球协会管辖范围内)注册的法人单位或有中国大陆地区公民身份的自然人。

2.受让方如果为法人单位的,其经营及财务状况应良好。至少经营1年以上(1个连续完整会计年度)。最近1年的所有者权益至少应达到此俱乐部所在级别联赛准入规定中要求的最低所有者权益的2倍。受让方最近1年的财务状况应为盈利。最近1期末不存在未弥补亏损。

3.受让方为自然人,应提供其资产说明,资产应达到准入规定中要求的最低所有者权益。与其他中超、中甲、中乙俱乐部及其股东之间不存在关联关系,没有影响受让的其他原因。

4.法人单位无严重的违法经营记录。自然人应具有良好的个人征信情况。

5.受让方及其股东、实际控制人与其他职业联赛俱乐部无关联关系。

6.受让方及其股东、实际控制人、法定代表人、高级管理人员无违法犯罪记录,无足球行业内的严重纪律处罚记录。

7.其他影响受让的原因。

除此之外,足球俱乐部的股权转让还有一些特殊性规定需要我们注意。比如在时间方面,自每年1月10日至当赛季结束,不允许进行重要股权转让,如果在该时间段内进行转让,中国足协将不予承认,同时转让方和受让方俱乐部还将面临扣除当赛季联赛积分、降级或取消准入资格的处罚风险。

三、足球俱乐部股权（份）转让的基本流程

首先，要进行俱乐部重要股权转让之前，会员协会初审和中国足协公示审核。时间要求在当赛季结束后至第二年1月10日前完成向中国足协的材料申报。材料申报要求转让方和受让方分别向协会提交。其中，转让方应向会员协会提供的材料包括：① 股权转让的申请。② 转让的原因。③ 转让股权的比例说明。④ 一线队职业球员合同效力情况说明。⑤ 与行业内单位或个人的债权、债务说明。受让方应向会员协会提供的材料包括：① 受让目的说明。② 受让方的营业执照、组织机构代码证或加载统一社会信用代码的营业执照复印件。③ 全额实缴注册资本金的验资报告。④ 受让方资产状况说明。⑤ 受让中超、中甲俱乐部的，应提供最近三个连续完整会计年度的审计报告。受让乙级俱乐部的，应提供最近两个连续完整会计年度的审计报告。⑥ 股权变更计划说明，包括并不限于受让方持股比例。⑦ 转让方与受让方签订的股权转让协议。⑧ 股权转让后俱乐部的章程。⑨ 受让方的股东名单（若为股份有限公司，提供持股比例前十位股东名单）、受让方及其股东在其他企业投资及所占比例的说明。⑩ 受让方及其股东、实际控制人未在其他俱乐部及其股东企业拥有股权或已将股权清理完毕的说明及保证。受让方及其股东、实际控制人未与其他俱乐部及其股东企业存在交叉经营或管理的说明及保证。⑪ 受让方应披露实际控制人，并对其控股企业的情况进行介绍，其中如果有参与足球及体育产业相关的活动经营经历，必须全面完整准确地进行说明，不得隐瞒。⑫ 签署"三年内不对本次受让的俱乐部股权中超过50%的股权进行再次转让"的承诺书。⑬ 所提交材料真实性的保证函。

足球协会接到转让方股权转让的初审申请的全部文件后，会在5个工作日内作出同意或不同意的审核批复。必要时，可咨询中国足协有关部门或组成审核小组并委托权威机构调查。如转让方或受让方中任何一方未能通过初审，则不得进行转让，申请将予以退回。

转让方和受让方双方均通过初审后，会员协会向转让双方开具同意转让批复函。通过会员协会初审后，转让方与受让方到会员协会所属范围内的相关部门办理法人注册变更等手续，获得变更后的法人执照。俱乐部登

记证书上的法定代表人应为俱乐部实际控制人。

足球俱乐部下一步向中国足球协会提出是否同意公示的书面申请。中国足协接到俱乐部提交的全部文件后,在5个工作日内作出同意或不同意公示的决定。俱乐部在办理完成法人注册变更登记手续并获得变更后的法人营业执照后,应提交材料文件如下:① 股权转让公示的申请。② 会员协会开具的同意转让批复函。③ 工商行政管理等部门开具的变更通知书或确认书。④ 在工商行政管理等部门备案的俱乐部章程(章程内应载明俱乐部的股份应当具有同等权利,包括并不限于表决权的行使)。⑤ 转让方和受让方向会员协会所提交的初审材料。⑥ 初审提交材料后有关情况变动和补充的说明(如有)。⑦ 转让双方的付款凭证。⑧ 董事会或执行董事名单、监事会名单。⑨ 总经理聘任文件、总经理名单。⑩ 保证遵守并落实所在级别联赛的准入标准及相关规定,并承诺接受相关检查的承诺书。

中国足协审核通过后,由中国足协向各中超、中甲、中乙俱乐部,各会员协会及有关方面发布该股权转让的公示,公示期为15天。在公示期内,如转让方出现与行业内有关单位及个人的债权债务纠纷,相关方可向中国足协仲裁委员会提出仲裁申请。俱乐部应于1月31日前将双方解决纠纷的书面文件、财务凭证、公证书等提交至中国足协。1月31日前,俱乐部未解决行业内相关债权债务纠纷,俱乐部与仲裁申请方未达成和解协议或中国足协仲裁委员会裁决后,俱乐部未履行裁决,公示转让将不予通过。转让方与行业外有关单位及个人的债权债务纠纷,或未被中国足协仲裁委员会受理的其他纠纷,可向有管辖权的人民法院或其他仲裁机构申请处理,中国足协将参考有关裁判结果及执行情况决定是否批准该转让。

在公示期内或任何时间,受让方及其股东如被发现隐瞒了在其他俱乐部及其股东企业拥有股权,或存在交叉经营或管理等涉及关联关系的情况,将由中国足协负责组成调查组或委托社会相关权威机构进行调查,并将根据调查结果决定是否批准该转让。

中国足协审核通过并在公示期内无第三方提出异议或在1月31日前,确认转让方无债权债务纠纷或已解决纠纷、受让方无股权或交叉管理等涉及关联关系异议后,转让方和受让方将被视为已完成行业内的审核、公示程序。

・足球与法・

如转让方和受让方经中国足协审核后未通过审核，中国足协将不批准此次转让公示，并告知俱乐部、转让方、受让方和会员协会。必要时，中国足协可组成审核小组或委托权威机构调查。重要股权转让以及俱乐部之间是否存在关联关系将根据实质重于形式的原则进行认定。

其次，关于足球俱乐部次要股权转让程序，在赛季期间是可以进行的，但是每一赛季期间仅能完成一次次要股权转让，而且俱乐部名称不得发生变更。转让程序仍然需要俱乐部、转让方、受让方向所注册的会员协会及中国足球协会进行申报并获得批准。具体程序如下：

俱乐部属地会员协会完成对次要股权受让方的资质的初审后，将有关材料及书面意见报中国足球协会。中国足球协会将进行复审，复审后将对此转让进行15天的公示，公示期满后如无股权或交叉管理等异议，行业内股权转让程序完成。俱乐部完成次要股权公示手续后，应到会员协会所属范围内的相关部门办理法人注册变更登记手续，获得变更后的法人执照。俱乐部应在20个工作日内将工商行政管理等部门开具的变更通知书或确认书、登记备案的股权转让后俱乐部的章程提交至会员协会和中国足协。其中，转让方向会员协会和中国足协提供的材料如下：①股权转让的申请。②转让的原因。③转让股权的比例说明。受让方向会员协会和中国足协提供的材料如下：①受让目的说明。②受让方的营业执照、组织机构代码证或加载统一社会信用代码的营业执照复印件。③受让方（自然人）资产状况说明。④全额实缴注册资本金的验资报告。⑤受让方最近一个连续完整会计年度的审计报告。⑥转让方与受让方签订的股权转让协议。⑦转让双方的付款凭证。⑧在工商行政管理等部门备案的俱乐部章程（章程内应载明俱乐部的股份应当具有同等权利，包括并不限于表决权的行使）。⑨受让方的股东名单（若为股份有限公司，提供前十位股东名单）、受让方及其股东在其他企业投资及所占比例的说明。⑩受让方为自然人的，应提交已公证的个人征信证明。⑪受让方及其股东、实际控制人未在其他俱乐部及其股东企业拥有股权或已将股权清理完毕的说明及保证。受让方及其股东、实际控制人未与其他俱乐部及其股东企业存在交叉经营或管理的说明及保证。⑫受让方应披露实际控制人，并对其控股企业的情况进行介绍，其中如果有参与足球及体育产业相关的活动经营经历，必须予以说明，不得隐瞒。⑬ 保证"一年内不对本次受让的俱乐部股权中超过 50% 的股权进行再次转让"的承诺书。⑭ 所提交材料真实性的保证函。

同样，在公示期内或任何时间，受让方及其股东如被发现隐瞒了在其他俱乐部及其股东企业拥有股权，或存在交叉经营或管理等涉及关联关系的情况，将由中国足协负责组成调查组或委托社会相关权威机构进行调查，并将根据调查结果决定是否批准该转让。

需要重点强调的是，俱乐部如进行次要股权转让程序，但其为实际控制人变更，中国足协将不予受理此次次要股权转让程序，并按规定进行处罚，转让方或受让方俱乐部将面临扣除当赛季联赛积分、降级或取消准入资格的处罚风险。

第二节　足球俱乐部转让的实践操作

2015 年 3 月 16 日，中国政府网正式发布《中国足球改革总体方案》（以下简称《足改方案》），全文涵盖 11 个要点，共 50 条细则，内容涉及中国足球行业改革基本原则、各阶段发展目标，并在足协改革、完善俱乐部、改进联赛体制、推进校园和社会足球发展、足球设施建设等方面做了详细阐述。此方案成为未来一段时间内中国足球行业改革的行动指导。实践中每年都有足球俱乐部进行内部调整，通过股权转让，变更大股东的案例。成功的股权转让不仅可以让足球俱乐部完成一次"脱胎换骨"的转变，更为其以后的发展提供无限的空间。《足改方案》公布后，2018 年和 2019 年发生的两次在业界影响比较大的股权转让可以作为两个成功案例分享给大家。

◆ 案例 ◆

2018 年 1 月 8 日，中国足协在官网发布《关于北京理工足球俱乐部有限公司次要股权转让公示》，宣布北京理工足球俱乐部有限公司次要股权转让。公示写到：中乙联赛球队北京理工足球俱乐部（Beijing Institute of Technology Football Club，以下简称"北理工"）转让次要股份 21% 至竞佳境体育传媒文化公司（以下简称"竞佳境"），转让后竞佳境将持有北理工 50% 股权。公示至 2018 年 1 月 22 日截止。

• 足球与法 •

　　北理工组建于2000年7月，是中国第一支全部以在校生为球员参加职业联赛的球队，在成立后的十几年的时间里，北理工九次问鼎大学生联赛冠军，并五次代表中国参加世界大学生运动会男足比赛，为我国大学生足球赢得了世界赞誉。2006年，北理工决定正式踏入中国职业足球联赛领域，并在同年的中乙联赛中成功问鼎冠军，获得了征战2007赛季中甲联赛的资格。2015年11月1日，北理工不幸降级，从2016年起征战中乙联赛。现参加中国足球协会乙级联赛和中国大学生足球联赛。这一次北理工的股权转让，是各方对中国足球探索一种新的方式的尝试。中国足球市场需要更多的专业化运营方式，也需要更多资金的投入，这次股权转让带来了西班牙的理念，能够帮助中国球队更好地成长，也让球员能够得到来自西班牙的训练，通过这种方式甚至可能发现更为有潜质的未来巨星，这是一个全新的开始。北理工的体育总监贾米·德尔加多接受北京晨报记者采访时说，"北理工现在所有的组织架构以及运营模式都和我们在西班牙完全一样。2016年我们考察了北理工，现在我主要负责球队中所有和足球专业有关的事情，比如找球员，协调各方面体育资源，改善球队的情况等。"

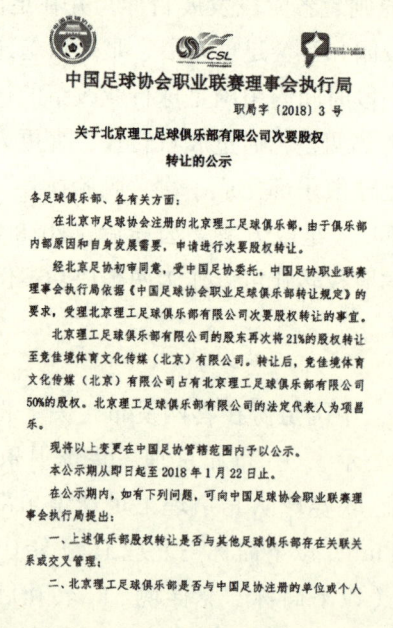

图9-1：北京理工足球俱乐部有限公司次要股权转让公示（1）

第九章 足球俱乐部转让制度

存在尚未清理完毕的债权债务。

三、其他重大异议。

职业联赛理事会不受理足球行业外与北京理工足球俱乐部之间存在的其他债权债务争议。

本公示期内，有关债权债务的争议进行协商解决，如无法解决，请相关方向中国足球协会仲裁委员会提出仲裁申请。

公示期满，未有上述问题，或提出的问题已得到解决，职业联赛理事会将核准北京理工足球俱乐部次要股权转让的事宜。

联系电话：中国足协职业联赛理事会执行局 010-59291117

邮寄地址：北京市东城区夕照寺街东玖大厦A座-815室（邮编100061）

中国足球协会职业联赛理事会
2018年1月8日

图9-2：北京理工足球俱乐部有限公司次要股权转让公示（2）

◆ **案例** ◆

2019年2月20日，优必选科技、城市足球集团和中国健腾体育产业基金在四川成都召开新闻发布会，宣布联合收购中乙四川九牛足球俱乐部（以下简称"四川九牛"）。这一消息其实在宣布之前已经酝酿良久，事情还要从这几个主体说起。

城市足球集团是由阿联酋的阿布扎比财团控股的企业，在欧洲、亚洲、北美洲、南美洲都有布局，现拥有曼城、墨尔本城、纽约城、横滨水手等著名俱乐部。在城市足球集团旗下投资的多家俱乐部中，曼城是旗舰。除了收购俱乐部，城市足球集团已经在纽约、伦敦、迪拜、吉隆坡、东京、新加坡、上海和墨尔本相继建立了办公处，其资产之雄厚不言而喻。2016年，华人文化和中信资本介入，收购了其13%的股权。

四川九牛以2017年四川全运队U20为班底组建，主要球员均为四川籍，2018赛季虽然是中乙的第一年，但仍取得了不俗的战绩，曾在足协杯中淘汰中超冠军长春亚泰等强队进入8强，但在联赛后半段成绩不佳，以

27分排名南区12名结束了2018赛季。

优必选科技成立于2012年,是一家集人工智能和服务机器人研发、平台软件开发运用及产品销售为一体的高科技企业。优必选科技CEO周剑表示,相信新的AI技术会进一步推动足球产业发展,将全力建设一个可持续发展的新足球产业生态圈,向将四川九牛打造成一家百年俱乐部的梦想进发。

事实上,城市足球集团对于中国足球市场觊觎已久。城市足球集团首席商务执行官格利克就曾经表示:"亚洲是我们非常感兴趣的地方之一,中国对足球有着极大的热情与野心,中国联赛也很健康,所以这是一个非常让人期待的联赛,是我们想要投资的市场之一。"他们对中国市场不只停留在口头层面上。城市足球集团曾一度与国安等俱乐部传出收购绯闻,还为上海申花开出了20亿元的收购价格。

此次联合收购四川九牛是一则喜讯,四川足球在2018年露出了全面复苏的迹象。成都兴城首先冲乙成功,四川安纳普尔那紧随其后,以赛季不败的姿态冲甲成功。而现在城市足球集团收购四川九牛的好消息,不禁让人对未来四川九牛乃至四川足球的前景更加看好。"四川是一个历史悠久且美丽的地方,这个地方值得拥有一支优秀的职业球队。我们不仅会投入资金,还会像在曼城发展青训一样在四川九牛也发展青训,希望能把四川九牛打造成一支独一无二的球队,一步步走向顶级联赛。"城市足球集团CEO费兰·索里亚诺说。

中国足球行业改革的目标是把发展足球运动纳入中国经济社会发展规划,实行"三步走"战略。近期目标:理顺足球管理体制;中期目标:职业联赛组织和竞赛水平达到亚洲一流,中国国家男足跻身亚洲前列,女足重返世界一流强队行列。远期目标:中国足球实现全面发展,足球成为群众普遍参与的体育运动,全社会形成健康的足球文化;职业联赛组织和竞赛水平进入世界先进行列;积极申办国际足联男足世界杯;国家男足国际竞争力显著提升,进入世界强队行列。这次足改的基本原则是立足中国国情与借鉴国际经验相结合。从中国足球实际出发,学习借鉴足球发达国家经验,走出一条中国特色足球改革发展新路,实现足球的社会价值和功能。上文提到的两个案例正是抓住了改革的大好时机,把握住了足改的基本理念，引进了国际资源，借鉴国际经验的优势，使得这两次并购成为成功的案例。

第三节 足球俱乐部转让的限制

前面两节内容讨论了足球俱乐部转让的一般性规定、特殊性规定、相应的转让流程以及在实践中足球俱乐部转让的操作，并分享了两个成功案例以供借鉴参考。第三节将讨论足球俱乐部转让禁止性规定以及限制。

首先，关于职业足球俱乐部的参赛资格方面有以下限制：职业足球俱乐部所属球队的参赛资格不可转让。职业足球俱乐部进行转让和法人注册地变更后，不得变更其注册的中国足协会员协会。职业足球俱乐部发生因转让或法人注册地变更而产生的注册会员协会变更，该俱乐部将失去职业联赛的准入资格。职业足球俱乐部在行业体协注册，以其俱乐部法人首次注册的行政区划城市为其在足球行业内注册地，不得进行变更。获得升级资格的俱乐部在当年低级别赛季结束后的一年内不得进行重要股权转让。中国足协对股权转让后的俱乐部进行准入特别审核。经过审查，未达到相应级别联赛准入标准的俱乐部，不能获得联赛的准入资格。参赛资格对拟转让或拟收购俱乐部而言，十分重要。

其次，如果俱乐部已经上市，那么还应当注意到上市公司对外转让股权的一些限制：发起人持有的本公司股份，自公司成立之日起1年内不得转让。公司公开发行股份前已发行的股份，自公司股票在证券交易所上市交易之日起1年内不得转让。公司董事、监事、高级管理人员应当向公司申报所持有的本公司的股份及其变动情况，在任职期间每年转让的股份不得超过其所持有本公司股份总数的25%；所持本公司股份自公司股票上市交易之日起1年内不得转让。上述人员离职后半年内，不得转让其所持有的本公司股份。公司章程可以对公司董事、监事、高级管理人员转让其所持有的本公司股份作出其他限制性规定。

除此之外，上市公司不得收购本公司股份。除非有下列情形：①减少公司注册资本；②与持有本公司股份的其他公司合并；③将股份用于员工持股计划或者股权激励；④股东因对股东大会作出的公司合并、分立决议持异议，要求公司收购其股份；⑤将股份用于转换上市公司发行的可转换为股票的公司债券；⑥上市公司为维护公司价值及股东权益所必需。上市公司因前款第①项、第②项规定的情形收购本公司股份的，应当经股东大会决议；公司因前款第③项、第⑤项、第⑥项规定的情形收购本公司股份的，可以依照公司章程的规定或者股东大会的授权，经2/3以上董事出席的董事会会议决议。公司依照《公司法》第142条第1款规定收购本公司股份后，属于第①项情形的，应当自收购之日起10日内注销；属于第②项、第④项情形的，应当在6个月内转让或者注销；属于第③项、第⑤项、第⑥项情形的，公司合计持有的本公司股份数不得超过本公司已发行股份总额的10%，并应当在3年内转让或者注销。上市公司收购本公司股份的，应当依照《证券法》的规定履行信息披露义务。上市公司因《公司法》第142条第1款第③项、第⑤项、第⑥项规定的情形收购本公司股份的，应当通过公开的集中交易方式进行。公司不得接受本公司的股票作为质押权的标的。

再次，如果涉及特殊股份转让的，还应当注意以下限制：中国《公司法》第148条规定："国家授权投资的机构可以依法转让其持有的股份，也可以购买其他股东持有的股份。转让或者购买股份的审批权限、管理办法，由法律、行政法规另行规定。"

最后，关于章程以及合同中的转让限制。依章程的股权转让限制，是指通过公司章程对股权转让设置条件，依章程的股权转让限制，多是依照法律的许可来进行。在中国公司法律中却没有此类限制性规定。依合同的股权转让限制，是指依照合同的约定对股权转让作价的限制。此类合同应包括公司与股东、股东与股东以及股东与第三人之间的合同等。如部分股东之间就股权优先受让权所作的相互约定、公司与部分股东之间所作的特定条件下回购股权的约定，皆是依合同的股权转让限制的具体体现。

以上均是股权转让在理论层面的限制性问题，在实践中，足球俱乐部转让面临的最大禁忌性难题其实应当是关联性交易。所谓关联交易在指企业关联方之间的交易。关联交易在公司运作中经常出现，但易于发生不公平结果。关联交易在市场经济条件下广为存在，从有利的方面讲，交易双方因存在关联关系，可以节约大量商业谈判等方面的交易成本，并可运用

第九章　足球俱乐部转让制度

行政的力量保证商业合同的优先执行,从而提高交易效率。从不利的方面讲,由于关联交易方可以运用行政力量撮合交易的进行,从而有可能使交易的价格、方式等在非竞争的条件下出现不公正情况,形成对股东或部分股东权益的侵犯,也易导致债权人利益受到损害。因此,我国《公司法》在一定程度上也是对关联交易加以限制的。[1][2]

除了《公司法》当中对关联交易的限制性规定外,足协方面对足球俱乐部转让中出现的关联性交易是绝对禁止的,下面我们通过案例来加以说明。

◆ 案例 ◆

早在2015年,围绕着国安俱乐部增资扩股的焦点新闻就一直不断,与乐视合作的最终结果是不欢而散,但国安也没有放弃通过增资扩股的方式,让俱乐部所有制变为混合所有制的努力。而这次国安的动作显然比上赛季快了许多:10月份也就是赛季还没结束的时候,来自潜在合作伙伴方的尽职调查团队就已经来到了国安俱乐部,为赛季末的增资扩股做前期工作。但是,就在出自名誉董事长罗宁之口的"明年要花15亿"的言论后,正当人们以为国安这次终于加快了增资扩股进度的时候,改革却突然陷入了停滞。

其实国安俱乐部的股改从一开始就存在着不同的声音,甚至集团内部也因此有两种截然相反的态度。不过,经过沟通,最终集团内部达成了一致,将股改当做国安未来腾飞的契机。之后,国安股改的两家合作方浮出水面:一家是蚂蚁金服(恒生电子),而另外一家则是美国国际数据集团(IDG)。但是,光知道名字,距离达成一致还有很长的路要走,事实上,这才是国安艰难股改的开始。

首先,国安俱乐部作为中信直属的央企资产,在进行增资扩股的时候,

---

[1]《公司法》第21条规定:"公司的控股股东、实际控制人、董事、监事、高级管理人员不得利用其关联关系损害公司利益。

违反前款规定,给公司造成损失的,应当承担赔偿责任。"

[2]《公司法》第216条规定:"本法下列用语的含义:

……

(四)关联关系,是指公司控股股东、实际控制人、董事、监事、高级管理人员与其直接或者间接控制的企业之间的关系,以及可能导致公司利益转移的其他关系。但是,国家控股的企业之间不仅因为同受国家控股而具有关联关系。"

首选对象是国内的企业,"一旦牵涉到外资,那将是更加漫长的手续。"一位知情人士这样说。这也意味着,身为境外资本的IDG,最好的选择是由一家国内公司代为持股,进而完成对国安的股权收购。

其次,另外一家实际合作伙伴蚂蚁金服的所有人之一为马云。马云拥有阿里巴巴集团的股份,而阿里巴巴同时又持有恒大的股权,再加上阿里巴巴集团还与苏宁有交叉持股的情况存在,换句话说,马云很有可能与恒大苏宁乃至国安都扯上关系,这不得不让人想到"关联俱乐部"这个词。尽管马云在阿里巴巴的股份并不多,相反蚂蚁金服才是他自己着力打造的又一品牌,但是在最近一次与足协的口头交流上,国安并没有得到太积极正面的回应。而且,恒生电子的控股人实际上为马云,由于马云的阿里巴巴掌握着恒大40%的股权,倘若再收购国安,则将产生"关联关系",这也将违反中国足协的相关规定。正是因为这样的原因,导致外界一直看衰这次转让。

2016年12月份,马云同中信集团董事长常振明,共同会晤中国足协领导。中国足协主席蔡振华、副主席兼秘书长张剑、足协党委书记于洪臣、执行局副局长李立鹏等皆出席。尽管张剑在情感方面,希望马云能够为中国足球做出更大的贡献,但为了维护中国足球公平公正的竞赛环境,中国足协还是向"法"方向靠拢,避免再出现诸如实德系的情况。按照《转让规定》第17条:重要股权转让以及俱乐部之间是否存在关联关系,将根据实质重于形式的原则进行认定。尽管工商总局公开的信息显示,恒生电子、蚂蚁金服与阿里巴巴在法律上并无任何关系,但从"从实质重于形式"的角度,恒生电子(蚂蚁金服)此番入股国安确实触碰了警戒线。最终,因为中国足协的相关规定,马云方面宣布不得不放弃入股国安的打算,蚂蚁金服最终退出国安的股权收购。

◆ 案例 ◆

实德系,是用来称呼大连实德俱乐部及与其有关联的一些足球俱乐部的称呼。1999年,实德集团购买了大连万达俱乐部的冠名权。2000年大连万达退出足坛,实德集团完全收购了该俱乐部。2002年,徐明掌控的大连大河农业股份有限公司入主四川全兴足球俱乐部(以下简称"四川全兴"),

改称四川大河足球俱乐部（以下简称"四川大河"）。

2003年前后，大概是实德系发展的巅峰时代，当时担任实德足球俱乐部董事长的徐明应邀在四川大学与年轻学子"真情对话"，期间颇为感慨地说，"美国一位著名企业家曾对我说过，你的任何产业都可以放下，只有足球不可以放下。"随后徐明不无得意地透露："过去3年，我们仅出售球员的收入就接近8000万元，几乎赚了3倍！"

比金钱财富威力更大的是足球带来的宣传效应。收购足球俱乐部后第一年，实德的销售就突破了40亿元。2001年5月14日，大连日报头版以《进球与发展才是硬道理》对实德的足球和塑钢型材进行了重点报道。此后一个月，大连日报更连发6篇《从足球的角度看实德发展》系列报道。与此同时，大连实德集团获得国家开发银行大连分行4.1亿元贷款，进行24万吨PVC型材扩建计划。2002年实德年产塑钢门窗达到28万吨，号称世界塑钢第一大产销商。

徐明在2001年对未来的展望意气风发。他举出了几个至今让大连球迷挂在嘴边的"伟大设想"。徐明当年的设想包括：到2003年，俱乐部的收入超过2000万美元，进入世界足球俱乐部排名30强，俱乐部总资产达到7亿元以上；要在境外拥有两到三家足球俱乐部。

在境外拥有俱乐部的宏伟设想至今没有实现，但在2001年，徐明通过收购延边敖东和买壳的方式组建了甲B球队大连赛德隆和乙级球队大连三德。第二年，徐明又接手大连女足。随后，借其父徐盛家掌控的大连大河农业股份有限公司，徐明以400万元入主四川全兴，改称四川大河。叱咤中国足坛的实德系逐渐形成。

但是更多的负面声音也随之而来，其中最主要的是针对实德系之间打假球。当时中超联赛不过12支球队，实德系就掌握有3支。根据工商登记资料，沈阳金德足球俱乐部大股东沈阳宏元集团的控股方正是大连实德集团，宏元集团其他股东也都在2001年徐明组建实德集团时成为实德股东。虽然沈阳金德表面上看比四川冠城更加独立，但资本的意志注定了二者不可能逃脱派系的嫌疑。

2003年初，徐明曲线入主四川足球的事实终于让足协坐不住了，他们勒令徐明退出四川大河和大连赛德隆。足协认定大河与实德的关系，勒令四川大河转让,冠城接手该队,成立四川冠城。不过随后被发现转让后的冠城还是和实德有非常密切的联系。徐明很快就为这两个球队找到了下家。

2003年2月18日,中国足协确认四川大河和大连赛德隆分别转让给四川冠城和珠海安平的手续合格。但后来证明,接手赛德隆的香港鸿扬财务投资公司总裁李鹏翱恰恰是大连赛德隆珠海分公司的总经理。而号称先投入1000万元帮助四川足球注册,在第二年四川保级成功后再掏2000万元的冠城集团,后来被认为根本就是徐明拉来的托。大连实德派驻四川足球的高层向当地媒体透露,冠城所说的1000万"没有一分钱到账",四川冠城事无巨细都还是由实德派出管理层控制,冠城集团根本未插一兵一卒。这场"实德系剥离"事件最终证实又是一场徐明"左手换右手"的把戏。随着曲线收购四川男足、大连赛德隆落户珠海,实德塑钢门窗随军而征,短短两年时间形成了遍布中国东南西北的大连、成都、嘉兴、珠海、天津五大生产基地。

珠海安平彻底脱离实德是在1年后转让给上海中邦,其操作的主体正是大连实德。同样在这个赛季,大连三德从乙级升入甲B联赛,在中国足协的要求下,大连三德被迫脱离实德系,被来自徐明老家庄河的大连长波物流有限公司收购。而四川冠城因为基本沦落为实德青年球员的训练基地,俱乐部原有球员流失严重,没有企业愿意接手,最终在2005年年底被实德解散。

2006年初,中国足协认定实德系影响公平竞争,将它剥离,勒令冠城转让,因无买家接手,冠城被迫解散。至此,在中国足球界繁华一时的实德系终于落幕。

第四节 足球俱乐部收购的尽职调查

无论是转让还是收购一家足球俱乐部,对投资方来说都是一件头等大事。而如何了解一家足球俱乐部是否值得投资人进行收购,以及需要花费多大的成本去进行收购,是投资人最为关注的问题。

尽职调查亦称"审慎调查",指在收购过程中收购者对目标公司的资产和负债情况、经营和财务情况、法律关系以及拟收购俱乐部所面临的机会

第九章　足球俱乐部转让制度

与潜在的风险进行的一系列调查。尽职调查是企业收购兼并程序中最重要的环节之一，也是收购运作过程中重要的风险防范工具。调查过程中通常利用管理、财务、税务方面的专业经验与专家资源，形成独立观点，用以评价并购优劣，作为管理层决策支持。调查不仅限于审查历史的财务状况，更着重于协助并购方合理地预期未来，也发生于风险投资和企业公开上市前期工作中。

尽职调查报告所依据的有关文件均来源于由各企业直接提交的相关文件和调查机构自行调查从第三方获取的相关资料。通过资料对拟调查对象基本情况作出调查，调查员需要会见相关知情人员并听取对相关情况的介绍，调查资料包括但不限于工商企业资料，所涉及的营业执照、房地产权属证书等营业、权属证书原件，关联公司的资料，查阅相关文件，进行必要的讨论；还要到相关政府管理部门验证原件的真实性，对相关股权、土地、房屋等是否设置抵押或被采取司法措施进行调查，对公司和股东提供的相关情况确认函和相关资料予以核实，到具体政府管理部门或司法部门具体核实其真实性。调查内容不仅包括对调查对象的资产状况、准入以及法律风险情况进行调查，还有对有关会计、审计、资产评估、税务、内部控制等专业事项的调查。

以下，笔者将重点介绍如何对一家拟收购的足球俱乐部进行法律方面的尽职调查。

1.需要了解拟收购俱乐部的概况、设立及股权沿革。根据拟收购俱乐部对外介绍等相关资料，了解拟收购俱乐部的基本自然情况，坐落地址，股权架构，出资人或股东名称，出资额的大小，出资形式，已出资与否等。了解拟收购俱乐部营业执照与年检情况，是否在营业期限，营业范围是否齐全。

了解拟收购俱乐部初始设立时的企业类型和股权结构，出资是否已经到位，是否经过验资，核查验资报告，了解注册资本金额以及钱款是否在账。

了解拟收购俱乐部的历史沿革过程，拟收购俱乐部的历次股权转让，拟收购俱乐部历次注册资本变更，拟收购俱乐部名称变更，拟收购俱乐部的住所地变更，拟收购俱乐部的存续，是否向国家企业信用信息公示系统提交了年检，是否有开户许可证等。最重要的是，拟收购俱乐部的联赛准入资格的确认,需要在中国足球协会下发的相关通知中对拟收购俱乐部获得某年赛季中参赛准入资格的确认。拟收购俱乐部有无子公司及其分支机构等,然后对拟收购俱乐部的存续进行法律评价。

通过解读拟收购俱乐部的章程,了解法人治理结构,对是否设有股东会,是否由股东行使股东会职权承担股东会义务,是否设有董事会,如何选聘董事成员,由何人担任法定代表人,经理的选聘,是否设有监事会,以及以上成员的任期进行判断并作出相应的法律评价。

2. 需要调查拟收购俱乐部的股东基本情况。包括现股东所持有拟收购俱乐部股份现状,股权质押与股权查封的情况,这其中要借助的工具有天眼查APP、企查查APP及国家信用信息公示系统等,必要时也可以前往拟收购俱乐部注册地的工商管理行政部门调查。经过核查后,需要评价拟收购俱乐部股东是否属于具有完全行为能力的合法民事主体,确认拟收购俱乐部股权是否存在被质押、司法机关冻结、扣押等采取强制措施的情形。同时要考察拟收购俱乐部的章程中是否含有反收购条款,根据中国有关法律法规的规定,股东是否具备转让其持有的拟收购俱乐部股权的主体资格。最后,所有股东是否实际缴纳注册资本,如果没有,收购方将面临补缴注册资本并且承担股权转让之前拟收购俱乐部债务的风险,提示意向收购方做好收购模式设计和风险化解工作。

3. 对拟收购俱乐部的重大资产进行调查。根据拟收购俱乐部介绍,调查拟收购俱乐部名下是否拥有自己的体育场这一重大资产,查明体育场的详细信息以及是否被借用、租用等情况。租用、借用的体育场是否签订了书面协议,条款约定是否明确、具体,对使用时间等重要事宜需要进行记载。同时,需要对协议的合法合规性进行判断。重点判断合同期限是否满足3年以上使用时间的准入要求,必要时可以对协议的风险作出评价。

关于体育场的相关认证和许可。需要了解体育场是否取得当地公安局消防支队的消防验收合格证明,是否取得安保协议,中国足协有关体育场安全、消防、大型活动许可等准入要求均将安全保障责任及大型活动许可交由专业安保公司承担,注意按要求进行新的检测取得新的检测报告单。中国足协有关安全、消防认证要求三年内更新一次、大型活动许可每年更新一次,以及灯光检测应当每两年更新一次。另外,体育场是否配备了自动体外除颤器（AED），是否设有医疗/兴奋剂检测室，判断是否符合准入要求。

确认拟收购俱乐部是否拥有自有产权的训练基地，训练基地如何取得；如果租赁、借用，是否签订书面协议。记载训练基地自然情况及配套设施是否齐全，使用期限等情况。同时，应当对拟收购俱乐部的基地设施和功能设施是否符合中国足协的有关训练基地的准入要求作出判断和评价。

调查房屋等固定资产。调查拟收购俱乐部名下是否拥有自有房产，其办公场所是租赁、购买还是借用，是否存在相应书面协议，是否拥有其他固定资产，是否拥有车辆，有无其他办公设备以及相应的数量及自然情况等。

4. 调查拟收购俱乐部经营范围。根据拟收购俱乐部公司章程的记载，对照营业执照登记的经营范围，核查市场监督管理机构注册的经营范围与其章程是否一致，是否违反《公司登记管理条例》的规定，如有违反，应当给出合理建议，可以建议收购方在适当时机修改章程。

5. 调查拟收购俱乐部的税种、税率和纳税情况。核查《审计报告》并向拟收购俱乐部确认，拟收购俱乐部目前适用的主要税种的种类以及相应的税率，并且核实拟收购俱乐部是否取得任何税收优惠。调查拟收购俱乐部的纳税情况，确认是否存在行政处罚，处罚的内容、结果、文件号等情况，并对拟收购俱乐部纳税情况的作出评价，同时判断拟收购俱乐部缴纳的税种和税率是否符合相关税务法律法规的规定。

6. 调查拟收购俱乐部的财务状况及重大债权债务情况。主要参考财务资料以及提供审计服务的会计师事务所所出具的财务尽调报告，对这部分内容进行判断。根据拟收购俱乐部提交的财务报表，查看总资产、总负债、所有者权益，判断拟收购俱乐部是否处于资不抵债的状态。比如按照《准入规程》F.01 标准"维持俱乐部运转和发展的经费"要求，中甲俱乐部所有者权益应该为1500万元以上，并且该标准对中甲俱乐部而言为A级强制性标准，不能达到将不能获得中甲联赛准入资格。调查拟收购俱乐部的营业收入及利润，调查应详尽、准确，建议以年为单位进行调查，并且应当区分主营业务收入中的何种收入最高，有无各项收入比例极端不平衡的情形。调查的内容应当包括税金和附加、城市维护建设税、教育费附加、印花税、管理费用、职工薪酬、办公费、补助津贴、宣传费、差旅费、折旧费、交通运杂费、业务招待费和中介费等。确认是否存在资产减值损失、是否为坏账损失等情形。调查其他收益、营业外支出、赔偿金、违约金及罚款支出,球员资产处置损失等。重点关注拟收购俱乐部《企业信用报告》,拟收购俱乐部是否存在保理、票据贴现等情况。核查拟收购俱乐部的贷款合同与担保情况,是否存在银行及非银行金融机构的借款情况以及是否存在对外提供担保情况。财务资料中的其他应付款数额,根据拟收购俱乐部的说明及其欠条及往来凭证记载,对拟收购俱乐部的负债情况做出说明。对欠付员工薪酬做出详细记载。

另外还应当注意到,拟收购俱乐部在法院或中国足协仲裁委员会是否存在涉诉情况,涉诉标的金额累计数额,案件类型及形成原因做出相应分析。其他财务状况还包括是否存在政府补助和补贴的情形,拟收购俱乐部是否存在长期投资情况。拟收购俱乐部全部的关联方及关联交易情况。并且需要对拟收购俱乐部财务状况和重大债权债务关系作出法律评价。例如拟收购俱乐部最近3年连续负债与资产之间的关系,是否处于资不抵债的状态;其他应付款金额高低,偿债压力大小;其他应收款金额大小,账龄分布区间,债权回收风险高低等。

7.调查拟收购俱乐部重大合同以了解其业务情况。应列出重大交易,合同相对方主体,交易金额大小,双方履行情况,以及对拟收购俱乐部重大合同的法律评价。评价内容应包括重大合同主体及内容合法有效,其权利、义务的约定是否存在违法违规情形,是否平等互利,符合交易习惯,价格是否合理,是否存在纯义务性条款或显失公平的限制性条款,各重大合同中是否存在因公司并购而导致合同变更、解除或终止的情形。应着重审查现有球员,尤其梯队球的合同、培训协议涉及期限、待遇等事宜。

关于足球俱乐部的业务收入情况,在职业足球发达的欧美国家,俱乐部的收入一般是通过门票、会员费、电视转播费、广告、赞助费、商品销售及特许经营、转会费、发行股票、彩票及经营第三产业等渠道。在欧洲的足球俱乐部中,门票是最基本最稳定的收入来源,平均占总收入的38%,电视转播费次之,占29%,其他的商业开发共占33%。在重视对传统资金来源渠道的挖掘(如提高对票房价值和主场经营的重视)的同时,通过发行股票改制上市及销售电视转播权是国外足球俱乐部目前最重要的两大融资手段。在我国,足球俱乐部的盈利模式主要通过塑造品牌、建立偶像人物、融资盈利、销售盈利等模式来完成。其中,品牌型盈利模式,主要是将俱乐部的品牌推广到其他产业领域。需要通过经营范围的扩大,涉足的领域已经不仅仅局限于足球赛事,可能还有销售俱乐部球衫、纪念品等足球周边领域。偶像型盈利模式,是花费大量成本打造绿茵明星,从而拥有球星肖像权,出售偶像球员产品的同时,可以赚取大量的广告费金,吸引赞助商等。融资型盈利模式,是通过股市筹集资金及集体出售电视转播权,目前这种模式尚未在国内开展起来。销售型盈利模式,有些俱乐部擅长培养年轻球员,将有潜力的球员出售给其他俱乐部以赚取巨额转会费也是俱乐部的重要收入来源之一。

8.对拟收购俱乐部劳动人事方面进行调查。如前文所述,球员是足球俱乐部最核心的资产,有些俱乐部仅通过转让球员赚取巨额转会费也能使俱乐部产生大量收入,因此全面了解拟收购俱乐部的人员(尤其是球员)的情况是尽职调查中的重点问题。

通过核查各球员的工作合同,对签署工作合同的球员的具体情况做出了解。包括球员姓名、性别、合同期限、月职位工资等。同时,应对球员的层次进行评价,包括一线队球员多少人,是否全部签订工作合同;多少人为固定期限合同,多少人为按照赛季计算的合同期限,其中应特别关注球员工作合同的期限。另外,按照行业惯例,还应当核查拟收购俱乐部是否与部分球员就"奖励条件及金额"另行签订的补充协议,核查内容为奖励人员、奖励条件、奖励金额、发放时间等。

另外,拟收购俱乐部的教练员团队也应做出调查,包括教练员姓名、资质及相关资格证书、合同期限以及职位工资的多少。

关于拟收购俱乐部是否为员工办理社会保险以及商业保险的情况也应在调查报告中有所阐述,对职工福利、奖励及其他内部管理制度应当进行说明,必要时还应当对相关管理制度进行评价。具体内容包括拟收购俱乐部是否制定了《员工工作制度》,是否包括工作与休息时间、考勤管理、加班、出差、请假、考核和工作规范等制度,工作制度是否符合《劳动法》的相关规定。《员工工作制度》是否适用于拟收购俱乐部内的各级别球队及其教练员和球员,是否还有另外制定的其他用于球队管理的规章制度等。

是否存在根据比赛成绩进行奖赏的制度，奖金标准为多少。

根据拟收购俱乐部提供的材料及通过中国足球协会仲裁委员会仲裁系统的查询结果，了解拟收购俱乐部工作合同争议案件情况，例如发生争议的球员姓名、案件大概事由、是否已经开庭审理，是否已经审结等。重点关注有无存在集体劳动纠纷情况。

需要严格把控拟收购俱乐部是否存在高级管理人员激励计划及其与公司间关联交易的情形，并对拟收购俱乐部人力资源做出恰当的法律评价。应对拟收购俱乐部管理层和核心成员的道德信用，是否存在任何不良记录的证据，有无涉及或可预见的诉讼或仲裁，有无被相关政府部门调查的记录进行调查。确认拟收购俱乐部有无因其高管和核心成员的道德风险引发其他诸如经营、法律、财务等风险的可能。由于中国目前的信用体系并不完备，调查手段有限，这些结论仅依据拟收购俱乐部对相关情况的确认及部分人民银行信用报告做出即可。

9.因为足球比赛竞争激烈，观赏性强，现场观众多，人员高度密集，如果安全措施不到位，极易出现问题，甚至发生拥挤踩踏等群死群伤事故。所以安保情况也是考验一个足球俱乐部的关键环节。应当调查了解拟收购俱乐部是否发生过安全事故和其他安全问题，有无发生因安全问题而导致的行政处罚、政府调查及相关诉讼或赔偿，以及以后是否存在可能发生类似事件的风险。根据拟收购俱乐部提供的相关情况介绍，了解拟收购俱乐部对其赛事安全的保障措施做了哪些工作。比如拟收购俱乐部是否建立赛事安全保障体系，是否设立球迷及后勤部，由谁负责与赛区体育行政管理机关、公安机关协调，从而协助前述两家机关对场馆设施、比赛现场等进行管理。

另外，根据公安部、国家体育总局《大型群众性活动安全管理条例》及《加强全国足球比赛安全管理工作的规定》，足球俱乐部应当与保安服务公司签订安保服务协议，委托专业安保公司为赛区赛事提供安全保障，且安保协议应当就外围道路交通协调、场外缓冲区安保、通道安保、验读安保、看台区安保、内场安保、消防、医疗以及应急备勤等进行约定。

调查以上信息后，应当对拟收购俱乐部对赛事安全的保障措施得当做出相应分析评价，就是否存在重大安全事故发生做出结论。确认拟收购俱乐部目前有无实际存在或可预见的因安全问题所导致的政府调查、劳动仲裁或诉讼，有无潜在赔偿事故以及安全隐患等。

10.对拟收购俱乐部的诉讼、仲裁及行政处罚情况进行调查。根据拟收购俱乐部提供的材料及企查查APP、中国足球协会仲裁委员会仲裁系统显示进行调查，对拟收购俱乐部是否存在未决诉讼具体情况做出披露。披露内容应当包括原被告双方主体信息、审理机构、案由、争议标的、涉案金额以及案件目前进展情况。

根据拟收购俱乐部确认，对拟收购俱乐部是否存在任何政府或当地机关展开调查的情况做出判断，是否存在任何影响公司或其股东、高级管理人员或雇员的调查或争议。对拟收购俱乐部诉讼、仲裁及行政处罚作出法律评价。根据拟收购俱乐部确认，经调查者核查，判断拟收购俱乐部运行情况是否正常，是否存在任何实际进行或可预见的政府调查、行政处罚或重大诉讼，是否存在由政府或当地机关展开的能够影响任何拟收购俱乐部高级管理人员或雇员的调查或争议，能否对公司财务和信用状况造成重大影响，亦或影响拟收购俱乐部将要进行的本次并购等情况。

第十章
足球与纪律处罚制度

足球比赛作为竞技运动之一，在其比赛前、比赛过程中及比赛后都有可能出现各种各类的违规行为。对于足球比赛过程中发生的违规违纪事件，国际足联及各会员协会通过相应的纪律委员会根据相关的《准则》予以审理后作出处罚或者不处罚的决定。

现对《中国足协纪律准则》及《亚足联纪律与道德准则》纪律处罚制度予以介绍，期待引起相关人员的重视。

第一节 纪律委员会与处罚权

《体育法》第47条规定，在竞技体育中从事弄虚作假等违反纪律和体育规则的行为，由体育社会团体按照章程规定给予处罚。中国足协是全国足球运动领域的非营利性体育类社团法人，是代表中国参加国际足球组织的唯一合法机构，是唯一代表中国的国际足联和亚足联的会员。中国足协有权对违反国际足联、亚足联及《中国足协章程》《足球竞赛规则》和有关规定，以及有损于足球比赛的行为进行监管和处罚[1]。

---

[1] 中国足球协会："中国足球协会章程（2019）"，载 http://www.thecfa.cn/xhzc/20191204/28392.html.

中国足协作为主体的处罚有两种表现形式，一种是针对协会会员作出的暂停、取消和开除会员资格的处罚；另一种是以各级国家队的名义对入选国家队的球员所作出的处罚，处罚依据为《各级国家足球队运动员管理规定实施细则》，如2019年对张鹭、郭田雨、周俊辰、王燊超等取消国家队男子足球队征召资格的处罚。

《中国足协章程》第四章第52条确认了纪律委员会的法律地位，纪律委员会不但是足协的分支机构之一，也是三大法律机构之一。其依据《中国足协纪律准则》对中国足协所管辖的各项赛事中的违规违纪行为进行调查与听证，并作出处罚。

目前，中国足协纪律委员会共有9人，其中主任1名，副主任1名，委员7名，全部由足协外人士担任，包括大学教授、律师和已退休的足球工作者，既保证纪律委员的独立性，也体现了委员的专业性和所代表地域的广泛性。此外，纪律委员会设执行秘书1人，负责整理案件材料、会议组织与记录、公布决定等行政管理工作。实践中，纪律委员会作出的处罚决定是最常见的处罚形式。

第二节　纪律处罚依据

《中国足球协会纪律准则》（以下简称《纪律准则》）是中国足协纪律委员会在作出纪律处罚决定时最主要的依据。《纪律准则》分为前言、通则、罚则、纪律委员会的组织和工作、附则五个主要章节，与国际足联和亚足联的编排体例和要求大体一致。此外《中国足协章程》、各赛事的竞赛规程、足协管理性规定、法院判决书[1]等也作为纪律处罚的依据。

一、适用范围

依据《纪律准则》，中国足协纪律委员会的管辖范围是中国足协管理下与足球运动有关的活动。具体来讲，包括国内各项联赛，如中超、中甲、

---

[1] 如《中国足球协会职业足球俱乐部转让规定》《中国足球协会球员身份与转会管理规定》《中国足球协会球员代理人管理规定》等规定中对有关行为的罚则。

中乙、中冠、青超、女子（女超、女甲）、五人制（五超、五甲）等；国内各项杯赛，如足协杯、超级杯等；国内其他赛事，如中国足协组织的选拔赛、训练营等赛事。

此外，对会员协会主办赛事中所出现的违规违纪行为，主办协会在作出处罚并报中国足协纪律委员会备案后，中国足协纪律委员会可将以上处罚扩展至全国范围内予以执行，并享有保留对违规人员进一步追加处罚的权利。

二、适用主体

纪律处罚的适用主体包括以下自然人和组织：

1. 中国足球协会所属各会员协会；

2. 各会员协会所属足球组织和个人；

3. 球员，包括各年龄段，无论是职业或业余，关键看是否参加中国足协举办的比赛；

4. 官员，指在中国足协及其会员协会或是俱乐部（球队）中从事与足球运动有关活动的任何人，尤其指俱乐部官员，包括俱乐部经理、领队、教练员、队医、翻译、队务等；

5. 比赛官员，指中国足协或会员协会指派的和比赛有关的人员，包括裁判员、助理裁判员、第四官员、视频助理裁判员（VAR）、比赛监督、裁判监督及安全官员等；

6. 代理人，指代表球员或俱乐部为达成并签署转会协议或签订工作合同而进行谈判的自然人或法人，[1] 其罚则规定在《中国足球协会代理人管理规定》；

7. 中国足球协会授权的任何人，尤其是和中国足球协会组织的比赛、赛事或其他活动相关的人员；

8. 其他与中国足球协会行业管理有关的单位或个人。

实践中，最主要的处罚对象为球员、官员、俱乐部和赛区。以2018年为例，中国足协纪律委员会共作出112份处罚决定，其中针对球员的处罚

---

[1] 中国足球协会："中国足球协会球员代理人管理规定（2018）"，载http://www.thecfa.cn/zuqiujingjiren/20180205/22706.html.

有 53 份，占罚单总数的 47%；针对官员的处罚为 31 份，占比 28%；针对俱乐部的处罚为 21 份，占比 19%；针对赛区的处罚为 7 份，占比 6%。具体分布见下图：

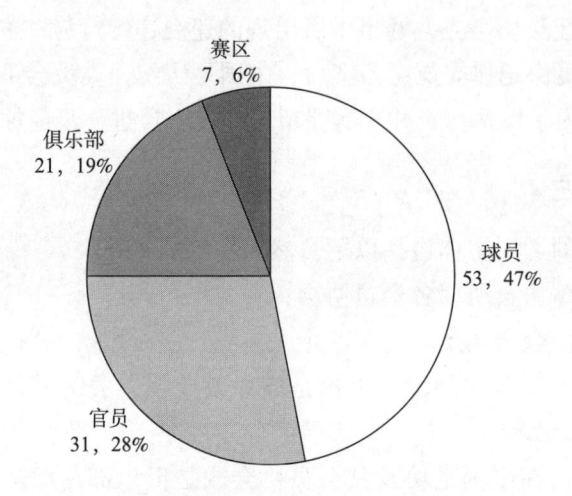

图 10-1：2018 年中国足协纪律处罚对象分布图

第三节　纪律处罚类型

处罚种类可根据不同适用主体分为以下三种情况。[1]

第一，对自然人和组织均适用的处罚：

① 警告。② 通报批评。③ 罚款。④ 退回奖项。⑤ 禁止转会。⑥ 取消注册资格。⑦ 禁止从事任何与足球有关的活动。

第二，仅适用于自然人的处罚：

① 警告（黄牌）。② 罚令出场（红牌）。③ 停赛。④ 禁止进入球员休息室和/或替补席。⑤ 禁止进入体育场（馆）。⑥ 参加社会公益活动。

第三，仅适用于组织的处罚：

① 进行无观众的比赛。② 在中立场地进行比赛。③ 禁止在某体育场

---

[1] 中国足球协会："中国足球协会纪律准则（2019）"，第十二条、第十三条和第十四条，载 http://www.thecfa.cn/jlzz/20190226/26400.html。

（馆）比赛。④减少转会名额。⑤限制引进外籍球员。⑥取消比赛结果。⑦比分作废。⑧扣分。⑨取消比赛资格。⑩降级。

《纪律准则》中的以上三种分类均将中国足协规定的其他处罚作为兜底性条款。除了由裁判员在比赛中作出的警告（黄牌）和罚令出场（红牌）外，足协纪律委员会作出较多的处罚类型有警告、通报批评、罚款、停赛、禁止进入球员休息室或替补席、禁止进入体育场（馆）等。下文将选取取消注册资格、比分作废和进行无观众比赛这三类处罚，通过相关案例进行介绍。

（一）取消注册资格

取消注册资格是指取消会员协会、俱乐部球队或个人在中国足协注册的资格。实践中主要见于取消职业俱乐部的注册资格，处罚事由通常为欠薪或者其他重大违规违纪行为（如武汉宏兴队恶性事件，见下文）。

◆ 案例 ◆

严重球场暴力和弄虚作假而被取消注册资格案

2016年5月11日，中国足球协会杯赛第四轮，武汉某足球俱乐部队（简称"武汉某队"）和江苏苏宁足球俱乐部苏宁易购队（简称"江苏苏宁队"）的比赛在武汉市汉口文化体育中心举行。在该场比赛中，武汉某队多人殴打江苏苏宁队官员和球员，同时武汉某队存在弄虚作假，多名球员存在冒名顶替的情形，造成极其恶劣的社会影响。

2016年5月17日，中国足协纪律委员会作出处罚决定：取消武汉某足球俱乐部注册资格；该场比赛比分作废，计为武汉某队0:3负；罚款人民币20万元。[1]该案涉事的两名官员和六名球员被终身禁止从事任何与足球有关的活动，四名球员被停赛36个月，十名球员被停赛24个月。[2]

---

[1] 中国足球协会："关于对武汉市宏兴柏润足球俱乐部违规违纪的处罚决定"，载http://www.thecfa.cn/cftz/20160520/7739.html。

[2] 中国足球协会："关于对武汉市宏兴柏润足球俱乐部张震等22名官员、运动员违规违纪的处罚决定"，载http://www.thecfa.cn/cftz/20160520/7738.html。

◆ 案例 ◆

因欠薪而被取消俱乐部注册资格案

2018年7月11日，沈阳某足球俱乐部[1]、安徽某足球俱乐部[2]因欠薪问题，被中国足协纪律委员会取消注册俱乐部资格。

2019年2月28日，大连、上海、深圳、海南等四家足球俱乐部同样因存在欠薪行为而被取消注册资格。[3]

相关法条：

《纪律准则》

第六十四条　罢赛

参赛球队中断比赛超过规定时间（指超过裁判员认定的计时开始时间5分钟）的，视为罢赛。对于罢赛的俱乐部除将被判定0:3负于对方（实际比分高于0:3的以实际比分计）外，将给予取消注册资格并罚款的处罚。

第七十一条　更改年龄、身份造假

当年度参加比赛的球员、俱乐部（队）官员或者俱乐部（队）弄虚作假，球员更改年龄、以大打小、冒名顶替等的，分别给予下列处罚：

（一）球员：通报批评、停赛、限制或禁止转会、取消注册资格（上述处罚可并用）。

（二）俱乐部（队）官员：警告、通报批评、停赛、罚款、禁止从事任何与足球有关的活动等（上述处罚可并用）。

（三）俱乐部（队）：

1. 参加中超、中甲、中乙、女超和女甲联赛的俱乐部队每出现1人次，给予至少1万元罚款，如该球队累计达到3人次的，除罚款外，并将给予警告、通报批评、减少转会名额或禁止转会、限制引进外籍球员、扣分、取消该球队当年度所有参赛资格、降级等处罚。

---

〔1〕中国足球协会："关于取消沈阳东进足球俱乐部注册资格的处罚决定"，载 http://www.thecfa.cn/cftz/20180711/24024.html。

〔2〕中国足球协会："关于取消安徽合肥桂冠足球俱乐部注册资格的处罚决定"，载 http://www.thecfa.cn/cftz/20180711/24025.html。

〔3〕中国足球协会："关于取消大连超越、上海申梵、深圳人人、海南博盈足球俱乐部注册资格的处罚决定"，载 http://www.thecfa.cn/cftz/20190228/26417.html。

2.其他俱乐部队每出现1人次,给予通报批评;达到3人次的,参照前款处罚处理。

第七十二条　其他弄虚作假行为

自然人或组织在执行中国足球协会的各项管理规定中,以各种不正当手段掩盖事实真相、弄虚作假的,根据情况分别给予下列处罚:

(一)自然人:警告、通报批评、罚款、停赛、禁止转会、取消注册资格、禁止从事任何与足球有关的活动。

(二)组织:罚款、禁止转会、扣分、降级、取消注册资格等以及其他处罚。

前款各项处罚可以独立或合并使用,同时,可以根据《中国足球协会注册管理规定》进行处罚。

第七十四条　不正当交易

自然人或组织违背体育道德,丧失体育精神,为谋取不正当比赛成绩或不正当利益进行不正当交易的,经纪律委员会认定,给予下列处罚:

(一)自然人:罚款、禁止从事任何与足球有关的活动。

(二)组织:罚款、扣分、降级或取消注册资格。

(三)中国足球协会规定的其他处罚。

前款各项处罚可以独立或合并使用。

第七十九条　违反或者不执行中国足球协会以及国际体育仲裁法庭、国际足联、亚足联决定或裁决

自然人或组织违反或者不执行上述组织及其相关机构的决定或裁决,中国足球协会可以作出下列处罚:

(一)追加罚款、暂停参赛、减少转会名额、扣分、取消注册资格等。

(二)对不服从国际体育仲裁法庭、国际足联或亚足联裁决且拒付罚款及相关款项的组织,将从联赛保证金或分成款中扣除有关款项,以支付国际体育仲裁法庭、国际足联或亚足联裁定的款项。如罚款数额超出联赛保证金或分成款数额且该俱乐部拒付超出部分的,将依据本条第1款追加处罚。

(三)本会其他规范性文件有特别规定的,按特别规定执行。

第八十五条　欠薪

凡经中国足球协会仲裁委员会、中国足球协会具有相应权限的机构

或国家法定有权机构认定，俱乐部拖欠球员、教练员工资与奖金的，将根据情节严重程度，给予俱乐部警告、罚款、扣分、降级或取消注册资格的处罚。

（二）比分作废

比分作废是指受处罚的球队计为0:3输掉比赛，如果场上比分超过0:3，则以实际比分为准。

实践中主要处罚事由为俱乐部（队）使用无比赛资格的球员。天津泰达足球俱乐部曾因违规使用球员而被处比分作废的处罚。

◆ 案例 ◆

2015年10月26日，中超俱乐部预备队联赛，天津某足球俱乐部队与北京国安足球俱乐部队的比赛在天津市奥体中心举行。该场比赛中天津队球员惠某在未报名的情况下上场比赛。

2015年11月6日，中国足协纪律委员会对天津队作出处罚决定，即本场比赛比分作废，计为天津0:3负，并被罚款3万元。[1]

该处罚所依据的条款为《纪律准则》（2015年版）第61条"无比赛资格"。如果运动员不具备比赛资格而参加了正式比赛，其所在球队将被处罚比分作废，并处以至少3万元的罚款。本案中，天津队使用不具备比赛资格的球员上场比赛，构成了对该规范的违反。关于其他适用比分作废的情形，若参赛球队被认定为延误比赛或弃赛，或者相关俱乐部之间存在关联关系，有关球队也可能会面临比分作废的处罚。[2]

相关法条：

《纪律准则》

第六十一条　无比赛资格

如果球员不具备比赛资格而参加了正式比赛，其所在球队将被给予比分作废的处罚，并处罚款至少4万元。

---

[1] 中国足球协会："关于对天津泰达俱乐部泰达权健队违规违纪的处罚决定"，载http://www.thecfa.cn/cftz/20151112/7792.html。

[2] 中国足球协会："中国足球协会纪律准则（2019）第六十二条、第七十五条"，载http://www.thecfa.cn/jlzz/20190226/26400.html。

第十章　足球与纪律处罚制度

第六十二条　延误比赛、弃赛

除不可抗拒的因素外，参赛球队未按规定时间（指中国足球协会规定的开赛时间）或人数参加比赛的，或因参赛球队原因不能按时开赛的，视为延误比赛；延误比赛超过规定时间（指超过裁判员认定的计时开始时间5分钟）的，视为弃赛；参赛球队中断比赛虽未超过规定时间（指超过裁判员认定的计时开始时间5分钟）但造成不良影响的。上述情形可根据情节给予下列处罚：

（一）罚款。

（二）比分作废。

（三）扣分。

（四）禁止转会。

（五）其他处罚。

前款各项处罚可以独立或合并使用。

对责任人将按本准则第13条的规定给予相应处罚。

第七十五条　关联关系

凡经相关委员会或纪律委员会认定某两个或多个俱乐部之间存在"关联关系"，未按中国足协规定进行剥离的，给予下列处罚：

（一）罚款。

（二）比分作废。

（三）扣分。

（四）取消比赛资格。

（五）降级。

（六）其他处罚。

前款各项处罚可以独立或合并使用。

（三）进行无观众比赛

无观众比赛是指要求会员协会（赛区）和俱乐部的球队在没有观众的情况下进行某一场比赛。下文以部分赛区被处罚进行无观众比赛为例说明其所适用的处罚事由。

◆ 案例 ◆

2006年8月12日，中国足球协会杯赛第四轮，上海足球俱乐部队与山东足球俱乐部队的比赛在陕西可口可乐体育场举行。在该场比赛中，部分主队球迷向体育场内投掷矿泉水瓶等杂物，将山东队领队头部击伤。比赛结束后，部分球迷以矿泉水瓶等杂物攻击客队车辆，并将客队车辆的数块玻璃击碎，严重破坏了赛场秩序，造成恶劣社会影响。

2006年8月18日，纪律委员会依据《全国足球赛区安全秩序规定》（以下简称《赛区安全规定》）第19条，对西安赛区作出处罚，即在中超联赛第二十三轮的西安主场比赛中进行无观众比赛，并对西安赛区罚款5万元[1]（另一个细节是中国足协纪律委员会曾于4月29日就西安赛区部分球迷赛后围堵并攻击客队车辆的行为对该赛区提出过通报批评的处罚）[2]。这是自中国足协举办相关比赛以来，足协首次作出无观众比赛的处罚。

此后中国足协纪律委员会作出过三次同类处罚。

◆ 案例 ◆

2016年7月16日，湖南赛区的比赛中有部分主队球迷在看台内殴打客队球迷，被足协纪律委员会处罚进行无观众比赛一场。[3]

◆ 案例 ◆

2016年10月15日，贵阳赛区有球迷在比赛场内燃放冷焰火，向场内投掷矿泉水瓶，赛后大量球迷冲入场内并有个别球迷企图攻击裁判，同样被处罚进行无观众比赛一场。[4]

---

[1] 中国足球协会："关于对西安赛区违规违纪的处罚决定"，载 http://www.thecfa.cn/cftz/20060818/8274.html.

[2] 中国足球协会："关于对西安赛区违规违纪的处罚决定"，载 http://www.thecfa.cn/cftz/20060429/8283.html.

[3] 中国足球协会："关于对湖南赛区（湖南湘涛俱乐部华莱队主场）违规违纪的处罚决定"，载 http://www.thecfa.cn/cftz/20160720/7692.html.

[4] 中国足球协会："关于对贵阳赛区（贵州恒丰智诚俱乐部队主场）违规违纪的处罚决定"，载 http://www.thecfa.cn/cftz/20161029/7615.html.

第十章　足球与纪律处罚制度

◆ **案例** ◆

2017年7月1日，保定赛区安保工作不到位，赛后多名人员围堵休息室，指责、谩骂裁判员，并发生多人殴打裁判组的恶性事件，纪律委员会对保定赛区予以进行无观众比赛一场的处罚。[1]

以上关于进行无观众比赛的处罚均依据《赛区安全规定》第19条。自2018年起，《纪律准则》修订过程中增加了"赛区秩序"一节，将《赛区安全规定》中有关赛区违反规定所面临的处罚纳入到纪律准则中，此后的处罚将依据《纪律准则》（2019年版）第92条。

此外，进行无观众比赛也会针对俱乐部（队）的违规违纪行为作出，如《纪律准则》中的第66条歧视条款和第84条商务条款。

需要指出的是，进行无观众比赛有时并不是一种处罚手段，而可能仅是对某种特殊情况的应对措施。2012年9月22日，由于辽宁沈阳赛区因特殊情况无法安排比赛，中国足协曾将辽宁宏运和杭州绿城的比赛放在香河基地进行无观众比赛。[2]

相关法条：

《纪律准则》

第六十六条　歧视

对他人的种族、肤色、性别、语言、宗教等，采取蔑视、歧视或诋毁的言论或行为，将视作违规违纪。

（一）个人违规违纪的，将视情节严重，给予禁止从事任何与足球有关的活动至少3个月，并处罚款至少10万元。

（二）俱乐部（队）违规违纪的，将给予无观众比赛至少1场的处罚，并处罚款至少20万元。

（三）如同一俱乐部（队）中同时有多人违纪或其他加重情节，俱乐部（队）将被扣除当前或未来赛事积分3分；或（在无积分的比赛和赛事）取

---

[1] 中国足球协会："关于对保定赛区（保定英利易通足球俱乐部容大队主场）违规违纪的处罚决定"，载 http://www.thecfa.cn/cftz/20170705/19010.html。

[2] 搜狐体育："中超将再现'无观众'比赛 辽宁战绿城移至香河"，载 http://sports.xinhuanet.com/c/2019-03/26/c_1124286278.htm。

消俱乐部（队）参加当前或未来赛事的资格。

（四）如俱乐部（队）的支持者（球迷）违规违纪，该俱乐部（队）将被给予罚款至少 50 万元，并按照本准则的规定进行进一步处罚。

第八十四条　未遵守相关赛事商务管理规定的要求，对赛事整体形象和利益造成恶劣影响的自然人或组织，将受到下列处罚：

（一）球员：至少停赛 1 场。

（二）官员及其他人员：至少禁止进入体育场（馆）1 场。

（三）俱乐部（队）：进行无观众比赛、禁止在某体育场（馆）比赛、扣分、降级或其他处罚。

第九十二条　赛区出现下列情况之一，将予以进行无观众比赛、禁止在某体育场（馆）比赛、在中立场地进行比赛等处罚，并给予 5 万元以上，20 万元以下的罚款：

（一）观众大规模向场内投掷饮料瓶等杂物，使比赛多次中断或较长时间中断，或造成重要伤害。

（二）大量观众强行进入赛场，使比赛中断且难于继续进行。

（三）大量观众围堵、攻击裁判员、运动员、赛区工作人员及所乘车辆，较长时间未能制止，或造成伤害。

（四）观众之间在较大范围内发生冲突或相互攻击，虽然被制止，但造成重要伤害。

第四节　纪律处罚事由

本文所称处罚事由，指的是被处罚人或组织的违规违纪行为，即纪律准则中罚则内容。实务中最常见的违规违纪行为主要为球场上的不当行为，如指责、辱骂、严重犯规、暴力行为、打架等。本节将介绍三种不遵守规定、不尊重比赛相关仪式、医疗设施不符合要求的违规违纪行为。

第十章　足球与纪律处罚制度

（一）不遵守决定

◆ 案例 ◆

扣除联赛积分案

2019年3月7日，国际足联纪律委员会向中国足协发函，称青岛某足球俱乐部（以下简称"青岛"）未在规定时间内执行其2018年12月10日作出的裁判决定。根据《国际足联纪律准则》（2017年版），俱乐部如果未在规定期限内履行其义务，将面临扣分或降级的处罚。3月25日，中国足协纪律委员会对青岛作出扣除其在2019赛季中国足球协会乙级联赛积分6分的处罚。[1]

无独有偶，保定某足球俱乐部（以下简称"保定"）也因未遵守中国足协仲裁委员会的裁决而受到处罚。2018年10月19日，中国足球协会仲裁委员会作出调解书（[2018]足仲调字第218号），保定同意于2018年11月19日前向天津某俱乐部（以下简称"天津"）支付相关款项。根据2019年3月29日、9月17日天津向中国足球协会纪律委员会提交的书面申请，保定一直拒绝履行中国足协仲裁委员会的调解书。2019年9月20日，中国足协纪律委员会对保定作出扣除其在2019赛季中国足球协会乙级联赛积分6分处罚[2]。

关于以上对未遵守决定的处罚的依据为《纪律准则》第79条，即自然人或组织违反或者不执行中国足球协会以及国际体育仲裁法庭、国际足联、亚足联及其相关机构的决定或裁决，中国足球协会可以作出追加罚款、暂停参赛、减少转会名额、扣分、取消注册资格等处罚。

近年来，国际足联特别重视对不遵守决定（failure to respect decisions）行为的追责，在2019年新修订的《国际足联纪律准则》中强化了纪律委员会的督促功能，进一步支持执行国际足联争议解决庭和球员身份委员会所作出的有关财务和非财务的决定或调解协议。相应地，这也成为中国足协

---

[1] 中国足球协会："关于对青岛中能足球俱乐部未执行国际足联裁决的处罚决定"，载 http://www.thecfa.cn/cftz/20190325/26587.html。

[2] 中国足球协会："关于对保定英利易通足球俱乐部未执行中国足协仲裁调解书的处罚决定"，载 http://www.thecfa.cn/cftz/20190920/28080.html。

纪律委员会关注的重点，2019年两次因俱乐部未执行决定而作出扣分的处罚也从实践方面印证了这一点。

（二）不尊重比赛相关仪式

◆ 案例 ◆

不尊重国歌案

2018年10月28日，中超联赛第二十七轮上演一场焦点大战，上海上港集团足球俱乐部队（以下简称"上海上港队"）坐镇上海体育场对阵来访的山东鲁能泰山足球俱乐部队（以下简称"山东鲁能队"）。赛前奏唱国歌仪式时，转播画面中出现了山东鲁能队外援塔某低头摸脸的一幕。2018年10月31日，中国足协纪律委员会以塔某在奏唱国歌时举止不庄重并造成不良社会影响为由，依据《纪律准则》第104条作出停赛一场的处罚决定。

关于塔某的行为，无法在2018年版的《纪律准则》中找到对应的规范，同时在《中国足协章程》《足球竞赛规则》以及《2018中国足球协会超级联赛规程》等规定中也未予规制，这样就很难把他的行为判定为普通的违规或违纪行为。尽管《国歌法》第7条规定"奏唱国歌时，在场人员应当肃立，举止庄重，不得有不尊重国歌的行为"，这一条为公民在奏唱国歌仪式时提出了行为规范，塔某的动作未达到举止庄重的标准，可解释为构成了对该规范的违反，但《国歌法》中却未对违反该规范的行为的法律责任作出规定。尽管《国歌法》第15条对侮辱国歌的行为明确了法律责任，公安机关可作出警告或15日以下拘留的行政处罚，构成犯罪的，还将依法追究刑事责任。但是通过解读第15条所列举的侮辱国歌行为，即在公共场合，故意篡改国歌歌词、曲谱，以歪曲、贬损方式奏唱国歌，或者以其他方式侮辱国歌，显然塔某"摸脸"的动作没有达到侮辱国歌的程度，不构成追究行政责任的地步，更无需提刑事责任。

基于以上情况，如何追究塔某举止不庄重的责任成为一个棘手的问题。最后，足协纪律委员会通过行业内纪律处罚的方式对该球员作出停赛一场的决定，宣示了所有足球从业人必须维护中华人民共和国国歌奏唱仪式的严肃性。因此，某种意义上说，这也为《国歌法》第7条的法律适用提供一种借鉴。

第十章 足球与纪律处罚制度

其实，类似行为在篮球领域也有处罚的案例，仅 2019 年就有三起相关的处罚。3 月 28 日，CBA 联赛官网公布对北京首钢队籍球员艾伦予以严重警告并罚款人民币 1 万元的处罚，理由是该球员在赛前举行升国旗奏国歌仪式时存在举止不庄重的行为，并具体解释该行为是做向后蹬腿的拉伸动作。[1] 2019 年 4 月 16 日，广东东莞银行队外籍球员马尚也被作出同样的处罚，理由是在举行升国旗奏国歌仪式过程中（低头）未行注目礼。[2] 2019 年 12 月 7 日，南京同曦宙光队球员雅布也因与布鲁克斯同样的违规理由被予以同样的处罚。[3] 此外《中国篮球协会纪律准则和处罚规定》中也明确说明运动员未在奏唱国歌仪式中肃立并行注目礼是违规行为。由此，可以推定中国篮协对于球员在升国旗奏国歌时举止庄重的具体标准应是保持肃立并行注目礼，不可以做其他动作。中国足协在新修订的 2019 年版《纪律准则》中，将第 68 条"未完成比赛礼仪或相关仪式"修改为"未尊重并完成比赛礼仪或相关仪式"，增加"尊重"二字可以更完整地表现该条款所保护的规范意义。

（三）医疗设施不符合要求

◆ 案例 ◆

医疗设施不合规罚款案

2020 年 2 月 20 日，亚足联官网公布了一批处罚决定，其中有三份是针对中国足球协会作出的，处罚事由均是医疗设施问题。2019 年 10 月 22 日，2020 年室内五人制亚洲杯预选赛在中国举行，在中国队对阵蒙古队的比赛中，中国赛区在比赛中未配备医疗室，违反了《亚足联竞赛组织手册》（AFC Competition Operations Manual）第 71 条"体育场（馆）医疗室"的规定，中国足协受到罚款两万美元的纪律处罚；10 月 23 日中国队对阵中国

---

[1] 新京报网："升国旗仪式时举止不庄重，首钢外援杰克逊挨罚"，载 http://www.bjnews.com.cn/sport/2019/03/28/561656.html.

[2] 东方体育："升国旗奏国歌仪式未行注目礼 广东布鲁克斯被罚 1 万"，载 https://sports.eastday.com/a/190416191040271000000.html.

[3] 中职篮官网："关于南京同曦宙光队球员雅布赛莱的处罚公告"，载 https://www.cbaleague.com/#/news/announcement/detail/110.

香港队的比赛中，中国赛区在比赛场馆内同样未配备医疗室，中国足协被罚款两万美元；10月26日，中国队与韩国队的比赛中，中国赛区在比赛开始前90分钟内未在体育馆内提供两辆救护车，违反了《亚足联竞赛组织手册》第70条"体育场（馆）救护车"的规定，中国足协因此被亚足联处罚三千美元。

据了解，五人制亚洲杯预选赛的比赛在鄂尔多斯体育中心举行，当地承办方缺乏国际赛事组织经验，中国足协显然未尽到指导或监督义务，致使赛事医疗方面未达到亚足联的要求。未来中国足协将接连承办世俱杯和亚洲杯两大国际性赛事，以上处罚为中国足协的筹备工作敲响了警钟。

第五节　纪律处罚程序

中国足协纪律处罚程序主要包括纪律程序的启动、听证程序、委员评议、决定公布四个步骤。

一、纪律程序的启动

中国足协纪律委员会的工作启动方式可分为依申请启动和依职权启动。

依申请启动是指纪律委员会在收到足协赛事管理部门移交的书面报告及相关证据后而启动工作程序。书面报告及证据主要包含以下几类：首先，实践中最常见的是比赛官员提交的对于某场足球比赛中发生的违规违纪行为，该场比赛的裁判组、比赛监督、裁判监督及赛区委员会会在赛后提交违规违纪报告和相关证据材料。其次，中国足协的会员协会、与比赛相关的俱乐部或球队同样可就比赛中的违规违纪行为提交书面报告和证据。此外，中国足协内部各工作部门或专项委员会也可以针对比赛中或比赛外的违规违纪行为向纪律委员会提交报告。最后，《纪律准则》中提到观众可以通过向赛区委员会或会员协会提交书面报告的形式进行投诉。观众投诉的方式在实际工作中并不常见。

与仲裁委员会严格遵循"不告不理"原则不同，纪律委员会可在没有申请的情况下，依职权对其发现的违规违纪行为启动纪律处罚程序。这说明纪律委员会的工作并不总是被动的，为严肃赛风赛纪、保证赛事有序运行，对于如弄虚作假、违背公平竞赛、不遵守决定、发表不负责任言论以及欠薪等行为，纪律委员会会主动依职权而启动工作程序。

二、听证程序

听证程序，是源于行政法上的概念，是指行政机关在作出行政处罚之前，举行专门的会议，为当事人提供就案件事实进行申辩和质证的机会，其实质就是听取利害关系人的意见。[1]体育纪律处罚中的听证程序，指体育组织为了查明案件事实，在作出纪律处罚决定前，通过一定形式听取相关当事人的申辩意见。听证是纪律处罚一项基本的程序性制度[2]，是当事人行使申辩权利的重要途径，也是实现处罚公正的有力保障。在体育纪律处罚程序中，当事人的听证权应当包括获得通知、口头听证、法律代理、要求提供处罚理由等权利。[3]

中国足协在2002年开始建立听证会制度，[4] 2017年将听证程序正式写入《纪律准则》，[5]但关于纪律委员会听证制度的现有规定过于原则和简单，关于听证的范围、告知事项、听证人员、听证参加人的权利、是否允许法律代理、听证会的流程等许多重要内容均未说明。以下笔者将结合实务就听证程序有关的问题作简要说明。

首先关于听证的案件范围。实践中，需要听证的案件有以下两种类型：一种情形是违规违纪的行为性质比较严重或造成的影响比较恶劣，这种案件的当事人所面临的处罚一般也比较严重，此类听证案件以行为或处罚结果的严重程度划分为标准；另一种情形是案件事实认定存在较大困难，需通过听证会充分质证核实，此类案件的出发点是为查清事实真相，实现程序和结果的正义，此类听证案件是以事实是否清楚、证据是否充分为划分标准。

---

[1] 马怀德："论行政听证程序的基本原则"，载《政法论坛》1998年第2期。

[2] 韩勇："体育纪律处罚研究"，北京体育大学2006年博士学位论文。

[3] Van Kleef R. The legal status of disciplinary regulations in sport[J]. The International Sports Law Journal, 2014, 14(1-2): 24-45.

[4] 郭树理："体育组织内部纪律处罚与纠纷处理机制的完善——以中国足球协会为例"，载《法治论丛》2003年第3期。

[5] 中国足球协会："中国足球协会纪律准则（2017）第96条"，载http://www.thecfa.cn/jlzz/20170302/8333.html。

其次关于通知义务。在召开听证会前，纪律委员会通过向当事人发送听证通知的形式履行信息告知的义务。目前的听证通知一般包含听证的时间地点、违规或违纪行为和听证的注意事项，缺少拟作出纪律处罚的种类、理由和依据等相关信息。

最后关于听证的形式，足协主要采用以下三种方式：当场听证（即口头听证）、电话听证和书面听证。其中当场听证是最正式和规范的形式，纪律委员会当面听取当事人的陈述和申辩，更有利于了解案件事实和当事人对违规违纪行为的认识态度。书面听证是最常见的听证方式，对于违规违纪事实比较清楚的案件，纪律委员会通过让当事人提交书面情况说明的方式行使陈述申辩的权利。至于电话听证，实践中并不常见，主要作为一种补充手段。

听证程序是纪律处罚一项基本的程序性制度，是当事人行使申辩权利的重要途径，也是实现处罚公正的重要保障，当事人应充分珍惜这项陈述和申辩的权利。同时，听证会上当事人的态度亦至关重要，纪律委员会会考虑当事人对违规行为的认识程度，可能因此而在处罚的区间范围内作出从轻或者从重的处罚。

三、委员评议

对于一般违规违纪行为，纪律委员会采用合议或通讯的工作方式；对于重大或疑难的案件，则通过全体会议的方式研究处理，会议由纪律委员会主任参加并主持。目前，纪律委员会尚不存在简易程序和独任审理机制。关于处理决定，一般通过表决的形式通过，至少3人以上的委员参与表决，参与表决的人数过半同意才可通过。对于表决无法过半数的情况，主任拥有最终决定权。

纪律委员会在案件评议时，通常会综合考虑和违规事件相关的所有情况，尤其是被处罚对象的年龄、既往史、个人情况、违规的主观性（故意或过失）、促使其违规的原因、违规的严重程度、社会影响及事后被处罚对象对违规的认识态度。

四、决定公布

中国足协纪律委员会在作出处罚决定后，一般通过联赛部门向当事人或其所在俱乐部发送通知,并在中国足协官方网站进行公布。处罚决定一经发出或者公布,立即生效。

第六节 纪律处罚救济

目前,中国足协对于纪律处罚相对人所提供的救济方法是向中国足协仲裁委员会申诉。为了更好了解纪律处罚的救济方式,以下将对中国足协和国际足联的救济制度作如下对比:

表10-1:中国足协和国际足联纪律处罚救济制度对比表

对比方面	中国足协	国际足联
救济方式	内部申诉	内部申诉和外部仲裁
救济途径	中国足协纪律委员会 中国足协仲裁委员会	国际足联纪律委员会 国际足联上诉委员会 国际体育仲裁法庭
申请主体	对纪律处罚决定不服的当事人	任何存在法律上利害关系的并参与到纪律程序中的当事人;被处罚球员、官员或会员所属的会员协会或俱乐部
申请费	免费	1000瑞士法郎
可申诉案件	中国足协正面列举的以下处罚: a. 停赛或禁止进入替补席、休息室或体育场5场或5个月以上; b. 禁止从事任何与足球有关的活动; c. 退回奖项; d. 禁止转会; e. 取消注册资格; f. 所有仅适用于组织的处罚,包括进行无观众比赛、减少转会名额、取消比赛结果、扣分、降级等; g. 一定数额以上的罚款:自然人5万元、俱乐部或球队6万元、赛区5万元。	国际足联反面排除的以下处罚: a. 警告; b. 通报批评; c. 停赛或禁止进入替补席、休息室或体育场2场或2个月以下; d. 一定数额以下的罚款:会员协会或俱乐部为15 000瑞士法郎,其他为7500瑞士法郎; e. 国际足联纪律委员会依据其纪律准则第15条"未遵守决定"所作出的决定。
申诉期限	处罚决定公布之日起7日内	处罚决定公布之日起3日内向上诉委员会提交书面申请,以上申诉声明期满后5日内提交申诉理由,包括申诉请求、事实陈述、证据、证人名单及总结等。
审理期限	仲裁程序开始之日起3个月内	未提及

续表

对比方面	中国足协	国际足联
审查内容	只审查纪律委员会的处罚行为是否违反相关规定	事实认定和法律适用
裁决结果	驳回申请或撤销原决定	维持、变更或撤销原决定；对重大程序性错误的案件，撤销原决定，发回纪律委员会重新作出

注：以上表格只针对中国足协和国际足联纪律处罚的内部救济程序进行比较，至于当事人在穷尽国际足联内部救济后还可以寻求的外部救济（仲裁）暂不展开说明。

通过上表，可以看出中国足协和国际足联在对纪律处罚所提供的救济方式和保障力度上存在较大差异。尽管《体育法》第32条规定，竞技体育活动中发生纠纷，由体育仲裁机构负责调解、仲裁，但时至今日，独立的体育仲裁机构仍未建立。由于我国尚不存在独立的体育仲裁制度，司法也普遍不愿介入体育行业自治的领域，受到纪律处罚当事人目前所能寻求的救济方式只有向足协仲裁委员会申诉。然而仲裁委员会在受理申诉后只审查纪律委员会的处罚行为是否违反相关规定[1]，而且所谓的"相关规定"是一个非常笼统的表述，没有限定或列举审查哪些规定，这样可能导致当事人很难举证纪律委员会的处罚程序中存在重大瑕疵，其申诉请求很难获得支持。实践中，行使申诉这一救济权利的案例并不多见。据了解，近三年只有2017年的秦升、张稀哲以及2018年穆里奇对纪律处罚决定不服向中国足协仲裁委员会受理提起申诉，结果都未获得支持。

相比之下，国际足联的救济保障要完善很多，当事人在用尽向国际足联上诉委员会申诉的内部救济途径之后还可以向国际体育仲裁法庭申请仲裁，寻求外部救济。而且，国际足联明确了被处罚球员或官员所属的会员协会或俱乐部也可以作为申诉的主体。此外，国际足联对当事人的申诉可以进行全面审查，既可以审查法律适用也可以审查事实认定，这样可全面保障当事人的权益。最后，上诉委员会对存在重大程序性错误的案件，可

---

[1] 中国足球协会："中国足协仲裁委员会工作规则（2009）"，载 http://www.thecfa.cn/zxwyhgz/20130808/10989.html。

撤销原决定，并发回纪律委员会重审，这对于保障当事人的审级利益具有重要意义。遗憾的是，中国足协的纪律处罚救济制度中缺少了这方面的考虑。

第七节 纪律处罚完善建议

根据上文对中国足协纪律处罚程序和救济制度的分析，笔者提出以下两项建议，以完善纪律处罚制度。

第一，完善听证制度。① 明确听证的范围。纪律委员会应明确将什么类型的案件或者达到什么处罚标准的案件纳入到现场听证的范围，同时这些标准应当予以公示。② 赋予当事人听证申请权。当事人既可以在收到纪律委员会的通知后申请听证，也可以在满足申请条件后主动申请听证。③ 允许法律代理。为了保证当事人充分行使申辩权，应当允许球员、官员、俱乐部或其他组织委托一至两名律师作为代理人参与听证。④ 细化听证会流程。纪律委员会应就听证人员的组成与职责、听证会如何组织、如何适用回避制度、听证各方的发言顺序以及证据认定等程序性问题予以细化。

第二，保障当事人的救济权利。① 在处罚决定书中写明救济途径，对于符合申诉条件的，纪律委员会应当在处罚决定书中就有关救济事项主动告知处罚对象。② 适当扩大申诉的审查范围，中国足协或许可以借鉴国际足联的实践经验，对当事人的申诉实行全面审查，全面保障当事人可获得救济的范围。

第十一章
足球与刑事犯罪、民事责任及行政处罚

随着足球行业的不断发展,尤其职业化的发展为球员的收入创造了难得的历史机遇。球员、教练等在生活和工作中有时也会面临承担刑事责任、民事责任或行政处罚的问题,这些法律责任的承担有时候与球员、教练员的职业生涯息息相关,严重时会断送其职业生涯。本章通过三节就刑事犯罪、民事责任及行政处罚的法律知识予以介绍,期待对球员、教练员、俱乐部等相关方有一定的帮助。

第一节　足球与刑事犯罪

近年来,与足球相关的刑事案件数量逐年递增。据统计,2001年至2015年,这15年间的案件总数仅为1053件。2016年与足球相关的刑事案件数量激增至400余件,且呈逐年递增之势。2019年与足球相关的刑事案件多达726件。(见图11-1)

• 足球与法 •

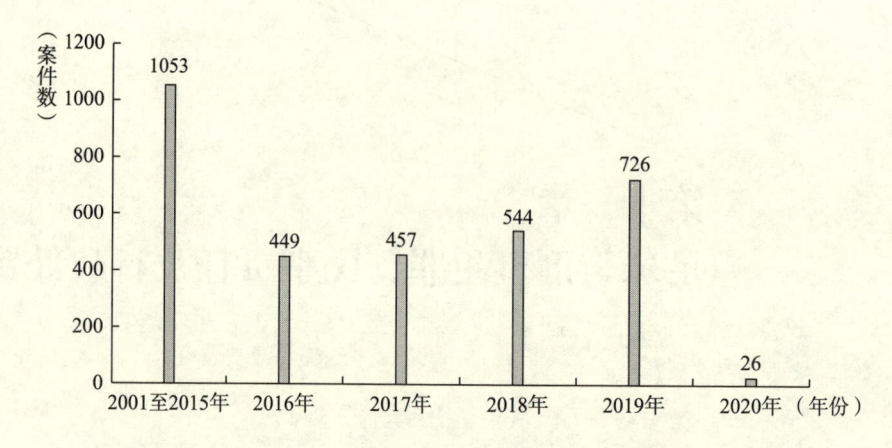

```
(案件数)
1200 ┤ 1053
1000 ┤ █
 800 ┤ █
 600 ┤ █                            726
 400 ┤ █    449   457   544   █
 200 ┤ █    █    █    █    █
   0 ┤ █    █    █    █    █    26
     2001至2015年 2016年 2017年 2018年 2019年 2020年 （年份）
```

图 11-1：2001 年 ~2020 年 4 月全国与足球相关刑事案件数量图

从案件分布（见图 11-2）上来看，此类案件与足球赛事活动的活跃程度相关，南方发达地区的案件数量占比明显高于足球产业并不活跃的北方地区。

地域	占比	案件数	<	>
• 广东	23.86%	772		
• 浙江	8.16%	264		
• 上海	6.71%	217		
• 湖南	5.84%	189		
• 广西	5.19%	168		
• 四川	4.26%	138		
• 福建	3.99%	129		
• 江苏	3.74%	121		
• 山东	3.09%	100		
• 云南	3.09%	100		

图 11-2：2001 年 ~2020 年 4 月全国足球相关刑事案件分布图

从犯罪类型（见图 11-3）上看，与足球相关刑事案件类型多样多变，且随着经济发展，有逐渐朝着犯罪手段高端化、犯罪组织结构化、涉案范

第十一章 足球与刑事犯罪、民事责任及行政处罚

围广泛化等复杂化方向衍变。在众多犯罪类型中，妨害社会管理秩序罪、侵犯财产罪、侵犯公民权利、贪污贿赂等案件类型数量相对集中。具体罪名以开设赌场罪、贪污罪、受贿罪、诈骗罪、赌博罪、故意伤害罪、寻衅滋事罪、危险驾驶罪以及毒品相关罪名数量最为突出。下文将通过列举几个重点、常见罪名分析与足球相关刑事犯罪的法律风险。

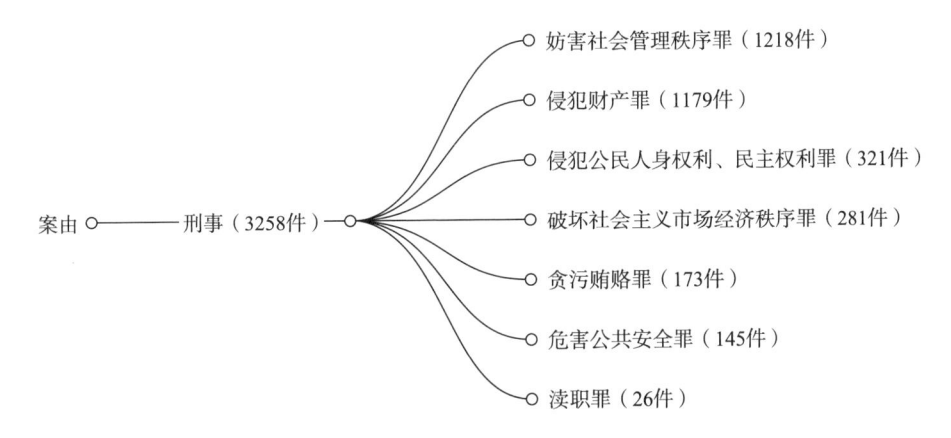

案由 —— 刑事（3258件）
- 妨害社会管理秩序罪（1218件）
- 侵犯财产罪（1179件）
- 侵犯公民人身权利、民主权利罪（321件）
- 破坏社会主义市场经济秩序罪（281件）
- 贪污贿赂罪（173件）
- 危害公共安全罪（145件）
- 渎职罪（26件）

图11-3：2001年~2020年4月全国与足球相关刑事案件犯罪类型图

◆ 案例 ◆

开设赌场罪

2013年开始，赖某某伙同其女儿赖某在广东省广州市通过互联网委托他人设计了"联盛"赌博网站（总代理号VVVl9）和"顺盈"赌博网站（总代理号VVVl33），每月交人民币7万元租用上述赌博网站。赖某某建立上述两个赌博网站后，与赖某共同占网站15%的股份，同时发展其他股东，由股东按照各自股份额参与网站利润分成。赖某某还为赌博网站招募下级代理王某及周某甲、郭某等人，让代理发展会员，由会员通过网上投注的方式进行香港六合彩、重庆时时彩、世界杯足球赛事等的赌博。期间赖某负责定期与其他股东及下级代理之间进行网站利润分成及赌资输赢结算。按照股份额及赌资输赢情况，赖某某在其中三期的分红中，与其女儿赖某共分得人民币130万余元。

赖某某归案后主动代其及女儿退缴违法所得及赌资共计人民币200万元。赖某某开设赌场，构成开设赌场罪，赖某某属于情节严重，判处有期徒刑4年6个月，并处罚金人民币70万元。

◆ 案例 ◆

开设赌场罪

2018年6月至7月足球世界杯比赛期间，曾某某从上家"矮仔"（另案处理）处获取网络赌博账户，并通过该账户参考足球比赛结果输赢赔率后，在手机微信等网络平台上接受他人外围赌博投注，从中非法牟利。李某某、区某从曾某某处获得网络赌博账户，用于接受他人的外围赌博投注，并将部分投注额转投给曾某某，从中非法牟利。卢某某通过李某某向曾某某获取网络赌博账户后，接受他人的外围赌博投注，从中非法牟利。

其中，曾某某接受李某某、区某以及赌博人员郑某等人赌博投注或转投，赌资金额累计43万多元；区某接受赌博人员的赌博投注，赌资金额累计31万多元；李某某接受区某以及赌博人员的赌博投注或转投，赌资金额累计12万多元；卢某某接受赌博投注，赌资金额累计14万多元。

该案后经法院审理，判决曾某某犯赌博罪，判处有期徒刑1年3个月，并处罚金60 000元；区某犯赌博罪，判处有期徒刑1年2个月，并处罚金50 000元；李某某犯赌博罪，判处有期徒刑1年，缓刑2年，并处罚金40 000元；卢某某犯赌博罪，判处有期徒刑1年，缓刑2年，并处罚金40 000元。

分析解读

前述两个案例均涉嫌开设赌场罪。第一个案例中，犯罪分子是通过互联网设立赌博网站招募下级代理，让代理发展会员，由会员通过网上投注的方式进行香港六合彩、重庆时时彩、世界杯足球赛事赌博等，然后其通过网站利润分成及赌资输赢结算获得利益。第二个案例中，犯罪分子组织多人进行网络赌博活动，接受多人投注，通过获取返佣的方式牟利，属于聚众赌博。

法院根据被告人的犯罪事实、情节、性质和悔罪表现，以及其行为对

第十一章　足球与刑事犯罪、民事责任及行政处罚

于社会的危害程度，依照《刑法》第303条第2款[1]，第25条第1款[2]，第67条第1款、第3款[3]，第68条[4]，第72条第1款、第3款[5]，第73条第2款、第3款[6]，第52条[7]，第64条[8]，第47条[9]的规定，最终对其作出了与罪行相适应的处罚。

◇ 案例 ◇

贪污罪

1998年8月间，厦门市民政局举办"军警民民政杯"足球赛，由该局系统工会负责筹办。时任系统工会主席的郑某某提议由厦门元老足球队代表该局参加该场足球赛，市民政局经集体研究同意。比赛前，郑某某以足球活动经费名义分别于1998年7月1日和7月30日从系统工会副主席兼临时出纳的陈某甲处领取现金4万元和3万元，合计人民币7万元，由郑某某掌握使用。比赛结束后，郑某某于同年11月25日找到其朋友厦门兴体实

---

[1]《刑法》第303条第2款规定："开设赌场的，处3年以下有期徒刑、拘役或者管制，并处罚金；情节严重的，处3年以上10年以下有期徒刑，并处罚金。"

[2]《刑法》第25条第1款规定："共同犯罪是指2人以上共同故意犯罪。"

[3]《刑法》第67条第1款、第3款规定："犯罪以后自动投案，如实供述自己的罪行的，是自首。对于自首的犯罪分子，可以从轻或者减轻处罚。其中，犯罪较轻的，可以免除处罚。""犯罪嫌疑人虽不具有前两款规定的自首情节，但是如实供述自己罪行的，可以从轻处罚；因其如实供述自己罪行，避免特别严重后果发生的，可以减轻处罚。"

[4]《刑法》第68条规定："犯罪分子有揭发他人犯罪行为，查证属实的，或者提供重要线索，从而得以侦破其他案件等立功表现的，可以从轻或者减轻处罚；有重大立功表现的，可以减轻或者免除处罚。"

[5]《刑法》第72条第1款、第3款规定："对于被判处拘役、3年以下有期徒刑的犯罪分子，同时符合下列条件的，可以宣告缓刑，对其中不满18周岁的人、怀孕的妇女和已满75周岁的人，应当宣告缓刑：①犯罪情节较轻；②有悔罪表现；③没有再犯罪的危险；④宣告缓刑对所居住社区没有重大不良影响。""被宣告缓刑的犯罪分子，如果被判处附加刑，附加刑仍须执行。"

[6]《刑法》第73条第2、3款规定："有期徒刑的缓刑考验期限为原判刑期以上5年以下，但是不能少于1年。""缓刑考验期限，从判决确定之日起计算。"

[7]《刑法》第52条规定："判处罚金，应当根据犯罪情节决定罚金数额。"

[8]《刑法》第64条规定："犯罪分子违法所得的一切财物，应当予以追缴或者责令退赔；对被害人的合法财产，应当及时返还；违禁品和供犯罪所用的本人财物，应当予以没收。没收的财物和罚金，一律上缴国库，不得挪用和自行处理。"

[9]《刑法》第47条规定："有期徒刑的刑期，从判决执行之日起计算；判决执行以前先行羁押的，羁押1日折抵刑期1日。"

业有限公司经理黄某甲，要求黄帮忙开具两张总金额为 1.606 万元、购买运动服装的虚假发票，黄某甲采取"大头小尾"的方法虚开了 2 张客户联为购买运动服、总金额为 1.606 万元的发票，上述 2 张发票存根联为矿泉水、食品，金额仅 30 余元。郑某某请元老足球队负责人陈某乙在两张发票上签字后，将这两张 1.606 万元的虚假发票，连同其他发票拿回系统工会报销冲抵 1998 年 7 月份预支的 7 万元现金中的款项，从而将 1.606 万元公款非法占为己有。

该案后经两级法院审判认定：郑某某关于其中 1.2 万元用于购买运动服作为足球比赛纪念品送给相关人员的辩解具有一定的合理性和证据，本着"疑罪从无"的原则，不宜认定郑某某将该 1.2 万元占为己有，指控该部分贪污的证据不足；而另外 4000 元系郑某某个人用于请人作画送领导，其关于公务行为的辩解缺乏事实依据，不予采纳，此外尚有 60 元郑某某没有去向说明，故应认定郑某某将虚报的 4060 元非法占为己有，该行为的性质是贪污。鉴于国家工作人员侵吞公款不足人民币 5000 元，未达刑事追诉起点，故依法不予认定郑某某的行为构成贪污罪。

分析解读

依照《刑法》第 382 条第 1 款[1]、第 383 条第 1 款第 3 项[2]、第 64 条[3]之规定，国家工作人员利用职务上的便利，侵吞、窃取、骗取或者以其他手段非法占有公共财物的，是贪污罪。郑某某利用筹办足球赛的职务之便，将公共财物据为己有，性质符合刑法上关于贪污罪的认定。个人贪污数额在 5000 元以上不满 50 000 元的，处 1 年以上 7 年以下有期徒刑；

---

[1]《刑法》第 382 条第 1 款规定："国家工作人员利用职务上的便利，侵吞、窃取、骗取或者以其他手段非法占有公共财物的，是贪污罪。"

[2]《刑法》(1997 年)第 383 条第 1 款第 3 项规定："对犯贪污罪的，根据情节轻重，分别依照下列规定处罚：③个人贪污数额在 5 千元以上不满 5 万元的，处 1 年以上 7 年以下有期徒刑；情节严重，处 7 年以上 10 年以下有期徒刑。个人贪污数额在 5 千元以上不满 1 万元，犯罪后有悔改表现、积极退赃的，可以减轻处罚或者免予刑事处罚，由其所在单位或者上级主管机关给予行政处分。"

[3]《刑法》第 64 条规定："犯罪分子违法所得的一切财物，应当予以追缴或者责令退赔；对被害人的合法财产，应当及时返还；违禁品和供犯罪所用的本人财物，应当予以没收。没收的财物和罚金，一律上缴国库，不得挪用和自行处理。"

第十一章 足球与刑事犯罪、民事责任及行政处罚

情节严重的，处 7 年以上 10 年以下有期徒刑。个人贪污数额在 5000 元以上不满 10 000 元，犯罪后有悔改表现、积极退赃的，可以减轻处罚或者免予刑事处罚，由其所在单位或者上级主管机关给予行政处分。鉴于郑某某的犯罪金额不大，法院最终给予了不构成犯罪的认定。

◆ 案例 ◆

非国家工作人员受贿罪

2012 年 4 月 25 日，申某、祁某、李某、江某四名前国脚涉嫌"非国家工作人员受贿罪"一案在沈阳市中级人民法院正式开庭审理，一时引起社会各界极大关注。在庭审开始后，公诉人当庭宣读了起诉书，而四名球员的犯罪事实主要就是围绕着末代甲 A 的最后一场比赛。在那场比赛中，国际输给了天津，不仅帮助对方保级成功，更将联赛冠军拱手让给了同城死敌上海申花。公诉方称，这四名球员分别收受贿赂 200 万人民币。庭审主要是围绕是否受贿、金额多少进行辩论。在庭审中，申某的律师为申某辩护称，当时申某所参与的这场假球的两个丢球与申某当时所处的位置并没有太大关系。

该案于 2012 年 6 月 13 日，沈阳市中级人民法院一审宣判，前中国男足国脚申某因犯非国家工作人员受贿罪，被判有期徒刑 6 年，罚金 50 万元，并没收 800 万非法所得。

分析解读

2013 年 2 月 18 日，中国足协纪律委员会对足坛反赌扫黑工作中出现的违纪单位和个人进行了处罚，其中包括申某、祁某等前国脚在内的 33 人被处以终身禁止从事足球活动的处罚。即申某等优秀球员不但触犯《刑法》获刑的同时，也被足球行业所抛弃：终身禁止从事任何与足球有关的活动！

◆ 案例 ◆

受贿罪

2010 年 9 月初，被公安机关立案侦查的原中国足协副主席谢某某因涉嫌操纵足球比赛收受贿赂犯罪，经检察机关批准，被依法逮捕。

谢某某收到了一家在 2006 年中超联赛风头出尽、取得历史最好成绩的俱乐部的请求，希望谢某某到场观看比赛，并表示希望裁判"公正判罚，

别出问题"。谢某某随后向南某打招呼,后者满口应承。最终,该俱乐部如愿拿到3分。联赛结束后,该俱乐部送给谢某某20万元。

同时,谢某某还接受某球员经纪人5万元的贿赂。

检方指控谢某某涉案金额达172万元,共12项犯罪事实。但谢某某本人对部分指控做出了否认,法庭辩论的焦点围绕是否刑讯逼供展开,辩护人当庭提供了非法证据取证的线索,并对谢某某作无罪辩护。整个审讯过程历时12.5小时,法院一共对谢某某提出12项指控,谢亚龙否认了其中8项。

丹东市中级人民法院对其作出一审判决:谢某某身为国家工作人员,利用职务之便,非法收受他人财物,为他人谋取利益,其行为侵犯国家机关的正常工作秩序和国家的廉政建设制度,已构成受贿罪,判处有期徒刑10年6个月,并处没收个人财产人民币20万元。违法所得人民币114.6万元、美元2万元、欧元6千元、港币2万元依法予以追缴,上缴国库。谢某某没有上诉。

◆ 案例 ◆

受贿罪、非国家工作人员受贿罪

孟某某原系鞍山市田径学校校长,姜某某原系鞍山市田径学校、鞍山市足球运动协会带队足球教练。2011年11月,孟某某及姜某某收受马某父亲1万元,姜某某安排马某加入以"鞍山市田径学校"名义组成的球队,姜某某任教练,带队参加了丹东举办的"辽宁省少年男子足球锦标赛",并于赛后为马某申请办理了国家二级运动员证书。此后,孟某某及姜某某多次长期接受委托,以鞍山市田径学校、鞍山市足球运动协会教练身份组队参加各种足球比赛,并借由此种便利,收取他人财物,为他人办理国家二级运动员证书。该案经过鞍山市两级人民法院审判,最终判决:①姜某某犯非国家工作人员受贿罪,判处有期徒刑6年。②孟某某犯受贿罪,免予刑事处罚。③依法没收姜某某非法所得人民币24.2万元,上缴国库;依法没收孟某某非法所得人民币2万元,上缴国库。

分析解读

孟某某作为国家工作人员,利用其职务上的便利,非法收受他人财物,为他人谋取利益,其行为构成受贿罪;姜某某利用鞍山市田径学校及鞍山市足球运动协会长期委托其组队参加足球比赛的职务便利,非法收受他人财物,

第十一章　足球与刑事犯罪、民事责任及行政处罚

为他人谋取利益，数额巨大，其行为构成非国家工作人员受贿罪。非国家工作人员受贿罪在刑法规定中的"为他人谋取利益"，既包含合法利益也包含非法利益，孟某某主动到纪委机关投案，并如实供述了自己的罪行系自首，且全部上缴了自己的违法所得，姜某某上缴了部分违法所得，均获得从轻处理。

该案系根据《刑法》第163条[1]、第385条[2]、第386条[3]、第383条[4]、第37条[5]、第64条[6]、第67条第1款[7]之规定作出相应判决。

---

[1]《刑法》第163条规定："公司、企业或者其他单位的工作人员利用职务上的便利，索取他人财物或者非法收受他人财物，为他人谋取利益，数额较大的，处5年以下有期徒刑或者拘役；数额巨大的，处5年以上有期徒刑，可以并处没收财产。公司、企业或者其他单位的工作人员在经济往来中，利用职务上的便利，违反国家规定，收受各种名义的回扣、手续费，归个人所有的，依照前款的规定处罚。国有公司、企业或者其他国有单位中从事公务的人员和国有公司、企业或者其他国有单位委派到非国有公司、企业以及其他单位从事公务的人员有前两款行为的，依照本法第385条、第386条的规定定罪处罚。"

[2]《刑法》第385条规定："国家工作人员利用职务上的便利，索取他人财物的，或者非法收受他人财物，为他人谋取利益的，是受贿罪。国家工作人员在经济往来中，违反国家规定，收受各种名义的回扣、手续费，归个人所有的，以受贿论处。"

[3]《刑法》第386条规定："对犯受贿罪的，根据受贿所得数额及情节，依照本法第383条的规定处罚。索贿的从重处罚。"

[4]《刑法》（2011年）第383条规定："对犯贪污罪的，根据情节轻重，分别依照下列规定处罚：① 个人贪污数额在10万元以上的，处10年以上有期徒刑或者无期徒刑，可以并处没收财产；情节特别严重的，处死刑，并处没收财产。② 个人贪污数额在5万元以上不满10万元的，处5年以上有期徒刑，可以并处没收财产；情节特别严重的，处无期徒刑，并处没收财产。③ 个人贪污数额在5000元以上不满5万元的，处1年以上7年以下有期徒刑；情节严重的，处7年以上10年以下有期徒刑。个人贪污数额在5000元以上不满1万元，犯罪后有悔改表现、积极退赃的，可以减轻处罚或者免予刑事处罚，由其所在单位或者上级主管机关给予行政处分。④ 个人贪污数额不满5000元，情节较重的，处2年以下有期徒刑或者拘役；情节较轻的，由其所在单位或者上级主管机关酌情给予行政处分。对多次贪污未经处理的，按照累计贪污数额处罚。"

[5]《刑法》第37条规定："对于犯罪情节轻微不需要判处刑罚的，可以免予刑事处罚，但是可以根据案件的不同情况，予以训诫或者责令具结悔过、赔礼道歉、赔偿损失，或者由主管部门予以行政处罚或者行政处分。"

[6]《刑法》第64条规定："犯罪分子违法所得的一切财物，应当予以追缴或者责令退赔；对被害人的合法财产，应当及时返还；违禁品和供犯罪所用的本人财物，应当予以没收。没收的财物和罚金，一律上缴国库，不得挪用和自行处理。"

[7]《刑法》第67条第1款规定："犯罪以后自动投案，如实供述自己的罪行的，是自首。对于自首的犯罪分子，可以从轻或者减轻处罚。其中，犯罪较轻的，可以免除处罚。"

◆ **案例** ◆

挪用公款罪

陈某于 2012 年 1 月至 2013 年 12 月间，利用担任如皋市某有限公司会计的职务便利，通过私开现金支票的方法，多次挪用公司账户上的资金，所得款项大部分用于购买足球彩票挥霍，至案发累计挪用资金 47 笔共计人民币 132 万元。

陈某在挪用上述资金期间，向公司账户存入现金 206 800 元，支付公司正常经营支出海运费、包装材料货款计人民币 100 156.43 元，代垫交通事故修理费 6600 元，向陆某工行账户汇款 45 000 元、10 000 元、35 000 元，案发后退还陆某（原某公司法定代表人）247 005 元，家属代为退回赃款 150 000 元，合计退回赃款人民币 800 561.43 万元。

该案经两级人民法院审理，最终判决陈某犯挪用资金罪，判处有期徒刑 2 年 6 个月。如皋市公安局扣押的人民币 15 万元（暂存于该局）发还陆某，被告人陈某继续退赔陆某人民币 519 438.57 元。

分析解读

陈某作为如皋市某有限公司的会计，利用经手公司资金的职务便利，挪用公司资金进行营利活动，数额较大，其行为已构成挪用资金罪。该案在审理过程中，《最高人民法院、最高人民检察院〈关于办理贪污贿赂刑事案件适用法律若干问题的解释〉》（以下简称《贪污贿赂解释》）对挪用资金罪的量刑标准进行了调整，故二审法院根据从旧兼从轻的刑法适用原则，对原判量刑亦作相应调整并予改判。最终二审法院依照《刑事诉讼法》第 225 条第 1 款第 2 项[1]、《刑法》第 12 条[2]、第 272

---

[1]《刑事诉讼法》（2012 年）第 225 条第 1 款第 2 项规定："第二审人民法院对不服第一审判决的上诉、抗诉案件，经过审理后，应当按照下列情形分别处理：② 原判决认定事实没有错误，但适用法律有错误，或者量刑不当的，应当改判。"

[2]《刑法》第 12 条规定："中华人民共和国成立以后本法施行以前的行为，如果当时的法律不认为是犯罪的，适用当时的法律；如果当时的法律认为是犯罪的，依照本法总则第四章第八节的规定应当追诉的，按照当时的法律追究刑事责任，但是如果本法不认为是犯罪或者处刑较轻的，适用本法。本法施行以前，依照当时的法律已经作出的生效判决，继续有效。"

第十一章 足球与刑事犯罪、民事责任及行政处罚

条第 1 款[1]、第 67 条第 3 款[2]、第 64 条[3]、《贪污贿赂解释》第 6 条[4]、第 11 条第 2 款[5] 之规定，对陈某犯挪用资金罪给予适当量刑。

◆ 案例 ◆

诈骗罪

2013 年 6 月 14 日至 2014 年 1 月 6 日期间，王某某以正丰公司名义与新兴重工公司洽谈及签订价值 41 608 974.47 元的不锈钢买卖合同，新兴重工公司先期汇入正丰公司账户 25 679 913.62 元，正丰公司汇入金某公司账户人民币 1700 万元。正丰公司发往新兴重工公司价值人民币 11 805 446.9 元的不锈钢板材。2013 年 10 月 23 日新兴重工公司按照王某某要求，将尾款人民币 14 645 938.05 元汇入正丰公司账户，王某某将其中的 900 万元货款用于购买足球彩票。案发后，新兴重工公司追回货款人民币 100 万元和价值人民币 4 378 556.1 元的不锈钢板材，正丰公司尚欠新兴重工公司价值人民币 16 507 756.32 元的板材未发。

案发后，人民检察院对王某某提起公诉，经过两级人民法院审判，王

---

[1]《刑法》第 272 条第 1 款规定："公司、企业或者其他单位的工作人员，利用职务上的便利，挪用本单位资金归个人使用或者借贷给他人，数额较大、超过 3 个月未还的，或者虽未超过 3 个月，但数额较大、进行营利活动的，或者进行非法活动的，处 3 年以下有期徒刑或者拘役；挪用本单位资金数额巨大的，或者数额较大不退还的，处 3 年以上 10 年以下有期徒刑。"

[2]《刑法》第 67 条第 3 款规定："犯罪嫌疑人虽不具有前两款规定的自首情节，但是如实供述自己罪行的，可以从轻处罚；因其如实供述自己罪行，避免特别严重后果发生的，可以减轻处罚。"

[3]《刑法》第 64 条规定："犯罪分子违法所得的一切财物，应当予以追缴或者责令退赔；对被害人的合法财产，应当及时返还；违禁品和供犯罪所用的本人财物，应当予以没收。没收的财物和罚金，一律上缴国库，不得挪用和自行处理。"

[4]《贪污贿赂解释》第 6 条规定："挪用公款归个人使用，进行营利活动或者超过 3 个月未还，数额在 5 万元以上的，应当认定为《刑法》第 384 条第 1 款规定的'数额较大'；数额在 500 万元以上的，应当认定为《刑法》第 384 条第 1 款规定的'数额巨大'。具有下列情形之一的，应当认定为《刑法》第 384 条第 1 款规定的'情节严重'：① 挪用公款数额在 200 万元以上的；② 挪用救灾、抢险、防汛、优抚、扶贫、移民、救济特定款物，数额在 100 万元以上不满 200 万元的；③ 挪用公款不退还，数额在 100 万元以上不满 200 万元的；④ 其他严重的情节。"

[5]《贪污贿赂解释》第 11 条第 2 款规定："刑法第 272 条规定的挪用资金罪中的'数额较大''数额巨大'以及'进行非法活动'情形的数额起点，按照本解释关于挪用公款罪'数额较大''情节严重'以及'进行非法活动'的数额标准规定的 2 倍执行。"

某某犯合同诈骗罪，判处有期徒刑15年，并处罚金人民币100万元。对王某某的犯罪所得予以追缴，返还给被害单位新兴重工（天津）国际贸易公司邯郸分公司。

分析解读

王某某在签订、履行与被害单位新兴重工公司的供货合同过程中，虚构事实，隐瞒真相，挥霍新兴重工公司货款900万元，直接导致新兴重工公司巨额货款不能追回，其行为构成合同诈骗罪，且犯罪数额特别巨大。将王某某的行为定性为合同诈骗罪定性正确，判决认定事实清楚，证据确实、充分，量刑准确，且对违法所得予以追缴，没有遗漏判项。

上述案件中人民法院依照《刑法》第224条[1]、第64条[2]，《刑事诉讼法》第225条第1款第2项[3]、第233条[4]之规定进行判决。

◆ **案例** ◆

集资诈骗罪

2014年初，黎某某在海丰县经营POS机期间认识了林某某（另案处理）。在此期间，林某某向黎某某提出，其有社会关系通过借款形式投资，借钱给他可以得到高息，如果黎某某能够帮他找到其他人筹钱，还可以得

---

[1]《刑法》第224条规定："有下列情形之一，以非法占有为目的，在签订、履行合同过程中，骗取对方当事人财物，数额较大的，处3年以下有期徒刑或者拘役，并处或者单处罚金；数额巨大或者有其他严重情节的，处3年以上10年以下有期徒刑，并处罚金；数额特别巨大或者有其他特别严重情节的，处10年以上有期徒刑或者无期徒刑，并处罚金或者没收财产：① 以虚构的单位或者冒用他人名义签订合同的；② 以伪造、变造、作废的票据或者其他虚假的产权证明作担保的；③ 没有实际履行能力，以先履行小额合同或者部分履行合同的方法，诱骗对方当事人继续签订和履行合同的；④ 收受对方当事人给付的货物、货款、预付款或者担保财产后逃匿的；⑤ 以其他方法骗取对方当事人财物的。"

[2]《刑法》第64条规定："犯罪分子违法所得的一切财物，应当予以追缴或者责令退赔；对被害人的合法财产，应当及时返还；违禁品和供犯罪所用的本人财物，应当予以没收。没收的财物和罚金，一律上缴国库，不得挪用和自行处理。"

[3]《刑事诉讼法》第225条第1款第2项规定："第二审人民法院对不服第一审判决的上诉、抗诉案件，经过审理后，应当按照下列情形分别处理：② 原判决认定事实没有错误，但适用法律有错误，或者量刑不当的，应当改判。"

[4]《刑事诉讼法》（2012年）第233条规定："第二审的判决、裁定和最高人民法院的判决、裁定，都是终审的判决、裁定。"

到 2% 左右的利差作为回报。黎某某同意并将自己及亲属的部分资金高息借给林某某。其后，林某某与黎某某商定合股成立公司，同年 9 月林某某办理了以黎某某为法定代表人的汕尾市银泽通信息技术有限公司、汕尾市睿信金融服务有限公司，黎某某出资租用并装修海丰县海城镇碧桂园商铺为营业地点，同年 11 月 16 日正式开业。在没有取得金融业务资质的情况下，在公司门口电子显示屏和公司内摆放广告牌等，向社会公众宣传经营小额贷款、睿信财富等业务，先后以月息 2% 至 13% 不等的高息以"借款"形式非法筹集资金。所筹得的资金主要由林某某直接或者通过其妻子黄某某收取，黎某某经手联系并收取部分客户资金后也交给林某某，全部资金由林某某控制并用于个人赌球、挥霍以及支付利息。2015 年 5 月间，林某某因资金断裂难以应对债权人的追讨，黎某某明知林某某行为的欺骗性以及已经造成巨额亏空的情况，仍然协助其向黎某乙等人筹集部分资金。至案发，林某某伙同黎某某共骗取古某、周某某、辜某某等 38 人资金人民币 2439.2 万元，其中黎某某直接经手约人民币 691.2 万元，获得林某某给予的好处费共约人民币 70 万元。

2015 年 8 月初，黎某某因无力还款而逃匿到惠州市。同年 9 月 14 日，黎某某在惠州市一网吧被公安机关抓获。该案经过两级法院审判判决黎某某犯集资诈骗罪，判处有期徒刑 10 年，并处罚金人民币 30 万元。

分析解读

黎某某被同案人林某某纠合，共同采用欺骗方法非法募集资金，其本人直接经手非法集资人民币 690 余万元，数额特别巨大，其行为已构成集资诈骗罪。在共同犯罪中，黎某某起辅助作用，是从犯，依法应当从轻或减轻处罚；黎某某归案后认罪态度较好，当庭认罪，可酌情从轻处罚。综合考虑黎某某的犯罪数额、情节以及造成被害人巨额损失的情况，依照《刑法》第 192 条[1]、第 27

---

[1]《刑法》第 192 条规定："以非法占有为目的，使用诈骗方法非法集资，数额较大的，处 5 年以下有期徒刑或者拘役，并处 2 万元以上 20 万元以下罚金；数额巨大或者有其他严重情节的，处 5 年以上 10 年以下有期徒刑，并处 5 万元以上 50 万元以下罚金；数额特别巨大或者有其他特别严重情节的，处 10 年以上有期徒刑或者无期徒刑，并处 5 万元以上 50 万元以下罚金或者没收财产。"

条[1]、第67条第3款[2]、第64条[3],《最高人民法院关于审理非法集资刑事案件具体应用法律若干问题的解释》(以下简称《非法集资解释》)第5条[4]以及《刑事诉讼法》第225条第1款第3项[5]之规定,人民法院最终对其作出与其罪行相适应的量刑。

◆ **案例** ◆

非法吸收公众存款罪、集资诈骗罪

2014年5月起,由于借款太多,黄某某无力偿还债务,资金链已经断裂,但其仍以开发洲邦大悦城项目为由、以高额利息相引诱,继续向他人大量集资借款,而且,黄某某募资的资金并未用于洲邦大悦城项目上,其中大部分资金被其用于归还前期借款的利息,一部分被其用于购置豪宅、豪车、外出旅游等高额消费,还有一部分被黄某某用于赌博。赌博的方式包括外围"六合彩"、欧洲五大联赛赌球、巴西世界杯赌球等,其用集资来的资金疯狂下赌注豪赌,下注金额高达2亿元,仅参与外围"六合彩"赌博,黄某某输掉的资金就高达2000万元以上。截至案发,黄某某将集资来的数亿元巨款挥霍一空,其本人及其妻子高某名下、河源市铭天宇投资

---

[1]《刑法》第27条规定:"在共同犯罪中起次要或者辅助作用的,是从犯。对于从犯,应当从轻、减轻处罚或者免除处罚。"

[2]《刑法》第67条第3款规定:"犯罪嫌疑人虽不具有前两款规定的自首情节,但是如实供述自己罪行的,可以从轻处罚;因其如实供述自己罪行,避免特别严重后果发生的,可以减轻处罚。"

[3]《刑法》第64条规定:"犯罪分子违法所得的一切财物,应当予以追缴或者责令退赔;对被害人的合法财产,应当及时返还;违禁品和供犯罪所用的本人财物,应当予以没收。没收的财物和罚金,一律上缴国库,不得挪用和自行处理。"

[4]《非法集资解释》第5条规定:"个人进行集资诈骗,数额在10万元以上的,应当认定为'数额较大';数额在30万元以上的,应当认定为'数额巨大';数额在100万元以上的,应当认定为'数额特别巨大'。单位进行集资诈骗,数额在50万元以上的,应当认定为'数额较大';数额在150万元以上的,应当认定为'数额巨大';数额在500万元以上的,应当认定为'数额特别巨大'。集资诈骗的数额以行为人实际骗取的数额计算,案发前已归还的数额应予扣除。为人为实施集资诈骗活动而支付的广告费、中介费、手续费、回扣,或者用于行贿、赠与等费用,不予扣除。行为人为实施集资诈骗活动而支付的利息,除本金未归还可予折抵本金以外,应当计入诈骗数额。"

[5]《刑事诉讼法》第225条第1款第3项规定:"第二审人民法院对不服第一审判决的上诉、抗诉案件,经过审理后,应当按照下列情形分别处理:③原判决事实不清楚或者证据不足的,可以在查清事实后改判;也可以裁定撤销原判,发回原审人民法院重新审判。"

第十一章　足球与刑事犯罪、民事责任及行政处罚

发展有限公司及河源市洲邦实业投资发展有限公司名下的土地、房产等固定资产都被其用于抵押贷款，或因其他合法债务被多家法院重复查封。截至 2015 年 1 月其被抓获归案时止，其集资诈骗的款项（即被害人损失）达 1.237 565 亿元。截至案发，洲邦大悦城项目的征地工作尚未完工，大楼主体工程仍未完工，洲邦大悦城项目处于停工状态。

案发后，公安机关依法查封了被告人黄某某用赃款购买的位于河源市紫金县房产一栋、位于河源市新市区房产一套、河源市洲邦实业投资发展有限公司名下土地 6 块、河源市铭天宇投资发展有限公司名下土地一块。广东省人民检察院对其提起公诉。法院判决黄某某犯非法吸收公众存款罪，判处有期徒刑 10 年，并处罚金人民币 50 万元；犯集资诈骗罪，判处无期徒刑，剥夺政治权利终身，并处没收个人全部财产；数罪并罚，决定执行无期徒刑，剥夺政治权利终身，并处没收个人全部财产。对黄某某用赃款购买的位于河源市紫金县房产一栋、位于河源市新市区房产一套、河源市洲邦实业投资发展有限公司名下土地 6 块、河源市铭天宇投资发展有限公司名下土地一块，予以追缴。并继续向黄某某追缴犯罪所得，返还给各被害人。

分析解读

黄某某违反国家金融管理法律规定，向社会公众非法吸收资金，数额巨大，其行为已构成非法吸收公众存款罪；黄某某还以非法占有为目的，使用诈骗方法非法集资，数额特别巨大，其行为还构成集资诈骗罪，依法应予数罪并罚。人民法院依照《刑法》第 176 条第 1 款[1]、第 192 条[2]、

---

[1]《刑法》第 176 条第 1 款规定："非法吸收公众存款或者变相吸收公众存款，扰乱金融秩序的，处 3 年以下有期徒刑或者拘役，并处或者单处 2 万元以上 20 万元以下罚金；数额巨大或者有其他严重情节的，处 3 年以上 10 年以下有期徒刑，并处 5 万元以上 50 万元以下罚金。"

[2]《刑法》第 192 条规定："以非法占有为目的，使用诈骗方法非法集资，数额较大的，处 5 年以下有期徒刑或者拘役，并处 2 万元以上 20 万元以下罚金；数额巨大或者有其他严重情节的，处 5 年以上 10 年以下有期徒刑，并处 5 万元以上 50 万元以下罚金；数额特别巨大或者有其他特别严重情节的，处 10 年以上有期徒刑或者无期徒刑，并处 5 万元以上 50 万元以下罚金或者没收财产。"

第69条[1]、第64条[2]、《非法集资解释》第4条[3]、《最高人民法院、最高人民检察院、公安部〈关于办理非法集资刑事案件适用法律若干问题的意见〉》(以下简称《非法集资意见》)第2条[4]、第3条[5]以及《刑事诉

---

[1]《刑法》(2012年)第69条规定:"判决宣告以前一人犯数罪的,除判处死刑和无期徒刑的以外,应当在总和刑期以下、数刑中最高刑期以上,酌情决定执行的刑期,但是管制最高不能超过3年,拘役最高不能超过1年,有期徒刑总和刑期不满35年的,最高不能超过20年,总和刑期在35年以上的,最高不能超过25年。数罪中有判处附加刑的,附加刑仍须执行,其中附加刑种类相同的,合并执行,种类不同的,分别执行。"

[2]《刑法》第64条规定:"犯罪分子违法所得的一切财物,应当予以追缴或者责令退赔;对被害人的合法财产,应当及时返还;违禁品和供犯罪所用的本人财物,应当予以没收。没收的财物和罚金,一律上缴国库,不得挪用和自行处理。"

[3]《非法集资解释》第4条规定:"以非法占有为目的,使用诈骗方法实施本解释第2条使用诈骗方法非法集资,具有下列情形之一的,可以认定为'以非法占有为目的':① 集资后不用于生产经营活动或者用于生产经营活动与筹集资金规模明显不成比例,致使集资款不能返还的;② 肆意挥霍集资款,致使集资款不能返还的;③ 携带集资款逃匿的;④ 将集资款用于违法犯罪活动的;⑤ 抽逃、转移资金、隐匿财产,逃避返还资金的;⑥ 隐匿、销毁账目,或者搞假破产、假倒闭,逃避返还资金的;⑦ 拒不交代资金去向,逃避返还资金的;⑧ 其他可以认定非法占有目的的情形。集资诈骗罪中的非法占有目的,应当区分情形进行具体认定。行为人部分非法集资行为具有非法占有目的的,对该部分非法集资行为所涉集资款以集资诈骗罪定罪处罚;非法集资共同犯罪中部分行为人具有非法占有目的,其他行为人没有非法占有集资款的共同故意和行为的,对具有非法占有目的的行为人以集资诈骗罪定罪处罚。"

[4]《非法集资意见》第2条规定:"关于单位犯罪的认定问题。单位实施非法集资犯罪活动,全部或者大部分违法所得归单位所有的,应当认定为单位犯罪。个人为进行非法集资犯罪活动而设立的单位实施犯罪的,或者单位设立后,以实施非法集资犯罪活动为主要活动的,不以单位犯罪论处,对单位中组织、策划、实施非法集资犯罪活动的人员应当以自然人犯罪依法追究刑事责任。判断单位是否以实施非法集资犯罪活动为主要活动,应当根据单位实施非法集资的次数、频度、持续时间、资金规模、资金流向、投入人力物力情况、单位进行正当经营的状况以及犯罪活动的影响、后果等因素综合考虑认定。"

[5]《非法集资意见》第3条规定:"关于涉案下属单位的处理问题。办理非法集资刑事案件中,人民法院、人民检察院、公安机关应当全面查清涉案单位,包括上级单位(总公司、母公司)和下属单位(分公司、子公司)的主体资格、层级、关系、地位、作用、资金流向等,区分情况依法作出处理。上级单位已被认定为单位犯罪,下属单位实施非法集资犯罪活动,且全部或者大部分违法所得归下属单位所有的,对该下属单位也应当认定为单位犯罪。上级单位和下属单位构成共同犯罪的,应当根据犯罪单位的地位、作用,确定犯罪单位的刑事责任。上级单位已被认定为单位犯罪,下属单位实施非法集资犯罪活动,但全部或者大部分违法所得归上级单位所有的,对下属单位不单独认定为单位犯罪。下属单位中涉嫌犯罪的人员,可以作为上级单位的其他直接责任人员依法追究刑事责任。上级单位未被认定为单位犯罪,下属单位被认定为单位犯罪的,对上级(转下页)

第十一章 足球与刑事犯罪、民事责任及行政处罚

讼法》第225条第1款第1项[1]的规定，对其进行审判处罚，认定事实清楚，证据确实、充分，定罪准确，量刑适当，审判程序合法。

◆ **案例** ◆

猥亵儿童罪

杨某曾系中国足球协会市场开发部员工。2019年6月5日，因猥亵儿童被行政拘留14日，后于同年6月17日转为刑事拘留，同年7月12日被逮捕。被害人王某某、林某某为海淀某校五年级学生；潘某、连某某为该校六年级学生。2019年5月31日7时许，被告人杨某在该校门口，趁被害人单独上学之机，故意用手偷摸王某某胸部；偷摸潘某、连某某臀部。同年6月5日7时30分许，杨某再次来到上述地点，再次趁被害人单独上学之机，故意用手偷摸林某某胸部。当日，杨某被公安机关抓获。

杨某利用小学上学高峰期，学生年龄小、认知能力低、人员密度大等客观条件，多次趁不满12周岁的幼女不备，故意偷摸女童胸部、臀部，其行为已构成猥亵儿童罪，应予惩处。根据《最高人民法院、最高人民检察院、公安部、司法部关于依法惩治性侵害未成年人犯罪的意见》的规定："2.对于性侵害未成年人犯罪，应当依法从严惩治。……25.针对未成年人实施强奸、猥亵犯罪的，应当从重处罚，具有下列情形之一的，更要依法从严惩处：……（4）对不满十二周岁的儿童、农村留守儿童、严重残疾或者精神智力发育迟滞的未成年人，实施强奸、猥亵犯罪的；……（5）猥亵多名未成年人，或者多次实施强奸、猥亵犯罪的；……"法院依法对被告人杨某从重处罚。据此，人民法院判决：被告人杨某犯猥亵儿童罪，判处有期徒刑3年。

（接上页[5]）单位中组织、策划、实施非法集资犯罪的人员，一般可以与下属单位按照自然人与单位共同犯罪处理。上级单位与下属单位均未被认定为单位犯罪的，一般以上级单位与下属单位中承担组织、领导、管理、协调职责的主管人员和发挥主要作用的人员作为主犯，以其他积极参加非法集资犯罪的人员作为从犯，按自然人共同犯罪处理。"

[1]《刑事诉讼法》第225条第1款第1项规定："第二审人民法院对不服第一审判决的上诉、抗诉案件，经过审理后，应当按照下列情形分别处理：①原判决认定事实和适用法律正确、量刑适当的，应当裁定驳回上诉或者抗诉，维持原判。"

◆ 案例 ◆

寻衅滋事罪

2014年5月25日15时许,在唐山学院北校区足球场,雪山足球队与火舞足球队比赛过程中,两队队员因言语不和发生争吵,廉某被刘某甲、韩某、郗某某(另案处理)等人殴打,致双侧鼻骨骨折、鼻中隔骨折、双侧上颌骨额突骨折。经唐山市公安局物证鉴定所法医临床鉴定,被害人廉某的伤情为轻伤二级。2015年5月22日,附带民事诉讼原告人廉某与被告人韩某达成和解,被告人韩某取得了附带民事诉讼原告人廉某的谅解。刘某甲由于寻衅滋事致廉某轻伤二级,造成的经济损失有:医疗费1779.38元、误工费8920.75元、交通费100元、法医鉴定费1322元,合计人民币12 122.13元。人民法院判决刘某甲犯寻衅滋事罪,判处有期徒刑1年10个月,刘某甲赔偿附带民事诉讼原告人廉某医疗费、误工费、鉴定费等经济损失,共计人民币4040.71元;韩某犯寻衅滋事罪,判处有期徒刑1年5个月,缓刑2年。

分析解读

刘某甲、韩某逞强耍横,随意殴打他人,致一人轻伤,其行为已构成寻衅滋事罪。公诉机关指控被告人刘某甲、韩某犯寻衅滋事罪,事实清楚,证据确实、充分,罪名成立。被害人由于被告人的犯罪行为而遭受物质损失的,在刑事诉讼过程中,有权提起附带民事诉讼。对于附带民事诉讼原告人廉某要求的其他经济损失,根据相关的法律规定,不属于附带民事诉讼案件的赔偿范围,法院不予支持。被告人与原告人达成刑事和解,取得原告人的谅解,并当庭自愿认罪,可酌情对其从轻处罚。依照《刑法》第293条第1款[1]、

---

[1]《刑法》第293条第1款规定:"有下列寻衅滋事行为之一,破坏社会秩序的,处5年以下有期徒刑、拘役或者管制:① 随意殴打他人,情节恶劣的;② 追逐、拦截、辱骂、恐吓他人,情节恶劣的;③ 强拿硬要或者任意损毁、占用公私财物,情节严重的;④ 在公共场所起哄闹事,造成公共场所秩序严重混乱的。"

第十一章　足球与刑事犯罪、民事责任及行政处罚

第25条第1款[1]、第36条[2]、第61条[3]、第72条[4]、第73条[5]，《刑事诉讼法》第99条[6]、第279条[7]，最高人民法院《关于适用〈中华人民共和国刑事诉讼法〉的解释》（以下简称《刑诉解释》）第138条[8]之规定，人民法院对被告人作出刑事处罚的同时，判决其承担刑事附带民事责任。

◆ 案例 ◆

寻衅滋事罪

2013年7月21日0时许，刘某甲伙同王某、曾某、黄某、冶某（四人均已判刑）等人，在北京市丰台区靛厂村绿地足球场内，因王某、曾某

---

[1]《刑法》第25条第1款规定："共同犯罪是指二人以上共同故意犯罪。"

[2]《刑法》第36条规定："由于犯罪行为而使被害人遭受经济损失的，对犯罪分子除依法给予刑事处罚外，并应根据情况判处赔偿经济损失。承担民事赔偿责任的犯罪分子，同时被判处罚金，其财产不足以全部支付的，或者被判处没收财产的，应当先承担对被害人的民事赔偿责任。"

[3]《刑法》第61条规定："对于犯罪分子决定刑罚的时候，应当根据犯罪的事实、犯罪的性质、情节和对于社会的危害程度，依照本法的有关规定判处。"

[4]《刑法》第72条规定："对于被判处拘役、三年以下有期徒刑的犯罪分子，同时符合下列条件的，可以宣告缓刑，对其中不满18周岁的人、怀孕的妇女和已满75周岁的人，应当宣告缓刑：① 犯罪情节较轻；② 有悔罪表现；③ 没有再犯罪的危险；④ 宣告缓刑对所居住社区没有重大不良影响。宣告缓刑，可以根据犯罪情况，同时禁止犯罪分子在缓刑考验期限内从事特定活动，进入特定区域、场所，接触特定的人。被宣告缓刑的犯罪分子，如果被判处附加刑，附加刑仍须执行。"

[5]《刑法》第73条规定："拘役的缓刑考验期限为原判刑期以上1年以下，但是不能少于2个月。有期徒刑的缓刑考验期限为原判刑期以上5年以下，但是不能少于1年。缓刑考验期限，从判决确定之日起计算。"

[6]《刑事诉讼法》第99条规定："被害人由于被告人的犯罪行为而遭受物质损失的，在刑事诉讼过程中，有权提起附带民事诉讼。被害人死亡或者丧失行为能力的，被害人的法定代理人、近亲属有权提起附带民事诉讼。如果是国家财产、集体财产遭受损失的，人民检察院在提起公诉的时候，可以提起附带民事诉讼。"

[7]《刑事诉讼法》第279条规定："对于达成和解协议的案件，公安机关可以向人民检察院提出从宽处理的建议。人民检察院可以向人民法院提出从宽处罚的建议；对于犯罪情节轻微，不需要判处刑罚的，可以作出不起诉的决定。人民法院可以依法对被告人从宽处罚。"

[8]《刑诉解释》第138条规定："被害人因人身权利受到犯罪侵犯或者财物被犯罪分子毁坏而遭受物质损失的，有权在刑事诉讼过程中提起附带民事诉讼；被害人死亡或者丧失行为能力的，其法定代理人、近亲属有权提起附带民事诉讼。因受到犯罪侵犯，提起附带民事诉讼或者单独提起民事诉讼要求赔偿精神损失的，人民法院不予受理。"

先前与足球场管理员袁某发生过争执，而对袁某进行殴打。其间，冶某将足球场小卖部的海尔牌冷藏柜砸坏，黄某等人将被害人刘某乙打伤，黄某、冶某等人将在足球场外停放的2车辆砸坏。被害人袁某被打致L1、L2左侧横突骨折，经法医鉴定为轻伤二级；被害人刘某乙被打致左前臂下段肿胀，腰背部皮肤挫擦伤二处，累计面积为36.5平方厘米，经法医鉴定为轻微伤；被砸坏冷藏柜经鉴定价值人民币380元，被砸坏车辆的修理费经鉴定共计人民币23 513元。后刘某甲于2014年1月18日被公安机关抓获。被经过法院审判判处刘某甲犯寻衅滋事罪，判处有期徒刑1年9个月。

分析解读

刘某甲伙同他人持械随意殴打他人，造成他人轻伤等后果，情节恶劣，其行为已构成寻衅滋事罪，依法应予惩处。刘某甲在审判中提出其行为系正当防卫，经法院审理查明，刘某甲在寻衅滋事过程中对被害人进行殴打，其行为系主动加害行为，并非为制止他人的不法侵害而采取的正当防卫行为，故刘某甲所提该抗辩理由与已查明的事实不符，不能成立，法院不予采纳。最终，法院根据刘某甲犯罪的事实、性质、情节和对社会的危害程度依照《刑事诉讼法》第225条第1款第1项[1]的规定，对其定罪并适当量刑。

◆ **案例** ◆

参加黑社会性质组织罪、协助组织卖淫罪

江门市××区会城某酒店开始时由何某甲一人经营，2004年下半年何某甲邀请区某某入股某酒店，各占50%股份。某酒店主要经营卡拉OK和桑拿，而且还有女技师提供性服务，进行卖淫。林某乙是酒店的总经理，负责管理工作。其没有某酒店的股份，也没有参与其中的经营、管理。2003年左右，区某某的父亲患癌症，梁某甲借给区某某10万元，但没有写借条；2004年1至3月，区某某在梁某甲处投注赌博（足球外围赛）欠其11万元

---

[1]《刑事诉讼法》第225条第1款第1项规定："第二审人民法院对不服第一审判决的上诉、抗诉案件，经过审理后，应当按照下列情形分别处理：① 原判决认定事实和适用法律正确、量刑适当的，应当裁定驳回上诉或者抗诉，维持原判。"

第十一章 足球与刑事犯罪、民事责任及行政处罚

至 12 万元。2004 年 7 月，区某某在何某甲经营的江门市××区某酒店内增设桑拿部，组织多人从事卖淫活动。期间，区某某为偿还欠被告人梁某甲的债务，便提出将某酒店的部分股份转让给梁某甲。梁某甲明知区某某等人利用某酒店组织他人卖淫，仍与区某某签订股权转让协议，受让了某酒店 10% 的股份，由此获得某酒店桑拿部和卡拉 OK 部两项经营项目的利润分红权。梁某甲入股后，参与了某酒店的管理，协助区某某等人组织卖淫，并于 2005 年 1 月、2 月收取某酒店分红共计人民币 27 873 元。该案经过人民法院审理判决，梁某甲犯参加黑社会性质组织罪，判处有期徒刑 1 年；犯协助组织卖淫罪，判处有期徒刑 1 年 6 个月，并处罚金人民币 15 000 元。数罪并罚，决定执行有期徒刑 2 年，并处罚金人民币 15 000 元。

分析解读

梁某甲无视国家法律，参加黑社会性质组织，其行为已构成参加黑社会性质组织罪。梁某甲又在该黑社会性质组织中，协助组织他人卖淫，其行为已构成协助组织卖淫罪，对梁某甲应实行数罪并罚。梁某甲于 2008 年虽有投案的行为，但并没有如实供述自己的罪行，不具有自首的情节，但对其投案的行为可酌情从轻处罚。公诉机关指控被告人梁某甲犯参加黑社会性质组织罪、协助组织卖淫罪的事实清楚，证据确实、充分，罪名成立，法院依照《刑法》第 294 条[1]、第 358 条第 1 款第 4 项[2]、第 69 条[3]之规定

---

[1]《刑法》(2002 年)第 294 条规定："组织、领导和积极参加以暴力、威胁或者其他手段，有组织地进行违法犯罪活动，称霸一方，为非作恶，欺压、残害群众，严重破坏经济、社会生活秩序的黑社会性质的组织的，处 3 年以上 10 年以下有期徒刑；其他参加的，处 3 年以下有期徒刑、拘役、管制或者剥夺政治权利。境外的黑社会组织的人员到中华人民共和国境内发展组织成员的，处 3 年以上 10 年以下有期徒刑。犯前两款罪又有其他犯罪行为的，依照数罪并罚的规定处罚。国家机关工作人员包庇黑社会性质的组织，或者纵容黑社会性质的组织进行违法犯罪活动的，处 3 年以下有期徒刑、拘役或者剥夺政治权利；情节严重的，处 3 年以上 10 年以下有期徒刑。"

[2]《刑法》(2002 年)第 358 条第 1 款第 4 项规定："组织他人卖淫或者强迫他人卖淫的，处 5 年以上 10 年以下有期徒刑，并处罚金；有下列情形之一的，处 10 年以上有期徒刑或者无期徒刑，并处罚金或者没收财产：④强奸后迫使卖淫的。"

[3]《刑法》(2002 年)第 69 条规定："判决宣告以前一人犯数罪的，除判处死刑和无期徒刑的以外，应当在总和刑期以下、数刑中最高刑期以上，酌情决定执行的刑期，但是管制最高不能超过 3 年，拘役最高不能超过 1 年，有期徒刑最高不能超过 20 年。如果数罪中有判处附加刑的，附加刑仍须执行。"

对其作出相应的处罚。

◆ 案例 ◆

聚众斗殴罪

黄某、潘某、王某某、吴某某与曾某某（已被不起诉）及林某等人在文昌市锦山镇锦山墟锦萱路麦霸KTV酒吧五楼的501、510包厢内喝酒观看足球赛；李某（男，殁年16岁）、符某（已判刑）等人在该酒吧513包厢喝酒。2014年7月9日5时许，王某某伙同何某某、陈某某、邢某某（均已判决）、潘某某、张某、"阿柏"（均在逃）等6人持枪支、砍刀、斧头前往文昌市文城镇维多利亚领秀酒吧报复与何某某有矛盾的被害人周某。王某某与何某某、张某、"阿柏"冲进维多利亚领秀酒吧8211包厢，何某某持枪朝包厢里开了一枪，当场击中被害人李某、宋某、符某。随后，何某某拿起王某某手中的砍刀砍中周某，又追砍周某至二楼吧台。周某被砍后逃回8211包厢，经朱某等人劝阻，王某某等人逃离现场。经鉴定，李某、周某的伤势均为轻伤二级，宋某、符某的伤势均为轻微伤。

该案经过人民法院审理判决：王某某犯聚众斗殴罪，判处有期徒刑7年；犯故意伤害罪，判处有期徒刑1年6个月。决定执行有期徒刑8年。黄某犯聚众斗殴罪，判处有期徒刑7年。吴某犯聚众斗殴罪，判处有期徒刑6年6个月。吴某某犯聚众斗殴罪，判处有期徒刑5年。潘某犯聚众斗殴罪，判处有期徒刑4年。

分析解读

王某某、黄某、吴某、吴某某、潘某等人因琐事聚众在公共场所持械与他人斗殴，双方在斗殴中造成一人死亡、一人重伤、三人轻微伤，其行为均已构成聚众斗殴罪；被告人王某某还伙同他人故意伤害他人身体，致二人轻伤、二人轻微伤，其行为又构成故意伤害罪。公诉机关指控被告人王某某、黄某、吴某、吴某某、潘某犯罪的事实清楚，证据确实、充分，指控的罪名成立。李某在双方斗殴过程中因被单刃锐器伤及左肘部肱动脉导致失血性休克而死亡，但本案现有证据不能证明李某的致命伤系何人捅刺所致，造成李某死亡的直接凶手未能查清。在聚众斗殴共同犯罪中，王某某、黄某、吴某、吴某某、潘某积极主动参加殴斗，

第十一章　足球与刑事犯罪、民事责任及行政处罚

系积极参加者，均起主要作用，依法应当按照其所参与的全部犯罪处罚，但王某某持砍刀追打李某等人，黄某招呼同伙去取刀过来打架，王某某、黄某表现更为积极，其罪责相对较重。吴某某自动投案，如实供述罪行，是自首，依法可以从轻处罚。潘某犯罪时未满 18 周岁，依法应当从轻处罚。黄某曾因故意犯罪被判刑，有前科；吴某曾因吸食毒品被行政处罚，有劣迹，依法均可以酌情从重处罚；王某某、黄某、吴某、吴某某、潘某的亲友在案发后代其积极赔偿被害人亲属的经济损失，取得被害人亲属的谅解，量刑时可以酌情从轻处罚。此外，本案系因琐事引发，斗殴双方为争强好胜而结伙殴斗，双方对矛盾激化引发本案均负有责任。在故意伤害犯罪中，王某某被他人纠集参与作案，在共同犯罪中起次要作用，系从犯，依法应当从轻处罚。王某某犯数罪，依法应当数罪并罚。人民法院判决的依据为《刑法》第 292 条第 1 款[1]、第 234 条第 1 款[2]、第 17 条第 1 款和第 3 款[3]、第 25 条第 1 款[4]、第 27 条[5]、第 67 条第 1 款[6]、第 69 条第 1 款[7]等规定。

---

[1]《刑法》第 292 条第 1 款规定："聚众斗殴的，对首要分子和其他积极参加的，处 3 年以下有期徒刑、拘役或者管制；有下列情形之一的，对首要分子和其他积极参加的，处 3 年以上 10 年以下有期徒刑：① 多次聚众斗殴的；② 聚众斗殴人数多，规模大，社会影响恶劣的；③ 在公共场所或者交通要道聚众斗殴，造成社会秩序严重混乱的；④ 持械聚众斗殴的。"

[2]《刑法》第 234 条第 1 款规定："故意伤害他人身体的，处 3 年以下有期徒刑、拘役或者管制。"

[3]《刑法》第 17 条第 1 款、第 3 款规定："已满 16 周岁的人犯罪，应当负刑事责任。""已满 14 周岁不满 18 周岁的人犯罪，应当从轻或者减轻处罚。"

[4]《刑法》第 25 条第 1 款规定："共同犯罪是指二人以上共同故意犯罪。"

[5]《刑法》第 27 条规定："在共同犯罪中起次要或者辅助作用的，是从犯。对于从犯，应当从轻、减轻处罚或者免除处罚。"

[6]《刑法》第 67 条第 1 款规定："犯罪以后自动投案，如实供述自己的罪行的，是自首。对于自首的犯罪分子，可以从轻或者减轻处罚。其中，犯罪较轻的，可以免除处罚。"

[7]《刑法》第 69 条第 1 款规定："判决宣告以前一人犯数罪的，除判处死刑和无期徒刑的以外，应当在总和刑期以下、数刑中最高刑期以上，酌情决定执行的刑期，但是管制最高不能超过 3 年，拘役最高不能超过 1 年，有期徒刑总和刑期不满 35 年的，最高不能超过 20 年，总和刑期在 35 年以上的，最高不能超过 25 年。"

◆ 足球与法 ◆

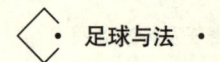

◆ 案例 ◆

危险驾驶罪

2019年9月18日，球员张某因为醉驾被天津交警查获，张某在醉驾时的血液酒精浓度达到了253.3mg/100ml的程度，涉嫌危险驾驶罪。2019年9月21日，张某被天津公安局河东分局依法采取了刑事拘留的强制措施。

2019年9月21日，天津俱乐部对张某采取了停训、停赛和停薪的处罚。

同年9月23日，天津市河东区检察院对张某涉嫌危险驾驶罪依法向天津市河东区人民法院提起公诉。9月26日，天津市河东区人民法院依法开庭审理了张某醉驾案，对张某以危险驾驶罪判处4个月拘役。

同年9月26日，中国足球协会对张某采取了取消征调进入中国国家男子足球队资格12个月，取消张某参加中国足协举办的比赛12个月的处罚。

分析解读

张某危险驾驶罪一案与张修维醉酒驾驶案有一定相似性，现将两个案件进行对比分析：当时张修维血液中的酒精含量为189.3mg/100ml，属醉酒状态，但未达到200mg/100ml的"从重处罚"标准，张某的血液酒精浓度达到了253.3mg/100ml，属于应当从重处罚的情节。张修维当时驾驶造成交通事故且负事故全部责任，依法应从重处罚；明知他人报案而在现场等待，抓捕时无抗拒行为，如实供述犯罪事实，具有自首情节，依法可从轻处罚；积极赔偿受损车辆的经济损失并获得谅解，自愿认罪认罚，系初犯，可酌情从轻处罚。也就是说张修维有自首和经济赔偿两项能够从轻处罚的条件，而张某是直接被交警查获，并没有自首情节也不存在经济补偿。所以张某没有能够依法从轻处罚的条件。张修维的判决结果为定罪危险驾驶罪，拘役3个月，缓刑3个月。张某的判决结果为定罪危险驾驶罪，拘役4个月。

第二节 足球与民事责任

与足球相关的民事案件离不开足球的几个关键性要素：足球赛事、球员、足球俱乐部以及几个要素之间的关系。具体来说，足球相关民事案件

第十一章 足球与刑事犯罪、民事责任及行政处罚

包括足球赛事在筹备、举办过程中与各个中间环节产生的合同关系导致的纠纷，比如场地租赁、赛事承办、实况直播、转播、各种广告运营、足球票务等关系中产生的纠纷；球员的归属和流动问题以及足球俱乐部之间的竞争问题，这是由球员在足球赛事中不可替代的价值决定的；足球运动中参赛者难以避免地存在潜在的人身危险及其引发一定数量的人身损害赔偿纠纷。本节通过列举几个典型的案例，来说明一下这类案件的特点。

◆ 案例 ◆

影音风暴盗播世界杯著作权案

2014年6月13日至7月14日期间，央视向中国大陆地区的电视观众实时转播"2014巴西世界杯"64场足球比赛，央视国际公司在赛后通过互联网络向中国大陆地区公众提供全部完整赛事的电视节目在线播放服务。

央视国际公司发现，暴风公司未经授权许可，在赛事期间，利用其运营的"暴风影音"网站（域名：www.baofeng.com）以及该公司研发的"暴风影音5"播放器PC客户端软件，通过互联网络直接向公众提供3950段"2014巴西世界杯"赛事电视节目短视频（简称"涉案短视频"）的在线播放服务。暴风公司还在"暴风影音"网站首页设立名为"2014世界杯"的专题页面，在"暴风影音5"播放器PC客户端软件的醒目位置设立"世界杯剧场"栏目，对涉案短视频进行推荐和展示。央视国际公司陈述涉案短视频内容系来自于央视接收国际足联提供的"2014巴西世界杯"比赛电视信号，并由央视在电视节目画面的基础上，添加中文字幕信息，配以中文现场解说，首次在中国大陆地区播出的电视节目内容。涉案短视频的作品性质为《著作权法》中规定的以类似摄制电影的方法创作的作品，而暴风公司未经授权许可擅自对涉案赛事节目剪辑并制作成涉案短视频而提供在线播放的行为，严重侵害了央视国际公司依法独占享有的通过信息网络向公众提供涉案赛事节目的权利，故诉至法院，请求判令暴风公司赔偿央视国际公司经济损失。该案经过两级法院审理最终判决暴风集团股份有限公司赔偿央视国际网络有限公司经济损失及诉讼合理支出共计400万元。

・足球与法・

分析解读

本案作为足球赛事直播、转播的案例极具有典型性，现就本案的焦点问题进行分析如下：① 央视国际公司是否为本案的适格原告。依据国际足联的《媒体权确认函》，央视独家享有"2014巴西世界杯"比赛在中国大陆地区的转播权，有权针对涉及2014年巴西世界杯的互联网侵权行为提起诉讼。② 赛事节目是否构成类似摄制电影的方法创作的作品。《著作权法实施条例》第4条第11项规定，"电影作品和以类似摄制电影的方法创作的作品，是指摄制在一定介质上，由一系列有伴音或者无伴音的画面组成，并且借助适当装置放映或者以其他方式传播的作品"。基于上述规定并结合作品的基本属性，电影作品和以类似摄制电影的方法创作的作品的核心要素是具体的情节或素材，作者通过对情节或素材的运用而形成的足以表达其整体思想的连续画面即为电影作品。通常情况下，电影作品或者会为观众带来思想上的共鸣（如故事片或纪录片），或者会为观众带来视觉上的享受（如风光片），或者二者兼而有之。至于其是否具有通常意义上的编剧、演员、配乐等要素，著作权法则并不关注。本案中，央视国际公司主张构成电影作品的是观众在电视上所看到的涉案64场比赛的全部直播内容，主要包括两部分来源：一部分为国际足联所提供信号中的内容，通常包括比赛现场的画面及声音、字幕、慢动作回放、集锦等；一部分为中央电视台在直播过程中所增加的中文字幕及解说。据此，央视国际公司认为涉案64场世界杯赛事节目构成"以类似摄制电影的方法创作的作品"的说法没能获得法院的支持。③ 如果不构成作品，涉案64场赛事节目是否构成录像制品，以及央视国际公司是否享有录像制作者权。依据我国《著作权法实施条例》第4、5条的规定，在符合固定要求的情况下，一系列连续画面如果不构成电影作品，则构成录像制品。因此，虽然涉案64场赛事节目不构成电影作品，但应属于录像制品。④ 暴风公司对涉案短视频的使用是否属于《著作权法》第22条第1款第3项、第2款规定的情形。《著作权法》第22条第1款第3项规定，为报道时事新闻，在报纸、期刊、广播电台、电视台等媒体中不可避免地再现或者引用已经发表的作品的，可以不经著作权人许可，不向其支付报酬，但应当指明作者姓名、作品名称，并且不得侵犯著作权人依照本法享有的其他权利。根据该规定，构成该项规定的情形，至少需要以报道时事新闻为目的，且应仅是在进行新闻报

第十一章　足球与刑事犯罪、民事责任及行政处罚

道时不可避免地且附带性地再现或者引用了该事件中客观出现的他人作品。虽然本案涉及的是录像制品，而非作品，但该条第 2 款规定，"前款规定适用于对出版者、表演者、录音录像制作者、广播电台电视台的权利的限制"，故前述理解亦同样适用于对于录像制品的使用行为。本案中，暴风公司在其网站上提供的视频均完全截取自比赛视频，且仅仅是比赛视频相关内容，显然并不属于为报道新闻事件而对该事件中所出现的他人制品的使用，其使用方式也不是在进行新闻报道时附带性地不可避免地再现或者引用涉案视频，因此不符合《著作权法》第 22 条第 1 款第 3 项及第 2 款的规定。最终，法院依照《著作权法》第 10 条第 11 项[1]、第 22 条第 1 款第 3 项及第 2 款[2]、第 42 条[3]、第 49 条[4]，《民事诉讼法》第 170 条第 1 款第 2 项[5]之规定对该案作出了判决。

◆ 案例 ◆

经纪公司与某俱乐部经纪费案

吾某系中国足协注册职业球员，某俱乐部系中国足协注册足球职业俱乐部，杨某系睿动公司的股东也系该公司的工作人员。

---

[1]《著作权法》第 10 条第 11 项规定："广播权，即以无线方式公开广播或者传播作品，以有线传播或者转播的方式向公众传播广播的作品，以及通过扩音器或者其他传送符号、声音、图像的类似工具向公众传播广播的作品的权利。"

[2]《著作权法》第 22 条第 1 款第 3 项、第 2 款规定："为报道时事新闻，在报纸、期刊、广播电台、电视台等媒体中不可避免地再现或者引用已经发表的作品。""前款规定适用于对出版者、表演者、录音录像制作者、广播电台、电视台的权利的限制。"

[3]《著作权法》第 42 条规定："录音录像制作者对其制作的录音录像制品，享有许可他人复制、发行、出租、通过信息网络向公众传播并获得报酬的权利；权利的保护期为 50 年，截止于该制品首次制作完成后第 50 年的 12 月 31 日。被许可人复制、发行、通过信息网络向公众传播录音录像制品，还应当取得著作权人、表演者许可，并支付报酬。"

[4]《著作权法》第 49 条规定："侵犯著作权或者与著作权有关的权利的，侵权人应当按照权利人的实际损失给予赔偿；实际损失难以计算的，可以按照侵权人的违法所得给予赔偿。赔偿数额还应当包括权利人为制止侵权行为所支付的合理开支。权利人的实际损失或者侵权人的违法所得不能确定的，由人民法院根据侵权行为的情节，判决给予 50 万元以下的赔偿。"

[5]《民事诉讼法》第 170 条第 1 款第 2 项规定："第二审人民法院对上诉案件，经过审理，按照下列情形，分别处理：② 原判决、裁定认定事实错误或者适用法律错误的，以判决、裁定方式依法改判、撤销或者变更。"

2016年1月，吾某为转会至其他足球俱乐部向杨某出具授权书，授权杨某为其代理人以其本人的名义进行所有与中超、中甲各足球俱乐部相关的业务联络与洽谈。2017年1月，某俱乐部为了引进国内优秀球员与杨某所在的睿动公司签订《足球业务商务技术咨询合同》，约定：睿动公司负责将球员吾某转会至某俱乐部，并协助某俱乐部与吾某签订工作合同。某俱乐部确认在球员吾某签订工作合同后3个工作日内一次性付清睿动公司经纪人费用200 000元。

杨某接受吾某的授权后，代理其与某俱乐部沟通试训、转会意向等事宜。2017年2月1日，吾某与某俱乐部签订了《中甲足球俱乐部运动员工作合同》和《补充协议》。后期，某俱乐部没有按照咨询合同约定向睿动公司支付经纪费。

2019年，睿动公司就经纪费用起诉了某俱乐部。经过天津市两级人民法院审理最终判决某俱乐部向睿动公司支付经纪人费用200 000元。

分析解读

睿动公司与某俱乐部签订《足球业务商务技术咨询合同》是双方真实意思表示，不违反法律强制性规定，对双方均有效力，双方均应依约履行。睿动公司履行了约定义务，俱乐部应向睿动公司支付经纪费。俱乐部主张不是睿动公司实际履行介绍球员的行为，但杨某是睿动公司员工，是杨某向俱乐部介绍球员，故杨某介绍球员的行为是履行职务的行为，且案涉合同的相对方是睿动公司，因此法院认定睿动公司是合同履行相对方。睿动公司已如约履行合同义务，俱乐部应支付睿动公司经纪费200 000元，并赔偿睿动公司因逾期支付造成的损失。

关于本案是否适用中国足协相关管理规定[1]问题，中国足协为中华人民共和国从事足球运动的组织自愿结成的全国性、非营利性、体育类社团法

---

[1]《中国足球协会球员代理人管理暂行规定》第2条规定，"本规定适用于在中国足球协会管辖范围内，从事与球员代理活动有关的代理人、球员、足球俱乐部和会员协会"。第5条规定，"代理人实行资格管理制度，对于法人，其法人代表或至少一名雇员应取得中国足协颁发的'资格证'方可从事球员代理活动"。第19条规定，"转会协议应当载明转会日期、转会补偿数额、双方权利义务、违约责任和终止条款等，同时应当注明球员代理人（如有）的姓名及其义务"。第20条规定，"工作合同须经球员、新俱乐部以及球员代理人（如有）三方签署方为有效"。

第十一章　足球与刑事犯罪、民事责任及行政处罚

人,是团结全国足球组织和个人共同发展足球事业、具有公益性质的社会组织,根据法律授权和政府委托管理全国足球事务。中国足协制定的管理规定和文件的性质应为行业自治规范,并非法律渊源。因此,在本案诉讼中,俱乐部根据中国足协的相关管理规定主张睿动公司和杨某未取得足球代理人资质,及睿动公司未在案涉的《中甲足球俱乐部运动员工作合同》和《补充协议》中作为代理人签字等抗辩意见,并无法律依据。法院最终依照《合同法》第8条[1]、第10条[2]、第107条[3]、第113条[4]之规定,作出判决。

◆ **案例** ◆

2016年5月,大连某青少年足球俱乐部与孙某及其法定监护人签订《俱乐部培训协议》,协议约定:在培训期间,俱乐部拥有孙某足球运动项目的所有权、管理权及注册权;如俱乐部要求孙某签订首份职业合同而孙某不签的,或孙某违反本协议提前单方解约的,俱乐部将向孙某提出经济赔偿要求,赔偿金额为俱乐部为培养孙某投入的5倍,培训期限自2016年5月1日起至球员19岁赛季的12月31日止。孙某及其监护人均在该合同上签字。后孙某共计在该俱乐部处培训了21个月,于2018年注册到其他俱乐部。

分析解读

依法成立的合同受法律保护,对当事人具有法律约束力,当事人应当按照约定履行自己的义务。在本案中,双方签订的《俱乐部培训协议》系

---

[1]《合同法》第8条规定:"依法成立的合同,对当事人具有法律约束力。当事人应当按照约定履行自己的义务,不得擅自变更或者解除合同。依法成立的合同,受法律保护。"

[2]《合同法》第10条规定:"当事人订立合同,有书面形式、口头形式和其他形式。法律、行政法规规定采用书面形式的,应当采用书面形式。当事人约定采用书面形式的,应当采用书面形式。"

[3]《合同法》第107条规定:"当事人一方不履行合同义务或者履行合同义务不符合约定的,应当承担继续履行、采取补救措施或者赔偿损失等违约责任。"

[4]《合同法》第113条规定:"当事人一方不履行合同义务或者履行合同义务不符合约定,给对方造成损失的,损失赔偿额应当相当于因违约所造成的损失,包括合同履行后可以获得的利益,但不得超过违反合同一方订立合同时预见到或者应当预见到的因违反合同可能造成的损失。经营者对消费者提供商品或者服务有欺诈行为的,依照《中华人民共和国消费者权益保护法》的规定承担损害赔偿责任。"

双方当事人的真实意思表示，且不违反法律、行政法规的强制性规定，应当认定为合法有效。现孙某在合同履行期限尚未届满的情况下，在其他俱乐部进行注册，其行为已表明其已单方解除合同，单方解除合同的行为已经构成对合同的根本违约，按照《俱乐部培训协议》之约定，孙某需向俱乐部支付培养投入金额5倍的赔偿金。根据俱乐部提交的证据，俱乐部对孙某的培训投入包括带队教练工资、外籍教练培训费及孙某参加比赛的相关费用等。但依据《最高人民法院关于适用〈中华人民共和国合同法〉若干问题的解释（二）》（以下简称《合同法解释（二）》）第29条[1]的规定，5倍赔偿金属于"过度高于造成的损失"，法院最终依法将违约赔偿金调整为俱乐部损失的130%，最终判决孙某支付违约赔偿金为63 170.25元。

◆ 案例 ◆

林某出生于2004年11月24日。2017年6月，林某参加市级少儿校园足球赛获得了第二名。7月上旬，林某母亲接到段某电话，称其是某小学体育老师、足球俱乐部教练，在少儿校园足球赛中看到林某突出表现，认为是个好苗子，邀请林某参加在沈阳举办的哥德杯青少年足球比赛，林某母亲应允。8月12日，段某带领14名学生飞往沈阳参加比赛。8月15日上午，林某在比赛中受伤。林某父母得知消息后于8月16日飞往沈阳，将林某送到沈阳第一医院，因医院未及时安排手术，林某父母于8月16号晚上带林某飞回宝鸡，当晚入住宝鸡市中医医院进行手术治疗。后林某伤情经司法鉴定为十级伤残。

哥德杯中国竞赛规程第17条载明："保险责任：球队必须给自己的球员买保险（保险涵盖球场上和球场下）"。而段某及林某所属球队宝鸡浩胜足球俱乐部均未给林某购买任何保险，林某自行购有学生意外伤害险。

事故发生后，林某将该足球俱乐部及段某告上法庭，该案经过两级人民法院依法审理，最终判决足球俱乐部返还林某参赛费618.5元；足球俱

---

[1]《合同法解释（二）》第29条规定："当事人主张约定的违约金过高请求予以适当减少的，人民法院应当以实际损失为基础，兼顾合同的履行情况、当事人的过错程度以及预期利益等综合因素，根据公平原则和诚实信用原则予以衡量，并作出裁决。当事人约定的违约金超过造成损失的30%的，一般可以认定为《合同法》第114条第2款规定的'过分高于造成的损失'。"

第十一章　足球与刑事犯罪、民事责任及行政处罚

乐部补偿林某 24 000 元。

分析解读

足球比赛作为一项竞技性运动，具有群体性、对抗性等特点，该项运动的性质，决定了参赛者难以避免地存在潜在的人身危险。林某并非首次参加比赛，其本人及法定代理人对比赛的性质、特点及风险具备通常认知和预见性，其已知或者应知竞技体育竞赛潜伏着固有的风险而仍然参加此种竞赛，实际上是对此种活动中风险的接受，参加比赛后对自己的安全负有必要注意义务，相应的风险和损失主要应由其自行承担。林某在足球比赛过程中受伤，属于正常的运动风险，足球俱乐部及老师虽组织、带领林某等人参加比赛，但对林某的受伤并无过错。但是足球俱乐部组织林某等参加具有对抗性、风险性的足球竞技比赛，应当受相关行业竞赛规程或竞赛项目规则规定的调整，哥德杯中国竞赛规程中对于因竞赛导致的参赛运动员意外伤害，规定为应由其参赛队统一办理保险来进行风险承担。林某先前自行购买的在校学生学平险，并不能免除足球俱乐部的投保义务。足球俱乐部未按赛事规则为林某办理意外伤害保险，客观上导致林某无法通过球队投保行为进一步减小风险和损失，应由足球俱乐部在林某可能获得的理赔范围内承担相应的补偿责任。最终，人民法院依照最高人民法院《关于贯彻执行〈中华人民共和国民法通则〉若干问题意见（试行）》（以下简称《民通意见》）第 157 条[1]、《民事诉讼法》第 154 条第 1 款第 2 项[2]之规定对本案作出判决。

足球竞赛固有风险性，林某在案涉足球比赛中受益人的身份以及足球俱乐部未按赛事规制为林某办理意外伤害保险存在的过失，尽管足球俱乐部对林某受伤不存在过错，无需承担侵权赔偿责任，但应对林某因比赛遭受的损失中不能获赔部分给予一定的经济补偿。

需要指出的是，足球运动是一项有广大群众基础的有益活动，对于增强国民体质、培养团结拼搏精神有重要意义。法律应保护足球运动有序、

---

[1]《民通意见》第 157 条规定："当事人对造成损害均无过错，但一方是在为对方的收益或共同的利益进行活动的过程中受到损害的，可以责令对方或受益人给予一定的经济补偿。"

[2]《民事诉讼法》第 154 条第 1 款第 2 项规定："裁定适用于下列范围：② 对管辖权有异议的。"

健康开展，对推进足球运动的积极因素予以支持。本案中，如何衡平足球运动培训机构或足球运动组织者与足球队员的个人利益，关系到足球运动的长远发展和社会的公平正义。适当地由活动组织者或经营者作为受益人补偿球员在比赛中受伤遭受的一定损失，既能促使足球运动的组织者、经营者更好地加强管理、提供更完善的服务，也能提高球员的自我风险防范意识，更能提高各方通过商业保险等方式化解风险、弥补损失的意识。若过度苛责、强调组织者、经营者或球员任何一方的单方责任，都将极大地抑制人们参与竞技体育的意愿及自由，不利于体育事业的健康长远发展。法院也是基于以上考虑，酌情判予了补偿款。

◆ 案例 ◆

大连某足球俱乐部有限公司曾与北京欧迅体育文化股份有限公司因合同纠纷一案，将后者诉至法院。后北京市东城区人民法院作出民事调解书已发生法律效力，北京欧迅体育文化股份有限公司仍拒不执行支付款项 2 513 400 元及利息的法定义务。大连某足球俱乐部有限公司向北京市东城区人民法院申请了强制执行，案件在执行过程中，法院向申请执行人发出举证责任及风险告知书，限期其提供被执行人下落及可供执行财产线索。向被执行人发出执行通知书、报告财产令、限制消费令，责令其履行生效法律文书确定的义务。后经全国法院网络执行查控系统查询，被执行人名下无可供执行的银行存款、无可供执行的互联网银行存款、无不动产登记信息、无车辆登记信息、无对外投资及分支机构信息、无证券登记信息。法院将被执行人纳入限制消费人员名单后终结本次执行程序，依据《民事诉讼法》第 257 条第 6 项[1]、《民诉解释》第 519 条[2]之规定，裁定本次执行程序终结后，申请执行人发现被执行人具备履行能力时，可以再次申请执行，不受申请执

---

〔1〕《民事诉讼法》第 257 条第 6 项规定："有下列情形之一的，人民法院裁定终结执行：⑥人民法院认为应当终结执行的其他情形。"

〔2〕《民诉解释》第 519 条规定："经过财产调查未发现可供执行的财产，在申请执行人签字确认或者执行法院组成合议庭审查核实并经院长批准后，可以裁定终结本次执行程序。依照前款规定终结执行后，申请执行人发现被执行人有可供执行财产的，可以再次申请执行。再次申请不受申请执行时效期间的限制。"

第十一章　足球与刑事犯罪、民事责任及行政处罚

行期限的限制，被执行人仍有继续履行法律文书确定内容的义务。

分析解读

2015年7月22日起我国开始施行《最高人民法院关于限制被执行人高消费及有关消费的若干规定》，这一规定是根据《民事诉讼法》的有关规定，结合人民法院民事执行工作的实践经验而制定，加大了执行力度，推动了社会信用机制建设，最大限度保护申请执行人和被执行人的合法权益。尤其是第1条第1款和第2款中的"限制高消费"和"列入失信人名单"，引起社会各界广泛关注，被称为强制执行的"两大法宝"。

也就是说，"老赖"不履行义务，就算没有可供执行财产也可以对其"限高"。所谓的"限高"，是指被采取限制消费措施后，不得有以下高消费及非生活和工作必需的消费行为：

（一）乘坐交通工具时，选择飞机、列车软卧、轮船二等以上舱位；

（二）在星级以上宾馆、酒店、夜总会、高尔夫球场等场所进行高消费；

（三）购买不动产或者新建、扩建、高档装修房屋；

（四）租赁高档写字楼、宾馆、公寓等场所办公；

（五）购买非经营必需车辆；

（六）旅游、度假；

（七）子女就读高收费私立学校；[1]

（八）支付高额保费购买保险理财产品；

（九）乘坐G字头动车组列车全部座位、其他动车组列车一等以上座位等其他非生活和工作必需的消费行为。

被执行人为单位的，被采取限制消费措施后，被执行人及其法定代表人、主要负责人、影响债务履行的直接责任人员、实际控制人不得实施前款规定的行为。因私消费以个人财产实施前款规定行为的，可以向执行法院提出申请。执行法院审查属实的，应予准许。

如果被执行人违反限制消费令，仍然进行消费的行为的，属于拒不履行人民法院已经发生法律效力的判决、裁定的行为，可以依照《民事诉讼

---

[1] 解读：根据最高院相关文章，在对被执行人采取"限高"前，其子女已经就读高收费私立学校的，不宜勒令退学。

法》第 111 条〔1〕的规定,予以拘留、罚款;情节严重,构成犯罪的,追究其刑事责任。

假设本案的被告系球员而不是企业,即被执行人系自然人,如其未能及时按照法院判决书履行相应义务的,其可能被列入最高人民法院失信名单,面临无法进行乘坐高铁和飞机、入住五星酒店等高消费行为。该风险的发生,在某种程度上将影响球员参加相应的异地的训练与比赛,也将影响所属俱乐部的正当利益。

第三节 足球与行政处罚

与足球相关的行政案件相对来说数量较少,但是近年来,这类案件只要一发生,必然会在全社会引起广泛关注。究其原因,主要是因为这类案件多由球员的违法违规行为引起。作为公众人物,球员的一举一动都在球迷的关注中,其行为的不正当性也会产生社会效应从而被放大。另一方面,我们广大球迷对球员乃至整个足球环境的高要求也体现了球迷对足球的热爱,也希望通过不断对球员行为的规范能够使我国的足球产业发扬光大。本节通过解读几个典型案例来说明行政处罚的类型、范围以及方式。

◆ 案例 ◆

套牌行政拘留案

2020 年 4 月 14 日,一段疑似广州球员李某当街涂改车牌的视频在微博疯传,并引发了媒体和球迷的关注。广州交警也第一时间跟进,表示李某

---

〔1〕《民事诉讼法》第 111 条规定:"诉讼参与人或者其他人有下列行为之一的,人民法院可以根据情节轻重予以罚款、拘留;构成犯罪的,依法追究刑事责任:① 伪造、毁灭重要证据,妨碍人民法院审理案件的;② 以暴力、威胁、贿买方法阻止证人作证或者指使、贿买、胁迫他人作伪证的;③ 隐藏、转移、变卖、毁损已被查封、扣押的财产,或者已被清点并责令其保管的财产,转移已被冻结的财产的;④ 对司法工作人员、诉讼参加人、证人、翻译人员、鉴定人、勘验人、协助执行的人,进行侮辱、诽谤、诬陷、殴打或者打击报复的;⑤ 以暴力、威胁或者其他方法阻碍司法工作人员执行职务的;⑥ 拒不履行人民法院已经发生法律效力的判决、裁定的。人民法院对有前款规定的行为之一的单位,可以对其主要负责人或者直接责任人员予以罚款、拘留;构成犯罪的,依法追究刑事责任。"

第十一章　足球与刑事犯罪、民事责任及行政处罚

已经到天河交警大队接受调查。广州警方通过微博发布通报：对李某作出罚款 5000 元、行政拘留 15 日、驾驶证记 12 分的处罚。

分析解读

当街涂改车牌是比较严重的违法行为，当地公安机关依据《道路交通安全法》第 11 条[1]、第 96 条[2]，《道路交通安全违法行为记分分值》第 1 条第 5 项[3]之规定对李某作出罚款 5000 元、行政拘留 15 日、驾驶证记 12 分的处罚属于行政处罚。

◆ **案例** ◆

嫖娼行政拘留案

巴西外援罗德里格斯（被成都谢联球迷们亲切地叫做"大巴"）开创了中国足坛外援因为嫖娼事件被行政拘留的先河。2009 年 7 月份，大巴在深圳嫖娼时被扫黄打非的警察抓了个现形。大巴在拘留 5 天后因为认罪态度良好被释放。

分析解读

嫖娼，是指以金钱、财物为媒介，与他人发生不正当性关系的行为，是建立于金钱交易上的性关系。嫖娼在我国受到法律的禁止，卖淫、嫖娼属于违法行为，卖淫嫖娼更容易传染性病、乙肝、艾滋病等各种疾病。对

---

[1]《道路交通安全法》第 11 条规定："驾驶机动车上道路行驶，应当悬挂机动车号牌，放置检验合格标志、保险标志，并随车携带机动车行驶证。机动车号牌应当按照规定悬挂并保持清晰、完整，不得故意遮挡、污损。任何单位和个人不得收缴、扣留机动车号牌。"

[2]《道路交通安全法》第 96 条规定："伪造、变造或者使用伪造、变造的机动车登记证书、号牌、行驶证、驾驶证的，由公安机关交通管理部门予以收缴，扣留该机动车，处 15 日以下拘留，并处 2000 元以上 5000 元以下罚款；构成犯罪的，依法追究刑事责任。伪造、变造或者使用伪造、变造的检验合格标志、保险标志的，由公安机关交通管理部门予以收缴，扣留该机动车，处 10 日以下拘留，并处 1000 元以上 3000 元以下罚款；构成犯罪的，依法追究刑事责任。使用其他车辆的机动车登记证书、号牌、行驶证、检验合格标志、保险标志的，由公安机关交通管理部门予以收缴，扣留该机动车，处 2000 元以上 5000 元以下罚款。当事人提供相应的合法证明或者补办相应手续的，应当及时退还机动车。"

[3]《道路交通安全违法行为记分分值》第 1 条第 5 项规定："机动车驾驶人有下列违法行为之一，一次记 12 分：⑤上道路行驶的机动车未悬挂机动车号牌的，或者故意遮挡、污损、不按规定安装机动车号牌的。"

· 足球与法 ·

该行为的处罚依据是《治安管理处罚法》第 66 条[1]的规定。

◆ 案例 ◆

吸食毒品案

2004 年 9 月 26 日，辽宁队主场 1-5 惨败于实德。赛后，反兴奋剂官员提取了刘某的尿样，结果刘某尿样呈阳性（兴奋剂问题详见第十三章）。2006 年 2 月 11 日凌晨，沈阳警方在打黑时，在一家宾馆内将涉嫌吸食冰毒的刘某抓获，同时还搜出了五支枪和六把砍刀。

2008 年 3 月，早已退役的前国门江某亲自在博客上承认吸毒的事实，他表示在陕西队效力时，曾深陷毒品不能自拔，甚至被当时打假球的王某讽刺。随后，他坚持了 3 个月戒毒成功。

分析解读

戒毒所是指将吸毒人员集中进行戒除吸食、注射毒品的恶习及毒瘾的场所，是对吸毒者进行戒毒治疗的场所。一般戒毒所都配备有相关的戒毒药物，相关的医护人员。戒毒所的分类主要有自愿戒毒所，社区戒毒所，强制隔离戒毒所。

由于中国当前无法实施国外戒毒的医学防治模式，所以中国现行的政策是以强制隔离戒毒为主。中国的戒毒所分为三类：第一类是公安机关主管的强制隔离戒毒所；第二类是司法行政机关主管的强制隔离戒毒所；第三类是戒毒医疗机构，由卫生部门主管。按规定，被强制隔离戒毒的人员在公安机关的强制隔离戒毒场所执行强制隔离戒毒 3 个月至 6 个月后，最长不超过 12 个月，转至司法行政部门的强制隔离戒毒场所继续执行强制隔离戒毒。案例中的强制戒毒须依据《戒毒所管理办法》执行。

球员一旦受到行政机关的行政处罚，球员可能受到来自俱乐部的停训、停赛、罚款的处罚，也可能影响其合同的执行和后期合同续约工作。球员作为公共人物之一，日常生活和工作中一方面注意自身修养，另一方面也要对社会作出起到正能量的贡献。如球员涉及行政处罚，尤其涉及被采取

---

[1]《治安管理处罚法》第 66 条规定："卖淫、嫖娼的，处 10 日以上 15 日以下拘留，可以并处 5000 元以下罚款；情节较轻的，处 5 日以下拘留或者 500 元以下罚款。在公共场所拉客招嫖的，处 5 日以下拘留或者 500 元以下罚款。"

司法拘留和强制戒毒的，其带来的严重法律后果不言而喻，这是某些球员的重大的法律风险之一。

以上通过案例就足球与刑事犯罪、民事责任及行政处罚三个方面进行简要介绍，其目的是提醒足球从业人员在积极投入足球事业时，一定要有法律意识，适当学习法律知识，注重提升法律修养。

第十二章
足球赛事与知识产权保护

随着"互联网+"的深度发展和三网融合的技术应用，公众观看体育赛事的方式快速转移到网络上。互联网和三网融合技术的快速发展给《著作权法》《反不正当竞争法》及相关知识产权保护制度对体育赛事直播与转播的保护带来了挑战，如盗链信号或者赛事信号并转化为网络信号进行自行直播，给赛事转播商造成了重大损失。赛事的相应权利人在维护自身的权益时会遇到司法审判过程中的法律适用等问题。现行的《著作权法》及《著作权法实施条例》对于互联网直播行为没有明确的定义，最高人民法院《关于审理侵害信息网络传播权民事纠纷案件适用法律若干问题的规定》又不能完全覆盖保护体育赛事节目。本章就从《著作权法》及《反不正当竞争法》等角度就如何保护足球赛事予以介绍。

第一节 足球赛事与著作权法的保护

目前体育赛事节目知识产权保护不周密产生的原因既有《著作权法》上适用该种成果保护类型的缺失，也有《著作权法》文字含义的局限性。
奥运会、NBA、世界杯、欧洲杯以及足球欧洲五大联赛是影响力比较大的体育赛事。对于某一具体的体育赛事来说，其具有唯一性和不可复制性。体育赛事节目侵权案件的争议焦点，往往集中于体育赛事节目是否可被定性为作品。

体育赛事基于合同产生的权利有体育赛事的转播权、直播权等，基于法律的相关权利有广播组织权、体育赛事节目著作权、信息网络转播权等。下文就以上相关概念和权利作简要介绍。

下面简要介绍一下与争议相关的名词及解释。

体育赛事节目

体育赛事节目是指在体育赛事活动进行的过程中，通过拍摄机位的设置、摄像镜头的选择、主持人解说、字幕、回放镜头或特写、采访、编导的参与等方面，对体育赛事活动进行拍摄而形成的供广大观众在屏幕前观赏的电视节目。

一般情况下，体育赛事节目包括赛前预测、中场休息的点评、赛后总结、数据统计、整合营销广告、记者的赛前赛后单边出像连线等，需要主持人、嘉宾、记者、编辑、导播等各工种协同，共同完成一场赛事的整体包装。

体育赛事的转播权

体育赛事转播权是体育组织或赛会主办单位举办体育赛事时，许可他人利用电视和新媒体技术现场直播、转播、录像并从中获取报酬的权利。

体育赛事转播权的主体在不同国家因不同体育赛事而有所不同，包括体育赛事组织者、赛场管理者、参赛者等。体育赛事转播权的客体为体育赛事公用信号。体育赛事公用信号是按照赛事组委会统一的理念和制作标准，由专业的直播团队，采集比赛现场的画面和声音，切割所有比赛画面，配上必要的字幕信息、慢动作回放、精彩瞬间等组合而成的公用信号成品。体育赛事公用信号的制作可以分为三个层次：客观地摄制、记录、传播比赛，信号制作的规范化，在此基础上的有限的"故事化"。

直播权

直播权是指赛事组织方许可其他组织对比赛进行摄制、录音并制作成音频或视频产品的权利。直播权针对的是体育赛事本身，部分国家的法律中规定了体育赛事组织者具有"直播权"，可以禁止未经许可擅自对比赛进行直播的行为。

著作权

《著作权法》中的作品，包括以下列形式创作的文学、艺术和自然科学、社会科学、工程技术等作品：① 文字作品；② 口述作品；③ 音乐、戏剧、曲艺、舞蹈、杂技艺术作品；④ 美术、建筑作品；⑤ 摄影作品；⑥ 电影作品和以类似摄制电影的方法创作的作品；⑦ 工程设计图、产品设计图、地图、示意图等图形作品和模型作品；⑧ 计算机软件；⑨ 法律、行政法规规定的其他作品。

体育赛事节目作品类型为以类似摄制电影的方法创作的作品和录音录像制品。

广播组织权

广播组织权就是广播组织对其自己编排、播放的节目享有的权利，它是一种邻接权，是广播组织权在传播和宣传作品中所产生的权利。

电视台和新媒体转播机构从体育赛事组织者处通过签订合同的方式购买了赛事转播权之后，再投入一定的人力、物力和智力性劳动，将体育赛事画面经过制作团队的精心处理变成体育赛事节目向社会公众播放。

体育赛事节目创作出来后，需在公众中传播，传播者在传播作品中有创造性劳动，这种劳动亦应受到法律保护。

体育赛事节目转播权

《著作权法》上规定的转播权是指以无线方式公开广播或者传播作品，以有线传播或者转播的方式向公众传播广播的作品，以及通过扩音器或者其他传送符号、声音、图像的类似工具向公众传播广播的作品的权利。

邻接权

邻接权又称作品传播者权利，是在传播作品过程中产生的权利。作品

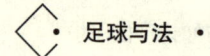

经创作产生后，有在公众中传播的需求，传播者在此过程中做出了创造性劳动，此创造性亦应受到法律的保护。邻接权与著作权密切相关，又是独立于著作权之外的一种权利。

录像制品

《著作权法实施条例》第5条规定，"录像制品，是指电影作品和以类似摄制电影的方法创作的作品以外的任何有伴音或者无伴音的连续相关形象、图像的录制品"。

《著作权法》第48条规定，"未经录音录像制作者许可，复制、发行、通过信息网络向公众传播其制作的录音录像制品的，本法另有规定的除外"。

信息网络转播权

《著作权法》第10条第12项对信息网络传播权有明确的定义，即"以有线或者无线方式向公众提供作品，使公众可以在其个人选定的时间和地点获得作品的权利"。

构成网络传播行为需满足以下两个要件：一是传播的方式是有线或者是无线；二是用户可以实现在任何时间、任何地点播放观看作品，即具有"交互式"特点。

独创性

大陆法系国家的著作权法和英美法系国家的版权法都把"独创性"作为构成作品的要件，但大陆法系对独创性的要求高于英美法系。

"独创性"为受著作权法保护的先决条件，但我国《著作权法》并未阐释何为独创性，在司法实践中对于独创性之判定个案性极强，缺乏共性的原则。

对于作品的独创性判断，既是一个理论上的问题，也是事实问题，更是一个实践问题。关于独创性的讨论是著作权法的一个永恒的主题，不论怎样从理论上给出公正的标准，总是要通过司法判决来加以体现。

《著作权法实施条例》第2条规定，"著作权法所称作品，是指文学、艺术和科学领域内具有独创性并能以某种有形形式复制的智力成果"；第

3条规定,"著作权法所称创作,是指直接产生文学、艺术和科学作品的智力活动"。

对于独创性的判断标准,会影响到涉案作品法律权利保护范围的大小,在体育赛事节目保护上体现得更加明显,如果在个案中体育赛事节目被法官认定属于作品,那么得到著作权保护的范围就更完整;如果在个案中体育赛事节目被法官认定独创性达不到作品的要求,那么保护范围就比较小,对诉讼当事人的利益产生直接相关的影响。

由于我国司法实践中还未对作品的独创性判断标准形成共识,一方面影响到了对体育赛事节目是否构成作品的判定,另外一方面也给盗播等各种侵权行为主体提供了可乘之机。针对体育赛事节目法律保护问题,最高人民法院曾经下发过《关于充分发挥知识产权审判职能作用推动社会主义文化大发展大繁荣和促进经济自主协调发展若干问题的意见》的通知,强调"加大文化创造者权益保护,保障文化创造源泉充分涌流。要妥善处理作品的独创性与独创高度的关系,既维护给予作品著作权保护的基本标准的统一性,又注意把握各类作品的特点和适应相关保护领域的特殊需求,使保护强度与独创高度相协调。要妥善适用著作权法有关著作权的概括性规定,及时保护创作者的新权益。妥善处理个人作品、职务作品和法人作品的关系,既最大限度保护作者权益和鼓励创作积极性,又依法保护法人或者其他组织的合法权益。妥善运用思想和表达两分法,注意思想与表达区分的相对性,合理界定作品保护范围。高度重视传播者权益保护,充分保护出版者、表演者、录音录像制作者、广播电台、电视台的合法权益,促进作品的传播和利用。积极探索对综艺晚会、体育节目等所涉权益的法律保护,合理平衡相关各方利益"。

著作权法学界学者在界定作品独创性标准的问题上也是众说纷纭,有的主张继续借鉴大陆法系国家较高的独创性标准,有的主张采纳英美法系国家要求较低的独创性标准。还有学者认为我国应借鉴大陆法系国家,坚持"作品"和"制品"共存的"二元制"立法模式。

有鉴于此,通过部分案例,检验其观点的正确性以及重新认识著作权的权利基础和《著作权法》存在的不足。

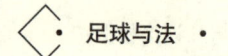

◆ 案例 ◆

央视国际著作权案

（2010）穗中法民三初字第196号广州市中级人民法院判决

原告：央视国际网络有限公司（以下简称"央视国际公司"）

被告：世纪龙信息网络有限责任公司（以下简称"世纪龙公司"）

案由：侵犯著作权纠纷

法院裁判观点：将体育赛事节目作为录音录像制品予以保护，并将对体育赛事节目的网络实时播放行为纳入信息网络传播权调整的范围。

基本案情

央视国际公司基于国际奥委会和中央电视台的授权，取得2008年北京奥运会所有体育赛事直播或录播节目的独占许可使用权，包括通过信息网络向公众传播、广播的权利。

世纪龙公司未经许可，通过其经营的www.21cn.com网站对中央电视台"CCTV-奥运频道"正在直播的"德国VS巴西"女足比赛节目进行网络同步实时播放。

央视国际公司以其对涉案德巴女足比赛节目享有录音录像制作者权和广播组织者权作为请求权基础，要求被告世纪龙公司停止侵权、赔礼道歉，并赔偿其经济损失210万元。

法院认为：央视国际公司所主张的德巴女足比赛，是广大观众在屏幕前观看的经摄制而成的电视节目，其与比赛现场所进行的比赛有所不同，中央电视台是该电视节目的拍摄者，该节目的独创性主要体现在对现场比赛的拍摄及解说，包括机位的设置、镜头的选择、主持、解说和编导的参与等方面，但其作为以直播现场体育比赛为主要目的的电视节目，在独创性上尚未达到电影作品和以类似摄制电影的方法创作的作品的高度，特别是其中对于比赛进程的控制、拍摄内容的选择、解说内容的编排等方面，摄制者按照其意志所能做出的选择和表达非常有限，摄制者并非处于主导地位，但中央电视台在摄制德巴女足比赛的过程中体现了一定的独创性，根据我国《著作权法实施条例》第5条第3项的规定，应当将中央电视台拍摄的德巴女足比赛作为录音录像制品予以保护，中央电视台对其享有录音录像制作者权。

我国《著作权法》第 45 条第 1 款规定,广播组织者权的行使主体仅限于广播电台、电视台,法律没有规定允许广播电台、电视台将该权利授予其他主体行使,因此对原告在该案中主张广播组织者权,不予支持。

世纪龙公司未经许可通过其网站实时转播中央电视台正在直播的德巴女足比赛,构成对原告央视国际公司作为录音录像制作者的信息网络传播权的侵害,判决被告世纪龙公司赔偿原告央视国际公司经济损失 20 万元。

◆ 案例 ◆

央视国际著作权及不正当竞争案

(2015)深福法知民初字第 174 号广东省深圳市福田区人民法院判决

原告:央视国际网络有限公司(以下简称"央视国际公司")

被告:华夏城视网络电视股份有限公司(以下简称"华夏公司")

案由:侵犯著作权及不正当竞争纠纷

法院裁判观点:将体育赛事节目定性为录像制品,认为信息网络传播权无法对体育赛事节目的网络实时转播行为进行调整,应通过《反不正当竞争法》对体育赛事节目给予保护。

基本案情

央视国际公司通过继受方式取得在全世界范围内独家行使通过信息网络向公众提供 2014 年巴西世界杯比赛节目的直播和点播的权利,被告未经许可在其经营的 www.cutv.com 城市联合网络电视台上与央视同步直播"巴西 VS 克罗地亚"的世界杯足球比赛。

央视国际公司以涉案世界杯足球比赛节目是以类似摄制电影的方法创作的作品为由,并以我国《著作权法》第 10 条第 17 项兜底权利为基础,要求华夏公司停止侵权及不正当竞争行为,并赔偿其经济损失 400 万元。

法院认为:体育赛事只是一连串意外情况的结果,电视导播无法控制比赛进程,体育赛事直播节目的性质决定了电视导播、摄制者在节目中并非处于主导地位,体育赛事直播节目制作人在体育赛事直播节目中能够按其意志做出的选择和表达非常有限。因此,涉案由国际足联拍摄的、经中央电视台制作播出的体育赛事直播节目尚不足以达到我国著作权法所规定的以类似摄制电影的方法创作的作品的高度,不属于作品,而应属于我国《著作权法》第 5 条第 3 项规定的录像制品。鉴于此,央视国际公司以我国《著作权法》第 10 条第 1 款第 17 项兜底权利提起诉讼,不予支持。

原、被告均为网络公司,二者存在竞争关系,被告华夏公司擅自提供涉案体育赛事网络直播的行为,减少了原告央视国际公司通过网络直播获取经济收益的机会,构成不正当竞争。判决被告华夏公司赔偿原告央视国际公司经济损失 12 万元。

◆ 案例 ◆

新浪著作权及不正当竞争案

(2014)朝民(知)初字第 40334 号北京市朝阳区人民法院判决以及(2015)京知民终字第 1818 号北京知识产权法院判决

原告:新浪公司

被告:天盈公司

案由:侵犯著作权及不正当竞争纠纷

法院裁判观点:认为涉案赛事比赛画面不满足电影作品"固定性"和"独创性"两个要件,且《著作权法》意义上的作品法定,法院无权创设新的作品类型,故无法认定体育赛事节目构成作品。

基本案情

原告新浪公司通过继受方式取得在门户网站独占直播、点播、录播中超足球联赛节目的权利,被告天盈公司未经许可,在其经营的门户网站凤凰网(www.ifeng.com)直播"山东鲁能 VS 广东富力""申鑫 VS 舜天"两场足球比赛。原告新浪公司以涉案转播的赛事呈现的画面是我国《著作权法》保护的作品为由,要求被告天盈公司停止侵权及不正当竞争行为,并赔偿其经济损失 1000 万元。

一审法院认为:涉案体育赛事的制作、转播是通过设置不确定的数台或数十台固定的、不固定的录制设备作为基础进行拍摄录制,形成观众看到的最终画面。观众看到的画面,与赛事现场并不完全一致、也非完全同步,赛事转播的制作程序,不仅包括对赛事的录制,还包括回看的播放、比赛及球员的特写、场内与场外、球员与观众、全部与局部的画面,以及配有全场点评和解说,上述画面的形成,是编导对赛事录制镜头选择、编排的结果,形成可供观赏的新的画面,以视听的方式给人以视觉感应,构成作品。对体育赛事节目的网络实时转播行为不受信息网络传播权调整,而应当由《著作权法》第10条第1款第17项规定的兜底权利来保护。判定被告天盈公司的行为侵犯了原告新浪公司的著作权,责令其停止侵权,并赔偿原告经济损失50万元。因已通过我国《著作权法》对原告新浪公司进行了保护,对原告新浪公司提起的不正当竞争行为的诉请,不予支持。

二审法院认为: 以无法认定体育赛事节目是否享有著作权为由撤销了一审判决,认为涉案赛事比赛画面不满足电影作品"固定性"和"独创性"两个要件,且《著作权法》意义上的作品法定,法院无权创设新的作品类型,故无法认定体育赛事节目构成作品。

◆ **案例** ◆

央视国际著作权及不正当竞争案

(2015)海民(知)初字第14494号北京市海淀区人民法院判决

原告: 央视国际网络有限公司(以下简称"央视国际公司")

被告: 北京风行在线技术有限公司(以下简称"风行公司")

案由: 侵犯著作权及不正当竞争纠纷一案

基本案情

2014年6月13日,原告央视国际公司发现风行公司在其经营的网站(www.fun.tv)的首页显著位置推荐2014年巴西世界杯,并在网站直播频道中,向网络用户提供了2014年巴西世界杯开幕式及小组赛A组第1轮比赛视频的在线直播服务。经确认,风行公司提供该服务未经央视国际公司授权。

央视国际公司经国际足球联合会和中央电视台授权,独家享有在中国大陆地区,通过互联网、手机移动、IPTV等新媒体平台对2014年巴西世界杯足球赛决赛阶段比赛进行转播的权利,转播方式包括直播、延迟播出和视、音频点播。根据央视国际公司与FIFA达成的协议,中央电视台负有维护世界杯权益,打击社会盗版盗播行为的法律权利和义务。

央视国际公司认为,风行公司的上述行为替代了央视国际公司网站的传播效果,分流了本应属于央视国际公司网站的用户点击量,违反了基本的竞争秩序和商业道德，侵犯著作权，构成不正当竞争。请求判令被告风行公司赔偿央视国际公司经济损失及维权合理费用共计 400 万元。

法院认为： 中央电视台对世界杯赛事现场画面进行了加工、制作并直播，在直播过程中通过多镜头切换，对于不同位置的摄像的信息截取，并辅以解说员的解说和回顾，付出了创造性劳动，使得其制作、直播的足球赛事节目具有了较高的独创性，属于作品，应受法律保护。中央电视台曾将其享有的电视节目的著作权的权利独占授予央视国际公司，央视国际公司作为上述权利的独占被授权许可人，可以以自己的名义，对外主张、行使上述权利，可以许可或禁止他人行使或部分行使。上述权利的客体包括体育赛事节目，故除法律法规规定的情形外，他人未经央视国际公司许可不得擅自使用、播放涉案电视节目。

在风行公司与五星体育传媒有限公司履行合作协议过程中，风行公司未尽到审核义务，通过网络播出他人享有著作权的电视节目的情况，显然侵犯了央视国际公司的著作权及相关权益，鉴于该侵权行为系直播行为，故央视国际公司不再主张风行公司停止侵权行为，本院对此不持异议，但风行公司应当赔偿经济损失。

央视国际公司主张风行公司提供涉案节目的在线直播服务，又替代了该公司网站的传播效果，分流了本应属于该公司网站的用户点击量，违反了基本的竞争秩序和商业道德，对该公司构成不正当竞争，在本院已认定被告的直播行为构成侵犯著作权的情形下，不宜再次对风行公司的同一行为追究不正当竞争责任，故驳回央视国际公司主张的不正当竞争请求。

◈ **案例** ◈

中视体育著作权案

（2016）粤 0104 民初 42726 号广东省广州市越秀区人民法院判决

原告： 中视体育娱乐有限公司（以下简称"中视公司"）

被告： 广州市广播电视台（以下简称"广州电视台"）

案由： 侵犯著作权纠纷

法院裁判观点： 体育赛事节目展现的是运动力量和技巧，并非以展示文学艺术或科学美感为目标，不能构成《著作权法》上的作品。如反映了创作者独特的视角和个性化的选择和判断，符合《著作权法》所规定的独创性要求，属于《著作权法》所保护的以类似摄制电影的方式创作的作品。在内容的选择和编排上贯彻了汇编者独特的思想和理念的比赛精彩画面集锦，具有独创性，属于《著作权法》所保护的汇编作品。

基本案情

经国际奥林匹克委员会和中央电视台授权，原告中视公司作为中央电视台的全资关联机构，在中国境内享有通过广播电视频道转播第31届夏季奥林匹克运动会（以下简称"第31届里约奥运会"）电视节目的专有权利，有权许可其他机构通过广播电视频道转播前述电视节目，有权以自身名义针对未经许可通过广播电视频道转播前述电视节目的行为采取维权行动，并获取赔偿。

被告广州电视台未经原告中视公司许可，在第31届里约奥运会进行期间及之后，擅自通过其"竞赛频道"，转播大量第31届里约奥运会电视节目，包括开幕式、闭幕式节目及各类比赛节目，播出时长超过300小时。被告广州电视台的行为严重侵犯了原告就第31届里约奥运会电视节目依法享有的专有著作权权益(包括就前述电视节目享有的广播权和就中央电视台广播电视信号享有的广播组织者权)，并给原告中视公司造成了巨大的经济损失。

争议焦点：①涉案第31届里约奥运会电视节目是否构成《著作权法》所保护的作品；②原告在本案中享有的权利；③被告的行为是否构成著作权侵权；④如被告构成著作权侵权，赔偿数额的确定问题。

法院认为：涉案第31届里约奥运会电视节目是否构成《著作权法》所保护的作品，在本案中，原告所主张的涉案第31届里约奥运会电视节目根据内容的不同，可分为开闭幕式节目、体育比赛节目、奥运会宣传片以及相关辅助节目。

根据《著作权法实施条例》第2条的规定，《著作权法》所称作品，是指文学、艺术和科学领域内具有独创性并能以某种有形形式复制的智力成果。涉案开闭幕式节目由奥运会开闭幕式现场的文艺表演、奥委会官员讲话及焰火等环节组成，除对开闭幕式现场摄录外，开闭幕式节目还包含了预设画面，预设画面与现场拍摄画面共同组成一组富有美感、流畅的连续动态影像，体现了该届奥运会的主题奥林匹克运动的精神，具有一定的独创性，属于我国《著作权法》保护的作品。鉴于开闭幕节目为在一定介质上制成的一系列有伴音的相关画面，并能够借助适当装置连续放映，故认定为以类似摄制电影的方法创作的作品。

体育赛事节目展现的是运动力量和技巧，并非以展示文学艺术或科学美感为目标，不能构成《著作权法》上的作品。

辅助节目中的"光明莫斯利安奖牌榜""LBN0V0赛事导航"仅为奖牌排名或赛事预告，不具有独创性，亦不构成《著作权法》所保护的作品。

"一汽丰田奥林匹克在里约""获奖者说""奥运者说"以及"美的风云会"从节目导演对节目的设计、场景的安排，对主持人或采访人员从神情、动作到语言的指导；摄影师根据导演的要求对拍摄角度、距离的选择和对光线明暗的把握；后期制作中使用工具对录影的剪辑、编排等，都反映了创作者独特的视角和个性化的选择和判断，符合《著作权法》所规定的独创性要求，属于《著作权法》所保护的以类似摄制电影的方式创作的作品。

"东风日产全新天籁胜利之光""奥运典藏""第31届里约奥运会金牌集锦""蒙牛牛到里约""伊利中国骄傲""可口可乐此刻是金"均为奥运会比赛精彩画面集锦，在内容的选择和编排上贯彻了汇编者独特的思想和理念，具有独创性，属于《著作权法》所保护的汇编作品，原告主张上述节目属于以类似摄制电影方法创作的作品，无事实和法律依据，本院不予采纳。

原告对涉案构成作品的第31届里约奥运会电视节目享有广播权，同时对中央电视台播放的涉案第31届里约奥运会电视节目享有广播组织权，有权提起本案诉讼。

根据《著作权法》第10条第11款的规定，广播权，即以无线方式公开广播或者传播作品，以有线传播或者转播的方式向公众转播广播的作品，以及通过扩音器或者其他传送符号、声音、图像的类似工具向公众传播广播的作品的权利。另根据《著作权法》第48条第1款的规定，未经著作权人许可，复制、发行、表演、放映、广播、汇编、通过信息网络向公众传播其作品的，构成侵权。被告未经原告许可，通过其开办的广州电视台竞赛频道向公众传播中央电视台广播的涉案第31届里约奥运会电视节目，侵犯了原告对除体育赛事节目以及"里约激情""广发银行刷新梦想""竞赛有里奥运有约""中国电信天翼4G+天翼现场""第31届奥运会场馆介绍""光明莫斯利安奖牌榜""LENOVO赛事导航"之外,其他涉案构成作品的第31届里约奥运会电视节目享有的广播权,被告依法应承担赔偿损失的民事责任。

另根据《著作权法》第45条第1款第1项的规定,广播电台、电视台有权禁止未经其许可的将其播放的广播、电视转播的行为。被告未经许可,通过其开办的广州电视台竞赛频道转播涉案第31届里约奥运会电视节目,亦侵犯了原告经授权取得的广播组织权,依法,应承担赔偿损失的民事责任。

鉴于原告和被告均未能举证证实原告因侵权所遭受的实际损失或被告因侵权所得的利益,本院综合考虑如下因素:涉案里约奥运会电视节目包括开幕式、闭幕式、大量的相关辅助节目,涉案电视节目具有较大知名度和公众影响力;被告在与原告就转播涉案电视节目许可事宜沟通无果的情况下,未经原告授权大量转播涉案电视节目,主观恶意明显;参照原告授权五星体育传媒有限公司、北京电视台享有2016年里约奥运会赛事集锦节目的非独家广播电视播出权利的许可费为600万元,结合考虑到被告经营的广州电视台竞赛频道与上述被许可单位经营的频道存在覆盖率、收视率、受众范围的差别,酌情认定被告承担的经济损失赔偿数额为3 000 000元。关于原告主张的合理开支,原告为本案聘请了律师确需支出相应的费用,结合本案的实际情况、律师工作量等因素酌情认定为30 000元。

◆ **案例** ◆

央视国际著作权及不正当竞争案

(2017)沪0115民初88829号上海市浦东新区人民法院判决

原告: 央视国际公司

被告: 上海聚力传媒技术有限公司(以下简称"聚力传媒公司")

案由: 侵犯著作权及不正当竞争纠纷

基本案情

2016年欧洲足球锦标赛是由欧洲足球协会联盟(以下简称"欧足联")主办的当今世界规模最大、最具影响力的足球赛事之一。经欧足联和中央电视台(以下简称"CCTV")的授权,原告央视国际公司在大陆地区享有独占通过信息网络,在线播放由 CCTV 制作、播出的"2016 欧洲足球锦标赛"赛事电视节目的权利。原告央视国际公司发现,被告聚力传媒公司未经许可,在其经营的网站"PPTV 聚力"(www.pptv.com)中,通过信息网络,向公众提供原告享有权利的 2016 年欧洲足球锦标赛"法国 VS 罗马尼亚""瑞士 VS 阿尔巴尼亚"两场足球赛事节目的网络实时转播服务。被告还在"PPTV 聚力"网站首页设立"2016 年法国欧洲杯"专题页面,向公众推荐涉案被诉侵权作品。原告认为被告的行为已严重侵害了原告对涉案足球赛事节目的广播权或其他权利。同时,被告的行为亦分流了本属于原告网站的用户流量,构成对原告的不正当竞争。原告明确其主张涉案足球赛事节目构成类电影作品,被告在其经营的网站"PPTV 聚力"实时直播涉案赛事的行为侵害了原告的广播权或其他权利。原告在本案中明确主张经济损失 285 万元、合理费用 15 万元(其中律师费 13 万元、公证费 2 万元)。

争议焦点:①涉案被诉行为应由《著作权法》还是《反不正当竞争法》予以调整;②涉案足球赛事节目是否构成《著作权法》意义上的类电影作品;③被告是否构成对原告涉案足球赛事节目著作权的侵害;④被告使用涉案足球赛事节目的行为是否属于合理使用;⑤如构成著作权侵权,则被告应承担何种民事责任。

法院认为:本案中,原告主张被告的涉案被诉行为既属于著作权侵权,同时亦构成对原告的不正当竞争。对此,本院认为,涉案足球赛事节目作为智力成果的一种,属于《著作权法》调整的范围,以《反不正当竞争法》作为解决涉案纠纷的法律依据并不恰当。

我国已于 2006 年批准加入《世界知识产权组织版权条约》,该条约规定作者享有"向公众传播权"即"以授权将其作品以有线或无线方式向公众传播,包括将其作品向公众提供,使公众中的成员在其个人选定的地点和时间可获得这些作品",此处的"向公众传播权"明显包括通过网络直播的方式进行的传播。因此,将足球赛事节目的网络直播纳入《著作权法》的调整范围亦是全面履行加入国际条约义务的应有之义。因此,不论是从足球赛事节目的客体性质、市场交易特点还是从履行加入国际条约的义务

第十二章　足球赛事与知识产权保护

等方面来看，涉案足球赛事节目均可以也应该在《著作权法》框架内予以保护。

涉案足球赛事节目属于《著作权法》调整内容。涉案足球赛事节目经过素材选择、机位设置、画面的剪辑、编排等步骤，并融入回放、特效等因素，属于文学艺术领域的"独创性的表达"，且具有可复制性，可以作为《著作权法》规定的类电影作品加以保护。

我国法律对类电影作品的构成要件作了详尽的规定，涉案足球赛事节目是否属于类电影作品关键在于独创性以及固定性的认定。

我国《著作权法实施条例》规定，只有具备"独创性"的劳动成果才能成为著作权法意义上的作品，但对"独创性"的标准没有作出任何规定。本院认为，著作权法对于作品独创性的要求应该是最低限度的，而非一个抽象的、无法捉摸的"较高独创性标准"。当今社会，技术发展日新月异，作品必然多种多样，每一种类型的作品其独创性的具体表达特征都存在不同，因此，我们无法创造一个普适的针对所有作品的"创作高度"。对于任何一种类型作品的独创性标准而言，我们需要探索的是一个最低限度的门槛并用以判断是否可以作为作品受到版权法的保护。如果没有跨过这个门槛，则作品的版权保护无从谈起。如果该门槛标准定得过高，则会将许多本应该得到保护的智力成果被排除在版权保护大门之外，并不符合版权法激励创作的基本立法宗旨。一般而言，作品只要是体现了作者的个性就跨过了门槛，满足了这种最低限度独创性的要求。

将独创性的高低作为判断连续画面是否构成作品的标准并无法律依据。《著作权法实施条例》第 2 条仅将独创性的有无作为判断是否构成《著作权法》意义上的作品的条件，并未对独创性高低提出要求。诚然，根据作品的类型、表达形式、创作手段的不同，判断某种类型作品是否具有独创性的元素、角度、方式、侧重点可能有所不同，如文字作品着重于考量人物、情节与故事背景，美术作品更多关注线条、色彩、形状，而音乐作品则更侧重旋律、和声、节奏等。但是否构成作品的法定标准应当只有一个，那就是独创性的有无。

对于涉案足球赛事等视听节目是否符合作品的独创性的判断仍应坚持最低限度独创性的标准，以使诸等视听节目获得充分的法律保护。

涉案足球赛事节目通过多机位的设置、镜头的切换、慢动作的回放、精彩镜头的捕捉、故事的塑造，并加以导播创造性的劳动，充分体现了创作者在其意志支配下的对连续画面的选择、编辑、处理，可以将其认定为《著作权法》意义上的类电影作品。

涉案足球赛事节目构成《著作权法》意义上的作品，并不意味着所有的体育赛事节目均构成作品。大型足球赛事节目通过机位设置、镜头的切换、"蒙太奇"手法的运用、慢动作回放、精彩镜头的捕捉、故事的塑造以及导播自身风格的融入，已具有了区别于普通录像制品的显著特征，特别是随着VR、AR等现代技术手段在转播中的应用，相信足球赛事转播的创作空间和独创性水平会进一步提高。但是，体育赛事节目类型多样，它既包括NBA、足球比赛、奥运会开幕式等大型比赛活动的转播，也包括诸如跳高、跳远、举重等纯竞技项目的转播，因此，一项体育赛事节目是否构成著作权法意义上的作品，仍需根据是否符合最低独创性的标准进行个案判断。

从涉案足球赛事直播节目的摄制过程来看，在节目进行过程中，球场上一旦出现犯规、进球，导播通常立即插播犯规、进球的回放镜头，该回放镜头亦可充分说明涉案足球赛事节目在摄制同时即实现了固定。涉案足球赛事节目符合我国《著作权法》类电影作品"摄制在一定介质上"即固定性的要求。

被告未经原告许可，在其经营的网站"PPTV聚力"实时直播涉案赛事节目的行为既不属于广播权控制的行为，也不属于信息网络传播权控制的行为，而是侵害了原告对涉案足球赛事节目"应当由著作权人享有的其他权利"。

总结：体育赛事转播权的权利主体，一是体育比赛过程中的权利主体属于体育赛事组织和体育赛事协会联盟以及他们之间共同拥有；二是转播一般都是制播分离的，一般由赛事组织委托制播团队把制播信号制播出去，再出售给全球的国家，所以转播权的主体是获得授权的转播机构。

体育赛事转播过程中的客体是体育组织和体育联盟举办的各种体育比赛，体育赛事节目的客体主要包括转播过程中的体育赛事转播的信号，包括直播、点播以及转播过程中的信号，包括画面、文字。

体育赛事节目的独特性主要取决于它的选择和编排以及后续的处理过

程。从以上法院的判决综合分析，法院对于体育赛事节目的制作者的创造性进行全面分析和总结，通过创作空间的大小和付出的创造性劳动的多少，进而给体育赛事节目属于《著作权法》上的何种作品给与定性，如果法院认定为是作品，那么就享有著作权以及其他相关的权利，如果法院认定为录像制品，那么就享有邻接权。

对于广播信号，显然是属于广播组织本身的权利，即使其体育赛事节目没有被认定为作品，也没有被认定为是录像制品，那么广播组织基于相关的广播信号，也会产生相关的权利。

从上述案例中的网络转播形式来看，分为两种形式：一是网络点播，即上传视频至网站后进行（延时）播放；二是网络直播，即同时播放。目前《著作权法》以及《信息网络传播权保护条例》中所定义的信息网络传播权，强调的是按需式、交互式，所以涵盖范围只到网络点播，直播无法通过该权利获得保护。

2018年4月发布的《北京市高级人民法院侵害著作权案件审理指南》规定，体育赛事节目视频符合以类似摄制电影的方法创作的作品构成要件的，受著作权法保护。实际上已经认可了体育赛事节目可以作为类电作品进行保护，对于体育赛事节目属于何种作品这一争论也有了基本定论。

综合以上案例分析，从现行的法院的判决来看，一部分法院认为广播组织的转播权适用于互联网，一部分的法院认为广播组织的转播权不能够适用互联网。在涉及直播的案例中，有的法院会适用《著作权法》第10条第1款第17项的兜底条款。

第二节　足球赛事与反不正当竞争法的保护

针对体育赛事的保护，除了常见的运用《著作权法》《侵权责任法》等进行维权外，一部分律师通过运用《反不正当竞争法》的规定对权利人实施保护诉讼方案得到了部分法院的接受。本节通过2014年和2015年的四个民事判决，对目前法院对体育赛事的反不正当竞争法保护的司法裁判观点予以介绍。

> 足球与法

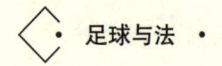

◆ 案例 ◆

央视国际不正当竞争案

（2014）一中民终字第3199号北京市第一中级人民法院判决

原告： 央视国际网络有限公司（以下简称"央视国际公司"）

被告： 北京我爱聊网络科技有限公司（以下简称"我爱聊公司"）

案由： 不正当竞争纠纷

法院裁判观点：《著作权法》及我国参加的相关国际条约均未将广播组织权的保护范围扩展至网络环境，因此不能仅仅因为新技术的产生或发展给权利人带来新的挑战，就超越立法时的权利边界对我国著作权法体系中的广播组织权作扩大性解释。

我爱聊公司与央视国际公司作为同行业的竞争主体，均需依照《反不正当竞争法》的规定，遵循自愿、平等、公平、诚实信用的原则，遵守公认的商业道德，共同维护正常的市场经济竞争秩序，相反，如果其行为违反了诚实信用原则和公认的商业道德，扰乱了正常的市场竞争秩序，则需承担我国反不正当竞争法体系下的法律后果。

基本案情

中央电视台是国内最大且最具影响力的电视制作和播出机构。中央电视台的频道及电视节目均有极高的收视率和稳固的观众群体，具有极强的社会影响力和巨大的商业价值。央视国际公司作为中央电视台的网络传播中心以及中央电视台官方网站（域名cctv.com和cntv.cn）即"中国网络电视台"的运营机构，经中央电视台授权，独占享有通过信息网络向公众转播中央电视台的全部频道及提供各频道播出的全部电视节目的权利。

央视国际公司发现，我爱聊公司未经许可，擅自通过其提供的名为"电视粉"的安卓系统手机客户端软件和信息网络，向用户实时转播中央电视台的"CCTV-1"等共计16个电视频道。同时，我爱聊公司在前述软件中设置了"2012伦敦奥运专区"专题页面，向用户实时转播中央电视台播出的大量伦敦奥运会比赛的电视节目，并在歌华高清交互数字电视平台投放的开机广告中，对前述未经许可的侵权行为进行了大幅画面持续的推广和宣传。我爱聊公司的行为严重侵犯了央视国际公司依法享有的广播组织者权,亦是违反公平原则和诚实信用原则的不正当竞争行为,给央视国际公司造成了巨大的经济损失。故请求法院判令我爱聊公司赔偿经济损失及合理开支100万元。

争议焦点:我爱聊公司在互联网环境下通过其运营的"电视粉"客户端转播CCTV1、CCTV5、CCTV22等电视频道节目的行为是否侵害了被上诉人央视国际公司的广播权、广播组织权,以及是否构成不正当竞争。

法院认为:央视国际公司虽主张我爱聊公司在网络环境下通过其运营的"电视粉"客户端实时转播CCTV1、CCTV5、CCTV22等16个电视频道的行为侵犯了其广播权,但是,央视国际公司并未向法院提交其作为涉案电视频道所播作品著作权人或者利害关系人的证据,而且,CCTV5等涉案电视频道转播的体育竞赛节目非以展示文学艺术或科学美感为目标,亦不构成著作权法意义上的作品,因此,央视国际公司的上述主张,缺乏事实及法律依据,本院不予支持。

《著作权法》及我国参加的相关国际条约均未将广播组织权的保护范围扩展至网络环境,因此不能仅仅因为新技术的产生或发展给权利人带来新的挑战,就超越立法时的权利边界对我国著作权法体系中的广播组织权作扩大性解释。

因此,本案中,通过互联网转播中央电视台相关频道的节目内容,即使与以无线方式、有线方式的转播在客观效果上并无实质差异,甚至,在一定程度上网络转播比传统的电视转播方式可能更加迅速、便捷,成本更低,当然,对于权利人的损害也可能更大,但是,鉴于我国现行《著作权法》尚未将互联网环境下的转播行为纳入到《著作权法》第45条的调整之列,因此,本案上诉人我爱聊公司在互联网环境下通过其运营的"电视粉"客户端转播中央电视台相关频道的行为,并不构成《著作权法》第45条所规定的"转播"行为,央视国际公司的相关诉讼主张,缺乏法律依据,本院不予支持。

我爱聊公司在互联网环境下通过其运营的"电视粉"客户端转播中央电视台相关频道节目的行为,尽管在现行著作权法体系中不构成侵犯权利人的广播权或广播组织者权,但是,这并不意味着我爱聊公司的上述行为具备合法性和正当性。

我爱聊公司与央视国际公司作为同行业的竞争主体，均需依照《反不正当竞争法》的规定，遵循自愿、平等、公平、诚实信用的原则，遵守公认的商业道德，共同维护正常的市场经济竞争秩序，相反，如果其行为违反了诚实信用原则和公认的商业道德，扰乱了正常的市场竞争秩序，则需承担我国反不正当竞争法体系下的法律后果。

《反不正当竞争法》第2条第1款规定，经营者在市场交易中，应当遵循自愿、平等、公平、诚实信用的原则，遵守公认的商业道德。该款可以作为《反不正当竞争法》的一般条款对不属于该法具体列举的市场竞争行为予以调整，以保障公平的市场竞争秩序。同时，本院认为，适用该原则条款认定涉案竞争行为是否构成不正当竞争应当同时具备以下条件：一是法律对该种竞争行为未作特别规定；二是其他经营者的合法权益确因该竞争行为受到了实际损害；三是该种竞争行为因确属违反诚实信用原则和公认的商业道德而具有不正当性或可责性。

本案中，我爱聊公司在互联网环境下通过其运营的"电视粉"客户端实时转播CCTV1、CCTV5等16个电视频道节目的行为，并不属于《反不正当竞争法》中所具体列举的市场竞争行为，故应适用《反不正当竞争法》第2条第1款来判断其竞争行为是否构成不正当竞争。

电视节目的编排、制作、播放通常需要投入大量的人力、物力和财力，而购买体育赛事特别是伦敦奥运会等大型体育赛事的转播权，更需投入巨额资金，因此，如果不对电视台节目信号进行产权界定，并加以保护，而放任他人未经许可擅自以营利目的使用中央电视台的节目信号，其后果不但使"搭便车"者不劳而获，直接损害了被上诉人央视国际公司或中央电视台的经济利益，更为重要的是，这种搭便车行为致使权利人成本收益失衡后，势必大大削弱广播组织者的积极性，促使其减少对电视节目制作的投入，而这又无疑会给文化产品的市场供给带来负面影响，且有悖于鼓励创新、繁荣社会主义文化的立法初衷。在本案中，我爱聊公司未经央视国际公司的授权，擅自在互联网环境下通过其运营的"电视粉"客户端转播CCTV1、CCTV5、CCTV22等电视频道的节目，并通过在歌华有线电视平台上投放开机广告用于宣传"电视粉"客户端，其行为客观上减少了央视国际公司的网站访问量，使得目标群体无需登录央视国际公司的网站，或者无需使用央视国际公司的客户端即可实现通过互联网观看中央电视台相关频道节目的目的,这在一定程度上替代了央视国际公司的类似网络服务,因此,我爱聊公司的上述行为明显有违公平竞争的市场原则,恶化了正常的市场竞争秩序,违反了诚实信用原则和公认的商业道德,具有不正当性,属于《反不正当竞争法》第2条第1款规定的不正当竞争行为。

◆ **案例** ◆

央视国际著作权及不正当竞争案

(2015)深福法知民初字第174号广东省深圳市福田区人民法院判决

原告:央视国际网络有限公司(以下简称"央视国际公司")

被告:华夏城视网络电视股份有限公司(以下简称"华夏公司")

案由:侵犯著作权及不正当竞争纠纷

法院裁判观点:将体育赛事节目定性为录像制品,认为信息网络传播权无法对体育赛事节目的网络实时转播行为进行调整,通过《反不正当竞争法》对体育赛事节目给予保护

基本案情

原告央视国际公司通过继受方式取得在全世界范围内独家行使通过信息网络向公众提供2014年巴西世界杯比赛节目的直播和点播的权利,被告未经许可在其经营的www.cutv.com城市联合网络电视台上与央视同步直播"巴西VS克罗地亚"的世界杯足球比赛。

原告央视国际公司以涉案世界杯足球比赛节目是以类似摄制电影的方法创作的作品为由,并以我国《著作权法》第10条第17项兜底权利为基础,要求被告华夏公司停止侵权及不正当竞争行为,并赔偿其经济损失400万元。

法院认为:体育赛事只是一连串意外情况的结果,电视导播无法控制比赛进程,体育赛事直播节目的性质决定了电视导播、摄制者在节目中并非处于主导地位,体育赛事直播节目制作人在体育赛事直播节目中能够按其意志做出的选择和表达非常有限,因此,涉案由国际足联拍摄的、经中央电视台制作播出的体育赛事直播节目尚不足以达到我国著作权法所规定的以类似摄制电影的方法创作的作品的高度,不属于作品,而应属于我国

《著作权法》第 5 条第 3 项规定的录像制品。鉴于此，原告央视国际公司以我国《著作权法》第 10 条第 1 款第 17 项兜底权利提起诉讼，不予支持。

原、被告均为网络公司，二者存在竞争关系，被告华夏公司擅自提供涉案体育赛事网络直播的行为，减少了原告央视国际公司通过网络直播获取经济收益的机会，构成不正当竞争。判决被告华夏公司赔偿原告央视国际公司经济损失 12 万元。

◆ 案例 ◆

央视国际不正当竞争案

（2015）闵民三（知）初字第 1057 号上海市闵行区人民法院判决

原告：央视国际网络有限公司

被告：上海悦体信息技术有限公司

案由：不正当竞争纠纷

基本案情

中央电视台（以下简称"央视"）经国际足球联合会（以下简称"国际足联"）授权，取得 2014 年巴西世界杯足球赛在中国大陆地区独家转播权，包括通过移动、宽带互联网等传输的方式提供点播视频节目，同时央视有权向第三方转授媒体权和公共展示权。经央视独家授权，原告可通过信息网络向公众传播中央电视台享有著作权或获得授权的所有节目。

2014 年巴西世界杯足球赛是一场倍受世人关注的体育盛会，央视邀请了众多国内知名解说及嘉宾，通过专业的节目制作播出技术，花费了大量人力、物力、财力，将精彩入胜且极具感情色彩的比赛传播给全国观众。巴西世界杯足球赛事节目是央视以类似摄制电影的方法创作的作品，同时央视根据与国际足联达成的协议，其负有维护世界杯权益，打击盗版盗播的法律权利和义务。央视和原告在赛前已发函公告，做出权利声明。

被告未得授权，于 2014 年 6 月至 7 月期间，擅自通过其经营的网站向公众提供世界杯比赛的在线直播和点播服务，其行为侵害了原告的著作权，同时违反公平原则和诚实信用原则，构成不正当竞争，给原告造成重大经济损失。故诉诸法院，请求判令：① 被告立即停止通过信息网络向公众传播 2014 年巴西世界杯足球赛事节目的在线播放服务；② 被告赔偿原告经济损失人民币（以下币种相同）200万元，合理费用5万元。

法院认为： 作品信息网络传播权是基于作品而产生的，法院认为体育赛事节目的转播或录播不是法定的作品，但认为赛事节目的转播或录播是基于授权而获得的特定权利，这种授权制度构成商业惯例，是受法律保护的竞争秩序和商业道德。被告的行为客观上破坏了体育赛事节目转播的交易秩序，违背了商业道德，致权利人不能有效控制相关节目的传播，造成利益受损。故本院支持原告关于被告行为有违自愿、平等、公平、诚实信用的原则和公认的商业道德，构成不正当竞争的诉请。

◆ **案例** ◆

央视国际著作权及不正当竞争案

（2015）穗天法知民初字第285号广州市天河区人民法院判决

原告： 央视国际网络有限公司（以下简称"央视国际公司"）

被告： 广州市动景计算机科技有限公司（以下简称"动景公司"）

案由： 著作权侵权及不正当竞争纠纷

法院裁判观点： 2014年巴西世界杯比赛作为体育竞赛节目，展示的主要是运动力量和技巧，不是以展示文学艺术或科学美感为目标，不属于文学、艺术和科学领域，并不构成上述著作权法意义上的作品。

动景公司在未取得授权的情况下，擅自在互联网环境下使用中央电视台电视信号，并进行编辑整理，实质性替代来源网站进行播放，客观上导致央视国际公司网站访问量减少，分流了目标群体，减少了央视国际公司的点击量，这种"搭便车"的行为有违诚实信用原则和商业道德，恶化了正常的市场竞争秩序，亦损害了央视国际公司的经济利益，具有不正当性，构成不正当竞争行为。

基本案情

2014年巴西世界杯期间，原告发现被告在其开发的手机应用软件"UC浏览器"之"世界杯"专题中通过信息网络向网络用户提供中央电视台制作的2014年巴西世界杯足球赛电视节目的在线播放服务。经原告审查确认，中央电视台经国际足球联合会授权，邀请了众多国内知名解说及嘉宾，通过专业的节目制作播出技术，花费了大量的人力、物力、财力，将世界杯决赛阶段比赛以电视节目的形式传播给全国的观众。

中央电视台已授权原告在全世界范围内独家行使通过信息网络（包括但不限于互联网络、移动网络等新媒体传播平台）向公众提供2014年巴西世界杯比赛节目的直播和点播之权利，但原告经核查确认从未授权被告以任何方式向公众提供涉案节目的在线播放服务。

被告在未得到授权的情况下，通过信息网络向公众提供涉案节目的行为严重损害了原告的著作权，扰乱了正版授权市场，亦是违反公平原则和诚实信用原则的不正当竞争行为。被告的行为给原告造成了重大的经济损失，其社会影响恶劣，侵权情节严重。据此，原告请求法院判令被告：①赔偿原告经济损失100万元；②承担原告维权的合理支出：律师费、公证取证费以及差旅费共计5万元；③承担本案诉讼费用。

法院认为： 本案中，2014年巴西世界杯比赛作为体育竞赛节目，展示的主要是运动力量和技巧，不是以展示文学艺术或科学美感为目标，不属于文学、艺术和科学领域，并不构成上述著作权法意义上的作品，央视国际公司关于广州市动景公司侵犯其广播权及其他著作权的主张，缺乏事实与法律依据，本院不予支持。

本案中，动景公司在互联网环境下通过其运营的UC浏览器客户端可以实时转播中央电视台2014年巴西世界杯相关电视节目和赛事，而央视国际公司经中央电视台授权可将上述体育节目和赛事通过信息网络向公众传播，因此动景公司与央视国际公司在服务内容、形式、对象等方面相同，二者构成直接竞争关系。动景公司在未取得授权的情况下，擅自在互联网环境下使用中央电视台电视信号，并进行编辑整理，实质性替代来源网站进行播放，使得用户无需登录央视国际公司官方网站即可通过互联网实时收看中央电视台2014年巴西世界杯相关电视节目和赛事，其行为一定程度上代替了央视国际公司提供的播放服务，客观上导致央视国际公司网站访问量减少，分流了目标群体，减少了央视国际公司的点击量，这种"搭便车"的行为有违诚实信用原则和商业道德，恶化了正常的市场竞争秩序，亦损害了央视国际公司的经济利益，具有不正当性，构成不正当竞争行为，应当赔偿央视国际公司因此遭到的损失。

目前实践中，有的法院会直接跳过著作权侵权的问题，从不正当竞争的角度进行案件审理。对此2018年4月发布的《北京市高级人民法院侵害著作权案件审理指南》规定:"同一案件中,针对同一被诉侵权行为,原告既主张侵害著作权又主张违反《反不正当竞争法》第二条的,可以一并审理。如果原告的主张能够依据著作权法获得支持,则不再适用《反不正当竞争法》第2条进行审理。如果原告的主张不能依据著作权法获得支持,在与著作权法立法政策不冲突时,可以依据《反不正当竞争法》第2条进行审理。"由此可见,针对同一侵权事实在法律适用上是择一适用,不能同时适用。

2018年1月1日起施行《反不正当竞争法》,其第2条指出不正当竞争行为,是指经营者在生产经营活动中,违反本法规定,扰乱市场竞争秩序,损害其他经营者或者消费者的合法权益的行为。经营者在生产经营活动中,应当遵循自愿、平等、公平、诚信的原则,遵守法律和商业道德。同时,在第6条强调了经营者不得实施下列混淆行为,引人误认为是他人商品或者与他人存在特定联系:①擅自使用与他人有一定影响的商品名称、包装、装潢等相同或者近似的标识;②擅自使用他人有一定影响的企业名称(包括简称、字号等)、社会组织名称(包括简称等)、姓名(包括笔名、艺名、译名等);③擅自使用他人有一定影响的域名主体部分、网站名称、网页等;④其他足以引人误认为是他人商品或者与他人存在特定联系的混淆行为。即强调了不得实施混淆行为而误导相关人。

第12条规定,经营者利用网络从事生产经营活动,应当遵守《反不正当竞争法》的各项规定。

经营者不得利用技术手段,通过影响用户选择或者其他方式,实施下列妨碍、破坏其他经营者合法提供的网络产品或者服务正常运行的行为:

①未经其他经营者同意,在其合法提供的网络产品或者服务中,插入链接、强制进行目标跳转;②误导、欺骗、强迫用户修改、关闭、卸载其他经营者合法提供的网络产品或者服务;③恶意对其他经营者合法提供的网络产品或者服务实施不兼容;④其他妨碍、破坏其他经营者合法提供的网络产品或者服务正常运行的行为。

网络盗播侵权对于独家买断体育赛事节目的权利人而言,无疑是非常大的打击,权利人维权获得的经济赔偿数额往往难以填平其遭受的损失,为维护权利人的利益，法院审理依据为著作权法和反不正当竞争法，根据前述的案例分析，可以看出存在保护缺失，惩罚的力度小，不足以打击盗播所造成的危害等问题。使得权利人无法用判决收入弥补其被盗播的损失，同时还致使权利人在市场中的竞争优势被瓜分，该类型的侵权案件如无法得到法律的有效制裁，将会压制中国体育赛事市场的健康发展。近十年来，通过网络上的不正当竞争行为进行恶意竞争的行为越来越多，2017 年修改《反不正当竞争法》时，从立法上强调了网络经营者应当遵守本法的原则，即从事体育赛事网络工作的经营者应当遵循《反不正当竞争法》的相关规定。

第 17 条第 3 款确立了赔偿计算方式，赋予了法院判令侵权人的赔偿额度极大增加，从经济上加大打击不正当竞争行为的力度，同时把维权成本转嫁到侵权人一方。随着市场的发展和法治观念的普及与教育，《反不正当竞争法》将成为权利人维护体育赛事权益的有效武器之一，成为维权的新选择。

对体育赛事节目而言，当今的制作水平和要求已经和原始的监控探头式拍摄相比有了质的提升，一场赛事的拍摄需要动用几百台摄像机和上百人的团队制作，观众想看到的已经不仅仅是完整的赛事进程信息，更希望看到一场鲜活的、富有激情的、情节跌宕起伏的体育赛事。

这种创作过程除了把真实信息传达出来，还要融入更多创作来将赛事更加生动、有层次地表达出来，向观众传递出紧张、激动、惊心动魄、刺激的竞技比赛画面，让观众有身临其境的感觉，体育赛事的拍摄制作表达的除了如实告知体育赛事的进程之外，更要在拍摄中突出运动之美感、激烈程度，将运动员和现场观众的情感和体育精神持续地通过画面表达出来，表达带有体育情感色彩的体育赛事节目，这种创作毫无疑问具有独创性，且达到著作权保护标准。期待未来的《著作权法》修改的过程中，提出更多具有可操作性的立法改进，从而为规范体育赛事及相关权利提供更加有力的保护。

随着体育赛事开发、运营和保护不断发展，体育赛事节目独家直播、点播和转播权，体育赛事转播信号的分销权，体育赛事新闻报道权，体育赛事标志、荣誉称号以及无形资产的使用权，体育赛事网络视频广告招商的开发权、收益权等各种各样的权利的归属及行使规则亟需法律法规及规章予以规范。明确界定体育赛事中的各项权利归属和权利属性，可以更好地促进体育产业秩序的发展。

第十三章
足球与反兴奋剂制度

随着竞技体育的不断发展，过于追求成绩和金牌而对运动员使用兴奋剂的情况时有发生。从公平竞赛的角度，兴奋剂的使用严重干扰了体育竞赛竞技性本身的属性，其必然受到体育行业的禁止，某些人甚至会受到刑事法律的制裁。本章通过国内外反兴奋剂制度、足球与反兴奋剂制度、兴奋剂与刑事法律责任予以介绍，以期引起足球界人士的关注。

第一节 国内反兴奋剂制度

一、反兴奋剂基本概念

体育运动中兴奋剂是指国际体育组织规定的禁用物质和禁用方法的统称。世界反兴奋剂机构每年都要公布一份新的《禁用清单》。

禁用清单列出的所有蛋白同化制剂、肽类激素、非特定刺激剂、激素拮抗剂与调节剂是"非特定物质"，其他所有禁用物质都是"特定物质"，禁用方法视为"非特定物质"。

世界反兴奋剂机构（World Anti-Doping Agency，WADA）成立于1999年，总部位于加拿大蒙特利尔。其目的是维护世界范围内的健康和公平竞赛。其主要任务是在世界范围内指导、协调并监督各类反兴奋剂工作，

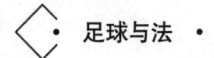

具体包括：

1. 协调制定统一的《世界反兴奋剂条例》、相关国际标准和其他反兴奋剂措施，保护运动员的权利。

2. 制定世界范围内的反兴奋剂宣传教育和预防计划，广泛开展反兴奋剂宣传教育工作。

3. 促进和协调世界范围内的反兴奋剂研究并独立开展研究。

中国反兴奋剂中心履行中国国家反兴奋剂机构的职责，启动和实施兴奋剂管制有关活动。其他在国内与兴奋剂管制有关的组织，还包括中国奥委会、中国残奥委会、省（自治区、直辖市）反兴奋剂机构、全国性和省级体育社会团体、赛事组织机构、其他体育社会团体和组织、运动员管理单位等。

二、国内现行反兴奋剂法规体系

我国反兴奋剂法律体系以《体育法》中关于兴奋剂的规定为依据，以体育行政管理部门制定的法规性文件为主要内容，构成了我国纵横交错的反兴奋剂法律体系框架。除了《体育法》外，还主要包括《反兴奋剂条例》《反兴奋剂管理办法》《体育运动中兴奋剂管制通则》《兴奋剂违规听证规则》《运动员治疗用药豁免管理办法》《运动员行踪信息管理规定》等。

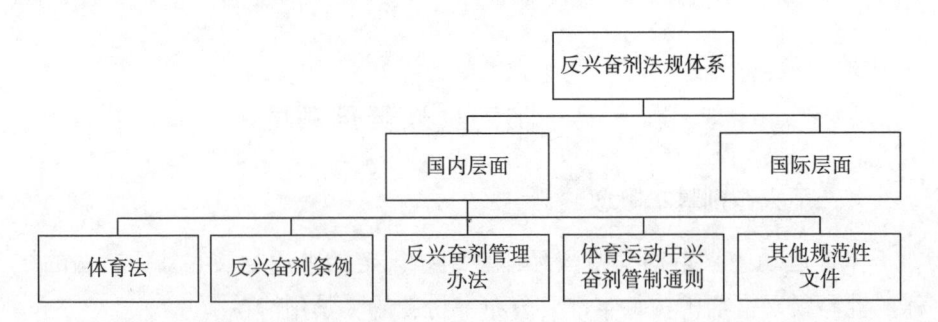

```
                    反兴奋剂法规体系
                   ┌────────┴────────┐
                国内层面            国际层面
      ┌──────┬──────┼──────┬──────┐
     体育法  反兴奋  反兴奋  体育运动中  其他规范性
            剂条例  剂管理  兴奋剂管制   文件
                    办法    通则
```

三、国内处理基本程序

《体育运动中兴奋剂管制通则》第 2 条规定：兴奋剂管制是指从制定检查计划到兴奋剂违规争议解决的全部步骤和过程，包括检查、检测、调查、治疗用药豁免、结果管理、听证、处罚和争议解决等环节。结果管理、听证、处罚是与运动员兴奋剂违规最相关的环节，以下将重点论述这三环节。

第十三章　足球与反兴奋剂制度

（一）结果管理

1. 违规行为。根据 2015 年 1 月 1 日正式施行的国家体育总局《反兴奋剂管理办法》和《体育运动中兴奋剂管制通则》，以下行为构成兴奋剂违规：

（1）检测结果阳性；

（2）使用或企图使用兴奋剂；

（3）拒绝、逃避或未能完成样本采集；

（4）违反行踪信息管理规定；

（5）篡改或企图篡改兴奋剂管制环节；

（6）持有禁用物质或禁用方法；

（7）从事或企图从事兴奋剂交易；

（8）对运动员施用或企图施用兴奋剂；

（9）组织使用兴奋剂；

（10）使用兴奋剂违规人员从事运动员辅助工作。

2. 处理流程。

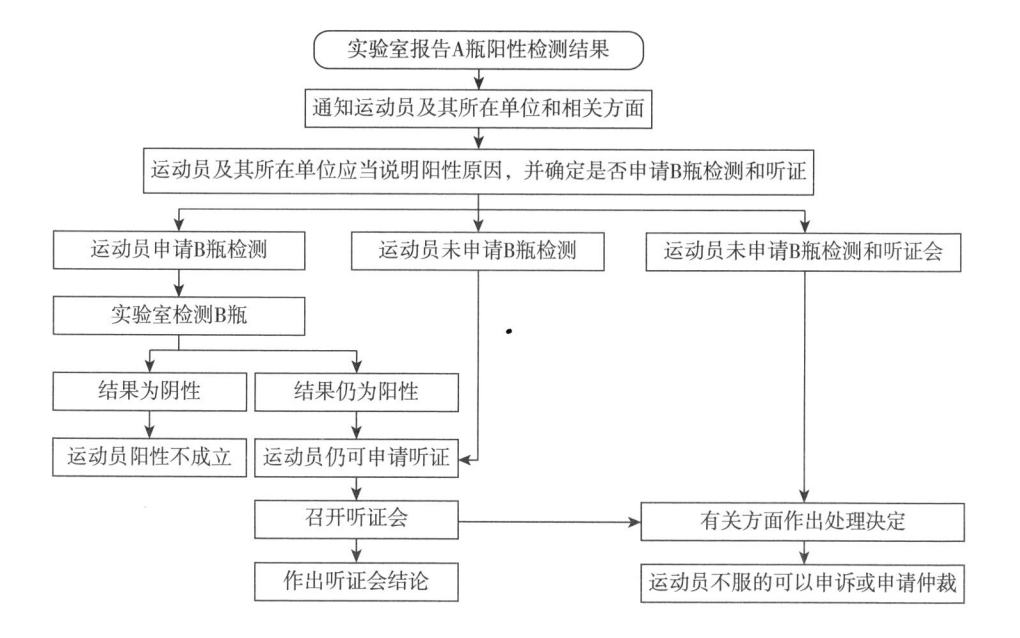

```
实验室报告A瓶阳性检测结果
            ↓
通知运动员及其所在单位和相关方面
            ↓
运动员及其所在单位应当说明阳性原因，并确定是否申请B瓶检测和听证
   ↓                    ↓                    ↓
运动员申请B瓶检测    运动员未申请B瓶检测    运动员未申请B瓶检测和听证会
   ↓
实验室检测B瓶
   ↓         ↓
结果为阴性   结果仍为阳性
   ↓         ↓
运动员阳性   运动员仍可申请听证
不成立        ↓
            召开听证会              有关方面作出处理决定
              ↓                         ↓
            作出听证会结论          运动员不服的可以申诉或申请仲裁
```

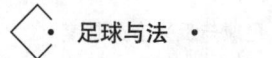

（二）听证

1. 听证流程。

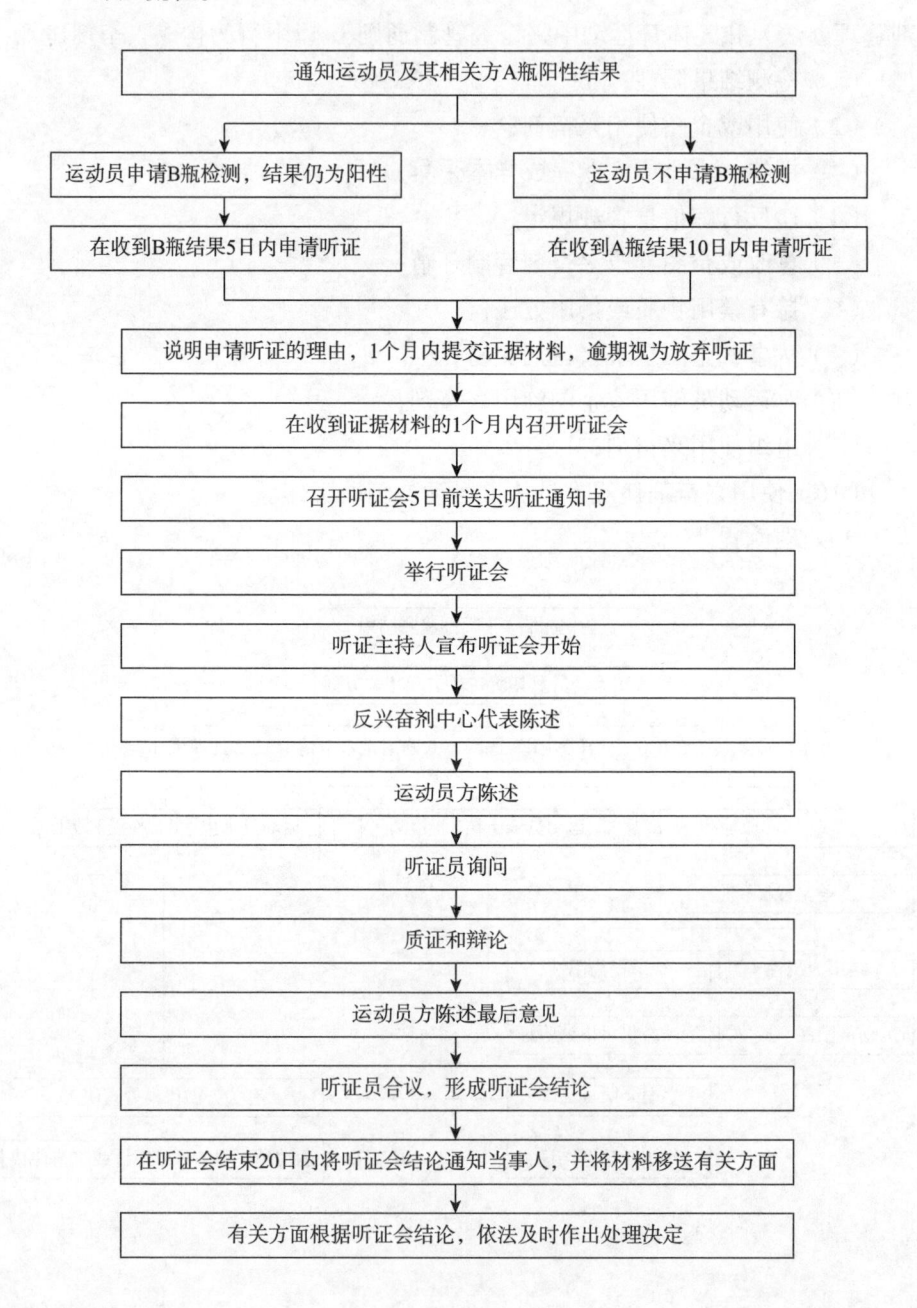

```
通知运动员及其相关方A瓶阳性结果
                │
        ┌───────┴───────┐
        ▼               ▼
运动员申请B瓶检测，    运动员不申请B瓶检测
结果仍为阳性
        │               │
        ▼               ▼
在收到B瓶结果5日内    在收到A瓶结果10日内申请听证
申请听证
        └───────┬───────┘
                ▼
说明申请听证的理由，1个月内提交证据材料，逾期视为放弃听证
                ▼
在收到证据材料的1个月内召开听证会
                ▼
召开听证会5日前送达听证通知书
                ▼
举行听证会
                ▼
听证主持人宣布听证会开始
                ▼
反兴奋剂中心代表陈述
                ▼
运动员方陈述
                ▼
听证员询问
                ▼
质证和辩论
                ▼
运动员方陈述最后意见
                ▼
听证员合议，形成听证会结论
                ▼
在听证会结束20日内将听证会结论通知当事人，并将材料移送有关方面
                ▼
有关方面根据听证会结论，依法及时作出处理决定
```

2.听证委员会。《国家体育总局反兴奋剂中心听证委员会工作规则》规定:听证委员会是国家体育总局反兴奋剂中心(以下简称"反兴奋剂中心")设立的主要负责在调查、处理兴奋剂违规过程中组织听证的专门工作机构。

听证委员会的主要职责是:

(1)依当事人、利害关系人申请或者依职权组织听证;

(2)接受、审核当事人、利害关系人的听证申请,召开听证会,起草并形成听证会结论;

(3)组织开展与听证有关的宣传、教育、培训、咨询和国际交流等活动;

(4)承担与听证有关的其他事项。

听证委员会委员由体育、法律、医学、反兴奋剂等领域的专家担任。体育主管部门、国家奥委会、反兴奋剂中心的工作人员不担任听证委员会委员。

听证委员会召开听证会,应当根据下列原则选定3至5名听证委员会委员担任听证员,组成听证专家组,负责具体案件的听证工作:

(1)未直接参与案件兴奋剂检查、检测、调查工作的;

(2)与当事人、利害关系人或委托代理人无利害关系的;

(3)听证员应当具有广泛的代表性。

听证主持人和听证员应当按照少数服从多数的原则,形成听证会结论。听证会结论应当确认阳性检测结果或当事人涉嫌的其他兴奋剂违规是否成立,当事人、有关人员和单位的过错程度或责任轻重,并说明理由;可以按照有关规定提出对当事人、有关人员和单位的处理建议。少数人的不同意见应当记录在案。

(三)违规处罚

《反兴奋剂条例》第五章法律责任,《反兴奋剂管理办法》第六章结果管理与处罚、第七章处分与奖励,《体育运动中兴奋剂管制通则》第八章对当事人的处罚、第九章对有关人员和单位的处罚、第十章处罚程序均对违规处罚进行规定,具体规定了处罚主体、处罚对象、处罚程序、禁赛期等相关内容。

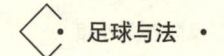

四、案例

(一) 英某案

在前一天参加了北京国际马拉松赛并获得冠军之后，2005年10月17日，英某参加了全国第十届运动会女子10 000米比赛。在比赛中，她仅以三秒之差输给了没有参加马拉松比赛、以逸待劳的慧某，获得亚军。仅仅时隔一天，10月18日，她又参加了女子5000米预赛，排名预赛第一。

在17日的女子10 000米比赛后，按照十运会兴奋剂检查的相关程序，英某于赛后接受兴奋剂检查，检测结果呈阳性。

2005年10月21日，十运会组委会召开新闻发布会，宣布：英某10 000米赛后兴奋剂尿检呈阳性，在反兴奋剂委员会认定之后，事实成立。同日，十运会组委会又宣布了国家体育总局、中国奥委会和第十届全国运动会组委会对英某的处罚决定：① 取消英某2005年10月17日十运会田径女子10 000米比赛成绩和继续参加十运会比赛资格；② 取消火车头体协代表团体育道德风尚奖评选资格，对运动员、相关人员和单位的进一步处罚，将由中国田径协会依照有关规定作出。但鉴于英某十运会女子马拉松赛的赛后尿检一切正常，她的马拉松金牌仍被保留。

2006年1月12日，中国田协作出最终处罚。英某被处停赛2年并罚款1万元的处罚，英某的主管教练德某被处以终身禁赛。

评析：我国对兴奋剂处罚适用严格责任原则，运动员应当确保没有禁用物质进入自己体内，并对其样本中发现的禁用物质或其代谢物或标记物承担责任。对于检测结果阳性，反兴奋剂组织不需要为证实兴奋剂违规而证明运动员的企图、过错、疏忽或故意使用兴奋剂。

运动员（包括运动员辅助人员）在比赛前后谨慎地对待摄入体内的物质，是其应尽的注意义务。因为其体内禁用物质的存在就已经构成了一种不正当的竞争优势，因而无论是从比赛的公正还是从世界反兴奋剂斗争的趋势来看，应当适用严格责任原则。

(二) 杨某案

杨某于2014年5月的全国游泳冠军赛时接受赛内检查，A瓶尿样含有

第十三章　足球与反兴奋剂制度

违禁物质曲美他嗪。[1]杨某随即向反兴奋剂中心申请听证,并向听证会提供了误服曲美他嗪的证据,这些医疗记录和专家证言等均能证明他是以治疗目的使用该药物。

杨某在2008年后出现胸闷、心悸等不适症状,专家会诊后认为杨某患心肌炎后存在心肌缺血的情况。其后杨某遵医嘱一直使用处方药物"万爽力"(盐酸曲美他嗪)改善症状。盐酸曲美他嗪适应症为心绞痛发作的预防性治疗,眩晕和耳鸣的辅助性对症治疗,一直为运动员可以使用的药物。该物质于2014年1月1日起才被世界反兴奋剂机构纳入禁用清单,成为"赛内禁用物质"。而杨某及其教练、队医等对此变化一无所知,杨某仍遵医嘱服用该药,导致兴奋剂阳性结果。最终,杨某被禁赛三个月,他在全国游泳冠军赛上的1500米自由泳冠军被取消。[2]

评析:由于杨某对"万爽力"含有禁用物质并不知情,使用该禁用物质是以治疗为目的,属于误服,杨某对阳性结果的发生负有过失,但无重大过错或无重大疏忽。[3]杨某的过失在于没有完全尽到注意的义务:作为要参加国际赛事的运动员,未及时了解禁用清单的内容;并且在接受兴奋剂检查时,没有说明曾经或者正在使用何种药物治疗伤病,以获得用药豁免。[4]

在要求运动员尽注意义务的同时,必须要加强对运动员和教练、领队、队医等辅助人员的监督管理和反兴奋剂的教育、培训。目前我国已建立反兴奋剂教育准入制度[5],将反兴奋剂教育工作贯穿于运动员的整个运动生涯。

---

〔1〕　曲美他嗪是一种刺激剂,2014年1月被列入世界反兴奋剂机构的《禁用清单》,属于赛内禁用的特定物质。

〔2〕　韩勇:"孙杨兴奋剂事件始末",载《法制日报》2016年8月22日。

〔3〕　无重大过错或无重大疏忽:当事人证实自己虽有过错或疏忽,但自己的过错或疏忽不是导致兴奋剂违规的主要原因,或者与兴奋剂违规关系不大。对于检测结果阳性,运动员还应当证实禁用物质是如何进入其体内的,未成年人除外。对于大麻,运动员能证实此次使用与提高运动成绩无关的,可以视为无重大过失或重大疏忽。

〔4〕　治疗用药豁免(Therapeutic Use Exemptions, TUE)是指运动员因治疗目的确需使用禁用清单中规定的禁用物质或方法时,依照《治疗用药豁免管理办法》的规定提出申请,获得批准后予以使用。获得治疗用药豁免的运动员,发生批准使用的禁用物质或禁用方法的兴奋剂检测阳性结果,使用或企图使用,或持有某种禁用物质或禁用方法,不作为兴奋剂违规处理。我国《运动员治疗用药豁免管理办法》对此进行了具体规定。

〔5〕　反兴奋剂教育准入制度是指运动员及辅助人员在入队、注册以及参加重大赛事前,必须接受反兴奋剂教育,通过完成学习、考核、承诺、审批等准入环节后,方能取得资格的工作制度。

第二节　国际反兴奋剂制度

一、现行反兴奋剂法规体系——国际规则

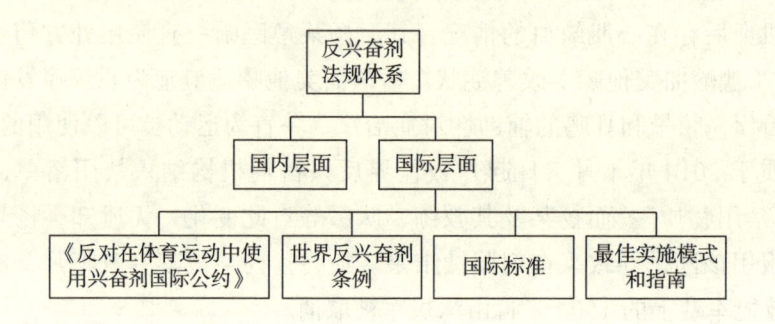

```
            反兴奋剂
            法规体系
               │
        ┌──────┴──────┐
      国内层面        国际层面
                        │
        ┌───────┬───────┼───────────┐
   《反对在体育 世界反兴奋剂  国际标准   最佳实施模式
   运动中使用    条例                    和指南
   兴奋剂国际公约》
```

（一）《反对在体育运动中使用兴奋剂国际公约》

《反对在体育运动中使用兴奋剂国际公约》是第一个全球性的在反兴奋剂领域有普遍性和国际约束力的法律文书，同时适用于专业运动员和业余运动员，也是首次将反兴奋剂事业带入了国际法领域。[1]《反对在体育运动中使用兴奋剂国际公约》第4条规定了其与《世界反兴奋剂条例》的关系：

1. 为了协调各国和国际开展的反对在体育运动中使用兴奋剂的活动，缔约国承诺遵守《世界反兴奋剂条例》中确定的原则，并将其作为本公约第五条中提出的各项措施的基础。本公约中任何条款均不得妨碍缔约国为配合《世界反兴奋剂条例》而采取新的措施。

2.《世界反兴奋剂条例》以及附录2（《国际实验室标准》）和附录3（《国际反兴奋剂检查标准》）的最新文本并非本公约的组成部分，但列为本公约的附录，以供了解其内容。因此，这些附录对缔约国并不具有任何国际法的约束力。

3. 各附件（附件Ⅰ《禁用清单—国际标准》、附件Ⅱ《治疗用药豁免的标准》）均为本公约的组成部分。

（二）国际标准

国际标准，包括签约方合规国际标准、实验室国际标准、禁药清单国

---

[1] 陈书睿："国外反兴奋剂法律规制及借鉴"，载《西安体育学院学报》2014年第2期。

际标准、隐私和个人信息保护的国际标准、检测和调查国际标准、治疗用药豁免国际标准以及新增加的教育国际标准和检测结果管理国际标准。严格执行国际标准是执行《世界反兴奋剂条例》的必要条件。

（三）最佳实施模式和指南

最佳实施模式和指南包括运动员生物护照指南、治疗用药豁免指南、血样采集指南、尿样采集指南等。"世界反兴奋剂机构推荐并向签约方和其他的利益相关方提供这些模式和指南，但对其无约束力"。

二、案例

（一）拉杜坎金牌被剥夺案

在2000年9月26日悉尼奥运会上，罗马尼亚选手拉杜坎（Adnreae Radcuan）由于药检呈阳性，含有国际奥委会禁药伪麻黄碱成分，被国际奥委会取消个人全能金牌。年仅16岁的拉杜坎在本届奥运会除了获得女子体操个人全能金牌外，还获得了跳马银牌，并与队友一起夺得女子体操团体金牌。拉杜坎在本届奥运会一共接受了两次药检，获得跳马银牌后的药检为阴性，仅在全能比赛后的药检中呈阳性，而团体比赛后的药检没有抽到她，因此国际奥委会决定只取消拉杜坎的全能金牌，保留她的跳马银牌和团体金牌。

罗马尼亚代表团及拉杜坎本人认为：①由于拉杜坎在比赛前感冒，队医让她吃了一片感冒药，但没想到这片在任何一家药店都能买到的普通感冒药里含有禁药成分，使得拉杜坎药检呈阳性。②伪麻黄碱虽然在国际奥委会的禁药清单中，但不是国际体操联合会所列的禁药。伪麻黄碱不仅无助于体操比赛，反而有一定负面作用。2000年9月26日，拉杜坎向国际体育仲裁法庭为悉尼奥运会特别设立的临时仲裁庭提出上诉。

被上诉人国际奥委会提出的主要抗辩理由是：国际奥委会反兴奋剂规则规定的"严格责任"原则明确，"只要运动员体内含有禁药成分，那么他（她）都被认为是服用了兴奋剂"，而根本不考虑其是否故意服用禁药，或者能否因此在比赛中获益，"关键是拉杜坎体内有禁药成分，只此一点就足够了"。

2000年9月27日，临时仲裁庭作出裁决：维持国际奥委会的处罚决定，但仲裁庭也承认，拉杜坎服用感冒药并无其他恶意。随后，临时仲裁庭发表了一份声明，声明指出：无论运动员是否故意服用禁药，他（她）体内有禁药成分这个事实，就已经违反了国际奥委会有关反兴奋剂的规定。为了实现公平正义，他（她）理应被取消资格或收回奖牌。仲裁庭的声明还提到："特别仲裁庭非常清楚这个决定，对一个年轻的、善良的、优秀的运动员所带来的影响。但他们在平衡拉杜坎小姐和奥林匹克运动反兴奋剂大局两者的利益之后，认为所有反兴奋剂的法令都必须毫不妥协地实施。"[1]

拉杜坎及罗马尼亚奥委会都不服国际体育仲裁法庭（CAS）临时仲裁庭的裁决，继续向瑞士联邦法院上诉。但联邦法院最终驳回了拉杜坎的上诉，维持了国际体育仲裁法庭（CAS）的仲裁裁决。

评析：国际体育仲裁法庭（CAS）维护了国际体育界反兴奋剂规则规定的"严格责任原则"。《世界反兴奋剂条例》规定：严格责任是指条款2.1和条款2.2提出的规则。反兴奋剂组织举证运动员兴奋剂违规时没有必要论证是故意、过错、疏忽或明知故问。

尽管本案裁决也许对当事人并不公平，但是体育道德的基本原则是公平竞争，它所要求的是比赛的公正性，这是体育竞技能够进行的根本前提。而使用兴奋剂的不正当行为，造成了不公平竞争，违背了体育的根本宗旨，从根本上摧毁体育事业的健康发展。国际体育仲裁法庭（CAS）在本案中适用的严格责任原则，也为后来国际体育仲裁法庭（CAS）的多起案件所引用。

（二）蒙哥马利案

2003年9月3日美国联邦调查局（FBI）在对美国巴尔科实验室进行搜查时获得了大量文件以及该实验室向客户提供的所谓的"清洁类物质"的样品。随后，美国联邦调查局将其获得的该实验室的相关文件交给了美国反兴奋剂机构。

通过调查，巴尔科实验室承认其曾经向一些从事田径、棒球和橄榄球

---

[1] 郭树理、肖伟志："体育纠纷的法律解决——国际体育界若干著名案例探讨"，载《体育文化导刊》2003年第7期。

运动的职业运动员提供禁用物质，其中包括 THG。根据国际田联的规则，THG 属于兴奋剂。但在 2003 年之前，通过常规的兴奋剂检测程序无法检测出人体内存在此种物质。根据美国反兴奋剂机构（USADA）获得的材料，包括著名运动员蒙哥马利在内的 15 名运动员曾使用过该实验室提供的禁用物质。但另一方面，蒙哥马利的兴奋剂检测记录表明，无论是赛内还是赛外的兴奋剂检测，其检测结果均呈阴性。2004 年 1 月 22 日，美国反兴奋剂机构（USADA）对蒙哥马利作出如下处罚：从蒙哥马利接受处罚或者听证会裁决之日起终身禁赛，包括禁止代表美国参加奥运会、泛美运动会等比赛；根据《国际田联反兴奋剂条例》第三部分第 60.5 条的规定，没收自 2000 年 1 月 1 日起至处罚之日比赛所得到的所有收入。蒙哥马利不服，要求将此争议提交国际体育仲裁法庭（CAS）解决。

2004 年 11 月 1 日至 2005 年 6 月 6 日，仲裁庭共开庭四次，开庭中双方争议焦点是证明标准问题，双方都承认应由美国反兴奋剂机构（USADA）承担证明责任。但蒙哥马利认为，2004 年 3 月 1 日，国际业余田径联合会（以下简称 IAAF）已经修正了其反兴奋剂规则中的证明标准，采用了合理同意标准，即根据指控行为的严重性来确定证明标准。美国反兴奋剂机构（USADA）认为，证明标准是一个实体问题，根据法不溯及既往原则，该标准不能适用于蒙哥马利案。仲裁庭最终认为，美国反兴奋剂机构（USADA）应以极强的证据证明蒙哥马利违反了反兴奋剂有关规则。[1]

美国反兴奋剂机构（USADA）向仲裁庭提交了以下证据：①2000 年 2 月，墨西哥实验室的一项血检结果显示，蒙哥马利的睾丸激素含量曾在一天内翻番；②巴尔科实验室的一些资料能单独或共同证明蒙哥马利服用了兴奋剂；③2000 年 11 月到 2001 年 7 月间蒙哥马利 5 次反常的血检结果；④从 1999 年 3 月到 2004 年 9 月，国际奥委会认可的实验室和巴尔科实验室对蒙哥马利进行的 56 次尿样检测证明有内生类固醇的抑制和反弹；⑤巴尔科实验室负责人在调查期间对有关当局和媒体所作的陈述；⑥蒙哥马利曾向秘密大陪审团承认使用过多种违禁药物；⑦蒙哥马利曾向一名叫怀特

---

[1] 周青山："蒙哥马力案：世界反兴奋剂史的转折点"，载《体育科技文献通报》2007 年第 3 期。

的运动员承认其曾使用过一种名叫 Tetraphy drogestrinonel（THG）的违禁药物。仲裁庭一致认为仅基于蒙哥马利曾向怀特承认服用 THG 这一证据，即可认定蒙哥马利服用了兴奋剂。根据怀特的证词，在 2001 年的一次国际会议上她们曾经谈及了"THG 能否让小腿绷紧"这个话题。怀特当时说 THG 使她的小腿绷紧了，随后蒙哥马利当场向一个人打了电话，其中有一句说"她说那个东西也使她的小腿绷紧了"，从当时的语境可以毫无疑问地判断出，蒙哥马利也使用了 THG。

最终，仲裁庭裁决如下：蒙哥马利禁赛 2 年，从 2005 年 6 月 6 日至 2007 年 6 月 6 日；取消蒙哥马利从 2001 年至 2005 年 6 月 6 日间所有比赛成绩及由此而获得的荣誉及奖金。

评析：本案裁决在世界反兴奋剂历史上具有里程碑式的意义，其意义在于：在无法得到阳性检测尿样证据的情况下，根据旁证对运动员实施兴奋剂处罚（非药检阳性条款）。虽然世界范围内的反兴奋剂运动一直在卓有成效地展开，但常规的兴奋剂检测仍存在许多缺陷，对一些新型的禁用物质和禁用方法暂时无法进行有效地检测。通过蒙哥马利案可以看出，检测技术的滞后不代表反兴奋剂组织的不作为，更不代表对兴奋剂的容忍。非药检阳性条款弥补了现在反兴奋剂机构检测技术的不足。

（三）李某兴奋剂案

2018 年 9 月 4 日晚，本次系赛外检测（out-of-competition，OOC）任务，包括采集血样和尿样，国际泳联（FINA）为此次赛外检测的授权机构。国际反兴奋剂检查和管理公司（International Doping Tests and Management，以下简称"IDTM"）为样本采集机构。IDTM 的检查由一名女性反兴奋剂管制工作人员（Doping Control Officer，以下简称"DCO"）、一名女性血样采集助理（Blood Collection Assistant，以下简称"BCA"）和一名男性反兴奋剂管制助理（Doping Control Assistant，以下简称"DCA"）构成 IDTM 的样本采集小组（IDTM's Sample Collection Personnel，以下合称"IDTM 检查小组"）。IDTM 检查小组当时试图在 22 时至 23 时这一李某行踪报告中选定的时间段进行血样和尿样的采集。

DCO 和李某以前就认识，因为 DCO 以前给李某进行过采样工作。DCO 向李某出示了 IDTM 颁发的主检官证、FINA 给 IDTM 出具的通用授权书。DCA 出具了公民身份证。BCA 出具了《专业技术资格证书》（初级护士 FINA）。

李某声称他在这一最初阶段就对出示给他的上述文件提出了质疑，但他还是在反兴奋剂检查单上进行了签名并且配合地提供了两份血样。采集完毕后，这两份血样被装在密封的玻璃容器中，并置于储物盒内。

在此之后，李某发现 DCA 已经或正在对其拍照。李某认为这种行为不专业，并重新仔细审视 IDTM 检查小组出示给他的文件。由于李某认为 DCA 资质不全，在 DCO 的提议或同意下，DCA 被安排不再参与此次检测任务。由于 DCA 系检查小组中唯一的男性，检查小组其他成员已无法采集孙某的尿样。

李某继而开始关注 DCO 和 BCA 的证件。李某和他母亲电话联系了李某的支持团队以寻求建议。李某的支持团队给李某和 DCO 的意见是：所出示的文件不满足要求，故 DCO 不能带走已采集的血样。这导致李某及其随行人员开始采取行动以拿回李某的血液样本。

作为回应，DCO 试图警告李某：任何拿走血样的行为都可能被视为未遵守采样程序，并且该等行为可能会导致严重的后果。在李某的压力下，DCO 或是 BCA 将玻璃容器从储物盒中取出，然后交给李某。

当 DCO 向李某告知 IDTM 的所有材料都不能遗留在现场后，李某指示其随行人员打破一个玻璃容器以拿到血样，这样 DCO 就可以取走破损的容器而不是血样。盛有血样的玻璃容器被一名保安用锤子打碎。李某用手机的光亮帮助照明，方便保安操作。血样完好，并被李某带走。

此后，当着 DCO 的面，李某撕毁了其之前签署的反兴奋剂检查单。按照李某的要求，医生将他对采样过程的意见写在另一张纸上。该文件由李某、医生、DCO、DCA 和 BCA 签署。

在争议发生后不久，IDTM 向 FINA 报告未能完成采样（血样和尿样）。2018 年 10 月 5 日，FINA 正式指控李某违反 FINA《反兴奋剂规则》

第 2.3 条[1]和第 2.5 条[2]。2019 年 1 月 3 日,FINA 反兴奋剂委员会作出决定:李某未违反 FINA《反兴奋剂规则》第 2.3 条和第 2.5 条。2019 年 2 月 14 日,WADA 向国际体育仲裁法庭(CAS)提出上诉。2019 年 11 月 15 日,CAS 在瑞士蒙特利尔举行了公开听证会。

本案争议主要包括以下两点:一是李某是否构成了兴奋剂违规,二是李某不遵守检测程序是否有正当理由。

李某方认为:①检测小组提供的授权文件不充分;②每一位检测人员都应当得到样本采集机构的适当培训、任命和授权;③DCA 对李某拍照;④DCO 未告知李某不遵守检测程序的后果;⑤DCO 决定终止检测程序并建议带走和毁损血样;⑥李某听从团队的意见,从而拒绝 DCO 带走血样。

CAS 仲裁庭最终认为:①李某构成兴奋剂违规:接受李某方提出的"概括性授权文件"和"特别、个人的授权文件"的区别,但认为仅提供前者就足够了,指南[3]仅是一种倡导性的"最佳实践方式",而不是强制性的;DCO、DCA、BCA 不需要一份载有其姓名(特别和个人)的授权书;DCO、DCA、BCA 符合 ISTI 规定的身份认证要求并已经接受了"培训和授权";②李某的行为和终止兴奋剂检查不具有正当理由:仅是 DCA 拍摄了至少 3 张李某的照片这一事实本身不足以构成李某中止整个(血液和

---

[1] FINA《反兴奋剂规则》2.3:逃避、拒绝或未完成样本采集的行为逃避样本采集,或在接到依照反兴奋剂规则授权的检查通知后,拒绝样本采集、无正当理由未能完成样本采集或者其他逃避样本采集的行为。

2.3 释义:例如,如果运动员被确认通过蓄意躲避兴奋剂检查人员来逃避通知或检查,此行为即构成兴奋剂违规中的"逃避样本采集"。"未完成样本采集"的违规,既可能是故意的,也可能是由于运动员的过失而造成的;而"逃避"或"拒绝"样本采集,则认定运动员是故意的。

[2] FINA《反兴奋剂规则》2.5:篡改或企图篡改兴奋剂管制过程中的任何环节,破坏兴奋剂管制过程,但又未包括在禁用方法定义之内的行为。篡改应该包括但不仅限于,故意干扰或企图干扰兴奋剂检察官、向反兴奋剂组织提供虚假信息、恐吓或企图恐吓潜在的证人。

"篡改":出于不正当目的,或以不正当手段所做的改变,致使产生不正常的影响;以不正当方式进行干扰;阻碍、误导或以欺骗行径,改变结果或妨碍正常程序的进行。

[3]《世界反兴奋剂机构关于尿液样本采集指南和血样采集指南的规定》(WADA's Urine Sample Collection Guidelines and Blood Sample Collection Guidelines)

尿液）检查程序的正当理由；[1] DCO 已将可能违规的后果适当地通知了李某；李某未能证明 DCO 终止样本采集程序并建议毁损血液样本。

2020 年 2 月 28 日，仲裁庭作出裁决：① 李某违反了 FINA《反兴奋剂规则》第 2.5 条；② 根据 FINA《反兴奋剂规则》第 2.5 条、第 10.3.1 条[2]和第 10.7.1（c）条[3]的规定，李某被处以 8 年禁赛期，该禁赛期将从本仲裁裁决书作出之日起算。

评析：李某被禁赛 8 年的处罚的严厉性不言而喻，相较于运动员短暂的运动生涯，8 年的禁赛期限不仅直接宣布了李某运动员生涯的结束，也使作为国家游泳队成员之一的李某直接无缘东京奥运会，严重影响了国家游泳队备战即将举行的东京奥运会。体育的意义不仅在于竞技更在于规则，规则的竞争是最高层次的竞争。未来的体育竞争不仅是体育竞技层面的竞争，更是对规则的阅读、理解和把握，以及更高层面的影响规则的竞争。

（四）Veronika Hryshko 案

2019 年 10 月 30 日，Veronika Hryshko（Вероніка Гришко）在乌克兰的家中提供了赛外的尿液和血液样本，随后样本被送到位于 Seiborsdorf 的世界反兴奋剂机构认证的实验室进行检测。2019 年 12 月 3 日，Seiborsdorf 实验室报告显示，Veronika 的尿液样本中存在 furosemide。furosemide 在任何时候都是被禁止的。2019 年 12 月 13 日，国际泳联就此次检查的阳性结果通知了 Veronika 和其他相关方。但该通知错误地被认为是指控通知

---

[1] 只要运动员"在身体方面、卫生方面以及伦理道德方面"具备提交样本的可能性，就没有适用正当理由的空间。

[2] FINA《反兴奋剂规则》第 10.3.1 条：违反条款 2.3 或 2.5 的行为，禁赛期为四年。如果未完成样本采集，而运动员能够证实该兴奋剂违规行为不是故意（如条款 10.2.3 的规定）实施的，那么禁赛期为两年。

[3] 仲裁庭注意到这并非运动员第一次违反《反兴奋剂规则》，2014 年 6 月该运动员被禁赛 3 个月。因此，运动员此次违反 FINA《反兴奋剂规则》第 2.5 条的行为构成第二次违规。
根据 FINA《反兴奋剂规则》第 10.7.1 条：对第二次违规的运动员或其他当事人，其禁赛期应在以下三者中选择最长者：(a) 六个月；(b) 第一次违规实施的禁赛期的一半，而不考虑根据条款 10.6 对该禁赛期进行的任何缩减；或 (c) 如果是第二次违规，则将该行为视为第一次发生，予以两倍的禁赛期，而不考虑条款 10.6 规定的任何缩减。上述确定的禁赛期可依照条款 10.6 进一步缩减。

书，并提出了 4 年禁赛处罚。实际上，这仅是阳性检查结果的初步审查通知。Veronika 立即放弃了对"B"样本分析的权利，也承认了违规事实，并于 2019 年 12 月 23 日自愿临时停赛。2020 年 1 月 8 日，国际泳联正式通知，由于 furosemide 物质的存在，Veronika 构成兴奋剂违规。在 2020 年 1 月 31 日，Veronika 要求以书面审查的方式举行听证会。Veronika 对阳性检测结果的解释是，她突然生病并在当地医院注射了包含 furosemide 在内的药物。具体情况是，在 2019 年 10 月 29 日，Veronika 在家里突然感到不适，立即到一家当地医院就诊，医生正确诊断了 Veronika 的病，并告诉 Veronika 她需要紧急治疗，否则后果可能非常糟糕。Veronika 担心如果得不到立即治疗，可能会有并发症，从而使其失去继续从事体育运动的机会。

  2019 年 10 月 29 日，Veronika 在医院静脉注射 furosemide2.0 毫升。她每月还需服用各种药物，包括 furosemide20 毫克。Veronika 告诉医生她是竞技体育运动员，要服从严格的反兴奋剂规定，并且她不能服用某些违禁药物。但该医生不是运动医学专家。医生回答说，他使用的药物对于运动员的治疗是绝对必要的，不会提高她的运动能力。由于 Veronika 是在医院住院治疗，她无法轻松访问互联网来搜索医生所提议使用的药物。Veronika 知道要弄清楚禁用物质，这是她作为精英运动员的职责和责任。但由于她生病、担心和身体虚弱，Veronika 相信医生的保证，即给她使用的药物是针对她的病情的适当治疗方法，这种药物不会违反严格的反兴奋剂规则。Veronika 接受了建议的治疗方案。

  2019 年 10 月 30 日，Veronika 虽感到不适，但仍离开了医院。也就在当日，运动员进行了样本采集。Veronika 承认她在医院接受了 furosemide 作为其紧急医疗的一部分。但是，她坚持认为自己没有欺骗，她无意提高自己的运动能力。相反，她只是希望在紧急医疗情况下保护自己的健康。

  FINA 同意了 Veronika 的关于紧急医疗的说法。但 FINA 认为 Veronika 仍然存在一定的过失，应该承担一定的责任：

  尽管 Veronika 年轻，但她还是一位经验丰富的国际比赛选手。她曾代表国家队参加过大型锦标赛，赢得了奖牌，并知晓国际泳联的反兴奋剂规定。

  尽管在测试前一天就收到了《兴奋剂检查表》，但 Veronika 并未完全提及她在医院接受的药物治疗。

Veronika 从未与国际泳联或任何其他专家取得联系，以履行其职责，检查进入她体内的所有物质的成分。

Veronika 未能申请治疗用药豁免。

最终，国际泳联反兴奋剂委员会根据国际泳联反兴奋剂规则对 Veronika 作出禁赛 4 个月的处罚。

评析：在本案中，运动员在很大程度上是可以避免兴奋剂违规的，如申请治疗用药豁免。尽管每项治疗用药豁免申请都必须由相关的治疗用药豁免委员会根据具体情况进行判断，但一旦治疗用药豁免申请获得批准是具有追溯力的。另一方面，要加强对运动员的反兴奋剂教育，确保运动员及时申报治疗用药豁免，保障运动员安全用药。

第三节　足球与反兴奋剂

一、足球反兴奋剂现状

（一）2018 年 WADA 统计数据

1.2018 年的数据显示，总体样本数量增加了 6.9%，从 2017 年的 322 050 人增加到 2018 年的 344 177 人。（见表 13-1）

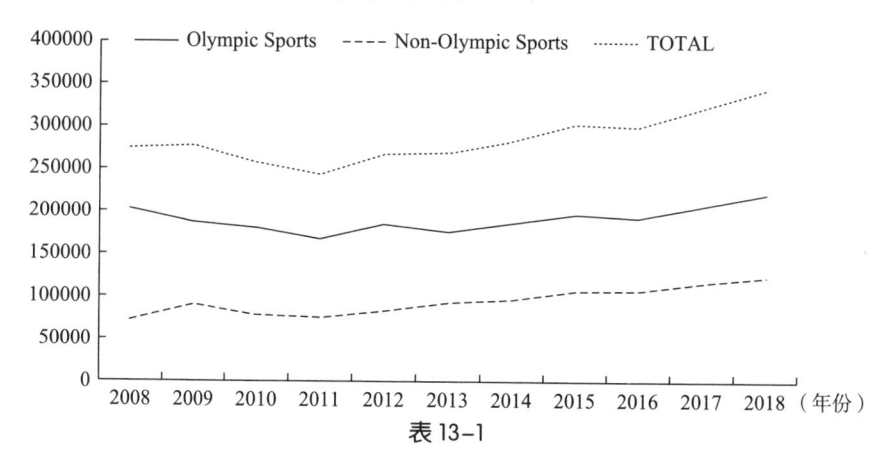

表 13-1

2.足球居各项目首位，检查数量 38 593 例，占全球数量的 19.33%。（见表 13-2）

Table 1: Tttal Samples Analyzed in ASOIF Sport/Disciplines (Urine and Blood)-continued

Sports	Disciplines	Urine								Blood							Sub Total Samples	Total AAFs	% AAF
		IC			OOC					IC			OOC						
		Samples	ATF	AAF	Samples	ATF	AAF	Samples	ATF	AAF	Samples	ATF	AAF	Samples	ATF	AAF			
Football	Football	24176	6	94	9978	12	24	874	-	-	2701	-	-	-	-	-	37729		
	Futsal	598	-	4	158	-	1	27	-	-	2	-	-	-	-	-	785	125	0.3%
	Beach Football	59	-	2	16	-	-	4	-	-	-	-	-	-	-	-	79		

表 13-2

3. 2018年世界各国足球兴奋剂检查数量排名。(见表 13-3)

Taibe 33: ASOIF Sport-Football

Testing Authority (TA)	ADAMS Code	Urine						Blood						Total Samples	% AAF
		IC			OOC			IC			OOC				
		Sampes	ATF	AAF	Sampes	ATF	AAF	Sampes	ATF	AAF	Sampes	ATF	AAF		
Brasilian Authority on Anti-Doping Control	ABCD	5527	-	12	178	1	-	-	-	-	49	-	-	5754	0.2%
UK Anti-Doping	UKAD	1541	-	5	3026	3	14	12	-	-	722	-	-	5301	0.4%
Italian National Anti-Doping Agency	NADO ITALIA	2223	-	7	371	-	-	96	-	-	240	-	-	2930	0.2%
Union of European Football Associations	UEFA	1969	-	2	432	-	-	246	-	-	220	-	-	2867	0.1%

表 13-3

第十三章 足球与反兴奋剂制度

续表

Talbe 33: ASOIF Sport-Football

Testing Authority (TA)	ADAMS Code	Urine IC Sampes	ATF	AAF	Urine OOC Sampes	ATF	AAF	Blood IC Sampes	ATF	AAF	Blood OOC Sampes	ATF	AAF	Total Samples	% AAF
International Federation of Football Associations	FIFA	618	-	1	923	4	-	324	-	-	920	-	-	2785	0.0%
German National Anti-Doping Agency	NADA	1274	-	4	528	-	-	151	-	-	84	-	-	2037	0.2%
South American Football Confederation	CONMEBOL	1475	1	7	307	-	-	-	-	-	37	-	-	1819	0.4%
Turkish Anti Doping Commission	TADC	459	-	1	397	1	1	-	-	-	54	-	-	910	0.2%
Argentina National Anti-Doping Agency	ARG-CNAD	800	-	1	18	-	-	-	-	-	-	-	-	818	0.1%
Portugal Anti-Doping Agency	ADoP	457	-	-	298	-	-	-	-	-	-	-	-	755	-
Spain National Anti-Doping Agency	ESP-NADO	347	-	1	286	-	1	1	-	-	72	-	-	706	0.3%
French Anti-Doping Agency	AFLD-NADO	125	-	-	534	3	-	-	-	-	2	-	-	661	-
Japan Anti-Doping Agency	JADA	519	-	-	106	-	-	-	-	-	-	-	-	625	-
Equatorian Football Federation	FEF	547	2	1	-	-	-	-	-	-	-	-	-	547	0.2%
Mexican Football Federation	MEX-FO	505	-	9	25	-	1	-	-	-	-	-	-	530	1.9%
Asian Football Confederation	AFC	433	-	5	84	-	-	-	-	-	-	-	-	517	1.0%
Saude Arabian Antidoping Committee	KSA-NADO	417	1	4	51	-	-	-	-	-	-	-	-	468	0.9%
Anti-Doping Paraguay	PAR-NADO	426	-	-	8	-	-	-	-	-	-	-	-	434	-

续表

Talbe 33: ASOIF Sport-Football

Testing Authority (TA)	ADAMS Code	Urine									Blood							Total Samples	% AAF
		IC			OOC			IC			IC			OOC					
		Sampes	ATF	AAF	Sampes	ATF	AAF	Sampes	ATF	AAF	Sampes	ATF	AAF	Sampes	ATF	AAF		
Chilean National Anti-Doping Commission	CHI-NADO	416	-	3	-	-	-	-	-	-	-	-	-	-	-	-	416	0.7%
Swedish Sports Confederation	RF	486	-	3	207	-	1	8	-	-	15	-	-	-	-	-	416	1.0%
Peru National Anti-Doping Commission	CONAD PERU	328	-	-	-	-	-	-	-	-	-	-	-	-	-	-	328	-
Korea Anti-Doping Agency	KADA	257	-	-	50	-	-	13	-	-	2	-	-	-	-	-	322	-
African Football Confederation	CAF	317	-	3	-	-	-	-	-	-	-	-	-	-	-	-	317	0.9%
Polish Anti-Doping Agency	PILADA	135	-	-	88	-	-	-	-	-	70	-	-	-	-	-	293	-
Australian Sports Anti-Doping Authority	ASADA	80	-	-	174	-	-	-	-	-	19	-	-	-	-	-	273	-
Hellenic National Council for Combatting Doping	ESKAN	265	-	-	-	-	-	-	-	-	-	-	-	-	-	-	265	1.1%
Netherlands Anti-Doping Authority	ADAN	180	-	3	69	-	-	-	-	-	-	-	-	-	-	-	249	0.4%
National Anti-Doping Center of Ukraine	NADC Ukraine	64	-	-	183	-	2	-	-	-	-	-	-	-	-	-	247	0.8%
Anti-Doping Norway	ADNO	157	-	2	68	-	-	4	-	-	11	-	-	-	-	-	240	0.8%
National Anti-Doping Agency Austria Gmbh	NADA Austria	20	-	-	130	-	-	12	-	-	70	-	-	-	-	-	232	-
Bolivian Football Federacion	BOL-FB	232	-	-	-	-	-	-	-	-	-	-	-	-	-	-	232	-

第十三章　足球与反兴奋剂制度

续表

Talbe 33: ASOIF Sport-Football

Testing Authority (TA)	ADAMS Code	Urine							Blood							Total Samples	% AAF
		IC			OOC				IC			OOC					
		Sampes	ATF	AAF	Sampes	ATF	AAF	Sampes	ATF	AAF	Sampes	ATF	AAF				
United Arab Emirates National Anti-doping Commitee	UAE-NADO	208	1	1	19	-	-	-	-	-	-	-	-			227	0.4%
Nado Flanders	NADOF	96	-	1	125	-	-	-	-	-	-	-	-			221	0.5%
Russian National Anti-Doping Organization	RUSADA	63	-	1	155	-	-	-	-	-	-	-	-			218	0.5%
I.R Iran National Anti-Doping Organization	IRI-NADO	183	-	13	12	-	-	-	-	-	-	-	-			195	1.5%
Antidoping Switzerland	ADCH	112	-	-	64	-	-	8	-	-	7	-	-			191	-
Finnish Center for Integrity in Sports/Finnish Anti-Doping Agency	FINCIS/FINADA	64	-	-	93	-	-	4	-	-	12	-	-			173	-
Azerbaijan National Anti-Doping Agency	AMADA	46	-	-	78	-	-	-	-	-	20	-	-			144	-
Anti-Doping Denmark	ADD	46	-	-	86	-	-	-	-	-	3	-	-			135	-
Malta Football Association	MLT-FOO	128	-	3	-	-	-	-	-	-	-	-	-			128	2.3%
French Community of Belgium NADO	BEL-CFWB	54	-	-	59	-	-	6	-	-	5	-	-			124	-
Slovenian Antidoping Organization	SLOADO	101	-	1	13	-	-	-	-	-	-	-	-			114	0.9%
Mexican National Anti-Doping Commitee	MEX-NADO	-	-	-	95	-	-	-	-	-	10	-	-			105	-
National Anti Doping Agency -India	IND-NADO	50	-	-	43	-	-	2	-	-	4	-	-			99	-

337

续表

Talbe 33: ASOIF Sport-Football

Testing Authority (TA)	ADAMS Code	Urine						Blood						Total Samples	% AAF
		IC			OOC			IC			OOC				
		Sampes	ATF	AAF	Sampes	ATF	AAF	Sampes	ATF	AAF	Sampes	ATF	AAF		
Olympic Council of Asia	OCA	78	-	-	18	-	-	-	-	-	-	-	-	96	-
Anti-Doping Agency of Kenya	ADAK	32	-	-	61	-	-	-	-	-	-	-	-	93	-
Doping Control Agency of Thailand	DCAT	-	-	-	89	-	-	-	-	-	-	-	-	89	-
CHN-National Federations in China	CHN-NF	-	-	-	75	-	-	7	-	-	-	-	-	82	-
Bulgarian Anti-doping Center	BUL-NADO	44	-	1	30	-	-	4	-	-	3	-	-	81	1.2%
China Anti-Doping Agency	CHINADA	12	-	-	59	-	-	2	-	-	6	-	-	79	-
Czech Anti-Doping Committee	CADC	60	-	-	12	-	-	-	-	-	4	-	-	76	-
Croatian Institute of Public Health	CIPH	39	-	-	22	-	-	2	-	-	6	-	-	69	-
Italian Ministry of Health Departement	CVD-Italia	68	-	1	-	-	-	-	-	-	-	-	-	68	1.5%
Cyprus Anti-Doping Authority	CYADA	62	-	2	-	-	-	-	-	-	-	-	-	62	3.2%
Algerian Football Federation	ALG-FOO	60	1	1	1	-	-	-	-	-	-	-	-	61	1.6%
Common Community Commission (Brussels)	COCOM	30	-	-	24	-	-	-	-	-	6	-	-	60	-
Israel Football Association	ISR-FB	60	-	-	-	-	-	-	-	-	-	-	-	60	-
South African Institute for Drug-Free Sport	SAIDS	59	-	-	-	-	-	-	-	-	-	-	-	59	-
Drug Free Sport New Zealand	DFSNZ	42	-	1	15	-	-	-	-	-	-	-	-	57	1.8%
Guatemala NADO	GUA-OAD	52	-	4	-	-	-	-	-	-	-	-	-	52	7.7%

第十三章　足球与反兴奋剂制度

续表

Talbe 33: ASOIF Sport-Football

Testing Authority (TA)	ADAMS Code	Urine IC Sampes	Urine IC ATF	Urine IC AAF	Urine OOC Sampes	Urine OOC ATF	Urine OOC AAF	Blood IC Sampes	Blood IC ATF	Blood IC AAF	Blood OOC Sampes	Blood OOC ATF	Blood OOC AAF	Total Samples	% AAF
Chn-Provincial Sports Bureau in China	CHN-PSB	49	-	-	1	-	-	-	-	-	-	-	-	50	-
Qatar Antidoping Commission	QADC	47	-	-	1	-	-	-	-	-	-	-	-	48	-
Sport Ireland	SI	26	-	-	19	-	-	-	-	-	-	-	-	45	-
Agency for Anti-Doping Control of Bosnia and Herzegovina	BiH-NADO	24	-	-	17	-	-	-	-	-	4	-	-	45	-
Colombian NADO	COL-NADO	25	-	1	16	-	-	2	-	-	2	-	-	45	2.2%
Central American and Caribbean Sports Organization	ODECABE	43	-	-	-	-	-	2	-	-	-	-	-	45	-
US Anti-Doping Agency	USADA	-	-	-	39	-	2	-	-	-	4	-	-	43	4.7%
Hungarian Anti-Doping Agency	HUNADO	38	-	-	2	-	-	-	-	-	-	-	-	40	-
NADO-DG Eupen-Belgium	NADO-DG Eupen	18	-	-	18	-	-	3	-	-	1	-	-	40	-
National Olympic and Sports Association of Iceland	ISL-NADO	8	-	-	26	1	-	-	-	-	2	-	-	36	-
Canadian Centre for Ethics in Sport	CCES	8	-	-	24	-	-	-	-	-	4	-	-	36	-
Anti-Doping Agency of Serbia	ADAS	28	-	-	-	-	-	-	-	-	3	-	-	31	-
Uruguay Anti-Doping	URU-NADO	24	-	-	6	-	-	-	-	-	-	-	-	30	-
Central American RADO	RADO-CAM	-	-	-	26	-	1	-	-	-	-	-	-	26	3.8%
Hong Kong Football Association Limited	HKG-FB	24	-	-	-	-	-	-	-	-	-	-	-	24	-

339

续表

Talbe 33: ASOIF Sport-Football

Testing Authority (TA)	ADAMS Code	Urine											Blood												Total Samples	% AAF
		IC			OOC			IC			OOC														
		Sampes	ATF	AAF	Sampes	ATF	AAF	Sampes	ATF	AAF	Sampes	ATF	AAF												
Costa Rica Football Federation	CRC-FOO	24	-	1	-	-	-	-	-	-	-	-	-	24	4.2%
Anti-Doping department of State Sports Medicine Centre	LAT-NADO	20	-	-	-	-	-	2	-	-	-	-	-	22	-
Egyptian National Anti-doping Organization	EGY-NADO	17	-	-	5	-	-	-	-	-	-	-	-	22	-
Jamaica Anti-Doping Commission	JADCO	7	-	-	11	-	-	-	-	-	2	-	-	20	-
Cuban National Anti-Doping Agency	CUB-NADO	10	-	-	10	-	-	-	-	-	-	-	-	20	-
Brunei Darussalam Anti-Doping Committee	BDADC BRUNEI	20	-	-	-	-	-	-	-	-	-	-	-	20	-
Romanian National Anti-Doping Agency	ANAD-Romania	4	-	-	14	-	-	-	-	-	-	-	-	18	-
South American Sports Organization	ODESUR	18	-	-	-	-	-	-	-	-	-	-	-	18	-
San Marino Standing Committee on Anti-Doping	SMR-NADO	18	-	-	-	-	-	-	-	-	-	-	-	18	-
International Olympic Committee	IOC	4	-	-	13	-	-	-	-	-	-	-	-	17	-
Peru Football Federation	FPF	16	-	-	-	-	-	-	-	-	-	-	-	16	-
National Anti-Doping Agency of Tunisia	ANAD	-	-	-	16	-	-	-	-	-	-	-	-	16	-
Ethiopian Anti doping Organization	ETH-NADO	14	-	-	-	-	-	-	-	-	-	-	-	14	-

第十三章　足球与反兴奋剂制度

Talbe 33: ASOIF Sport-Football 续表

Testing Authority (TA)	ADAMS Code	Urine IC Sampes	Urine IC ATF	Urine IC AAF	Urine OOC Sampes	Urine OOC ATF	Urine OOC AAF	Blood IC Sampes	Blood IC ATF	Blood IC AAF	Blood OOC Sampes	Blood OOC ATF	Blood OOC AAF	Total Samples	% AAF
Anti-Doping Commission, Chinese Taipei Olympic Committee	CTADA	4	-	-	10	-	-	-	-	-	-	-	-	14	-
Malaysian Football Association	MAS-FB	14	-	-	-	-	-	-	-	-	-	-	-	14	-
Anti-Doping Agency of Malaysia	ADAMAS	8	-	-	5	-	-	-	-	-	-	-	-	13	-
Africa Zone VI RADO	AFR-RADO-VI	13	-	-	-	-	-	-	-	-	-	-	-	13	-
Estonian Anti-Doping Agency	EADA	8	-	-	4	-	-	-	-	-	-	-	-	12	-
Württemberg Football Association	GER-WurtFoot	12	-	-	-	-	-	-	-	-	-	-	-	12	-
International Committee of Sports for the Deaf	ICSD/CISS	11	-	-	-	-	-	-	-	-	-	-	-	11	-
Oceania RADO	O-RADO	-	-	-	10	-	-	-	-	-	-	-	-	10	-
Luxembourg NADO	ALAD	8	-	-	1	-	-	-	-	-	-	-	-	9	-
Lembage Anti-Doping Indonesia	LADI	-	-	-	9	-	-	-	-	-	-	-	-	9	-
Slovak Anti-Doping Agency	SADA	8	-	-	-	-	-	1	-	-	-	-	-	9	-
European Police Sport Union	USPE	8	-	1	-	-	-	-	-	-	-	-	-	8	12.5%
Anti-Doping Commission of Malta	MLT-NADO	6	-	-	2	-	-	-	-	-	-	-	-	8	-
International Committee of Mediterranean Games	ICMG	8	-	-	-	-	-	-	-	-	-	-	-	8	-
Thailand University Sport Board	THA-UNI	8	-	1	-	-	-	-	-	-	-	-	-	8	12.5%

续表

Talbe 33: ASOIF Sport-Football

Testing Authority (TA)	ADAMS Code	Urine							Blood							Total Samples	% AAF
		IC			OOC				IC			OOC					
		Sampes	ATF	AAF	Sampes	ATF	AAF	Sampes	ATF	AAF	Sampes	ATF	AAF				
Estonian Football association	EST-FB	8	-	1	-	-	-	-	-	-	-	-	-	-	8	12.5%
Sri Lanka Anti Doping Agency	SRI-NADO	-	-	-	7	-	-	-	-	-	-	-	-	-	7	-
Eastern Europe RADO	E-EUR-RADO	-	-	-	6	-	1	-	-	-	-	-	-	-	6	16.7%
South American RADO	RADO-SAM	-	-	-	5	-	-	-	-	-	-	-	-	-	5	-
Gulf States and Yemen RADO	GSY-RADO	-	-	-	5	-	1	-	-	-	-	-	-	-	5	20.0%
Jordan Anti-Doping Organization	JADO	-	-	-	5	-	-	-	-	-	-	-	-	-	5	-
Hong Kong Anti-Doping Committee	HKG-ADC	-	-	-	5	-	-	-	-	-	-	-	-	-	5	-
Africa Zone I RADO	AFR-RADO-I	-	-	-	4	-	-	-	-	-	-	-	-	-	4	-
Lithuanian Anti-Doping Agency	LTU-NADO	4	-	-	-	-	-	-	-	-	-	-	-	-	4	-
Nigerian National Anti-Doping Committee	NGR-NADO	4	-	-	-	-	-	-	-	-	-	-	-	-	4	-
International Military Sports Council	CISM	4	-	-	-	-	-	-	-	-	-	-	-	-	4	-
Africa Zone IV RADO	AFR-RADO-IV	4	-	-	-	-	-	-	-	-	-	-	-	-	4	-
Monaco Snti-Doping Committee	CMA Monaco	-	-	-	3	-	-	-	-	-	1	-	-	-	4	-
Africa Zone II & III RADO	AFR-FADO-II-III	-	-	-	4	-	-	-	-	-	-	-	-	-	4	-

第十三章　足球与反兴奋剂制度

续表

Talbe 33: ASOIF Sport-Football

Testing Authority (TA)	ADAMS Code	Urine							Blood							Total Samples	% AAF
		IC			OOC				IC			OOC					
		Sampes	ATF	AAF	Sampes	ATF	AAF		Sampes	ATF	AAF	Sampes	ATF	AAF			
National Anti-Doping Commission of Macedonia	MKD-NADO	4	-	-	-	-	-		-	-	-	-	-	-		4	-
West Asia RADO	W-ASIA-RADO	-	-	-	4	-	-		-	-	-	-	-	-		4	-
Georgian Anti-Doping Agency	GEO-NADO	4	-	-	-	-	-		-	-	-	-	-	-		4	-
South Asia RADO	S-ASIA-RADO	-	-	-	3	-	-		-	-	-	-	-	-		3	-
Geraman Police Sports Board of Trustees	DPSK	-	-	-	3	-	-		-	-	-	-	-	-		3	-
German Youth Force Sports Association	GER-DJK	2	-	-	-	-	-		-	-	-	-	-	-		2	-
Andorra National Anti-Doping Commission	AGAD	-	-	-	2	-	-		-	-	-	-	-	-		2	-
European Deaf Sport Organization	EDSO	1	-	-	-	-	-		-	-	-	-	-	-		1	-
Indian Ocean RADO	IND-OCE-RADO	-	-	-	1	-	-		-	-	-	-	-	-		1	-
Caribbean RADO	CAR-RADO	-	-	-	1	-	-		-	-	-	-	-	-		1	-
		24833	6	100	10152	12	25		905	-	-	2703	-	-		38593	-

二、国际足联报告：检测结果阳性及违规数据 [1]（见表13-4）

Football Anti-Doping Rule Violations (ADRVs) Report 2008-2017*										
Year	2008	2009	2010	2011	2012	2013	2014	2015	2016	2017
Total Samples	33,445	32,526	30,398	28,597	28,008	28,002	31,242	32,012	33,227	TBA
Total (ADRV)	82	72	99	120	112	85	65	78	97	76
% of total samples	0.25%	0.22%	0.33%	0.42%	0.40%	0.30%	0.21%	0.24%	0.29%	TBA
ADRV per substance class										
S1. Anabolic Agents	8	5	13	17	13	18	18	13	24	15
S2. Peptide Hormones, Growth Factors	1	2	1	-	-	-	-	-	1	-
S3. Beta-2 Agonists	6	2	5	-	1	3	-	3	1	6
S4. Hormone and Metabolic Modulators	-	1	-	1	-	3	2	4	2	1
S5. Diuretics and Masking Agents	-	1	7	3	2	4	3	11	8	7
S6. Stimulants	19	24	27	39	35	25	25	27	29	19
S7. Narcotics	1	1	-	2	1	1	-	1	-	-
S8. Cannabinoids	40	30	39	39	40	13	5	8	13	10
S9. Glucocorticoids	6	4	2	8	9	11	9	2	12	14
Other ADRV	1	2	5	11	11	7	6	9	7	4

* TBA: to be announced.

表13-4

足球是所有运动项目中兴奋剂检查数量最多的项目，平均达到了每年3万例。与此同时，足球也呈现较低的阳性率，在2008~2016年的9年间，阳性率平均是0.30%，并且呈下降趋势。国际足联首席医疗官Dvorak认为："针对足球领域中的反兴奋剂工作主要是反兴奋剂的教育预防，再辅以赛内赛外的兴奋剂检查。"

---

[1] S1. 蛋白同化制剂，S2. 肽类激素、生长因子、相关物质，S3. β2-激动剂，S4. 激素、代谢调节剂，S5. 利尿剂、掩蔽剂，S6. 刺激剂，S7. 麻醉剂，S8. 大麻类，S9. 糖皮质激素类。

三、案例

（一）帅某案

2003年11月22日，北京俱乐部运动员帅某在甲A联赛第28轮北京足球俱乐部（主场）对上海足球俱乐部队比赛后进行了兴奋剂尿样抽检，经国家体育总局运动医学院研究所兴奋剂检测中心检测，帅某A瓶尿样呈麻黄碱阳性。帅某称其在与上海队比赛前因身体不适，吃了感冒药，但是不知道这种感冒药里含有违禁成分。后北京俱乐部申请对帅某的B瓶尿样进行复检，B瓶尿样仍呈麻黄碱阳性。

2004年2月9日，中国足协根据《关于严格禁止在体育运动中使用兴奋剂行为的规定》（暂行）中第8条的规定，对帅某及相关人员和相关单位给予如下处罚：

（1）停止北京俱乐部运动员帅某参加中国足协组织的一切足球比赛6个月，处罚期从2003年11月22日起，至2004年5月21日止。

（2）给予北京俱乐部教练组组长祖某、队医印某停赛6个月处罚，并各罚款5000元，处罚从2003年11月22日起，至2004年5月21日止。

（3）给予北京俱乐部警告，计1例二类兴奋剂阳性，并追加10例兴奋剂检查费用（每例1400元，共14 000元）的处罚。

（4）给予北京市足球协会警告。

以上个人罚金由俱乐部代缴，并与俱乐部罚金一同于2004年3月1日以前汇入中国足球协会银行账号，逾期不缴，将追加处罚。

评析：教育在反兴奋剂斗争中具有越来越重要的意义。单纯提供反兴奋剂信息已无法满足实际需求，必须以适当的教育方式传播这些信息。必须在人们走向使用兴奋剂歧途之前，就改变他们的思维模式。而要成功实现这一目标，只能求助于条理清晰的教育计划。

运动员必须严防误服误用兴奋剂，"运动员要对自己摄入的物质和使用的方法负责"，并在平时加强自我教育。对于食品，严格随队饮食，严禁私自外出就餐、购买食品；对于药品，严格遵从医嘱，队内听从队医，就医表明身份，严禁私自购买、携带、使用药品；对于营养品，严格随队使用，严禁私自购买、携带、使用营养品。

（二）马马杜·萨科案

2016年3月17日，利物浦球员 Mamadou Sakho（马马杜·萨科，下称萨科）先生在欧联杯1/8决赛利物浦VS曼联比赛后进行了兴奋剂检测，世界反兴奋剂机构（WADA）授权的科隆实验室在对该运动员的A样本进行检测后发现了去甲乌药碱这一物质。2016年4月22日，欧足联通知了萨科这一发现并强调"根据世界反兴奋剂机构《2016年禁用清单国际标准》，上述物质作为S3. b2-激动剂，在赛内检查和赛外检查的任何时候都被禁止使用，这种物质的出现也很可能导致兴奋剂违规"。

2016年4月28日，由于萨科涉嫌违反欧足联反兴奋剂条例（ADR），欧足联对其进行了纪律处分。同日，欧足联管理、道德、纪律委员会（CEDB）对萨科实施30天的临时停赛。

萨科认为：①运动员接受其样本中含有去甲乌药碱；②运动员不接受其违反了ADR；③运动员认为去甲乌药碱并未被列入WADA的禁用清单；④运动员认为去甲乌药碱不属于WADA禁用清单中的S3. b2-激动剂；⑤运动员提供了各种科学报告来支持这一主张。

ADR2.01(a)规定以下情况和行为构成兴奋剂违规：a）在运动员的样本中，发现禁用物质或其代谢物或标记物。ADR4.01规定禁用物质和禁用方法包括世界反兴奋剂机构发布的禁用清单中的所有内容。

通过审阅各项意见书及证据，CEDB认为本案中有几个重要的问题：①去甲乌药碱是否在WADA的禁用清单中；②去甲乌药碱是否是S3. b2-激动剂；③WADA向其认可的实验室传递了关于去甲乌药碱的什么信息；④WADA认可的实验室是否持续检测去甲乌药碱。

通过分析上述问题，CEDB认为：有必要提及运动员权利以及他们如何受到上述不确定性的影响。从根本上说，期待运动员比WADA认可的实验室及其科学家更了解一种物质是不合理的。因此，在目前的情况下，考虑到①去甲乌药碱并未出现在WADA禁用清单中，②WADA未作出明确的决定，③WADA并未正式地向其认可的实验室通报任何决定，④一些WADA认可的实验室不确定去甲乌药碱在禁用清单中的地位，并且CEDB必须考虑到，它是否可以合理地期待球员（以及他的俱乐部和私人教练）能够从公开的资源中知晓去甲乌药碱。

最终，CEDB 作出决定：

（1）尚不能证明去甲乌药碱在 WADA 的禁用清单中；

（2）关于去甲乌药碱是否为 S3.b2- 激动剂存在疑问；

（3）WADA 与其认可的实验室缺乏沟通，这使得其认可的实验室都不能确定去甲乌药碱在禁用清单中的地位；

（4）WADA 认可的大部分实验室都没有检测去甲乌药碱，这与法律确定性原则相悖。

在此基础上，CEDB 得出决定，认为萨科并未违反 ADR。

评析：由于本次兴奋剂事件，萨科不仅缺席了利物浦在上赛季的最后 8 场比赛，同时也失去了代表法国参加欧洲杯的机会。禁用物质不应成为秘密，运动员应该有一个合理的期望，即运动员能够确定禁用清单上的内容，否则他们将一直处于"黑暗中"。

第四节　兴奋剂与刑事犯罪

一、兴奋剂入刑问题

2019 年 11 月 18 日，最高人民法院发布《关于审理走私、非法经营、非法使用兴奋剂刑事案件适用法律若干问题的解释》（以下简称《反兴奋剂解释》），自 2020 年 1 月 1 日起施行。该解释是第一次从"立法"层面明确了与兴奋剂相关的 9 个犯罪，延伸了犯罪主体的范围。

《反兴奋剂解释》的出台旨在依法打击走私、非法经营、非法使用兴奋剂等违法犯罪行为，有利于营造公平公正的竞赛秩序和积极健康的竞赛氛围，保护体育运动参加者的身心健康；有利于发挥法治的规范和引领作用，促进体育事业健康可持续发展；有利于提高体育治理体系和治理能力现代化水平，加快推进体育强国建设。《反兴奋剂解释》的发布，再次表明我国作为体育大国负责任的坚定决心和态度，坚决严厉打击兴奋剂违法犯罪行为。

《反兴奋剂解释》共 9 条，主要是以现行《刑法》的相关规定为基础，对于体育运动中出现的使用兴奋剂的行为，从可能构成犯罪的角度进行了系统梳理，包括以下内容：

(一)犯罪主体的延伸

包括运动员，运动辅助人员（包括但不限于领队、教练、队医及运动员家属、运动员管理机关的工作人员），经营者，国家考试涉及的体育、体能测试等体育运动中的人，生产者，销售者，国家机关工作人员等，与兴奋剂有关犯罪的主体明显增加，明确了除了运动员本人可能成为犯罪主体外，队医、领队和教练也有可能成为犯罪嫌疑人。对未成年人、残疾人负有监护、看护职责的人、经营者，甚至国家工作人员都有可能成为兴奋剂犯罪的主体，即犯罪主体呈现扩大化的趋势，从事运动员有关工作的相关人员要引起足够重视。

(二)涉嫌犯罪的罪名增多

《反兴奋剂解释》就与兴奋剂有关的犯罪增加了9个罪名，分别是《刑法》第151条第3款走私国家禁止进出口的货物、物品罪，第153条走私普通货物、物品罪，第225条非法经营罪，第260条虐待被监护、看护人罪，第284条组织考试作弊行为罪，第143条生产、销售不符合安全标准的食品罪，第144条生产、销售有毒、有害食品罪和第397条滥用职权罪、玩忽职守罪。即将涉嫌犯罪的领域明显增加，为加大对这些犯罪的打击力度提供了有力的刑法支撑。

这里重点介绍直接与体育训练和比赛有关的犯罪，即走私国家禁止进出口的货物、物品罪；走私普通货物、物品罪；非法经营罪；虐待被监护、看护人罪和滥用职权罪、玩忽职守罪。

1.走私类犯罪。在体育运动中出于非法使用的目的而走私兴奋剂的，可以构成刑法所规定的走私类犯罪。根据涉案对象的不同可以构成两种走私犯罪：一类是《刑法》第151条第3款规定的走私国家禁止进出口的货物、物品罪。这种场合，所涉案件的对象不仅在兴奋剂目录范围之内，而且该涉案物质还属于国家禁止进出口的货物、物品，如莱克多巴胺、盐酸莱克多巴胺等。另一类是《刑法》第153条所规定的走私普通货物、物品罪。这种场合，所涉案件的对象不在国家禁止进出口的货物、物品之列，但属于进出海关必须申报缴税的物质的场合。本条解释是为了堵截国际体育比赛时自带兴奋剂进出国（边）境而做的规定。

2. 非法经营罪。违规经营兴奋剂的，可以构成非法经营罪。兴奋剂目录当中所列物质并不全都有害，如有些精神麻醉类药品就属于日常的医药类用品，很多人生活中不能缺少。但对这类物品的经营，国家实施严格管控，专营专卖或者限制买卖。未经许可而擅自经营，情节严重的，构成《刑法》第225条规定的非法经营罪。这是为在国内市场源头上堵截兴奋剂交易行为而做的规定。

3. 虐待被监护、看护人罪。在青少年某些项目培训过程中，为追求成绩，某些人可能存在强迫、诱骗未成年人、残疾人在体育运动中使用兴奋剂的行为，这种行为严重侵害了未成年人和残疾人的身心健康，相关人员可以构成虐待被监护、看护人罪。本罪适用的对象是与未成年人、残疾人运动员有关的教练、队医、运动员管理单位的工作人员等。

4. 滥用职权罪、玩忽职守罪。这一规定主要是针对负有反兴奋剂职责的国家工作人员不履行职权，在兴奋剂检测的过程中包庇、纵容他人使用兴奋剂而做的规定。国家机关工作人员在行使反兴奋剂管理职权时滥用职权或者玩忽职守，造成严重的兴奋剂违规事件，严重损害国家声誉或者造成恶劣社会影响的，可以构成滥用职权罪、玩忽职守罪，这一点应当引起体育行政机关的高度重视。

《反兴奋剂解释》是我国反兴奋剂斗争的一个新的里程碑，从刑事法律层面宣告了兴奋剂入刑，必将掀开反兴奋剂综合治理新的篇章。

二、案例

（一）张某非法经营罪案

张某自2010年6月起在杭州市萧山区无证从事猪饲料生意，其为牟利，通过互联网，在"合肥先进化学科技有限公司"的网站上找到禁止在饲料中使用的"莱克多巴胺"，后被告人张某与网页上所留电话进行联系，于2011年2月15日、2011年3月2日先后两次向湖北人罗某（另案处理）购买莱克多巴胺共20公斤（每次10公斤，价格为2600元/公斤，共计52 000元），后销售给他人。

杭州市萧山区人民法院认为：被告人张某违反国家规定，从事非法经营活动，扰乱市场秩序，情节严重，其行为已构成非法经营罪。公诉机关指控罪名成立。据此，依照《刑法》第 225 条第 1 项、第 52 条、第 53 条及《最高人民法院、最高人民检察院关于办理非法生产、销售、使用禁止在饲料和动物饮用水中使用的药品等刑事案件具体应用法律若干问题的解释》第 1 条之规定，判决如下：

被告人张某犯非法经营罪，判处有期徒刑 1 年 2 个月，并处罚金 10 000 元。

评析：莱克多巴胺是一种人工合成的 β-肾上腺受体激动剂（俗称 β-兴奋剂）类化合物，我国也已禁止生产、销售和在动物养殖中使用莱克多巴胺。

兴奋剂目录所列蛋白同化制剂、肽类激素等属于药品，应当依照《药品管理法》的规定取得《药品生产许可证》、药品批准文号。否则，属于非法经营。构成非法经营罪的，应当承担刑事责任。因此，《反兴奋剂解释》第二条规定：违反国家规定，未经许可经营兴奋剂目录所列物质，涉案物质属于法律、行政法规规定的限制买卖的物品，扰乱市场秩序，情节严重的，应当依照《刑法》第 225 条的规定，以非法经营罪定罪处罚。

（二）王某某生产、销售有毒、有害食品罪案

王某某于 2016 年 11 月开始在威海市环翠区城农贸市场北侧店铺经营威海某贸易有限公司，主要经营食品、食品添加剂的批发零售，其多次从威海火炬高技术产业开发区某肉食经销处、环翠区某冷冻食品店、威海某食品店进购牛肉、鸭肉制品等对外销售。王某某明知进购食品时必须依法查验食品出厂检验合格证或者其他合格证明，并建立进货查验记录、销售记录等，但其未查验和建立。2018 年 3 月 27 日、5 月 7 日，经检验，王某某销售的上述牛肉制品中检出克仑特罗成分，产品不合格。

山东省威海市中级人民法院认为，王某某销售明知掺有有毒、有害的非食品原料的食品，其行为已构成销售有毒、有害食品罪。食品生产经营从业人员应当履行保障食品安全的义务。最终裁定驳回上诉，维持原判。[1]

评析：克仑特罗属于《禁用清单》禁用物质中的 S1. 蛋白同化制剂。按照我国《刑法》规定，生产、销售"食品"过程中非法添加兴奋剂的，

---

[1] 本案原审判决系由山东省威海市环翠区人民法院作出，依照《刑法》第 144 条、第 52 条、第 53 条、第 67 条第 1 款、《最高人民法院、最高人民检察院关于办理危害食品安全刑事案件适用法律若干问题的解释》第 20 条之规定，认定被告人王某某犯销售有毒、有害食品罪，判处其有期徒刑 10 个月，并处罚金人民币 2 万元。

按照有关生产、销售不安全食品的犯罪处理。《反兴奋剂解释》第 5 条规定：生产、销售含有兴奋剂目录所列物质的食品，符合《刑法》第 143 条、第 144 条规定的，以生产、销售不符合安全标准的食品罪，生产、销售有毒、有害食品罪定罪处罚。

随着时间的推移，体育运动中可能出现一些与兴奋剂有关的犯罪，涉及犯罪的案例也将逐渐纰漏出来。

《反兴奋剂解释》强调对于兴奋剂违法行为的源头治理，严厉查处兴奋剂供应渠道、严格禁止兴奋剂非法流通与使用和管理，坚决反对兴奋剂违法行为，保障体育活动的公平、真实和健康。但《反兴奋剂解释》目前未能在实施层面作进一步的解释说明，极易在具体适用中出现问题，如入罪门槛不清。希望我国尽快制定相应的实施细则，保障《反兴奋剂解释》的良好实施。

足球作为世界上第一运动，如出现兴奋剂问题，其所产生的社会影响将非常恶劣，比如曾发生过尤文图斯俱乐部集体服药等兴奋剂事件，需要引起大家的重视。

后　记

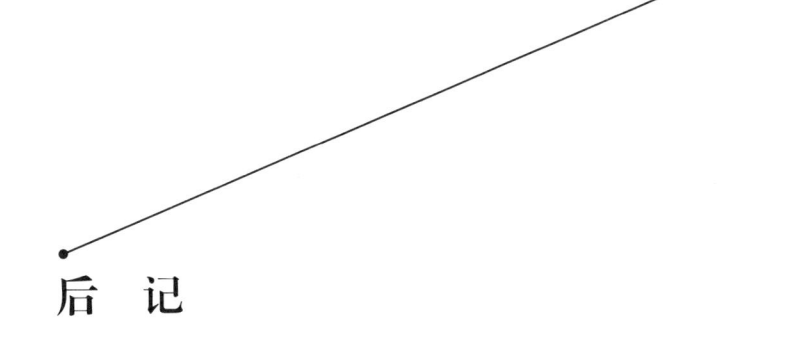

作为世界第一运动的足球深深影响着每个热爱足球的人，欧洲五大联赛吸引着无数众多的球迷。二十世纪八十年代的中学时代，在紧张备考学习之余，我与同学们也曾经积极参加到了班级足球对抗赛；大学时代，与同学们积极参与寝室足球对抗赛中；2018年5月，在汇总筹备大学毕业三十年影像资料时，无意发现了一张1987年冬天在雪地踢完球后与同学们的一个合影，感慨自己当年真是对足球充满着极大的热爱。现在时间允许的话，还是会争取与水，尤其海水保持亲密接触，自诩为一个热爱运动的中年男士。

作为一个65后球迷的我，见证了中国足球跌宕起伏的艰辛历史过程。2010年足球的"反腐"开启了净化中国足坛的开端；2013年，国家体育总局政策法规司司长张剑先生调任中国足协担任常务副主席兼秘书长，在张剑先生主导下，中国足协陆续制定与完善与国际足联、亚足联相衔接的相关规范性文件，开始了中国足球体育自治的时代。从事专职律师后，一直关注着体育产业的发展，尤其职业足球的发展。为了更好地了解与掌握足球法规与规则，我在家人的支持下于2015年前往英国利物浦大学足球产业中心开始短期学习。在英国学习期间，经常与房东参加社区的业余足球五人制比赛，经常去球场或者酒吧观看比赛，感受到了足球带给人们的快乐与魅力。经常光顾书店和图书馆，除了学习与了解足球竞赛规则的刊物和书籍外，也特别关注足球领域的法律书籍，甚至在利物浦大学图书馆看到了收藏的专门研究足球流氓的书籍，遂萌生了撰写中国足球法律法规文稿的想法，期待为中国足球做些事情。回国后，有幸得到中国足协纪律委员会主任、中国政法大学王小平教授和中国足协纪律委员会副主任、北京隆安律师事务所创始人徐家力教授及其他贵人的引荐与提携，担任了中国足协纪律委员会委员，参与了相关的案件审理工作，使得对足球，尤其职业足球及联赛有了更多的理解。

作为庚子年的2020年，新冠肺炎疫情给人们的生活带来了一定的影响。疫情期间，开始了2015年曾经萌生的足球法律法规文稿准备工作，先后与中国法学会体育法研究会会长、国家体育总局政策法规司原司长刘岩先生，中国足协前常务副主席兼秘书长、现国家体育总局信息中心主任张剑先生，中国足协副主席高洪波先生，中国足协纪律委员会主任、中国政法大学王小平教授，中国政法大学法学院焦洪昌教授，中国政法大学体育法研究所所长马宏俊教授，中国政法大学体育法研究所副所长姜涛副教授，中国足协仲裁委员会委员、中国人民大学法学院姜栋教授，中国足协国家队男子足球队主教练李铁先生，北京中赫国安俱乐部总经理李明先生，体奥动力（北京）体育传播有限公司总经理赵军女士等学者及部分一线球员进行沟通与交流，大家对文稿纲要的设计及具体文稿撰写都提出了建设性的建议与宝贵意见，极大地激励了笔者尽早完成文稿。

本书稿梳理了国际足联、亚足联、中国足协的章程、转会规定等规范性文件及国内与足球有关的法律法规，其中包含了足球争议案件的准司法权，足球争议案件司法管辖与冲突，足球争议案件特有证据，注册与转会制度，球员、教练员相关合同，足球青训保护与鼓励制度，俱乐部管理风险与处罚制度，足球俱乐部转让制度，足球与纪律处罚制度等共计十三章与足球领域相关的法律问题的介绍。本书稿原本还设计了球迷流氓、球员同性恋、球员归化、操纵比赛、职业联盟等篇章，限于个人能力和资料，暂时未能完成，期待有机会再进行汇总与交流。

撰写《足球与法》是一个快乐与痛苦并存的过程，快乐是因为对足球的热爱和对足球法律法规的追求，痛苦是因为整理爬格子过程加重了既往肩颈部炎症。有幸得到了北京大成律师事务所郭维娜律师（足球俱乐部转让制度、足球与刑事犯罪、民事责任与行政处罚）、北京合弘威宇律师事务所李田园律师（足球赛事与知识产权保护）、中国政法大学研究生张姝（足球与反兴奋剂）的具体撰写与帮助，尤其在文稿的统筹过程中，北京大成

后 记

律师事务所迟振勇和郭维娜律师提供了大量的支持工作。

中国体育法的发展离不开专家学者和法律工作者的贡献，中国法学会体育法研究会会长刘岩先生、天津体育学院于善旭教授、中国政法大学王小平教授、焦洪昌教授、马宏俊教授、姜涛副教授、中国人民大学姜栋教授、运城学院陈华荣教授、首都体育学院韩勇教授、福州大学李智教授等学者长期倾注于体育法的理论研究与实践，多次组织召开体育法的研讨会；2019年，中国政法大学在原体育法研究中心基础上成立了体育法研究所，完善了体育法学的学科教育体系，是中国体育法发展的里程碑；2020年3月，中国政法大学率先成立了中国体育法律师库，为需要体育法律服务的人士提供了对接平台，为律师开拓业务提供了商业机会；徐家力、刘驰、周明、刘万勇、孙磊、王桢、吕天遨、迟振勇、吴炜、董双全、俞永正、马忠臣、姜元哲、吕伟、席志文、曾绍金、林慕清、石凯、夏立、李田园、黄华龙等律师为中国足球的法治建设都提出过许多建设性建议与意见，对体育法的发展作了有益的探索并积累了大量的实践经验。我相信，法官或仲裁员审理案件过程中在听取各方代理律师的意见时，双方律师的诉与辩在维护当事人合法利益的同时，审理案件的法官或仲裁员与代理律师之间可以建立足球法律的共同体，必然促进中国足球法治的建设与发展。期待更多的学者、法律人士和律师同仁投入足球产业法律服务中。

出版过程中，承蒙北京体育大学常务副校长张健教授、清华大学体育产业发展研究中心王雪莉教授、中国足球协会李久全先生、中国政法大学出版社阚明旗先生、李闯先生和艾文婷女士、北京体育大学出版社郭骁勇先生和佟辉先生、中国法制出版社朱丹颖女士、首都体育学院研究生李勇等人士的指导与帮助。撰写过程中，借鉴了北京中通策成律师事务所主任刘万勇律师主编的《足球行业法律关系概述》及相关文章，刘万勇律师对本书稿的出版提出了有益的经验和建议；全国女律师协会副会长、北京律师协会副会长、北京合弘威宇律师事务所主任张威博士对书稿整体编排提出了建设性意见和建议，北京合弘威宇律师事务所行政总监陈佳佳女士在联系发行过程中提供了有力的支持。中国足球中生代旗帜人物、中国足协国家男子足球队主教练李铁先生和北京中赫国安足球俱乐部总经理李明先生对书稿涉及的足球知识与概念提供了专业建议。中国足球协会朱和元先生、沈睿女士等足球法规专业人士从足球行业特有规则方面提出了宝贵建议。收集整理资料过程中，先后得到了国家体育总局政策法规司和人事司、北京市体育局、上海市体育局、天津市体育局、辽宁省体育局、江苏省体育局等机构的大力支持与帮助，在此一并致谢。

本次提交书稿的过程中，时值全国人大审议通过了法律人期盼已久的《民法典》。作为典章，《民法典》开启了中国法治的新时代。《民法典》与体育有关的第一个条款是合同编第四章合同的履行第533条情势变更原则，即合同成立后，合同的基础条件发生了当事人在订立合同时无法预计的、不属于商业风险的重大变化，继续履行合同对当事人一方明显不公平，受不利影响的当事人可以与对方重新协商；在合理期限协商不成的，当事人可以请求人民法院或者仲裁机构变更或者解除。人民法院或者仲裁机构应当结合案件的实际情况，根据公平原则变更或者解除合同。该法条是在原《最高人民法院关于适用〈中华人民共和国合同法〉若干问题的司法解释（二）》第26条基础上将情势变更原则写入法典。这个法条对特殊时期如新冠肺炎导致合同履行具有重大司法意义。如2020年疫情期间，国际足坛出现了关于球员降薪的事件，部分联赛的俱乐部都作出了减薪或者降薪（合同约定和球员工会支持）决定。2020年5月8日，中国足协就球员、教练员的降薪公布了《关于男足职业俱乐部与所属球员、教练员调整薪酬、共克时艰的倡议书》倡导性文件。如果我们的《民法典》早些实施，俱乐部会就减薪或降薪根据《民法典》第533条展开谈判，合同双方经友好协商会处理好减薪或者降薪问题，即使提起仲裁或诉讼也有了法律依据。当然，也期待俱乐部在与球员签订新的合同时将该条款纳入，从而更加规范双方权利与义务。第二个与体育有关联的法条是侵权责任编第一章一般规定第1176条风险自担原则，即自愿参加具有一定风险的文体活动，因其他参加者的行为受到损害的，受害人不得请求其他参加者承担侵权责任；但是，其他参加者对损害的发生有故意或者重大过失的除外。活动组织者的责任适用本法第1198条到2201条的规定。作为竞技体育活动之一的足球运动比赛存在着对抗，比赛过程中有时候难免出现轻如软组织损伤、重如骨折等损害后果。这时候，比赛过程中受到损害的一方不享有向其他参与者主张侵权责任的权利。"南京足球案"、"北京石景山足球案"在没有该法条

后 记

规定时，办案法官高度重视案件的审理，不但咨询与了解了足球行业规则，甚至通过现场看球考量了足球运动的竞技特点，运用法理理论并结合竞技体育比赛的特点阐述了体育活动风险自担而驳回了原告的侵权之诉。既往实践中，某地区的法院运用公平原则判处其他参与者承担一定比例的责任的判决比较多。本法典实施后，统一了司法理念和裁判尺度，为校园足球、社会足球健康有序的发展从法律上提供了充分保障。第三个与体育有关联的条款是第1198条的安全保障义务，即宾馆、商城、银行、车站、体育场馆、娱乐场所等经营场所、公共场所的经营者、管理者或者群众性活动的组织者，未尽到安全保障义务，造成他人损害的，应当承担侵权责任。该法条来自于原《侵权责任法》第37条，这次的《民法典》中增加了体育场馆，也就是明确了作为经营场所和公共场所之一的体育场馆可能作为承担责任的法律主体。故提请某些体育场馆的经营者、管理者实践中切实履行好场地的安全保障义务。

纵观国际体育产业的发展，尤其作为第一运动的足球，除了通过立法机构颁布的成文法来规定相关主体的权利与义务外，体育产业的发展趋势更多体现了体育组织的体育自治权，故建议中国足协相关部门及时完善修改相关规范性文件，例如与国际足联的衔接部分及时调整、建立符合中国社会主义核心价值观并具有体育自治的（如保护青训、球员欠薪）保障性的规范性文件，更好体现符合法理精神的体育自治，从而为促进与保障中国足球产业的可持续发展提供法律与规则上的保障。

撰写过程中，有幸邀请到了国务院参事、中国政法大学法学院院长、博士生导师焦洪昌教授和国家体育总局政策法规司原司长、中国法学会体育法研究会会长刘岩会长为本书作序，再次感谢体育法学界的大力支持。期待为中国体育法的发展与建设贡献自己的一份力量！

欢迎各位批评指正，祝愿中国足球越来越好！祝愿我们的世界越来越美好！

感谢15瓶117UCC咖啡的陪伴！

李 一 体育律师

2020年初夏于大连